刑の一部執行猶予

犯罪者の改善更生と再犯防止

[改訂増補版]

太田達也
Tatsuya Ota

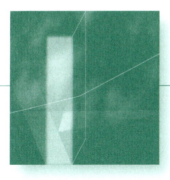

慶應義塾大学出版会

改訂増補版はしがき

　2014 年に初版を上梓して以来，幸いにも多くの読者を得ることができた。今回，慶應義塾大学出版会の御厚意により改訂増補版を出版する運びとなった。

　まず，アメリカの連邦で採用されている監督付釈放制度（supervised release）についての章を追加した（第 1 編第 3 章Ⅳ）。連邦では 1984 年の包括的犯罪統制法によってスプリット判決が廃止されたとされているが，実は，それに代わって，自由刑の執行に続いて一定期間の社会内処遇を行う新たなスプリット判決が導入されており，爾来，連邦の刑事裁判において重要な役割を果たしている。

　さらに，全部執行猶予の一部取消制度についての論稿を登載することとした（第 1 編第 4 章）。現在，全部執行猶予の取消しは判決の全てを取り消し全部実刑とするものであるが，一部取消しは，文字通り，猶予刑の一部に限って取り消すことを認めるものである。一見，本書とは関係のないテーマに映るが，一部取消しにより実刑と猶予刑から構成される一部執行猶予類似の制度となる。「表玄関」（裁判）からではなく，「裏口」（全部執行猶予の取消し）からの一部執行猶予とも言うべきものであることから，本書の章立てに加えることとした。

　初版の部分も，統計など一部情報を更新したが，刑の一部執行猶予の運用や裁判例についての分析・評価は敢えて盛り込まず，今回は見送ることとした。制度が施行され，統計や裁判例も徐々に公表されるようになっているが，それでも刑の一部執行猶予の裁判に関する全体像が十分に把握できるようになったとはいえず，刑の執行についても，仮釈放や保護観察の状況も十分といえるほど経験値が上がっていない。もともと，本書は，刑の一部執行猶予の制度化に際して，筆者が注目する海外の制度も参照しながら，自由刑本来の在り方について独自の視点から考察することに主眼を置いたものであって，制度の解説を行おうとするものではない。現時点の限られた情報を基に一時的な運用や問題について検討することは，本書の趣旨からして中途半端の誹りを免れないように思われ，当初の基本的な方向性を維持することとした。

　末筆ながら，改訂増補版の刊行をお認め頂いた慶應義塾大学出版会と，初版に引き続き改訂増補版の執筆から出版までご尽力頂いた同編集部の岡田智武氏に改めて御礼申し上げたい。

平成 30 年（2018 年）7 月

太 田 達 也

初版はしがき

　平成25年6月，「刑法等の一部を改正する法律」と「薬物使用等の罪を犯した者に対する刑の一部の執行猶予に関する法律」が成立し，刑の一部執行猶予制度が導入された。刑法総則の刑罰規定の改正としては，平成3年の罰金額引き上げや平成16年の有期刑の上限引き上げなどがあるが，新たな刑罰制度の仕組みが設けられたのは，戦後の全部執行猶予を巡る一連の改正か，ことによると明治38年の執行猶予制度創設や明治40年の現行刑法制定に次ぐものと言えるかもしれない。

　制度導入の背景には，被検挙者の再犯者率や受刑者の再入者率が近年上昇を続けているという深刻な事実がある。また，刑事施設から出所した受刑者も，依然として，5年で50%近くが刑事施設に逆戻りしているし，法務総合研究所の調査では，全犯罪者の30%が全犯罪の60%を行っていることが明らかにされている。ということは，犯罪者の再犯を防ぐか，再犯までの期間を遅らせることができれば，犯罪の総量を相当数減らすことができることを意味する。「初犯の予防」は容易ではないが，「再犯の防止」であれば，対象者が限定されており，刑罰や処遇，社会的支援を通じての対応が可能である。

　政府が平成24年の犯罪対策閣僚会議において「再犯防止に向けた総合対策」を策定したのも，こうした理由からであり，矯正や更生保護の領域において再犯防止に向けた様々な施策が進められている。しかしながら，我が国の場合，仮釈放後の保護観察期間が短いため十分な手当ができず，さらに満期釈放となれば，何等の対応も取ることができないなど，施設内処遇から社会内処遇へ繋ぐ法制度の枠組みが弱く，その結果，犯罪者を改善更生させ，社会にインクルージョンさせていくことが難しい。

　そのことは，同種再犯率が高い覚せい剤を中心とする薬物犯罪において特に顕著である。薬物依存のある者は，刑事施設で断薬し，一定の処遇を受けても，釈放後リハビリを続けなければ，薬物の再使用に陥るリスクが極めて高い。しかしながら，刑事施設から出た後，医療や福祉機関等において薬物依存に対する治療を続けさせていく体制に乏しく，そこに司法機関が関わることはさらに難しい。

　そうした閉塞的状況の中で今回新たに採用されたのが刑の一部執行猶予制度であ

る。この制度は，刑事施設に収容して矯正処遇を行った後，社会に戻して，一定期間，再犯に至らないよう自律的な生活を送るための心理的抑止力を持続させ，或いは保護観察の下で積極的な指導監督や補導援護を行うというもので，従来，我が国の刑事司法に欠けていた施設内処遇と社会内処遇の有機的連携を担保し，犯罪者の改善更生と再犯防止に寄与することが期待されている。本書は，この刑の一部執行猶予という法制度がどうあるべきかを，犯罪者の改善更生と再犯防止という目的に鑑みつつ，制度と運用の両面から検討したものである。

　筆者の研究上の関心は，刑の一部執行猶予制度が目的とするような，犯罪者をどのように社会にソフトランディングさせていくかということにある。一定の軽微な犯罪を行った者については，どのような形でダイバージョンを行い，また刑事施設や少年院などの矯正施設に収容された者については，どのような形で社会へ戻し，見守っていくかについてである。

　こうした領域に関心をもったのは，恩師である慶應義塾大学名誉教授の故宮澤浩一先生の御指導に拠るところが大きい。宮澤先生は，当時，まだ社会内処遇を研究している研究者が極めて少ないことを憂い，「刑事政策学者たる者，社会内処遇の研究を怠るべからず」ということを口癖のようにおっしゃられていて，学部の研究会時代から大学院，専任時代にかけ，先生と共に，刑事施設や少年院だけでなく，全国の更生保護施設を見て回った。その時代には，まだ施設の古い更生保護会も残っていたが，在会者の更生を献身的に支える施設の職員や保護司，更生保護婦人会の方々を見るにつけ，刑事手続の末端に位置し，当時脚光を浴びることもなかったこの分野が犯罪者の社会復帰と社会の安全にとっての生命線とも言うべきものであるとの思いを強くしていった。

　かくして，更生保護施設や仮釈放の研究に従事するようになったが，研究を進めるにつれ，仮釈放や満期釈放の制度的限界を痛感するに至り，考試期間主義や満期釈放後の再犯防止策について機会を得て発表したりしていたが，満期釈放や仮釈放の問題を扱おうとすると，どうしても保安処分の問題が頭をもたげてきて，周囲の反応は芳しくないものであった。筆者自身としても，保安処分には制度的問題があると考えていたため，保安処分以外の形で満期釈放や仮釈放の問題を解決する方策を模索するようになり，そこで辿り着いた結論の1つがアメリカで採用されているスプリット判決（split sentence）であった。しかし，筆者が惹かれたのは，かつてアメリカの連邦でも採用されていた，ショック効果を狙って短い自由刑と社会内処遇を組み合わせる古いタイプのスプリット判決ではなく，自由刑と社会内処遇をセッ

トで言い渡すことで施設内処遇と社会内処遇の連携を図る新しいタイプの二分判決（bifurcated sentence）であった。

そうしたことから，同様の効果をもちながら，法的構成の異なる（実はこれも似ているのであるが）刑の一部執行猶予にも関心をもち，立法の前後から制度の検討を行うようになった。本書は，以上のような筆者の問題関心から生まれたものである。筆者の持論に近い二分判決をアメリカで全面的に導入しているウィスコンシン州を例に取りながら日本への導入可能性と一部執行猶予との比較を試みたのが本書の第1編第3章である。そして，我が国で導入された「全部執行猶予の亜種」とも言うべき刑の一部執行猶予制度を，二分判決という「全部実刑の亜種」との比較を念頭に置きながら検討したものが第1編の第1章である。第1編第2章は，立法過程で顕れた刑の一部執行猶予に対する批判の検証を通じて，一部執行猶予の意義とその特質を浮き彫りにしたものである。

従って，本書は，刑の一部執行猶予に関する概説書ではない。第1編では，立法趣旨や制度の説明と個人的見解を分けて執筆するように心掛けたが，改めて見ると，やはり私見が随所に出ているように思われる。そこで，改正された刑法や更生保護法等の関連法規を逐条解説する第2編を設け，そこでは個人の主張や見解を極力抑えて制度の解説を行うようにした。刑の一部執行猶予の概説を御覧になりたい方は，この第2編の方を参照して頂ければと思う。ただ，二分判決との比較や，「全部執行猶予の亜種」対「全部実刑の亜種」という対立軸を用いることで，導入された刑の一部執行猶予の特徴や課題がより鮮明に浮かび上がるのではないかと思う。大学研究者のほか，実務家の方々にも，適宜，第1編を参照して頂ければ望外の喜びである。

ただ，刑の一部執行猶予は，従前，我が国では殆ど研究されてこなかった制度であるうえ，法律も未施行で，施行規則や運用実績もなく，情報が限られているため，制度の検討は正に手探りの状態であった。未だ考察が不十分な所や，中には見当違いの所もあろうかと思う。これらについては，本書に対する意見や批判を踏まえ，改めて検討していきたいと考えている。

末筆ながら，本書の出版を快くお引き受け下さった慶應義塾大学出版会と，出版まで懇切丁寧且つ用意周到に仕事を進められ，また何よりも辛抱強く執筆を見守り支えて下さった同編集部の岡田智武氏に心より御礼申し上げたい。

平成26年（2014年）2月

太 田 達 也

目　次

改訂増補版はしがき　　　i
初版はしがき　　　ii

第1編　刑の一部執行猶予の構造と課題

第1章　刑の一部執行猶予制度の法的構造 ——————— 3

Ⅰ　導入の経緯　　3
Ⅱ　意義・目的　　6
　1　施設内処遇と社会内処遇の有機的連携　　6
　2　満期釈放の解消　　7
　3　仮釈放の限界克服　　9
　4　薬物依存者の効果的な処遇　　10
　5　新たな量刑の選択肢　　11
　6　副次的効果としての被収容人員の適正化　　11
Ⅲ　法的性格　　12
　1　法的性格と法律効果　　12
　2　スプリット判決制度との相違　　14
　3　一部執行猶予の類型　　18
Ⅳ　要件　　19
　1　宣告刑　　19
　2　前科　　23
　3　情状・再犯防止の必要性と相当性　　27
Ⅴ　実刑部分と猶予刑　　32
　1　算定基準　　32
　2　実刑部分と猶予刑の割合　　32
Ⅵ　猶予期間　　35
　1　上限と下限　　35

v

2　算定基準　　36

　　3　猶予期間と猶予刑の関係　　37

　　4　起算日　　39

　　5　猶予期間経過の法的効果　　40

Ⅶ　**保護観察**　41

　　1　裁量的保護観察　　41

　　2　保護観察の内容と体制　　44

　　3　特別遵守事項の設定・変更　　45

　　4　生活環境調整と住居の特定・確保　　47

　　5　更生緊急保護の適用　　49

Ⅷ　**一部執行猶予の取消し**　49

　　1　必要的取消事由　　49

　　2　裁量的取消事由　　51

　　3　取消手続　　52

　　4　他の刑の執行猶予の取消し　　52

　　5　仮釈放の取消しとの関係　　53

Ⅸ　**一部執行猶予と仮釈放**　54

　　1　仮釈放の適用　　54

　　2　法定期間の基準　　54

　　3　執行率　　56

　　4　一部執行猶予の取消しと仮釈放の失効　　57

　　5　取消刑中の仮釈放　　58

　　6　考試期間主義との関係　　59

Ⅹ　**量刑**　61

　　1　一部執行猶予と刑の軽重　　61

　　2　一部執行猶予の適用類型　　62

　　3　訴訟当事者から見た一部執行猶予　　66

Ⅺ　**薬物使用者等に対する刑の一部執行猶予**　68

　　1　目的　　68

　　2　対象犯罪　　69

　　3　宣告刑　　71

　　4　前科　　72

　　5　情状・再犯防止の必要性と相当性　　73

6 猶予期間と保護観察　75

(1) 必要的保護観察　75

(2) 専門的処遇　75

(3) 指導監督の特則　77

(4) 簡易薬物検出検査　79

(5) 保護観察中の再使用と司法的対応　81

7 一部執行猶予の取消し　85

XII 遡及適用　86

第2章　刑の一部執行猶予を巡る論議―――― 87

I 刑の一部執行猶予制度に対する批判とその検証　87

II 制度不要論について　87

　1 副次目的としての過剰収容緩和　87

　2 仮釈放積極化政策の限界　88

　3 仮釈放後の保護観察期間の限界　90

　4 満期釈放の限界　93

III 責任主義と残刑期間主義に違背するとの批判について　94

　1 責任主義違反の内容　94

　2 責任主義違反との批判　94

　3 残刑期間主義違反との批判―― 一部執行猶予を巡る第一の誤解　95

IV 執行猶予制度の趣旨に反するとの批判について　97

　1 ダイバージョンの理念没却　97

　2 一部執行猶予制度の実質―― 一部執行猶予を巡る第二の誤解　97

V 猶予刑を超える猶予期間を設定することへの批判について　99

　1 猶予刑を超える自由制限　99

　2 猶予刑と猶予期間の関係　99

　3 猶予期間から見た二分判決　101

VI 厳罰化・刑の長期化に繋がるとの批判について　101

　1 厳罰化の内容　101

　2 刑罰制度の在り方　102

Ⅶ 量刑判断が困難であるとの批判について　103

　1　量刑における予防的判断　103

　2　個別予防に関する情状立証の程度　104

　3　量刑の面から見た二分判決　105

Ⅷ 刑の軽重が複雑になり過ぎるとの批判について　106

　1　一部執行猶予と不利益変更禁止の原則　106

　2　執行猶予と不利益変更を巡る判例の立場　106

　3　一部執行猶予と全部執行猶予の関係　107

　4　一部執行猶予と実刑の関係　107

　5　一部執行猶予と一部執行猶予の関係　108

Ⅸ 受刑者の処遇が困難になるという批判について　109

　1　受刑者の釈放時期と処遇の動機付け　109

　2　矯正処遇の在り方　110

Ⅹ 膠着的な取消しの運用が行われるとの批判について　110

　1　遵守事項違反の程度と取消し　110

　2　遵守事項違反による仮釈放取消しの実情　111

Ⅺ 保護観察の体制が不十分であるとの批判について　112

　1　保護観察体制と内容の充実　112

　2　保護観察期間の確保　113

Ⅻ 将来の展望　113

第3章　刑の一部執行猶予と二分判決 ―――――――― 115
―― 二分判決の意義と可能性 ――

Ⅰ 釈放後の再犯と新たな刑罰制度の必要性　115

　1　満期釈放後の再犯と対応の限界　115

　2　仮釈放後の再犯と保護観察期間の限界　117

　3　スプリット判決―― 第三の選択肢　118

　4　新たなスプリット判決―― 監督付釈放・二分判決　119

Ⅱ アメリカにおけるスプリット判決の展開　121

　1　ミックス判決・混合刑　121

2 プロベーションの遵守事項としての拘禁　122

3 ショック・プロベーション　123

4 スプリット判決・分割刑　125

5 新たなスプリット判決——監督付釈放・二分判決　129

Ⅲ アメリカにおける量刑改革の経緯と量刑忠実法　131

Ⅳ 連邦の監督付釈放制度　133

1 導入の背景と意義——連邦のパロールとスプリット判決の廃止　133

2 法的性質　134

3 期間　136

⑴ 起算日　136

⑵ 期間　137

4 量刑　138

5 遵守事項　140

⑴ 必要的遵守事項　140

⑵ 裁量的遵守事項　141

6 良好措置・不良措置　143

7 運用状況　146

Ⅴ ウィスコンシン州の二分判決制度　147

1 ウィスコンシン州における量刑改革と二分判決　147

2 量刑忠実法と二分判決制度の関係　150

3 二分判決制度の概要　151

4 拡大保護観察　154

5 量刑　155

6 パロールや必要的釈放との関係　156

7 二分判決の調整・修正制度—— 2001 年改正法, 2009 年改正法, 2011 年改正法　157

8 終身刑の扱い　158

10 二分判決の実務　159

Ⅵ 我が国における制度の導入可能性と制度設計　162

1 監督付釈放と二分判決の特徴及び我が国への示唆　162

2 制度の目的　163

3 必要的仮釈放制度との相違　164

4 法的性質——刑罰としての複合判決　166

5　保護観察の法的性質と不良措置──刑の一部執行猶予との関係　　167

　　　⑴　プロベーション型の保護観察　　168

　　　⑵　執行猶予型の保護観察　　169

　　6　保護観察期間の扱い　　171

　　7　保護観察の取消しとその効果　　175

　　8　対象者の範囲　　175

　　9　仮釈放との関係──特に考試期間主義との関係　　178

　　10　複数刑の執行　　182

　Ⅶ　将来の展望　　182

第4章　刑の『裏』一部執行猶予 ────── 185
　　　　──全部執行猶予の一部取消制度・試論──

　Ⅰ　刑の『裏』一部執行猶予の意味　　185

　Ⅱ　海外における類似の制度　　188

　　1　イギリス（イングランド・ウェールズ）　　189

　　　⑴　執行猶予命令（猶予刑）制度と不良措置　　189

　　　⑵　猶予刑の一部執行とその基準　　190

　　　⑶　事例　　193

　　2　カナダ　　195

　　　⑴　条件付刑制度とプロベーションとの相違　　195

　　　⑵　遵守事項違反に対する不良措置　　197

　Ⅲ　全部執行猶予一部取消しの意義　　199

　　1　刑の調整　　199

　　2　取消事由と不良措置の均衡　　200

　　3　施設内処遇と社会内処遇の有機的連繋──社会内処遇期間の確保　　202

　Ⅳ　全部執行猶予一部取消しの類型（対象者）　　204

　　1　再犯──後刑が全部実刑の場合　　204

　　2　再犯──後刑が罰金の場合　　204

　　3　再犯──後刑が一部執行猶予の場合　　205

　　4　遵守事項違反の場合　　208

Ⅴ　全部執行猶予一部取消しの要件　　209

　　1　再犯に対する宣告刑　　209

　　2　必要性　　211

　　3　相当性　　212

Ⅵ　全部執行猶予一部取消しの「量定」　　213

　　1　取消比率とその基準　　213

　　2　猶予期間と保護観察の設定　　214

　　3　再犯に対する後刑の量定　　215

Ⅶ　全部執行猶予一部取消しと刑法規定　　215

Ⅷ　今後の展望と課題　　217

第2編　刑の一部執行猶予　関係法令・逐条解説

刑法（明治40年4月24日法律第45号）（抄）——————221

　第25条（刑の全部の執行猶予）　　221

　第25条の2（刑の全部の執行猶予中の保護観察）　　222

　第26条（刑の全部の執行猶予の必要的取消し）　　223

　第26条の2（刑の全部の執行猶予の裁量の取消し）　　224

　第26条の3（刑の全部の執行猶予の取消しの場合における他の刑の執行猶予の取消し）　　225

　第27条（刑の全部の執行猶予の猶予期間経過の効果）　　225

　第27条の2（刑の一部の執行猶予）　　226

　第27条の3（刑の一部の執行猶予中の保護観察）　　232

　第27条の4（刑の一部の執行猶予の必要的取消し）　　234

　第27条の5（刑の一部の執行猶予の裁量的取消し）　　237

　第27条の6（刑の一部の執行猶予の取消しの場合における他の刑の執行猶予の取消し）　　238

第 27 条の 7（刑の一部の執行猶予の猶予期間経過の効果）　239

第 28 条（仮釈放）　239

第 29 条（仮釈放の取消し等）　241

刑法等の一部を改正する法律（平成 25 年 6 月 19 日法律第 49 号）（抄）　243

附則第 1 条（施行期日）　243

附則第 2 条（経過措置）　243

薬物使用等の罪を犯した者に対する刑の一部の執行猶予に関する法律（平成 25 年 6 月 19 日法律第 50 号）———— 244

第 1 条（趣旨）　244

第 2 条（定義）　245

第 3 条（刑の一部の執行猶予の特則）　246

第 4 条（刑の一部の執行猶予中の保護観察の特則）　248

第 5 条（刑の一部の執行猶予の必要的取消しの特則等）　249

附則第 1 条（施行期日）　249

附則第 2 条（経過措置）　249

刑事訴訟法（昭和 23 年 7 月 10 日法律第 131 号）（抄）———— 251

第 333 条　251

第 345 条　251

第 349 条　252

第 349 条の 2　252

第 350 条の 14　253

恩赦法（昭和 22 年 3 月 28 日法律第 20 号）（抄）———— 254

第 6 条　254

第 7 条　254

第 8 条　　256

更生保護法（平成 19 年 6 月 15 日法律第 88 号）（抄）————————— 257

第 1 条（目的）　357

第 16 条（所掌事務）　257

第 39 条（仮釈放及び仮出場を許す処分）　258

第 40 条（仮釈放中の保護観察）　259

第 48 条（保護観察の対象者）　260

第 49 条（保護観察の実施方法）　261

第 50 条（一般遵守事項）　261

第 51 条（特別遵守事項）　263

第 51 条の 2（特別遵守事項の特則）　266

第 52 条（特別遵守事項の設定及び変更）　268

第 53 条（特別遵守事項の取消し）　270

第 54 条（一般遵守事項の通知）　271

第 55 条（特別遵守事項の通知）　272

第 57 条（指導監督の方法）　273

第 58 条（補導援護の方法）　274

第 61 条（保護観察の実施者）　275

第 62 条（応急の救護）　275

第 65 条の 2（保護観察の実施方法）　278

第 65 条の 3（指導監督の方法）　279

第 65 条の 4　281

第 78 条の 2（住居の特定）　281

第 79 条（検察官への申出）　284

第 81 条（保護観察の仮解除）　284

第 82 条（収容中の者に対する生活環境の調整）　286

第 83 条（保護観察付執行猶予の裁判確定前の生活環境の調整）　288

第 85 条（更生緊急保護）　288

第 86 条（更生緊急保護の開始等）　291

更生保護事業法（平成 7 年 5 月 8 日法律第 86 号）（抄）———— 293

第 2 条（定義）　293

資 料 編

資料 1　法務大臣・諮問第 77 号　　297
資料 2　刑の一部執行猶予制度に関する参考試案　　297
資料 3　法制審議会答申・要綱（骨子）　　298
資料 4　法律の提案理由　　300
資料 5　国会・法案趣旨説明　　301
資料 6　国会・附帯決議　　302
資料 7　刑法等の一部を改正する法律・新旧対照条文　　304

初出一覧　　333
索引　　334

第1編

刑の一部執行猶予の構造と課題

第1章

刑の一部執行猶予制度の法的構造

I 導入の経緯

平成25年6月13日，第183回国会において，「刑法等の一部を改正する法律」（平成25年法律第49号）（以下，「刑法等一部改正法」という。）と「薬物使用等の罪を犯した者に対する刑の一部の執行猶予に関する法律」（平成25年法律第50号）（以下，「薬物使用者等一部執行猶予法」という。）が成立し，刑の一部執行猶予制度が導入された。これは，明治38年の執行猶予制度の創設や明治40年の現行刑法制定以来の刑罰制度の一大改革とも言うべきものであるが，この制度が導入された背景には近年の刑事施設における過剰収容と再犯の増加がある。

平成18年7月26日，法務大臣から，被収容人員の適正化を図ると共に，犯罪者の再犯防止及び社会復帰を促進するという観点から，社会奉仕を義務付ける制度の導入の可否等と並んで，中間処遇の在り方や刑事施設に収容しないで行う処遇等の在り方等の意見を求める諮問第77号（巻末・資料1）が行われ，同日開催された法制審議会第149回会議において，同諮問についてはまず部会において審議する旨が決定され，その部会として被収容人員適正化方策に関する部会（以下，「部会」という。）が設置された。

部会では，被収容人員の適正化と再犯防止について様々な制度や施策の検討が行われ，第17回会議までに刑の一部執行猶予と社会奉仕活動を中心に制度

3

化の検討を行うとのとりまとめがなされ，第18回会議において事務局から参考試案（巻末・資料2）が示された。そして，以後9回に亘って検討が行われた結果，第26回会議において要綱（骨子）案が全会一致で決定され，法制審議会総会第162回会議でも全員一致で採決され，法務大臣に答申した（巻末・資料3）。この答申を踏まえて立案され，成立したのが刑の一部執行猶予等の導入を図る前記2法である。

　しかし，時の政局が隘路となり，立法には多少の期間を要することとなった。2法の法律案は，まず第179回国会会期中の平成23年11月4日参議院に提出され，同年12月2日に全会一致をもって可決された。続いて衆議院に送られたものの，第180回国会会期中は審議未了のまま継続審査となっていたところ，第181回国会の平成24年11月16日に衆議院が解散となったため，2法の法律案は廃案となってしまった。

　そこで，平成25年3月22日に両法律案が再び第183回国会の参議院に提出され（法律の提案理由は巻末・資料4，法案趣旨説明は巻末・資料5，法律は巻末・資料7），6月5日に全会一致で参議院を通過し，続く衆議院でも6月13日に全会一致で可決され，成立した。その際，附帯決議が衆参両議院でなされている。その主な内容は以下の通りである（巻末・資料6）。

1　施設内処遇と社会内処遇の有機的連携を図るための体制整備並びに保護観察官の専門性の一層の強化及び増員など更生保護体制の充実強化
2　厳罰化又は寛刑化に偏ることがないよう関係刑事司法機関と一部執行猶予の趣旨についての情報共有と施行状況の把握体制の整備
3　薬物事犯者の処遇における関係機関との連携強化など治療体制の拡充及び地域でのフォローアップ
4　保護司や民間の自立更生支援団体等に対する支援体制の確立及び十分な財政措置の実施並びに保護観察における連携強化
5　社会貢献活動の効果検証並びに民間自立更生支援団体等との連携及び効果的な体制の整備
6　刑務所出所者等に対する細かな就労支援・雇用確保の一層の推進（参議院のみ）

7 従来の再犯防止施策の適正な評価の実施及び両法の対象外となった事犯者の再犯防止等に向けた有効な施策の研究調査の実施（参議院のみ）

8 薬物使用者等の再犯状況の国会報告及び制度充実のための検討と措置の実施（参議院のみ）

9 東日本大震災の被災地における保護司の充足及び関係機関との連携体制の整備並びに両法の施行に当たっての被災地の状況への十分な配慮（参議院のみ）

10 裁判員に対する制度の趣旨及び内容についての情報提供（衆議院のみ）

11 両法の対象者の再犯状況の検証・検討及び必要な措置の実施（衆議院のみ）

　両法は 6 月 19 日に公布されたが，社会貢献活動など更生保護法の一部の改正規定を除き，公布日から起算して 3 年を超えない範囲内において政令で定める日から施行されることになっている。施行まで 3 年の期間を置く理由としては，

① 刑の一部執行猶予制度が，単なる自由刑の執行方法ではなく，実質的には，刑事施設への収容と社会内処遇の組み合わせから成る新たな刑罰制度であり，国民に広く周知する必要があること

② 刑の一部執行猶予には裁量的（刑法の場合）又は必要的（薬物使用者等一部執行猶予法の場合）に保護観察が付され，しかも，その期間は，従来の仮釈放後の保護観察よりも長期に及ぶことから，保護観察の人的（保護観察官，保護司）及び物的（更生保護施設，自立更生促進センター，自立準備ホーム等）側面における保護観察体制の充実・強化を図る必要があること

③ 薬物使用等の罪を犯した者に対する刑の一部執行猶予制度の導入により，薬物依存者に対する保護観察体制の強化・充実を図る必要があると同時に，保護観察における指導監督の特則として医療や専門的援助の措置が導入されるため，医療や衛生福祉機関等における治療・援助体制の確立と保護観察所との連携体制を整備する必要があること

④ 刑事裁判において刑の一部執行猶予という新しい量刑上の選択肢が増えることになり，裁判官，検察官，弁護士それに裁判員となり得る国民に対し制度の内容やその趣旨について広く広報を行う必要があること

などが考えられる。

Ⅱ 意義・目的

1 施設内処遇と社会内処遇の有機的連携

　刑の一部執行猶予制度（以下，単に「一部執行猶予」という場合がある。）は，言渡した刑（以下，「宣告刑」という[1]。）の一部の執行を猶予し（以下，「猶予刑」という。），猶予されなかった刑の部分（以下，「実刑部分」という。）の執行に続く一定の猶予期間を設定し，一部執行猶予が取り消されることなく猶予期間を経過した場合，猶予刑の効力を失わせ，実刑部分の刑期に相当する刑に減軽するというものである（図1）。

　従来の執行猶予制度は，宣告刑の全部の執行を猶予する全部執行猶予であり，1つの刑の一部について執行を猶予することはできないばかりか[2]，1つの判決で実刑と執行猶予を同時に言い渡すことができるのかについても違法説を採る裁判例が見られる[3]。

　一部執行猶予制度を導入した目的は，何よりも施設内処遇と社会内処遇の有機的連携により犯罪者の改善更生と再犯防止の一層の充実を図ることにある。即ち，一部執行猶予は，受刑者を一旦刑事施設に収容して，悪い環境や習慣から遮断したうえで矯正処遇を実施し，釈放後の猶予期間にも執行猶予の取消し

---

1) 「刑の執行猶予は，刑の言渡しと同時に，判決でその言渡しをしなければならない」（刑事訴訟法第333条2項前段）とされ，主文において刑の執行猶予の言渡しがなされていることから，宣告刑というのは，厳密には執行猶予の有無や猶予期間まで含めたものであるが，ここでは，便宜上，一部執行猶予の実刑部分と猶予刑を合わせた刑を宣告刑と呼び，全部執行猶予の場合も，執行が猶予された刑を宣告刑（＝猶予刑）と呼ぶことにする。
2) 大塚仁他編（豊田健執筆部分）『大コンメンタール刑法［第2版］第1巻』青林書院（2004）531頁以下。ドイツ刑法は明文で刑の一部の執行猶予を否定する。§56 Abs. 4 StGB.
3) 名古屋高金沢支判昭和30・5・12高刑裁特2巻9号401頁，札幌高判昭和39・1・18高刑17巻1号33頁。これに対し適法説を採るものとして，仙台高判昭和29・3・9高刑7巻3号290頁，広島高判昭和40・7・29高刑18巻4号462頁，東京高判昭和51・10・7東高刑27巻10号138頁，大阪高判昭和60・9・12刑月17巻9号736頁，東京高判平成19・6・25研修712号（2007）107頁，山下裕一郎「執行猶予の判決確定の前後に犯した事件が後に発覚し，主文二つのうち一つが実刑判決，もう一つが執行猶予となった場合において刑の執行猶予の取消しが検討された事例について」研修701号（2006）83頁。

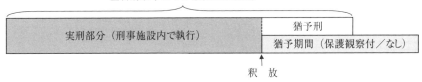

図1　刑の一部執行猶予の構造

の可能性を残すことによって，受刑者に自律と自立に向けた心理的な抑止力を働かせつつ，必要に応じて保護観察を付すことによって，施設内処遇と社会内処遇の有機的連携を図ることができ，これが一部執行猶予最大の眼目と言って差し支えない[4]。こうした制度を導入した背景には，現在の満期釈放や仮釈放が抱える問題と制度的限界がある。

2　満期釈放の解消

満期釈放者は，釈放後の再入率が，釈放年で約9％，2年では約27％にもなり，釈放後5年までの再入率は49％に達する[5]。しかし，現行の制度では，満期釈放となると，受刑者の更生や社会復帰に如何に問題や支障があろうと，社会内での指導監督や補導援護を行うことはできない。更生緊急保護も，本人の申出に基づく任意の対応に止まる。受刑者のうち，改悛の状があり更生の可能性が高いと判断された者は仮釈放となって社会内で保護観察を受けるのに対し，再犯のおそれがあったり，引受人がいないなど更生に支障を来すおそれの高い者は満期釈放となる結果，却って何らの社会内処遇も行われないというジレンマがある（仮釈放のジレンマ）[6]。言ってみれば，「問題の少ない犯罪者だけを選んで社会内処遇を実施し，問題性の高い犯罪者は放置している」状況にある[7]。

---

[4]　第179国会平成23年11月29日参議院法務委員会における平岡秀夫法務大臣の法案趣旨説明及び平成24年6月1日衆議院法務委員会における小川敏夫法務大臣による法案趣旨説明，第183回国会平成25年5月28日参議院法務委員会及び平成25年6月7日衆議院法務委員会における谷垣禎一法務大臣による法案趣旨説明（**巻末・資料5**）。
[5]　法務総合研究所『平成29年犯罪白書―更生を支援する地域のネットワーク』（2017）216頁。

だからと言って暴力団受刑者など再犯のおそれが高い者をおいそれと仮釈放するわけにもいかず，昭和58年からは仮釈放の積極化政策が推進されているが[8]，仮釈放率が伸び悩むどころか，仮釈放審査の厳格化の表れか，平成17年から22年にかけて仮釈放率が低下し，一時は50％を切るなど，依然として満期釈放の割合は高い[9]。

　刑事責任に基づいて量定された刑期という限界は如何ともし難いが，だからといって，これまでのように，こうした状況を放置し続けることも適切ではない[10]。刑期満了後にも社会内処遇を確保できる手段として保安処分があるが，人権上問題が多いとして我が国では導入されなかった経緯があるし，満期釈放をなくす手段としての必要的仮釈放制度も，本質的な問題があるため採用には値しない[11]。そうした中提案されたのが一部執行猶予である。この制度は，保安処分や仮釈放によることなく，予め裁判において刑の一部の執行を猶予することにより，刑事施設内での処遇だけで完結することなく，社会においても必ず一定期間社会内処遇を行うことができ，満期釈放の制度的限界を一部克服することができる。仮釈放も施設内処遇と社会内処遇の連携を図る制度の1つで

---

6) 森下忠『刑事政策の論点Ⅱ』成文堂（1994）58-59頁，太田達也「保護観察の実態と改善策」刑法雑誌47巻3号（2008）447頁。

7) 太田達也・前掲注(6)446頁。

8) 「仮出獄の適正かつ積極的な運用について（通達）」昭和58年11月30日保観371号，「仮出獄の積極的な運用について（通達）」昭和59年1月5日矯医38号矯正局長通達。平成24年には新たな通達が発出されている。「仮釈放の積極的な運用の推進について（通達）」平成24年1月19日保観3号矯正局長・保護局長通達，「『仮釈放の積極的な運用の推進について』の運用上留意すべき事項について（通知）」平成24年1月19日矯成93号法務省矯正局成人矯正課長通知。

9) 近年，仮釈放者の再入率が若干低下傾向にあるが，これは仮釈放審査が厳格化していることとも無関係ではなく，満期釈放者が増えていることを考えると，問題はむしろ悪化している。

10) 満期釈放者の再犯防止のための社会内処遇の必要性について，森下忠・前掲注(6)56頁以下，更生保護のあり方を考える有識者会議『更生保護制度改革の提言―安全・安心の国づくり，地域づくりを目指して』(2006) 30頁，太田達也・前掲注(6)446頁以下，藤本哲也「満期釈放者の再犯防止対策」戸籍時報645号（2009）95頁以下参照。

11) 太田達也『仮釈放の理論―矯正・保護の連携と再犯防止』慶應義塾大学出版会（2017）155頁以下（初出「必要的仮釈放制度に対する批判的検討」法学研究80巻10号（2007）1頁以下）。

あるが，これは刑の執行過程で受刑者の更生の状況を見ながら事後的に行うものであるのに対し，一部執行猶予は，裁判においてこれを行う，謂わば「裁判による仮釈放」であり[12]，「満期釈放の予防」ないし「満期釈放の解消」に繋がるものである。

3 仮釈放の限界克服

一方，仮釈放についても，保護観察（3号観察）中は再犯が少ないものの，これは仮釈放の平均期間が数か月から半年と短いこととも関係しており，仮釈放期間が終わる，釈放後の翌年頃から再犯が増え，釈放後5年以内に30％近くの者が再び罪を犯して刑事施設に再収容されている[13]。このことは，現在の仮釈放後の保護観察がある程度の再犯抑止に結び付いていると同時に，仮釈放後の保護観察期間が余りに短過ぎることを意味している。再犯リスクが高い期間は仮釈放後5年間であるので，仮釈放後最長5年間をカバーできる社会内処遇の制度が必要且つ有効である。これについては考試期間主義の導入も検討されてしかるべきであるが[14]，国内では責任主義に反する等の批判があり[15]，実現への道のりは厳しい。

一部執行猶予は，実刑部分の執行に続いて，一定の猶予期間を設定することができ，保護観察も付けることができるため，考試期間主義に基づく仮釈放と同じ効果を有しながら[16]，裁判所が判決において言い渡すものであるため，行政機関（地方更生保護委員会）が司法処分を変更することになるという考試期間

---

12) 森下忠『刑事政策大綱［新版］』成文堂（1993）174-175頁は，一部執行猶予を，「いわば，判決において一定期間後の仮釈放を命ずるものである」とたとえている。
13) 法務総合研究所・前掲注(5)216頁。
14) 太田達也・前掲注(11)127頁以下（初出「仮釈放と保護観察期間―残刑期間主義の見直しと考試期間主義の再検討」研修705号（2007）3頁以下）。
15) 部会でも，考試期間主義は責任主義との関係で問題がある，無期刑では意味がある，仮釈放の決定機関が裁判所であればよいなどの見解が示されている。法制審議会被収容人員適正化方策に関する部会議事録〔以下，「被収容人員適正化方策部会議事録」とする。〕第12回18-20頁，第13回19頁，第14回24頁。近時の批判として，佐伯仁志『制裁論』有斐閣（2009）71頁，金光旭「中間処遇及び刑執行終了者に対する処遇」ジュリスト1356号（2008）147-148頁等。
16) 森下忠博士も同様の指摘をされている。森下忠・前掲注(6)66頁。

主義に対する批判を回避することができる。一部執行猶予は，短い仮釈放期間
しか確保することができない日本の仮釈放制度の限界に新たな活路を見いだす
ものでもある[17]。

4 薬物依存者の効果的な処遇

　一部執行猶予は，施設内処遇と社会内処遇の有機的連携を図ることで受刑者
の改善更生と再犯防止の実効性を高めることを最大の眼目とするが，このこと
は覚せい剤等の薬物依存者について特に意味をもつ。覚せい剤事犯者の5年再
入率は仮釈放で約40％強，満期釈放で60％弱となっており[18]，同種再犯率も
高い[19]。覚せい剤等の薬物依存がある者は，いくら施設内で処遇を行っても，
満期釈放となる場合は勿論，釈放後の僅かな期間保護観察を行うだけでは，ま
たすぐに薬物への誘惑に負けてしまう。そこで，刑事施設で適切な矯正処遇を
行ったうえで，釈放後も，比較的長期間，その効果を持続させていくための処
遇を行っていくことが必要である[20]。

　一方，覚せい剤取締法違反（使用又は単純所持）により保護観察付全部執行猶
予を受けた者の覚せい剤再犯率（確定有罪判決）は4年で約28％にも達する[21]。
このことは，保護観察付全部執行猶予者の中にも従来の保護観察だけでは改善
更生できない者がいることを示しており，再犯防止の観点からすれば，一定期
間，刑事施設に収容して，薬物や売人といった不良環境から遮断したうえで，
矯正処遇を行い，その後釈放して，一定期間社会内処遇を行うことで更生の可
能性をより高めた方が望ましい場合がある。これは従来であれば全部執行猶予
となっていた者に一部執行猶予を適用すべきという意味ではなく，一部執行猶

---

17) 各法務大臣による法案趣旨説明・前掲注(4)。
18) 法務総合研究所・前掲注(5)218頁。
19) 覚せい剤事犯者の同種再犯率は29.1％であり，窃盗と共に，もっとも同種再犯率が高
　い罪種である。法務総合研究所『平成19年版犯罪白書―再犯者の実態と対策』(2007)
　229頁等。
20) 各法務大臣による法案趣旨説明・前掲注(4)。
21) 法務総合研究所『平成21年版犯罪白書―再犯防止施策の充実』(2009) 248-249頁，
　254頁。

予はこうした薬物事犯者に対しても効果的な処遇を提供し得るということである。

但し，薬物事犯者の場合，既に自由刑の前科がある場合が少なくないことから，過去に自由刑の前科がないか（初入者），自由刑の前科があっても，その執行を終わった日等から一定の期間（5年）自由刑に処せられたことがない（準初入者）ことを要件とする刑法上の一部執行猶予を適用できない場合が多くなり，制度の趣旨を十分に発揮することができない。そこで，薬物使用等の罪を犯した者については，この前科要件を外すと共に，保護観察を必要的とするための例外法として薬物使用者等一部執行猶予法が制定されたのである。

5　新たな量刑の選択肢

一部執行猶予制度の導入には量刑に新たな選択肢を加えるという意味もある。我が国では，従来，懲役や禁錮に処する場合，実刑か執行猶予かという選択肢しかなかったが，全部執行猶予でも全部実刑でもない，一部執行猶予という新しい量刑の選択肢を設けることによって，行為責任と個別予防に応じた，より相応しい量刑を行うことが可能となる。

なお，部会での議論では，一部執行猶予を全部執行猶予と全部実刑の「中間的な」刑罰と捉えており[22]，筆者もそれを受け，法案提出前の時点で一部執行猶予を「謂わば『全部執行猶予以上，実刑未満』の被告事件に対する中間的な刑罰」と紹介したことがある[23]。しかし，1年の実刑より，最後の6月を猶予刑とする刑期3年の一部執行猶予の方が当然に重い刑罰であるなど，この「中間的」という捉え方はある意味で誤解を招くおそれがあり，注意を要する。

6　副次的効果としての被収容人員の適正化

なお，法務大臣の諮問や部会の名称に被収容人員の適正化という目的が掲げ

---

22)　被収容人員適正化方策部会議事録第19回2-4頁，11-13頁，19頁，23頁，第22回14頁等，法制審議会総会議事録第162回4-5頁。
23)　太田達也「刑の一部執行猶予と社会貢献活動―犯罪者の改善更生と再犯防止の観点から」刑法雑誌51巻3号（2012）397頁。

られているように，一部執行猶予には被収容人員の適正化を図るという意義も
認められる。しかし，犯罪者の再犯防止や社会復帰を図ることが，ひいては被
収容人員の適正化にも繋がることが目指されているのであって，被収容人員の
適正化が主たる目的なのではない[24]。被収容人員の適正化は，あくまでも一部
執行猶予の副次的効果に過ぎない。被収容者を減らすことだけに主眼を置く余
り，犯罪者の適正な処罰や再犯防止に支障が生じては元も子もないからである。

Ⅲ　法的性格

1　法的性格と法律効果

　一部執行猶予の法的性格をどう捉えるかは，全部執行猶予の法的性質を巡る
議論に左右される。我が国の判例は全部執行猶予を刑の執行の一方法としてい
ることから（刑の一執行形態説）[25]，一部執行猶予についても，同様に，自由刑の
最後の一部分の執行方法と見ることができる。一部執行猶予に遡及適用が認め
られているのも（刑法等一部改正法附則第2条1項），そうした理由からであろう。

　しかし，執行猶予は単なる刑の執行形態ではなく，刑の実質を有した処分で
あるとする見解（刑の一形態説）も有力であり[26]，一部執行猶予についても，身
柄の拘束（実刑部分）と社会内での心理強制（単純一部執行猶予の場合）や保護観
察（保護観察付一部執行猶予の場合）から成る刑としての実質をもった独自の刑罰
であると考える方が望ましい。

---

24) 第179回国会参議院法務委員会会議録第4号（平成23年11月24日）2頁，15頁，18
　　頁，同第5号（平成23年11月29日）2頁。東山太郎「『刑法等の一部を改正する法律』
　　及び『薬物使用等の罪を犯した者に対する刑の一部の執行猶予に関する法律』につい
　　て」警察学論集66巻9号（2013）28頁〔東山太郎（警論）とする。〕，同「刑の一部執
　　行猶予制度導入の経緯と法整備の概要」法律のひろば66巻11号（2013）13-14頁〔東
　　山太郎（法ひ）とする。〕。
25) 判例は，執行猶予を「刑の執行のしかたであつて刑そのものの内容ではない」とする。
　　最小判昭和23・6・22刑集2巻7号694頁。
26) 団藤重光『刑法綱要総論（第3版）』創文社（1990）77頁，平野龍一『矯正保護法』有
　　斐閣（1963）49-50頁，団藤重光責任編集（藤木英雄執筆部分）『注釈刑法(1)』有斐閣
　　（1964）187頁。

一部執行猶予制度の具体的な性質としては，猶予期間の経過によって，猶予刑の部分は失効し，猶予されていない期間を刑期とする懲役又は禁錮の刑に減軽されることから，全部執行猶予が条件付有罪判決制度とされるのと同様，一部執行猶予は一部条件付有罪判決ということになろう。明治 38 年の法律による全部執行猶予は条件付の執行免除制度とされており[27]，一部執行猶予はその全部執行猶予よりも重い刑事責任を想定していることから，猶予期間経過により猶予刑の執行を免除するに止める条件付執行免除制度とすることも理論的にあり得ないわけではない。しかし，そうなると，猶予期間が経過した時点で猶予刑の執行免除となり，同じ刑期の全部実刑の場合よりも将来の執行猶予や再犯加重の点で不利となる不都合が生じる。

　なお，猶予期間経過後も全部執行猶予の場合のように全ての刑の言渡しが失効するわけではないので，猶予期間経過後の再犯に対しては，刑が消滅する場合を除くと，刑法第 25 条 1 項 1 号が適用されることはないが，同第 2 号や一部執行猶予の第 27 条の 2 第 1 項 3 号における刑の執行を終わった日から 5 年という起算日は実刑部分の執行が終了した時点であるし，再犯加重の場合も同様である。

　猶予期間の経過によって猶予刑の言渡しの効力が将来に向かって消滅する。一部執行猶予の言渡しを受けた事実を後の犯罪の量刑において考慮にいれることができるかどうかについては，そうした言渡しを受けたこと自体まで消滅することはないと考えるか，そうした言渡しを受けた事実をなかったものとするという法律上の評価を加えることは可能と考えるかによって見解が分かれ得るのは全部執行猶予と同様であるが，全部執行猶予に比べ，一部執行猶予は罪責が重く，自由刑の一部は執行しているわけであるから，猶予刑を含めた刑期の言渡しを受け，その一部を猶予された事実を後の量刑事情として考慮することができるという見解が説得力をもとう。

27）刑ノ執行猶豫ニ關スル法律（明治 38 年 3 月法律第 70 号）「刑ノ執行猶豫ノ裁判取消サルルコトナクシテ其ノ猶豫期間ヲ經過シタルトキハ猶豫セラレタル刑ノ執行ヲ免除ス」（第 9 条）。

第 1 編第 1 章　刑の一部執行猶予制度の法的構造　　13

2 スプリット判決制度との相違

一部執行猶予以外にも，刑事施設から釈放後の社会内処遇を確保し，施設内処遇と社会内処遇の有機的連携を図る制度には，ドイツで採用されているような行状監督（Führungsaufsicht）があるが[28]，我が国では保安処分に対する否定的見解が強く，その議論さえもままならないし，アメリカのような必要的仮釈放制度（mandatory parole/release）や善時制（good-time system）も，制度的問題が大きく，いずれも採用に値しない[29]。

一方，実刑とプロベーションの間に位置する中間的制裁としては，集中的プロベーション（intensive probation supervision），在宅拘禁（home confinement）（＋電子監視），社会奉仕命令，ショック・プロベーション（shock probation），ショック拘禁（shock incarceration），ブート・キャンプ（boot camp）等が挙げられるが[30]，一部執行猶予と似た制度にアメリカの一部の州で導入されているスプリット判決・分割刑（split sentence）[31]やイギリスの拘禁プラス（custody plus）[32]，拡大判決（extended sentence）[33]がある。これらは，裁判の時点で予め自由刑と社会内処遇をそれぞれ一定期間組み合わせて言い渡し，自由刑の執行後，社会の中で監督や処遇を行う制度であり，中間的制裁としての機能と施設内処遇と社会内処遇の有機的連携を図る機能を有する。特に，スプリット判決は機能面で一部執行猶予と類似した制度である。しかし，一部執行猶予が大陸法的な執行猶予系統

---

28) §68f StGB. 行状監督については，岡上雅美「ドイツにおける行状監督制度とその運用」法制理論 36 巻 2 号（2003）47 頁以下，滝本幸一「ドイツにおける行状監督制度の現状について」罪と罰 39 巻 3 号（2002）55 頁以下，Thomas Wolf（吉田敏雄訳）「ドイツ刑法における行状監督」法学研究 41 巻 4 号（2006）861 頁以下，ハンス＝ユルゲン・ケルナー（小川浩三訳）『ドイツにおける刑事訴追と制裁』信山社（2008）129-132 頁参照。

29) 詳しくは，太田達也・前掲注(11)155 頁以下を参照のこと。

30) GALI A. CAPUTO, INTERMEDIATE SANCTIONS IN CORRECTIONS（University North Texas Press 2004），HOWARD ABADINSKY, PROBATION AND PAROLE: THEORY AND PRACTICE 402-432（9th ed. Pearson 2006）．

31) 後掲・第 1 編第 3 章。

32) 裁判所が 2 週以上 13 週以下の拘禁期間と 26 週以上の社会内監督を定めて自由刑を言い渡すものであるが，全体の刑期が 51 週以下の自由刑に限られる。Criminal Justice Act 2003, §§ 181-182.

33) Criminal Justice Act 2003, c.44, §§ 227-228, § 247（amended by Criminal Justice & Immigration Act 2008, c.4, §§ 15-16, § 25.

の制度であるのに対し，スプリット判決はプロベーションに近い英米法的な社会内処遇を自由刑とセットで言い渡すもので，法的性質が異なる。

　スプリット判決は，連邦で1958年に導入され[34]，多くの州でも採用されたが，短期自由刑の部分を執行することによるショック効果に対し懐疑的見解が支配的となり，1970年代以降の社会復帰思想の後退や強硬な犯罪対策路線もあって，連邦では1984年の量刑改革法により廃止されている[35]。しかし，フロリダ州やメーン州など制度を多用する州もあり[36]，特にウィスコンシン州では，1999年，従来のショック効果ではなく，施設内処遇と社会内処遇の連携を図るため，終身刑を除く全ての自由刑は必ず自由刑と社会内処遇を組み合わせた形で言い渡す新しいタイプのスプリット判決である二分判決（bifurcated sentence）を導入している[37]。

　スプリット判決に対しては，「刑期満了者に対して強制的な施策を実施することは刑法の責任主義の観点から問題がある」とする見解が見られるが[38]，これはスプリット判決を構成する自由刑の部分だけが刑罰であり，その執行から社会内処遇に移行する釈放が満期釈放であるかのような誤解に基づくものである[39]。スプリット判決は，自由刑と社会内処遇から構成される刑罰であって，社会内処遇の部分は行状監督のような保安処分ではなく[40]，自由刑の刑期と社会内処遇の期間を合わせた総合刑期が刑事責任に応じて量定されるものである。

34）Pub. L. No.85-741, 72 Stat. 834 (1958). 18 U.S.C. § 3561.

35）Sentencing Reform Act of 1984, Pub. L. No.98-473, 98 Stat. 1987.

36）Ala. Code § 15-18-8, Fla. Stat. § 948.012, Md. Code［Crim. Proc.］§ 6-222, Me. Rev. Stat. tit. 17-A, § 1152, § 1203, § 1261, Wyo. Stat. § 7-3-107, Ga. Code. Ann. 17-10-6.1（b）(2), 17-10-6.2（b）.

37）1997 Wis.Act 283, 2001 Wis.Act 109.

38）日本弁護士連合会『「更生保護のあり方を考える有識者会議」報告書に対する意見』（2006）9頁。

39）後掲・第1編第3章第Ⅵ節4。金光旭・前掲注(15)148頁も，自由刑後の保護観察が責任の限度を超えているとの疑問があるとしながら，分割刑（スプリット判決）で責任主義に反しない制度設計は可能とする。

40）スプリット判決を構成する社会内処遇は，probationであったり，extended supervisionであったりと様々で，法的性質の違いは必ずしも明らかではない。そのため，スプリット判決の社会内処遇は保安処分であって認められないとする批判が予想される。現行の執行猶予に付される猶予期間や保護観察を保安処分の一種と解する見解も見られるが，だからと言って，これを認めないとするのであろうか。

もっとも，スプリット判決は，社会内処遇の期間に犯罪や遵守事項違反を行った場合の不良措置の点で，プロベーションの制度がなく（少年の保護観察処分は例外），大陸法的な執行猶予制度に馴染む我が国では法技術的に採用が難しいことも確かである[41]。しかし，メーン州のスプリット判決などは執行猶予型であるし，ウィスコンシン州の制度も実質的には同様であることから，決して日本の法制度に適合しないというわけではない。但し，ウィスコンシン州の二分判決は自由刑と社会内処遇の期間をそれぞれ法定の範囲内で決めることができるが，懲役や禁錮の法定刑が罪種ごとに規定されている我が国の刑法体系では，法定刑の範囲内で自由刑と社会内処遇の期間を設定しなければならず，社会内処遇の期間を設定する自由度がかなり制限される。もし，ウィスコンシン州の二分判決のような自由度の高い社会内処遇期間を設定できるようにするためには，総則規定の中で，自由刑を宣告する場合には一定期間（例えば，5年以下）の社会内処遇を併せて科すことができるといった一般規定を置かねばならず，ドラスティックな刑法改正を要する。かなり乱暴な議論に聞こえるかもしれないが，我が国で導入された一部執行猶予でも，実刑部分と猶予刑を併せた宣告刑の刑期は法定刑（処断刑）の範囲内でなければならないが，猶予期間はそこからはみ出ることもあるのである。

　もし，この問題が解消できるならば，二分判決には，一部執行猶予にはない制度的魅力がある。一部執行猶予のように「執行猶予」という法律概念を採ると，どうしても全部執行猶予の制度に引きずられやすくなるのに対し，二分判決は，自由刑と社会内処遇を組み合わせた刑なので，10年の自由刑プラス3年の社会内処遇といったように，理論上，法定の範囲内で自由刑の刑期と社会内処遇の期間を柔軟に設定することができる。また，釈放後に社会内処遇を確保することが必要な犯罪者は何も初入者に限らず，重大な罪を犯した者や問題性の高い犯罪者こそむしろ施設内処遇と社会内処遇の連携が必要であって，二分判決はこうした犯罪者にも科すことができる。

---

41) 部会でもそうした指摘がなされている。被収容人員適正化方策部会議事録第12回20-21頁，24頁，第14回16頁。

図2 刑の一部執行猶予と二分判決の比較

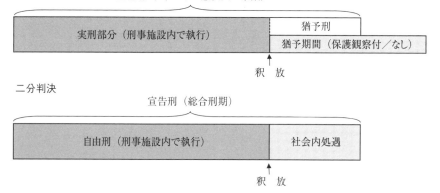

　くわえて，一部執行猶予は，宣告刑の刑期，猶予刑の期間，猶予期間，さらに保護観察の有無まで含めた量刑判断を行わなければならず，やや複雑な構造と判断が必要となるうえ，特に猶予刑や猶予期間の判断に当たっては，個別予防的な事情の考慮が重要となる。これに対し，二分判決は，個別予防的な判断は必要であるとしても，自由刑の刑期と社会内処遇の期間というシンプルな形での量刑が可能である。しかし，こうした制度をプロベーションの制度のない我が国の制度として構成しようとする場合，社会内処遇の期間は執行猶予された刑の期間と見なすと同時に猶予期間でもあるとする必要があるため，結局は一部執行猶予と性質的に極めて似たものとなる（図2）[42]。

　これらの点を考えると，我が国は一部執行猶予という道を選択したが，二分判決のような制度も将来的には検討に値すると思われるし，二分判決の検討を通じて一部執行猶予の課題が浮き彫りになることもあると思われるので，本編第3章では二分判決制度について検討を行うことにする。

---

42) 後掲・第1編第3章第Ⅵ節5(2)。同旨，森下忠『刑事政策の論点Ⅲ』成文堂（1997）67-69頁。但し，森下博士のいう probation with jail は，二分判決とは異なる制度である。

3　一部執行猶予の類型

　一部執行猶予の要件が全部執行猶予の要件と極めて類似していることから，一部執行猶予は，制度設計上，全部執行猶予に近い「全部執行猶予の亜種」に位置付けられているように思われる。宣告刑にしても，全部執行猶予と同じ3年以下の刑にしか一部執行猶予は認められず，刑事責任の重い者に対しては，たとえ一部であれ，刑の執行を猶予することは適当でないという立法者の説明が[43]，そのことを象徴的に表している。一部執行猶予が全部執行猶予と全部実刑の「中間的な」刑罰であると説明してみたところで，本来，全部実刑には懲役5年や10年もあるのであるから，宣告刑を5年や10年とする一部執行猶予があっても，懲役5年や10年の全部実刑からすれば，ある意味「中間的」であるはずであるが，それでも3年以下の宣告刑しか一部執行猶予を認めないということは，結局，一部執行猶予は，「全部執行猶予以上，3年以下の全部実刑以下」という，極めて全部執行猶予に近い刑罰とされている証拠である。

　しかし，一部執行猶予は，実刑部分を含んだ刑であるから，これを全部実刑に近い「全部実刑の亜種」と位置付けることもできるはずである。そして，私見では，その方が制度本来の趣旨に沿った制度設計が可能になると思われる。つまり，一部執行猶予は，施設内処遇に続いて一定期間社会内処遇を行うことで効果的な再犯防止を図ることを目的とするものであるから，何も宣告刑を3年以下の場合に限定する必要がないばかりか，宣告刑が長くなるほど，釈放後の社会復帰に向けた指導や援護も必要となるため，一部執行猶予がより意味をもつとも言える。

　前科要件にしても，宣告した刑の全部の執行を猶予する全部執行猶予であれば，前科がないか前刑の執行から一定の期間が経ったような問題性の少ない者でなければならないであろう。しかし，一部執行猶予には実刑部分があり，刑事施設での自由刑の執行に続いて，残りの刑の執行を猶予するものであるから，前科がある者が一律排除されなければならない理由がないばかりか，前科のあるような犯罪者ほど，施設内処遇と社会内処遇の連携が不可欠なのであり，一

---

43) 被収容人員適正化方策部会議事録第19回9頁，第22回12頁。

部執行猶予が効果的な対象者なのである。

　こうした，一部執行猶予を「全部執行猶予の亜種」と捉えるか「全部実刑の亜種」と捉えるかの根底には，刑事責任（応報）を優先的に考えるか，処遇（予防）を優先的に考えるのかの違いがあると言えよう。以下の節で検討する一部執行猶予の要件や保護観察を巡る制度と私見の差も，こうした一部執行猶予の性質や目的をどう考えるかについての差に帰着するように思われる。

Ⅳ　要件

1　宣告刑

　一部執行猶予の宣告刑は，全部執行猶予と同じ，3年以下の懲役又は禁錮でなければならない[44]。宣告刑を3年以下の自由刑に限定した理由は，①実刑と全部執行猶予の中間の刑責に対する刑罰であることを前提としているため，刑期が長期に及ぶような刑責の重いものは馴染まない，②比較的短期の自由刑については，仮釈放制度を積極的に活用しても社会内処遇の期間を十分にとることができない，③3年よりさらに短くすると，より刑責の軽い全部執行猶予との関係で不均衡が生じる[45]，④宣告刑が長い場合まで一部執行猶予を認めると，裁判所が量刑の時点で遠い将来の釈放を見越したうえで処遇の必要性を判断しなければならなくなるが，それは極めて困難である，とされている[46]。

　しかし，①の点については，既に述べた通り，懲役5年うち1年を執行猶予というのでも，全部実刑5年と全部執行猶予の間の「中間」ではあるので，中間的刑責という考え方自体が曖昧であり，制度の根拠にはなり得ない。また，中間的という説明を持ち出すことなく，初入で3年を超える刑を受けるような

---

44) 全部執行猶予と異なり，一部執行猶予は自由刑（実刑部分）と猶予刑の組み合わせによる施設内処遇と社会内処遇の連携が目的であるから，当然ながら財産刑である罰金は対象外である。
45) 被収容人員適正化方策部会議事録第19回4-5頁。
46) 被収容人員適正化方策部会議事録第12回24頁，第13回5頁，第19回9-13頁，第22回12頁。また，第179回国会参議院法務委員会会議録第4号（平成23年11月24日）15頁及び23頁の平岡秀夫法務大臣の答弁。

者は悪質且つ重大犯罪者であるから，たとえ一部であれその刑の執行を猶予することは応報や一般予防，被害者を含めた国民感情からして適当でないという説明もなされている[47]。しかし，一部執行猶予でもきちんと実刑の部分を科すのであるから，応報としても，猶予される刑を含め宣告刑全体として評価されているし，刑の執行が一部猶予される代わりに，最大5年という猶予期間が設定可能なうえ，保護観察も付けられるのであり，執行猶予や保護観察を刑の付随処分として捉える見解が一般的であることを考えると，応報しての評価が小さいとは言えない[48]。さらに，一部執行猶予は，刑事施設への収容だけでなく，釈放された後も猶予期間や保護観察が設定され，犯罪者の監督や処遇がきちんと行われるとなれば，一般予防としても，また被害者や国民感情としても，従来の放漫な満期釈放よりむしろ理解を得やすいのではないか。たとえ一部といえども，刑の執行を猶予する以上，宣告刑は一定の軽いものでなければならないという見解は，やはり一部執行猶予を刑事責任の軽い者に対する「全部執行猶予の亜種」と見る発想から来ているものと言えよう。

　3年を超える刑期の宣告を受けるような者は，むしろ仮釈放によって十分な社会内処遇の期間をとることができるという②の理由についても，長年の仮釈放の積極化政策では限界があったという現実を見据えていない。刑期が長いからと言って，仮釈放率が殆ど上がらず，また刑期が長いほど執行率が高くなる我が国の仮釈放実務では，十分な社会内処遇を確保することはできないのである[49]。

　3年よりさらに短くした場合，全部執行猶予ができるのに，それより重いは

---

47) 被収容人員適正化方策部会議事録第19回9頁，第22回12-13頁，東山太郎（警論）・前掲注(24)34頁，東山太郎（法ひ）・前掲注(24)16頁。
48) 重い罪の場合，たとえ刑の一部であっても「猶予」されることは許されないという発想には，恐らく，「猶予」という言葉や概念のもつ印象が関係しているのかもしれない。もしそうであるとするなら，一部執行「猶予」制度より，自由刑と社会内処遇を組み合わせるという二分判決（ないし後掲・第1編第3章で提案するような複合判決）という構成を採る方がよいのかもしれない。
49) 部会でも，4，5年程度の刑期では短い保護観察期間しか確保できず，3年以下の一部執行猶予の場合の保護観察と逆転現象が起きてしまうことが指摘されている。被収容人員適正化方策部会議事録第19回5頁。

ずの一部執行猶予をすることができないという不均衡（逆転）が生じるという
③の説明はその通りであり，一部執行猶予の宣告刑の上限を 3 年よりさらに下
げることは考えにくいし，意味もない。

　④の点については，判決前調査制度をもたない我が国の刑事裁判制度を前提
とすると，一応の説得力がある。しかし，刑期が長くなればなるほど，釈放後
の社会復帰が難しくなり，中間処遇的なものが必要となることは自明であり[50]，
ましてや犯行の時点で無職や住所不定であった者，引受人となるべき家族がい
ないような者，障がいや疾患のある者などは仮釈放となり難く，釈放後の社会
内処遇との連携を図る必要性が高い。また，3 年を超える先のことはわからな
いという説明であるが，実刑部分はそれよりも短いわけであるから，猶予期間
の開始はそれよりも早い時期である。

　結局，この種の議論はできる，できないの水掛け論であり，それでも裁判所
としてそのような先の判断はできないと言われれば，それ以上の反論は難し
い[51]。しかし，敢えて言うなら，猶予期間が判決確定後直ちに始まる全部執行
猶予と違い，一部執行猶予は確定後まず実刑部分が執行されるのであって，そ
こで様々な矯正処遇が行われ，場合によっては仮釈放も許可され，保護観察も
実施されるのに，3 年以下であれば，そうした後の対象者の状況や処遇の必要
性の予測は可能であると言うのであろうか。一部執行猶予の場合にも，単純執
行猶予とするか保護観察付とするか裁判所の裁量に委ねているが，これほど判
決確定と猶予期間開始の間に時間と処遇が挟まった後の保護観察の要否の判断
は尚更難しいはずである。これができるというのであれば，宣告刑の上限を厳
しく制限する根拠は余り説得力がない。

　結局のところ，一部執行猶予の宣告刑の上限をどのように設計するかという

---

50) だからこそ，我が国では執行刑期 10 年以上の受刑者の仮釈放に対して「中間処遇」制
　　度が実施されているのである。藤野隆「長期刑仮出獄者の中間処遇—その試行段階から
　　現在まで」犯罪と非行 80 号（1989）66 頁以下等。
51) 今井猛嘉教授は，裁判官による行動予測には限界があることを端的に認めたうえで，大
　　陸法系の国の実情を比較法的に分析しながら，判断機関や判断材料，判断方法をさらに
　　検討すべきであるとする。今井猛嘉「社会内処遇の現代的課題について」刑法雑誌 51
　　巻 3 号（2012）382 頁。

問題も，一部執行猶予を「全部執行猶予の亜種」と見るか，「全部実刑の亜種」と見るか，という制度の本質ないし性質に帰着するように思われる。部会では一部執行猶予が全部執行猶予と全部実刑との中間的な刑責の犯罪者に対する制裁であることが繰り返し強調されていることからもわかるように，施設内処遇と社会内処遇の連携を唱えつつも，行為責任的発想から抜けきれておらず，あくまで全部執行猶予より少しだけ重い「全部執行猶予の亜種」として制度化が図られたことから，宣告刑や他の要件は限りなく全部執行猶予に近いものとなっている[52]。一部執行猶予が「刑の執行猶予」を定めた章に規定されているのも，その表れである。

　これに対し，一部執行猶予の個別予防機能を重視し，施設内処遇と社会内処遇の有機的連携に最大の価値を見いだすとすれば，何も対象は3年以下の刑に限定する必然性はなく[53]，例えば15年の宣告刑に対しその一部を猶予する制度設計もあり得る。一部執行猶予が満期釈放や仮釈放の限界に対する対応策の1つであるなら，尚更である。この場合，一部執行猶予はいわば「全部実刑の亜種」として位置付けられることになる[54]。

　我が国の場合，1審では刑期3年以下の者が実刑・執行猶予含めると約93％を占め，新受刑者でも刑期3年以下の非累犯が約38％を占めているため[55]，

---

52) ただ，一部執行猶予を全部執行猶予と実刑の中間的な行為責任に対する制裁であると位置付けたいとしても，宣告刑の要件や前科要件を全部執行猶予と類似したものとする必然性はないように思われる。一部執行猶予が全部執行猶予より重い刑だとしても，同じ3年という宣告刑の上限の中で犯情の重い者を対象とする必要はなく，刑事責任が重いため3年以上の刑を宣告する場合であってもよいからである。結局，この中間的な制度という発想そのものがおかしい。

53) 部会でも，そうした見解が示されている。被収容人員適正化方策部会議事録第19回6頁，第22回24-25頁。第183回国会衆議院法務委員会議録第17号（平成25年6月11日）10頁及び19頁の階猛委員及び椎名誠委員の意見。

54) 全部執行猶予でさえ，3年以下の自由刑を対象とすることに絶対的な真理があるわけではなく，刑法改正の議論では，これを5年以下に引き上げる見解が，応報刑論，教育刑論の双方から主張されている。小野清一郎『刑の執行猶豫と有罪判決の宣告猶豫及び其の他』有斐閣（1931）87頁，正木亮『刑法と刑事政策［増訂版］』有斐閣（1968）132-135頁。

55) 最高裁判所『平成28年版司法統計年報—刑事編』（2017）46頁，法務省『2016年矯正統計』e-Stat表25。

今回のような 3 年以下の刑を対象とする一部執行猶予でも，「量」的にはかなりの者が一部執行猶予の対象にはなり得る。しかし，3 年を超える宣告刑を言い渡される者の中にも施設内処遇と社会内処遇の連携による改善更生と再犯防止を図ることが有用な者がいるであろうから，犯罪者の「質」からした場合，将来的には，宣告刑の範囲を拡大することも検討されてしかるべきである。

2　前科

刑法上の一部執行猶予は，

一　前に禁錮以上の刑に処せられたことがない者
二　前に禁錮以上の刑に処せられたことがあっても，その刑の全部の執行を猶予された者
三　前に禁錮以上の刑に処せられたことがあっても，その執行を終わった日又はその執行の免除を得た日から 5 年以内に禁錮以上の刑に処せられたことがない者

という前科要件を課しており，このうち第 1 号（初入者）と第 3 号（準初入者）は全部執行猶予の前科要件と同じ内容となっている。第 2 号は，前刑の全部執行猶予期間中である者を指し，一部執行猶予はこうした全部執行猶予中の者にも適用がある[56]。

　全部執行猶予については，前刑たる全部執行猶予中の場合も，「前に禁錮以上の刑に処せられた」者に当たり，原則としてこれを適用することはできない[57]。前刑の全部執行猶予期間中に再犯を行ったということは，社会内での自律更生が失敗したことを意味するからである。しかし，昭和 28 年の刑法等一部改正によって第 25 条 2 項が追加され，執行猶予中の者でも，それが保護観察の付かない単純執行猶予であり，後刑が 1 年以下の懲役又は禁錮の言渡しを

56）前刑の全部執行猶予が取り消されないまま猶予期間が経過した場合には，全部執行猶予が失効するため，一部執行猶予の前科要件との関係では，「前に禁錮以上の刑に処せられたことがない者」（第 1 号）に当たる。
57）最小判昭和 24・3・31 刑集 3 巻 3 号 406 頁，最小判昭和 25・1・10 刑集 4 巻 1 号 1 頁。

受け，情状に特に配慮すべきものがあるときは再度の執行猶予にすることが可能となったため，「前に禁錮以上の刑に処せられた」者とは，禁錮以上の実刑の他，第25条2項以外の執行猶予中の者ということになる。

これに対し，一部執行猶予は，全部執行猶予より行為責任の重い（そして予防の必要性も高い場合の）刑であり，実刑部分もあることから，前刑の全部執行猶予中の再犯に対しても適用を大幅に制限しなければならないということにはならず，実際，刑事責任の点で，再度の全部執行猶予とするには軽過ぎ，かといって全部実刑とするには重過ぎる場合があることから，そうした場合にも適用することを認めたものである。また，予防の点から言って，前刑の社会内処遇が失敗したからこそ，後刑については，施設内処遇だけではなく，社会内処遇との連携を図れる一部執行猶予を適用できるようにすることが望ましい場合があることも理由の1つである。なお，全部執行猶予中の者に対し一部執行猶予を科す場合でも，全部執行猶予は必要的に取り消されるため（刑法第26条1号），取消刑（執行することになった猶予刑）と一部執行猶予の2刑を執行することになる。

この点を除けば，一部執行猶予の前科要件は全部執行猶予の前科要件と酷似したものとなっており，ここにも，一部執行猶予を「全部執行猶予の亜種」と見る発想が表れている[58]。たとえ刑の一部とは言え，刑の執行を猶予する以上，全部執行猶予「並」の要件が求められるとするのである。しかし，部会での議論のように一部執行猶予を全部執行猶予と全部実刑の中間的な刑事責任に対応する刑罰と見ずとも，一部執行猶予が全部執行猶予より行為責任としてはより

---

58) しかし，全部執行猶予についても，前科要件を排除すべきであるという主張がある。小野清一郎・前掲注(54)80-82頁，正木亮・前掲注(54)131-132頁。1940年に公表された刑法改正仮案の執行猶予制度は，前科を要件としていない。なお，平野龍一博士は，改正刑法準備草案が前科要件を規定したことに対し一歩後退であるとしているが，再犯予測や自由刑の効果についての研究も貧弱で，判決前調査制度もなく，自由刑に対する不信が強い裁判官が執行猶予を多用する傾向があり，直ちに前科要件を廃止すると運用が混乱し，制度に対する不信を生みかねないとして，前科要件を維持したのはやむを得なかったと評している。平野龍一『犯罪者処遇法の諸問題［増補版］』有斐閣 (1982) 27-28頁。この他，全部執行猶予について前科要件の廃止を主張するものとして，森下忠・前掲注(42)56-58頁。

重い刑であることは間違いないのであるから，全部執行猶予の要件と同じ（類似したもの）としなければならない必然的理由があるわけではない。ましてや，施設内処遇と社会内処遇の連携という一部執行猶予の個別予防の機能を重視すれば，一部執行猶予の対象者を初入者や準初入者に限定する必要はない[59]。

例外法たる薬物使用者等一部執行猶予法は，宣告刑の要件は刑法上の一部執行猶予と同じ3年以下としながら，前科要件を一切外している。薬物使用者は一般的・類型的に施設内処遇後の社会内処遇が再犯防止や改善更生のために必要且つ相当であって，余り対象者ごとの個別的な事情によって必要な処遇の内容が大きく異なることはないというのが部会での説明であるが[60]，薬物使用者の個別事情の幅が本当にそれほど小さいかどうかも，薬物依存の治療やリハビリの実状に詳しい実務家の意見を聞く必要があろう。

薬物事犯者の改善更生や再犯防止に一部執行猶予が効果的な場合があることは確かであるとしても，だからといって，なぜ薬物使用者だけ前科要件が一切解除されるのかは明らかでない。施設内処遇と社会内処遇の連携の必要性が高い犯罪者は薬物事犯者以外にいくらでもいる。例えば，高齢者や障がい者，身寄りや仕事のない者の中に犯罪と受刑を繰り返す者が非常に多く見られる[61]。こうしたタイプの犯罪者は，前科があったり，再犯期間が短かったりして，全部執行猶予の対象とはならず，かといって刑事施設でも前科や引受人の不在等から仮釈放とはならず，また本人自身が仮釈放を希望しない者さえいることから，満期釈放となって，後の社会内処遇が行われない。こうした犯罪者こそ，施設内処遇と社会内処遇の連携が必要な者なのであるが，これを端から対象外

---

59) 確かに，全部執行猶予や一部執行猶予について前科要件を設けず，ドイツの執行猶予のように前科は量刑上考慮することに止めることにすれば（§56 StGB），本文のような複雑な議論は要しないし，全部執行猶予や一部執行猶予の法律効果の在り方についても別の仕組みが可能である。

60) 被収容人員適正化方策部会議事録第20回10頁。

61) 実証研究として，例えば，田島吉昭（研究代表者）『厚生労働省科学研究—罪を犯した障がい者の地域生活支援に関する研究』（2009），近藤日出夫他『法務総合研究所研究部報告37：高齢犯罪者の実態と意識に関する研究—高齢受刑者及び高齢保護観察対象者の分析』（2007），太田達也「高齢犯罪者の実態と対策」警察政策11巻（2009）126頁以下，法務総合研究所・前掲注(21)233頁以下等。

としてしまうのでは，制度の価値が半減する。そもそも刑事施設から釈放後5年以内に再び犯罪を行って実刑を受け刑事施設に再収容される再入率は満期釈放者で50％以上であるにもかかわらず，こうした問題性の高い，もっとも再犯防止の対策が求められる受刑者が，結局，仮釈放にも，一部執行猶予の対象にもならないことになってしまう。

　対象者ごとの個別的な事情によって必要な処遇の内容が余り変わることがない，いわば定型的な処遇に馴染むかどうかというのも前科要件の要否とは直接関係がない。薬物使用者の前科要件を全て外せるくらいであれば，一般の一部執行猶予でも多少緩和するくらいのことはできてもおかしくはない。

　薬物使用者等一部執行猶予法の相当性の判断においても前科や前科における処遇が相当程度考慮されるとするが[62]，そうであるなら，刑法上の一部執行猶予でも相当性の判断において前科等を十分考慮できることになる（前科要件はその裁量の幅を制限する機能をもつ。）。本犯が薬物使用等の罪でも，前科が薬物使用と全く関係ない犯罪の場合，「必要性且つ相当性」の要件で考慮し，除外すればよいというなら，刑法上の一部執行猶予でも，前科が本犯と何ら関係をもたない場合（前科が自動車運転過失致傷罪で，本犯が窃盗罪など），必要性と相当性により判断すればよい。反対に，前科と本犯が罪質や動機などから関連性が強く，社会内処遇との有機的連携が再犯防止のうえで必要且つ相当な事案でも，前科要件があるために対象外とせざるを得ない場合が出てくる。

　あと，敢えて論じるとすれば，前科要件を設定するにしても，準初入者について，刑の執行終了又は免除（以下，「執行終了等」という。）からの経過期間が必ず5年でなければならないかという問題もある。準初入者の要件を前刑の執行終了等から5年としたのは，全部執行猶予においても同様の扱いとなっている他，刑の執行終了等から5年が経っていない場合は再犯・累犯加重となるほどであるから，中間の刑責とは言えないからである[63]。この中間の刑事責任という制度趣旨は，国会上程の段階では敢えて取り上げられなかったため，根拠と

62）被収容人員適正化方策部会議事録第22回34-35頁。
63）被収容人員適正化方策部会議事録第19回16頁。

しては弱くなったが，確かに，猶予期間の上限や再犯加重の期間である5年と前科要件たる執行終了等からの期間を一致させておく方が仕組みとしては簡潔である。

しかし，前刑の執行終了等から例えば4年しか経っていない場合，3年以下の刑を言い渡す場合でも全部執行猶予も一部執行猶予もできず，実刑しか選択肢がない。仮に執行終了等から5年以下という基準を引き下げれば，全部執行猶予が認められるようになる時点の前に一部執行猶予なら可能となる期間が生まれる。再犯加重についても，再犯加重してもなお3年以下の刑で処断すべきときに（この宣告刑の要件が適当かどうかは別として），その一部を執行猶予すべきかどうかを判断すればよいとも言える[64]。この問題も，法技術的な問題の他，その根底には，やはり一部執行猶予をどのような性質の刑罰と捉えるかという刑罰理念が横たわっており，一部執行猶予を「全部執行猶予の亜種」とする立法者の立場からは，再犯加重さえ認められる，前刑の執行終了等から5年も経っていない者に対しては，たとえ刑の一部といえども，その執行を猶予することは許されないということになる。

3　情状・再犯防止の必要性と相当性

一部執行猶予は，「犯情の軽重及び犯人の境遇その他の情状を考慮して，再び犯罪をすることを防ぐために必要であり，かつ，相当であると認められるとき」に適用することができる（刑法第27条の2第1項）。即ち，犯行の経緯・動機，犯行手段・態様・程度，被害者の人数や被害の程度，共犯関係といった犯情と，被告人の生育歴，特性・人格，家族関係，職業，犯罪組織への所属，前科・前処分（前刑や前処分における処遇状況を含む），住居の状況，保護者・監督者，本人の事件に対する態度（改悔の状など）・改善更生の意欲，被害者の状況や損害回復等といった一般情状を基に，再犯防止の必要性と相当性が認められるときに一部執行猶予を適用することができると同時に，宣告刑の刑期や実刑部分と猶

64）ちなみに現行の全部執行猶予の5年以内の基準は裁判時（判決宣告時）であるが，再犯加重は犯行時を基準とすることから，犯行から判決まで期間があるような場合は，再犯加重されながら，全部執行猶予の要件を充足することは理論上あり得る。

予刑の割合，保護観察の有無を判断することにしたものである。

部会事務局から当初示された参考試案では，単に「情状により」とだけされていたが，法制審議会の答申では「犯情の軽重その他の事情を考慮して，必要であり，かつ，相当であると認められるとき」に改められ，さらに，成立した法では判断基底に「犯人の境遇」が例示されることとなった。しかし，この判断基底たる情状については，参考試案から法律にかけて実質的な内容に変更が加えられたわけではなく，もともと参考試案の「情状」にも，現行の全部執行猶予の規定のように，犯情の軽重とそれ以外の一般情状が含まれており，規定振りを改めたに過ぎない[65]。また，判断基準については，「再び犯罪をすることを防ぐために」という文言が加わり，必要性と相当性が再犯防止上の判断であることが明確にされている。

このうち，再犯防止の必要性については，一部執行猶予が施設内処遇と社会内処遇の有機的連携を図ることで犯罪者の改善更生と再犯防止の効果を高めることを最大の目的とする制度であることから，施設内処遇と社会内処遇の有機的連携を図ることが本人の再犯防止のうえで必要かどうかということになる。例えば，犯行の要因に本人のアルコール依存が深く関わっており，刑事施設での断酒と依存の治療に続いて，釈放後の継続的なリハビリと禁酒指導が再犯防止のうえで不可欠である場合が考えられる。犯罪類型では，薬物依存者，反社会的性的傾向をもった性犯罪者，常習的な放火犯などが，再犯防止のうえで施設内処遇と社会内処遇の有機的連携が必要な類型として想定できよう[66]。

また，この他にも，近年，特別調整制度が適用されるような高齢者や精神障がい者も，司法と福祉の連携を図るうえで，施設内処遇と社会内処遇の連携が極めて有用である。特に，受刑後の「出口支援」の場合，満期釈放による福祉への丸投げではなく，一定の期間，司法が介在しながら福祉的な支援を行い，しかるべき後に福祉へと完全に橋渡ししていくことが重要であり，福祉側から

---

65) 被収容人員適正化方策部会議事録第 22 回 25-26 頁。
66) 部会では，一部執行猶予の必要性の判断を裁判段階で行うのは難しいのではないかとの意見が示され，罪種による類型化が必要ではないかとして，薬物犯罪等が挙げられているが，窃盗などの財産犯はそうした類型化に馴染みにくいとされている（反論あり）。被収容人員適正化方策部会議事録第 13 回 5-9 頁，第 14 回 14 頁，19-20 頁。

28

もそうした要請がある[67]。こうした福祉的支援との連携が必要な受刑者については，仮釈放で対応できる場合もあるが，平成21年から行われている特別調整では仮釈放との連動が難しく，また仮釈放となっても現在の残刑期間主義では保護観察（特に補導援護）を行うことのできる期間が限られているため，一部執行猶予を活用し，当初より司法と福祉の連携に向けた体制を確保しておくことも十分に考えられよう[68]。

　前科も必要性判断において考慮される。例えば，前刑として自動車運転過失致死罪により禁錮刑が確定し，5年以上前に執行を終えたが，今回，偶発的な原因から人を傷害し3年以下の懲役が言い渡されるというような場合，前科要件からは一部執行猶予の対象となり得るが，前刑と後刑の罪種の点から本人に一定の犯罪的傾向が見い出されないとすれば，少なくともそのような点からは必要性が否定されやすい。反対に，薬物使用の罪により懲役刑に処せられ，執行猶予に付された者が執行猶予を取り消されることなく猶予期間が経過したが，今回，薬物購入のための金銭欲しさに窃盗事件を犯したような場合，薬物使用者等一部執行猶予法に基づく一部執行猶予の対象にはならないが，前刑の罪と本犯の罪が共に薬物依存から生じたものである場合，刑法上の一部執行猶予の必要性ありとされる可能性がある。

　次に，相当性については，個別予防（予防面での相当性）と刑事責任（犯情面での相当性）の2つの側面から判断されるべきものである。まず，予防面での相当性については，仮釈放の許可基準における保護観察相当性のように[69]，釈放後の帰住地感情が極めて悪く，対象者に対する非難や排斥が高度に予想される

---

67) 太田達也「精神障害犯罪者の社会復帰—司法と福祉の連携」刑法雑誌52巻3号（2013）518頁。

68) 太田達也「刑事政策と福祉政策の交錯—〈司法の福祉化〉と〈福祉の司法化〉」罪と罰50巻3号（2013）66-67頁。勿論，福祉的支援だけで更生が十分に見込まれる者には司法の「併走」は必要なかろうが，福祉的支援を要する犯罪者の中には福祉サービスの提供だけでは更生が難しい者がいるのが現実であり，こうした場合に，司法と福祉の併走期間が必要となる。

69) 太田達也・前掲注(11)71頁以下（初出「仮釈放要件と許可基準の再検討—『改悛の状』の判断基準と構造」法学研究84巻9号（2011）45頁以下）。もっとも，法務省は，依命通達において，保護観察相当性は，より広い，仮釈放を許すことの包括的要件であると位置付けている。

ような場合であるとか，被害者感情が深刻で，対象者の社会内処遇が被害者の心情を害したり，二次被害を生むおそれが高い場合など，保護観察を実施することが本人の社会復帰のうえで，或いは帰住地や被害者の安心・安全にとって著しく不適切な場合などが不相当ということになろう。但し，これは，本来，生活環境調整や保護観察において対応すべきものであるので，裁判の時点で余り過度に評価することは適当でない。

　部会の事務局は，本人が犯行時所属していた反社会的な組織に今後も所属し続ける旨を述べるなどしている場合が必要性・相当性を否定する要素であると説明している[70]。従来，暴力団構成員は，実刑となった場合，暴力団から離脱しない限り仮釈放も難しいため，暴力団構成員の大半が満期釈放となっており，社会内での指導も監督も行われず，再犯防止のための施策を取り得ない。仮釈放を拡大しようにも，現在の仮釈放基準の下では，組織への復帰を明言する暴力団構成員たる受刑者には困難である。そこで，一部執行猶予によって裁判の時点から施設内処遇に続く社会内処遇を設定しておくことができれば，社会内での指導監督を行い得るが，この種の対象者が保護観察官の指導監督に服するか疑問であり，そもそも「犯罪性のある者との交際」といった特別遵守事項を設定しても，組織に戻った時点で即違反となるため，保護観察の実効性が期待し得ない。現実問題として，暴力団構成員等反社会的組織に属する者については予防面での相当性を認め難い場合が少なくない。

　なお，部会では，更生の意欲を有しているかどうかや近親者や雇用主等による監督や就労が期待できるかどうかといった対象者本人の意識や環境も相当性判断の上での重要な要素としている[71]。しかし，この点を余り強調し過ぎると，結局，問題の少ない，再犯防止の必要性の低い者ばかりが相当であることになり，本来，社会内処遇の必要な者が対象外とされてしまうおそれがある。更生意欲を喚起し，適切な指導監督を行っていくことや就労を支援することが，正

---

70) 被収容人員適正化方策部会議事録第 22 回 15 頁，33-38 頁，第 179 回国会参議院法務委員会会議録第 4 号（平成 23 年 11 月 24 日）24 頁の平岡秀夫法務大臣の答弁。
71) 被収容人員適正化方策部会議事録第 22 回 15 頁，33-38 頁。同旨，今福章二「更生保護と刑の一部の執行猶予」更生保護学研究 3 号（2013）22 頁。

に保護観察の役割であるはずである。

　次に，犯情面での相当性について，部会は，「3年以下の刑期の場合であっても，犯した罪の罪種や罪質，具体的行為態様，社会的影響等によっては，現行制度において3年を下回る刑期でありながらも実刑は動かないという判断がされることがあるのと同じように，刑の一部の執行猶予制度の対象とすることが相当ではない場合というのはあり得る」として，被害額は少額であっても，反社会的組織に属する者が，その組織の一員としての立場で組織的に行った詐欺行為のような場合が不相当の例であるとしている[72]。暴力団等の反社会組織に属するという事情は，予防面での相当性だけでなく，こうした犯情面での相当性にも関わる。

　前科については，刑法第27条の2第1項各号が定める前科要件によって篩に掛けられるが，それ以外の前科については，必要性と共に，相当性の判断において評価の対象になる。ただ，刑法上の一部執行猶予では前科要件が厳しいため，犯情面での相当性判断において前科が評価される場面は，かなり以前（5年以上前）に多くの同種前科がある場合などを除くと，少ないであろう。これに対し，薬物使用者等一部執行猶予法の場合，前科要件がないため，薬物使用以外の前科等が相当性及び必要性の判断において考慮されよう。

　しかし，犯情が悪質という場合，再犯防止の必要性が高い場合もあるので，犯情が重いというだけで相当性が欠けるとするのは，処遇の必要性の高い者を多く排除してしまう危険性がある。この問題も，究極的には，一部執行猶予の性格や目的をどう考えるかによって判断が分かれよう。一部執行猶予を「全部執行猶予の亜種」と捉える立場からは，犯情が悪いものについては，たとえ刑の一部であっても執行を猶予することは「相当」でないとされやすいのに対し，一部執行猶予を「実刑の亜種」と捉えたうえで，その予防的機能を中心に考える立場からは，犯情が悪いというだけで相当でないとすることには躊躇されることになる。

---

72) 被収容人員適正化方策部会議事録第22回28頁。また，暴力団員等による薬物使用等については，被収容人員適正化方策部会議事録第20回4頁。第179回国会参議院法務委員会会議録第4号（平成23年11月24日）24頁の平岡秀夫法務大臣の答弁。

V 実刑部分と猶予刑

1 算定基準

　宣告刑は法定刑ないし処断刑の範囲内で量定されるが，このうち実刑部分と猶予刑をそれぞれどれくらいの期間にするか，つまり両者の割合をどの程度にするかは，行為責任と個別予防の両面から決せられることになる。まず，行為責任に応じて，3年なら3年という同じ宣告刑でも，このうち実刑部分の割合を高くしたり，低くしたり，つまり，猶予刑の割合を下げたり，上げたりすることになる。しかし，実刑部分と猶予刑の割合については，行為責任だけで量定すべきものではなく，再犯防止を図るうえでどれくらいの施設内処遇と社会内処遇が必要且つ相当かという予防的判断に基づいて調整を行うことになる。例えば，薬物使用の罪を犯した者に対しては，刑事施設において行われている薬物依存回復プログラムは3か月から6か月を基本としていることから[73]，これに刑執行開始時の処遇調査や処遇要領の策定，刑執行開始時の指導，釈放前指導など前後に必要とされる処遇の期間，それにその他の処遇に必要な期間を考慮すると，10か月から1年ほどの期間を要するものと考えられる。そこで，宣告刑の範囲内で，行為責任を踏まえ，且つ，こうした処遇期間も考慮して，実刑部分と猶予期間の割合を量定することになろう。

2 実刑部分と猶予刑の割合

　しかし，法は，刑の一部を猶予することができるとしているだけで，宣告刑の刑期のうちどの程度の期間を猶予することができるのか制限を設けていない。部会事務局の説明によれば，刑事責任の重さや施設内処遇の必要性の程度は様々であるので，一律に枠を設けることは難しく，柔軟な対応ができるよう，

---

73) 「特集・薬物依存離脱指導」刑政123巻6号（2012）12頁以下，山本麻奈他「刑事施設における薬物依存離脱指導対象者用アセスメントに係る取組について」刑政124巻1号（2013）92頁以下，大茂矢心一「刑事施設における薬物事犯受刑者に対する処遇について」罪と罰50巻2号（2013）40頁以下，日笠和彦「再犯防止に係る施設内処遇の現状と課題」法律のひろば66巻11号（2013）36頁以下。

法律では制限を設けなかったとされている[74]。そうなると，極端な話，最後の1月だけ猶予することもできるし，最初の1月だけを実刑とすることも，相当とは言えないが，制度的には可能となる。

　このうち，前者のように猶予刑を極端に短くするのは，施設内処遇自体の必要性と社会内処遇との連携の必要性から，宣告刑の刑期によってはこれを一律に否定すべきではないが，一般的には，猶予期間や保護観察期間を確保するために猶予刑の割合を極端に低く設定することが行われるおそれがあるといった，仮釈放の考試期間主義と似た批判[75]が妥当しよう。しかし，猶予刑を短くすることの一番の問題は，取消刑の執行である。猶予刑が余りに短いと，一部執行猶予が取り消された場合，刑事施設での再収容期間が余りに短く，社会生活の再断絶の割に，十分な処遇を行う期間を確保することができず，処遇効果が期待できないばかりか，短い取消刑の間に仮釈放を行うことはほぼ不可能であり，満期釈放となってしまう。

　一方，後者のように実刑部分が宣告刑に比して極端に短いとなると，短期自由刑の弊害が妥当するばかりか，施設内処遇と社会名処遇の連携を図るという一部執行猶予本来の目的を果たすことができないおそれがある[76]。アメリカでは，かつて，僅かな期間，刑事施設に収容し，受刑者にショックを与えたうえで社会内処遇に切り替えるショック・プロベーションなどの制度が見られたが，こうしたショック効果には疑問が呈されている[77]。

　さらに，実刑部分が余りに短いとなると，そもそも，量刑上，全部執行猶予相当事案だったのではないかということにもなりかねない。また，一部執行猶予の取消しの有無によって，受刑者は1月の実刑か3年の実刑といったように，事実上かなり差のある刑を受けることになるため，こうした刑罰が責任主義の原則や罪刑の均衡原則から適当かという批判もあり得る。もっとも，現行法に

---

74)　被収容人員適正化方策部会議事録第19回21頁，第22回19頁。
75)　平野龍一・前掲注(58)84頁。
76)　被収容人員適正化方策部会議事録第22回19頁。
77)　後掲・第1編第3章第Ⅱ節3。また，部会での指摘として，被収容人員適正化方策部会議事録第14回7-8頁。

第1編第1章　刑の一部執行猶予制度の法的構造　　33

は3年以下の全部執行猶予制度があり，刑事施設への服役が0か3年というより大きな差のある刑罰を認めていることから，この点については責任主義に反しないという反論は可能であろう[78]。

　しかし，猶予刑と実刑の割合が一部執行猶予制度の運用の中でもっとも問題となるのが仮釈放との関係である。つまり，実刑部分が宣告刑の3分の1以下となると，仮釈放の法定期間を刑期の3分の1とする我が国の場合，仮釈放が当初より不可能となる。一部執行猶予の場合，実刑部分において仮釈放とならずとも，猶予期間が設定され，さらに保護観察が付される場合もあるのであり，特に猶予刑が長い場合，それに応じて長い猶予期間が設定されているはずであるから，その場合，仮釈放は最早必要ないという考え方もあろう。しかし，受刑者の改善更生の度合いや社会内処遇の必要性などに応じて，実刑部分より早い時点で仮釈放することが望ましい場合もあるであろうから，一部執行猶予について仮釈放が可能なように設計しておくことが望ましいであろう。

　施設内処遇と社会内処遇の連携という一部執行猶予本来の目的や上で述べたような仮釈放要件との関係を考えると，余りにも猶予刑の割合が高く，実刑部分が短いのは望ましいとは言えない。様々な問題や特性を抱えた犯罪者の存在を前提とすると，猶予刑の割合を制限せず，実務の中で適切な運用が行われていくことを期待するという制度設計は大凡妥当ではあるが，立法論としては，猶予刑の割合に一定の制限を課すことも検討に値する[79]。私見によれば，余りに厳しい制限は制度の弾力性を奪うため，猶予刑を宣告刑の3分の2以下とするのが適当であろう（以下，これを猶予刑の「制限期間」という。）。これは仮釈放要件の法定期間である刑期の3分の1を考慮したものである。一部執行猶予の猶予刑の制限期間が仮釈放の法定期間の割合と常に連動しなければならないという理屈はなく，一部執行猶予の猶予刑の制限期間と，仮釈放の法定期間は，それぞれ固有の正当化根拠があっても構わない。ただ，仮釈放の法定期間は，施設内処遇と社会内処遇の必要性と両者の連携から対象者の改善更生と再犯防止

---

78) 但し，仮に宣告刑が10年以下といった一部執行猶予制度を想定した場合，猶予刑の期間又は実刑部分の期間に何ら制限を設けないとすると，事実上の刑期の幅は10年近く開いてしまうことになり，ここまで許容されるかどうかは怪しい。

にとって効果的な期間の一般的基準を定めたものであるべきであり[80]，そうなると，一部執行猶予も施設内処遇と社会内処遇の有機的な連携を主たる目的とすることから，結果として，一部執行猶予の猶予刑の制限期間と仮釈放の法定期間の割合が連動することが，むしろ合理的と言えよう。

　一方，猶予刑が宣告刑の刑期に比して極端に短いものとならないよう，猶予刑の割合が宣告刑の一定以上でなければならないという，もう一方の制限期間については，宣告刑の長短もあって一律の設定が難しく，また一部執行猶予に仮釈放が適用できることを考えると，これを設ける必要はないであろう。しかし，先に指摘したように，余りにも猶予刑の期間が短いと，一部執行猶予が取り消された場合の取消刑の執行が極めて不合理なものとならざるを得ないから，一部執行猶予の量刑においては，その点も留意する必要がある。

VI　猶予期間

1　上限と下限

　一部執行猶予の猶予期間は，全部執行猶予同様，1 年以上 5 年以下の範囲において裁判所が定める。全部実刑により刑事施設に収容され，釈放された後の再犯のリスクが高い期間は，満期釈放・仮釈放とも釈放後 5 年間であるので[81]，

---

79) 第 179 回国会参議院法務委員会会議録第 4 号（平成 23 年 11 月 24 日）27 頁の井上哲士委員の質問も同旨。これに対し稲田伸夫政府参考人は，従来のように裁判所の裁量に委ねるのが妥当であり，極めて短期の実刑の言渡しが少ない従来の実務から，こうした実刑部分が極端に短い量刑が行われることは考えにくいとしている。今井猛嘉「刑の一部執行猶予制度—その意義と展望」法律のひろば 66 巻 11 号（2013）8 頁〔今井猛嘉（法ひ）とする。〕は，「先に一部執行猶予を判断する裁判所が，後の行政官庁による処分を確保するために，常に，全体刑の 3 分の 1 以上を実刑とするように義務付けられると解することには，理由がない」とするが，さらに検討を要するとして，実刑部分の割合を制限するスイスの立法を紹介する。今井猛嘉「刑の一部執行猶予—スイス法を手掛かりにして（1）」法学志林 108 巻 1 号（2010）39 頁以下。なお，私見のように，もう少し宣告刑を長くとるか，二分判決的な仕組みを取り入れる場合には，猶予刑の制限期間を設定する必要が高くなろう。ウィスコンシン州の二分判決は，重罪の分類等級ごとに実刑の全刑期に対する下限と上限を定める。WIS.STAT. § 973.01 (2)(d).
80) 太田達也・前掲注(11)23 頁以下（初出「仮釈放の法定期間と正当化根拠」法学研究 86 巻 12 号（2013）1 頁以下）。

実刑部分の執行後から猶予期間が始まる一部執行猶予においても，最大5年まで猶予期間を設定することができれば，対象者の改善更生に支障が生じるリスクの高い期間をカバーすることができる。

　さらに，これ以上長い猶予期間の設定を可能にするとなると，単純一部執行猶予でさえ，猶予刑の取り消すことのできる期間が長くなり，対象者の身分を不安定にし過ぎる嫌いがあるし，保護観察付では，保護観察が非常に長期に及び，間延びした処遇となる可能性がある一方，対象者の負担も，また保護観察官や保護司の負担も増える。5年という上限が妥当であろう。なお，アメリカ・ウィスコンシン州の二分判決では，実刑部分と組み合わせる社会内処遇はかなり長期の期間まで設定が可能である[82]。私見としては二分判決を土台としたような制度を将来の自由刑として採用すべきであると考えるが，その場合でも上記のような理由から，有期刑においては5年を超えるような社会内処遇（保護観察）は必要ないと考える。

　猶予期間の下限は1年とされているが，まがりなりに社会内処遇の期間が必要とされた以上，少なくともこの程度の猶予期間は必要であろう。逆に，下限をさらに長くする選択肢もないわけではないが[83]，猶予刑の下限がなく，3年以下の宣告刑の中で比較的短い猶予刑が設定される可能性があることを考えると，1年より長い猶予期間の下限設定は柔軟性を欠こう。

2　算定基準

　猶予期間の量定に当たって考慮する事由は，「犯情の軽重及び犯人の境遇そ

81）法務総合研究所・前掲注(5)216-218頁。
82）後掲・第1編第3章第V節4。
83）一部執行猶予も，全部執行猶予の亜種として考えるのであれば，現行刑法以前の全部執行猶予のように猶予期間を2年以上5年以下などとすることも考えられなくもない。現行刑法制定時，2年以上5年以下の猶予期間を維持する見解は，その理由として，仮釈放後の残刑期間との不均衡の他，刑の全部の執行を猶予することから，相当の期間を経過しなければ，猶予の目的を達成することができないことを掲げていた。田中正身編『改正刑法釈義上巻』西東書房（1907）317頁。もっとも，全部執行猶予の猶予期間は1年以上5年以下で定着していることから，全部執行猶予になぞらえて考えるとしても，猶予期間の設定を1年より長くすることは最早考え難いであろう。

の他の情状」である。猶予期間の間も，猶予刑が取り消し得る状態に置かれ，ましてや保護観察が付されている場合は，指導監督や補導援護といった国家による介入が行われるのであるから，猶予期間の長短も，行為責任に応じたものとして，宣告刑，猶予刑の期間 (割合)，保護観察の有無とも併せて量定されなければならないし，施設内処遇との組み合わせで社会内処遇がどの程度必要且つ相当かという個別予防からの考慮もなされるべきである。特に，薬物使用者に対する一部執行猶予の場合，釈放後どの程度の治療・リハビリ期間が必要かという判断が必要になるため，医学的・臨床心理学的知見が求められよう。

3 猶予期間と猶予刑の関係

　猶予期間と猶予刑の関係については，全部執行猶予における運用が一応の参考となる。即ち，全部執行猶予の場合，猶予期間は，刑の執行猶予という刑罰の目的の達成のために必要な期間を定めるものであって，宣告刑と猶予期間には必ずしも対応関係がないとした大審院の判例があるが[84]，実務では，宣告刑より長い猶予期間を設定するのが一般的となっている[85]。一部執行猶予においても，同様に，猶予期間は猶予刑に対応して決める必要はないが，猶予刑よりは長い猶予期間を設定することになろう。特に，一部執行猶予の場合，猶予刑

---

84) 大判昭和 7・9・13 刑集 11 巻 15 号 1238 頁は，「刑ノ執行猶豫ノ目的ハ犯罪ノ情狀重カラス且改悛ノ見込アリト認メラルル者ヲシテ短期自由刑ノ執行ニ因リ自暴自棄ニ陷ラシムルコトナク獄内ノ悪風ニ感染セシメ又釋放後ニ於ケル社會的復歸ノ困難ヲ經驗セシメサル爲判決裁判所ニ於テ刑ノ宣告ト同時ニ相當ノ猶豫期間ヲ定メ犯人ニ對シ該期間内猶豫條件ニ違反シ再ヒ犯罪アルトキハ其ノ刑ヲ現實ニ執行サルヘキ威嚇ヲ以テ謹慎ヲ要求シ同時ニ新ニ刑ノ宣告ヲ受クルコトナク善良ノ行狀ニ因リテ該猶豫期間ヲ經過スルコトニヨリ刑ノ宣告ノ効力ヲ終局的ニ消滅セシメ得ル希望ヲ與ヘ因テ以テ犯人ノ改悛ヲ確實ナラシメ端正ナル生活ニ之ヲ誘導シ依テ刑罰ノ目的ヲ達セントスルニ在リ從テ其ノ猶豫期間ノ如キハ執行猶豫ヲ與フル裁判所ニ於テ犯人ノ年齡性格經歷環境犯罪ノ種類輕重其ノ他諸般ノ事情ヲ考慮シ一年以上五年以下ノ法定期間ノ範圍内ニ於テ敍上目的達成ノ爲必要ナリト思料スル期間ヲ定ムヘキモノニシテ其ノ期間ノ長短ハ必スシモ宣告セラレタル刑期ノ長短ニ對應セサルヘカラサルモノニ非ス」と判示し，原審が被告人 2 名に対しそれぞれ懲役 4 月及び懲役 3 月を言い渡し，4 年間その刑の執行を猶予したのは，猶予期間が長きに過ぎ量刑が著しく不当であると思料する顕著な事由があると言うことはできないとして上告を棄却した。

85) 原審が懲役 1 年に処しながら，執行猶予期間を 1 年とした点において軽きに失するとして，同期間を 3 年としたものとして，大阪高判平成 8・3・15 判時 1583 号 149 頁。

は宣告刑の一部分であり，かなりその期間は短いため，施設内処遇と社会内処遇の連携という同制度の目的を考えた場合，これより短い期間しか猶予期間としないことは現実的でない。

　しかし，一部執行猶予は，実刑部分があるため，猶予期間の設定を巡って全部執行猶予とは異なった量刑の考え方がないわけではないであろう。

　例えば，全部執行猶予においては極端に短い宣告刑に対し長い猶予期間を設定することは考えにくい。試みに，判例データベースに登載されている裁判例を検索すると，短い宣告刑に対し比較的長い猶予期間を設定するものとして，懲役3月に2年間の執行猶予に付した例[86]，懲役4月に5年間の執行猶予に付した例[87]，懲役6月に4年間の執行猶予を付した例[88]などが見られる一方，原審では被告人を懲役3月，保護観察付執行猶予5年に処した原判決の量刑を破棄して，懲役2月にした控訴審判決が見られることから[89]，全部執行猶予についてはこうした猶予刑と猶予期間の関係が一応の限界であろうと考えられる。これ以上，猶予刑が短く，且つその執行を猶予するような量刑が相当といった事案であるとすると，果たして自由刑という選択が妥当であるのかどうか，つまり罰金といった他の選択刑がある場合であれば，その方が望ましいのではないか[90]，さらにはそもそも起訴猶予も十分に考えられた事案ではなかったかということになってくるからであろう。

　これに対し，一部執行猶予は，施設内処遇と社会内処遇の有機的連携を図ることが最大の目的であるから，「犯情の軽重及び犯人の境遇その他の情状を考慮して，再び犯罪をすることを防ぐために必要であり，かつ，相当であると認められるとき」には，猶予刑に比し長い猶予期間を設定することはあり得ると

86）東京地判平成15・6・6（懲役3月2年間執行猶予），広島高松江支判平成16・1・26
　　（懲役3月2年間執行猶予）（以上，LLI/DB登載）。
87）高松地判平成23・2・9（懲役4月5年間執行猶予）（LLI/DB登載）。この他，宇都宮地
　　判平成24・2・27（懲役4月3年間執行猶予）（LLI/DB登載）もある。
88）神戸地判平成14・1・9（懲役6月4年間執行猶予）（LLI/DB登載）。
89）大阪高判平成13・10・23（LLI/DB登載）。
90）この他にも，宣告猶予の制度がある国であれば，その方が望ましいということも考えられる。

する考え方もあろう。例えば，宣告刑が1年といったように比較的短く，猶予刑がさほど長い期間がとれない場合，2月の猶予刑に対し3年や5年といった猶予期間を設定する場合などである。これに対しては，2月の執行を猶予する代わりに，長い猶予期間を設定することで却って国の介入の期間が長くなっており，重い刑事責任を問うものだとして，むしろそうした場合はより短い全部実刑を科すべきだとの批判はあり得よう。結局，これも行為責任を中心に一部執行猶予を考えるのか，予防的側面を強調して考えるのかの差に帰着しよう。

4　起算日

　一部執行猶予における猶予期間の起算日は，執行が猶予されなかった部分（実刑部分）の期間を執行し，当該部分の期間の執行を終わった日又はその執行を受けることがなくなった日から，その猶予の期間を起算するとされている（刑法第27条の2第2項）。

　「執行を終わった日」とは，実刑部分の執行が終わった日であるが，この実刑部分の執行終了日の翌日に釈放されることから（刑法第24条2項），当該釈放日が猶予期間の起算日となる。実刑部分において仮釈放となった場合，仮釈放期間が終了した時点から猶予期間を起算する。

　「その執行を受けることがなくな」る場合として，恩赦が考えられる。刑法等一部改正法により恩赦法が改正され，一部執行猶予の言渡しを受け，猶予期間の未だ経過していない者に対しては，刑を減軽する減刑又は実刑部分の期間の執行を減軽する減刑のみが可能であり，また，刑の減軽と共に猶予期間を短縮することができる（恩赦法第7条4項）。

　ところで，一部執行猶予を言い渡される者の中には，他に執行すべき自由刑を言い渡されている場合があり得る。例えば，確定判決を挟んで，その前後で犯された2つの罪が併合審理され，うち1つの罪に対し一部執行猶予判決が，もう1つの罪に対し実刑判決が言い渡される場合や，全部執行猶予中の再犯に対し一部執行猶予が言い渡され，これにより全部執行猶予が取り消される場合である。前者の場合，一部執行猶予の方が刑が重い場合，まず一部執行猶予の方から刑の執行が行われ，後者の場合は，まず先に一部執行猶予が確定して，

その執行が始まり，それを踏まえて全部執行猶予の取消しが行われる。これらの場合，一部執行猶予の実刑部分の執行が終わるか，その執行を受けることがなくなった時点で，また他に執行すべき自由刑があるため，もし刑法第27条の2第2項が定めるように猶予期間も同時に起算するとなると，猶予期間の進行と他の執行すべき自由刑の執行が重なってしまい，一部執行猶予の意味が失われてしまう。そこで，一部執行猶予の実刑部分の執行を終わり，又はその執行を受けることがなくなった時，他に執行すべき懲役又は禁錮があるときは，当該他の執行すべき自由刑の執行を終わった日又はその執行を受けることがなくなった日から猶予期間を起算することにした（刑法第27条の2第3項）。

　主文2つにおいてそれぞれ一部執行猶予の判決が言い渡された場合は，まず各一部執行猶予の実刑部分を順次（重い方から）執行し，2つの実刑部分の執行が終わった後に，2つの猶予期間が同時に開始されることになろう。

5　猶予期間経過の法的効果

　全部執行猶予の場合，猶予期間の経過により，有罪判決そのものの効力が失われるが，一部執行猶予の場合，執行すべき実刑部分があることから，一部執行猶予の言渡しを取り消されることなく猶予期間を経過したときは，猶予刑の部分のみが失効し，実刑部分の期間を刑期とする懲役又は禁錮に減軽される（刑法第27条の7）。この一部執行猶予の法的性格については，本章第Ⅲ節1の法的性格と法律効果で既に指摘した。

　なお，全部執行猶予と同様，一部執行猶予には，一部執行猶予そのものを取り消す以外，猶予期間の進行を停める方法がない。対象者が所在不明となって保護観察が実施できない場合に保護観察を停止し，その決定により刑期の進行を停止させることができる仮釈放（更生保護法第77条）とは異なる。そのため，一部執行猶予の猶予期間中に再犯を犯し，執行猶予を取り消すべきところでも，猶予期間の経過が切迫している場合，再犯による執行猶予の必要的取消請求には有罪確定判決が必要とされているため，猶予期間が経過するまでに再犯に対する有罪確定判決を得ることができないと，取消手続が間に合わず，猶予刑が失効してしまい，執行を免れることになる。保護観察付の一部執行猶予であれ

ば，保護観察所と協議し，重大な遵守事項違反として執行猶予の裁量的取消請求を行う対応をとることができるが，単純一部執行猶予の場合はそれもかなわない。

そこで，かつての改正刑法草案は，（全部）執行猶予期間中の再犯に対する刑事訴追が猶予期間中に開始されれば，再犯に対する有罪裁判の確定後2月以内に取消しの請求があったときは，猶予期間が経過していたとしても，執行猶予を取り消すことができる旨の規定を置いていた（改正刑法草案第73条2項）。全部執行猶予のみならず，一部執行猶予についても，執行猶予期間中の再犯についての確定判決や執行猶予の取消請求の時期によって猶予期間が経過し，取消しを免れる者がでることを防ぐため[91]，こうした法整備をすることが望まれる。

VII 保護観察

1 裁量的保護観察

刑法上の一部執行猶予の場合，保護観察は裁量的に付すことができるとされ（刑法第27条の3第1項），薬物使用者等一部執行猶予法に基づく一部執行猶予の場合に限って保護観察を必要的としている。刑法上の一部執行猶予を裁量的保護観察とした理由として，「刑期の一部を実刑として施設内処遇を行ったうえ，残りの刑期を所要の期間，執行猶予の状態に置けば足り，必ずしも保護観察による積極的な処遇を行う必要のない者も含まれることが考えられることから」という説明がなされている[92]。

しかし，全部執行猶予と異なり，一部執行猶予は実刑の部分もあるわけであ

91）改正刑法草案の説明書によれば，裁判の確定時期如何によって執行猶予が取り消されたり取り消されなかったりする不公平が生ずるだけでなく，執行猶予の取消しを免れる目的で，猶予期間内に犯した罪に対する裁判の遅延を図ったり，理由のない上訴をしたりする例も見られるため，諸外国の立法（旧西ドイツ，オーストリア，ベルギー，アメリカ連邦）も考慮して同規定を新設したとされている。法務省『法制審議会改正刑法草案付同説明書』（1974）147頁。
92）被収容人員適正化方策部会議事録第18回7頁。同旨，今井猛嘉（法ひ）・前掲注(79)11頁。

り，その後の猶予期間に保護観察を付さないというのは，個別予防の見地から
すれば，正に釈放後の社会内処遇を確保するという一部執行猶予本来の意義
を損なうものである。行為責任の程度に応じて単純全部執行猶予＜保護観察付
全部執行猶予＜単純一部執行猶予＜保護観察付一部執行猶予＜全部実刑という
刑の順序があることは理解できるし，一部執行猶予取消しという心理強制だけ
で更生できる者がいないとは言わない。また，単純一部執行猶予の者が仮釈放
となった場合，仮釈放に伴う保護観察から一部執行猶予の単純猶予期間へと段
階的に介入の度合いが減じていく段階的処遇のような構造が考えられなくもな
い。

　しかし，一部執行猶予が施設内処遇と社会内処遇の有機的連携ということを
考える以上，制度論としては，単なる一部執行猶予の取消しによる心理強制と
いう消極的な働きかけに止まることなく，必ず保護観察という積極的な処遇を
行う仕組みを設けるべきであったと考える。一部執行猶予は実刑部分のある刑
罰であり，一定期間，社会生活からの断絶を伴うので，就労が一定期間途絶す
るばかりか，失職するケースが大半であろうし，離婚や別居など家族関係が悪
化することも少なくないであろうから，実刑部分の執行後，職業補導や環境調
整が必要になることは十分に予想できる。そうした影響があろうと実刑部分の
ある刑罰を科さざるを得ないほどの犯罪行為を行ったのであるから，それはや
むを得ないとしても，その後，本人の自発的努力によって更生すればよいとい
うのは，一見，人権に配慮しているように見えて，実際には放置しているに過
ぎず，ある意味，無責任である。我が国の仮釈放が必要的保護観察制度を導入
している理由を考慮すべきである。もし猶予期間中に保護観察が必要ないと判
断されれば，仮解除の制度があるのであるから（刑法第27条の3第2項），それ
を活用すればよい。

　また，微罪処分や起訴猶予，全部執行猶予等のダイバージョンが多用される
我が国の場合，一部執行猶予が科される者の中には既に何度も犯罪で検挙ない
し起訴されたことがある者が多く含まれ，これらの者は積極的な社会内処遇を
伴わない処分では更生できなかった者達であるから，いくら実刑部分があるに
せよ，単純一部執行猶予で足りるとするのは楽観的過ぎるし，更生の機会を再

び逃すおそれが高い。単純一部執行猶予で足りるというのであれば、わざわざ施設内処遇と社会内処遇の連携を図る一部執行猶予をもってせずとも、やや短い全部実刑としておけば、そのような者はまず仮釈放になるであろうから、自然と保護観察まで付いてくるので、それで足りるとも考えられる。

但し、この問題は、一部執行猶予がどのような犯罪者を対象とするかという制度の適用範囲によることとなろう。もし、要件を非常に緩やかに設定し、実務においても一部執行猶予を非常に広い範囲で適用するということであれば、その中には保護観察を付さずとも、一部執行猶予の取消しという心理的抑止力だけで更生が十分に期待できる者が含まれるであろうから、単純一部執行猶予を設けておく意味がある。筆者は、全ての自由刑を一部執行猶予とすることが理想であるというのが予てからの持論であるので（二分判決がより望ましいと考えているが）、そうした制度であれば、単純一部執行猶予があってしかるべきである。これに対し、一部執行猶予を問題性の高い者に限定すればするほど、社会内処遇との連携の必要性が高まることになり、単なる心理的抑止力だけをもって再犯防止を図ることは難しいということになる。今回導入された一部執行猶予制度も、宣告刑や前科要件の点で犯罪の重大性や問題性の低い者に限定しつつ、一方で再犯防止の必要性と相当性の要件を課していることから、そこでかなり対象者を絞り込むことを想定しているのであり、むしろ施設内処遇と積極的な社会内処遇の連携を必要とする者を対象にしているように思われてならない。再犯防止の必要性や相当性を充足する者が、なお、保護観察が必要ないということに違和感を感じる。それとも、一部執行猶予の必要性や相当性を、相当緩やかに解するということであろうか。そうであれば、筆者の持論に近付くことにはなる。

いずれにせよ、裁量的保護観察制度となった以上、後は実務において適切な量刑判断がなされることを期待するほかない。我が国では保護観察付全部執行猶予を極めて限定的にしか用いず[93]、ともすれば保護観察の有無も予防的考察より行為責任を中心に評価した結果ではないかと思われるような量刑判断も見られることから、もし一部執行猶予でも保護観察が余り付されないこととなれば、制度の効果が十分に発揮されないこととなろう[94]。

2 保護観察の内容と体制

　一部執行猶予に付される保護観察は，従来の全部執行猶予に付される保護観察（4号観察）とは異なり，刑事施設での矯正処遇を経たうえでの保護観察であって，その点では仮釈放後の保護観察（3号観察）に近いが，だからといって従来の3号観察と同様の処遇でよいということにはならない。まず，一部執行猶予に付される保護観察は，従来の4号観察より，犯情的にも，処遇の必要性という点でも，問題性の高い者が対象となり，しかも従来の3号観察より保護観察期間が遙かに長期間となる。従来の4号観察でも，保護観察期間が長いため，対象者の更生意欲がもたないとか，保護観察が間延びするなどの問題が指摘されていることを考えると，こうした長期の猶予期間，間延びせず，緊張感の持続する保護観察を実施するため，内容の見直しが必要である。

　さらに，一部執行猶予の目的からして，施設内処遇と社会内処遇の連携を図る必要がある。しかし，いくら「矯正と保護の連携」を唱えたところで，具体的な中身が伴わなければ意味がない。平成17年から実施されている性犯罪防止プログラムにおいて刑事施設での処遇と関連付けたプログラムが保護観察で実施されているものの[95]，それ以外での連携は極めて弱い。今後は，情報の共有，生活環境調整の連携促進，処遇プログラム実施上の連携という3つの次元での連携を推し進めていく必要がある[96]。情報の共有については，矯正・保護を貫く処遇データベースの構築が最優先課題であるし，生活環境調整においても，特別調整のように，矯正と保護，時には医療・福祉・保健・労働諸機関が

93）単純執行猶予と保護観察付執行猶予の選択基準については，植野聡「刑種の選択と執行猶予に関する諸問題」大阪刑事実務研究会編『量刑実務大系第4巻―刑の選択・量刑手続』判例タイムズ社（2011）1頁以下，特に65頁以下に検討がある。

94）部会でも，全ての一部執行猶予に一律保護観察を付けるのは過剰としながら，実際には，相当部分に保護観察を付けないといけないし，そうしないとこの制度についての信頼も根付かないとする意見が出されている。被収容人員適正化方策部会議事録第22回23頁。同旨，今福章二・前掲注(71)24-25頁。

95）矯正と保護における性犯罪者処遇プログラムの効果について，法務省矯正局成人矯正課『刑事施設における性犯罪者処遇プログラム受講者の再犯等に関する分析研究報告書』（2012），法務省保護局『保護観察所における性犯罪者処遇プログラム受講者の再犯等に関する分析』（2012）。

96）太田達也・前掲注(23)414頁。

一緒になって，環境調整を進めるような仕組みが必要である。さらに，具体的な処遇プログラムのレベルでも矯正と保護が連携を図ることが検討されてしかるべきである。

　また，保護観察の実施体制の強化も求められる。一部執行猶予は，従来の全部執行猶予より，刑事責任も重く，処遇の難易度も高い者を対象としており，3号観察より期間も長い。さらに，裁判所の判断によっては，従来，保護観察官や保護司が担当してこなかったような者の保護観察を対象とすることもあり得る。更生保護の分野は，矯正のような箱物がないこともあって，限られた予算と人員しか割り当てられてきていないが，既存の更生保護の体制を前提として一部執行猶予を運用することになれば，制度本来の効用を発揮できないことにもなりかねない。社会内処遇は，犯罪者の再犯を防止し，社会復帰を促すうえで重要な役割を負っており，社会の安全に直結する施策である。緊縮財政で予算にゆとりがないとしても，安全という社会活動の全ての基盤に関わる分野に適正な予算配分と人材配置を行わないことが，社会の安全を危うくし，財政的にも却ってコストがかかることを財政当局は認識すべきである。保護司や協力雇用主など篤志家の熱意と無償の善意に甘え続けることでしか維持することができない施策や制度であってはならない。

3　特別遵守事項の設定・変更

　保護観察付一部執行猶予の場合，実務的には，特別遵守事項の内容と設定方法に工夫が必要となる。全部執行猶予の場合，裁判所の意見を聴き保護観察所長が特別遵守事項を設定しているが（更生保護法第52条5項），一部執行猶予の場合，判決確定から猶予期間の開始まで期間があり，しかもその間，刑事施設で刑の執行と矯正処遇が行われることから，遵守事項の前提となる対象者の状態や環境が変わる可能性が高い。更生保護法では特別遵守事項の変更や取消しも可能となったことから，判決確定後に一部執行猶予に付される保護観察の特別遵守事項を設定しておき，猶予期間開始までの状況の変化に応じて変更する方法もないわけではなかろうが，十分にあり得る変更を前提として当初より特別遵守事項を設定するのも非効率且つ非合理的である。

そこで，保護観察付一部執行猶予者については，猶予期間の開始までの間に，地方更生保護委員会が決定をもって特別遵守事項を定め，変更し，又は取り消すことができることとされた（更生保護法第52条4項前段，第53条4項）。地方更生保護委員会が決定をもって特別遵守事項を設定・変更・取消しをするのは仮釈放の場合の保護観察（3号観察）と同様であるが，これは一部執行猶予の場合の保護観察が一定期間の実刑の執行に続いて開始されるという点で仮釈放と似た構造を有しているからである。

一部執行猶予の保護観察が始まった後の特別遵守事項の設定・変更・取消しについては，保護観察所長がこれを行うことができる（更生保護法第52条6項，第53条1項）[97]。更生保護法第52条6項や第53条1項にある「保護観察付執行猶予者」には，第52条5項のような「刑法第25条の2第1項の規定により保護観察に付されている」という限定が付いていないことから，保護観察付全部執行猶予のみならず，保護観察付一部執行猶予の場合が含まれる。従って，保護観察付一部執行猶予の猶予期間開始前の特別遵守事項の設定・変更・取消しは地方更生保護委員会が行い（仮釈放中は保護観察所長の申出による），猶予期間開始後は保護観察所長が行うことになる。

なお，猶予期間の開始前に地方更生保護委員会が特別遵守事項の設定・変更する場合には裁判所の意見聴取は必要ないが，猶予期間（保護観察）開始後に保護観察所長が特別遵守事項の設定・変更を行う場合には，当該保護観察所の所在地を管轄する地方裁判所，家庭裁判所又は簡易裁判所に対し，定めようとする又は変更しようとする特別遵守事項の内容を示すと共に，必要な資料を提示して，その意見を聴くことが義務付けられている（更生保護法第52条6項）。一部執行猶予において猶予期間開始後に特別遵守事項が設定・変更される場合がどの程度あるかわからないが，こうした場合において，保護観察所が矯正処遇や保護観察のどのような情報を裁判所に提示し，またそれを受けて裁判所がどのような意見を示すのか，今後，実務において検討されなければならないで

---

97) 勝田聡「刑の一部の執行猶予制度と社会貢献活動の導入に係る更生保護法の改正」法律のひろば66巻11号（2013）25頁。

あろう。

　実刑部分の執行過程で仮釈放が許可されると，その時点で地方更生保護委員会が仮釈放後の保護観察（3号観察）における特別遵守事項を設定することになる（更生保護法第52条2項）。その場合，保護観察付一部執行猶予の特別遵守事項の設定と，時間的にどちらが前後するのか現時点では明らかでない。まずは3号観察の特別遵守事項を先に決定し，3号観察の状況を踏まえながら一部執行猶予の保護観察開始前か後にその特別遵守事項を設定するのかもしれないし（猶予期間開始前であれば保護観察所長の申出により委員会が決定，猶予期間開始後であれば保護観察所長が設定），保護観察付一部執行猶予の特別遵守事項を予め決定しておいたうえで，仮釈放になる場合は，新たに3号観察の特別遵守事項を設定するのかもしれない。但し，後者の場合，3号観察の状況に応じて，保護観察付一部執行猶予の特別遵守事項を変更しなければならない場合もあろう。いずれにせよ，この点については，実務を待つほかない。

　なお，薬物使用者等一部執行猶予法により保護観察の言渡しを受けた一部執行猶予者については特別遵守事項において専門的処遇が義務付けられた他，一部執行猶予の導入を契機として，規制薬物等に対する依存がある保護観察対象者に対する指導監督の特則が設けられた（第XI節参照）。

4　生活環境調整と住居の特定・確保

　一部執行猶予の言渡しを受けた者についても，刑事施設に収容後，処遇調査が行われ，身上調査書の送付を受けて，保護観察所において釈放後の住居，就業先その他の生活環境の調整が行われる（更生保護法第82条）。釈放後の円滑で安定した社会復帰のためには，刑事施設に在所中から引受人や帰住先が確保されていることが重要であり，特に仮釈放のためには，引受人の確保が必須要件となる。このことは一部執行猶予の対象者についても等しく言えることであるが，保護観察付一部執行猶予の場合，仮釈放とならない場合でも，実刑部分の執行が終わると同時に釈放され，保護観察が行われることになることから，猶予期間の開始までには帰住先を確保しておかなければならないという，満期釈放とは違った，これまでにない新しい事態が生ずることとなった。

そこで，今回，刑法と共に改正された更生保護法では，地方更生保護委員会が，生活環境調整による住居の調整の結果に基づき，保護観察付一部執行猶予の猶予期間の開始の時までに，その者が居住すべき住居を特定することができることとされた（更生保護法第78条の2第1項）。一部執行猶予の保護観察対象者は当該住居に居住することが義務付けられるが（同第50条1項4号），委員会が決定をもって住居を特定していることから，保護観察に付されたときの住居の届出は必要ない（同第3号）。

一方，保護観察付一部執行猶予の言渡しを受けた者が，実刑部分の執行において仮釈放が許された場合には，地方更生保護委員会による住居の特定が行われ（更生保護法第39条第3項），仮釈放の保護観察が始まった時点でも住居の届出が必要ない（同第50条1項3号）。仮釈放中の保護観察に引き続き保護観察付一部執行猶予の保護観察に付されたときは，第78条の2第1項により住居を特定された場合や第51条2項5号の特別遵守事項として宿泊すべき特定の場所を定められた場合を除き，仮釈放中の保護観察の終了時に居住することとされていた届出に係る住居（更生保護法第39条3項により地方更生保護委員会によって住居が特定されている場合は当該住居等）について，住居の届出をしたものとみなされる（同第50条2項）。

しかし，一部執行猶予，特に薬物使用等の罪を犯した者に対する一部執行猶予の執行においてより重要な問題は，帰住先がない者について，どのように住居を確保するかである。従来の更生保護施設も常に空き室が確保できるわけではないし，特定の罪種や特性の対象者の場合，施設側が受け入れを躊躇することがあり得る。

一方，法務省は，平成19年から，長年議論のあった国立の更生保護施設として自立更生促進センターを設置する計画を進めてきたが，近隣住民の反対運動から，就業支援センターとして設置されることとなった沼田町と茨城を除くと，結局，福島と北九州の2つの自立更生促進センターを設置するに止まり，しかも住民への配慮等から処遇困難者を入所させるのは難しい状況にある[98]。

98）刑事政策研究会「座談会・社会内処遇」論究ジュリスト5号（2013）201-204頁。

そこで，法務省は，高齢・障がい者を対象とした特別調整制度や一部執行猶予の法制化を見据え，平成23年度から「緊急的住居確保・自立支援対策」として，NPO法人や社会福祉法人等が管理する施設の一部や空きベッドを「自立準備ホーム」として予め保護観察所に登録しておき，保護観察所から事業者に対して宿泊場所や食事の提供と共に毎日の生活指導等を委託することとした。平成28年度末までに375の事業者が登録され，平成28年度には1,524人の委託が行われている[99]。但し，自立準備ホーム登録をした法人の中にはホームレス支援系のNPO法人も多く，これまで元犯罪者を扱ってきたことがないというわけではないものの，一部執行猶予者には問題性の高い者もいることから，適切な生活指導が行われるかが課題となっている。

5　更生緊急保護の適用

前述の通り，一部執行猶予の対象者には出所後の帰住先がない者がいることが予想されるため，保護観察に付されていない場合，更生保護施設や自立準備ホームでの在会が必要となる場合がある。そこで，更生保護法と更生保護事業法の改正が行われ，単純一部執行猶予者が更生緊急保護の対象者に加えられることとなった（更生保護法第85条1項5号，更生保護事業法第2条2項4号）[100]。その期間は，他の更生緊急保護と同様，原則「身柄の拘束を解かれた後6月」であり，実刑部分の執行が終了して釈放されてから6月となる。

Ⅷ　一部執行猶予の取消し

1　必要的取消事由

一部執行猶予制度の取消しについても，全部執行猶予同様，必要的取消事由と裁量的取消事由がある。

---

99)　法務総合研究所・前掲注(5)78頁。
100)　一部執行猶予に保護観察が付くか，一部執行猶予の実刑中に仮釈放となれば，応急の救護（更生保護法第62条）で対応が可能である。

第1編第1章　刑の一部執行猶予制度の法的構造　49

まず，猶予期間中に罪を犯し，禁錮以上の刑が確定した場合，社会内処遇は失敗したわけであるから，一部執行猶予の言渡しを取り消し，猶予刑の執行を行うことになる（刑法第27条の4第1号）。猶予期間開始後に限らず，猶予されていない実刑部分を執行中の再犯についても，社会内処遇が失敗したわけではないが，一部執行猶予の欠格者として取消しとなる。

次に，一部執行猶予の言渡し前に犯した他の罪について禁錮以上の刑に処せられたとき（同第2号），及び一部執行猶予の言渡し前に他の罪について禁錮以上の刑に処せられたことが発覚したときも（同第3号），必要的取消事由となっている。第2号は，余罪に対する実刑（一部執行猶予を含む。）が確定した場合，それ以前に確定していた一部執行猶予の猶予期間と実刑ないし実刑部分が重なり，当該一部執行猶予が維持できなくなるというのが取消しの理由である。また，第3号は，発覚したのが禁錮以上の実刑（一部執行猶予を含む。）で，実刑又は実刑部分の執行終了の日又は執行の免除を得た日から5年を経過していない場合，もともと一部執行猶予を科すことができなかったのであるから，一部執行猶予の欠格者として取り消すものである。

なお，これらの規定と類似した全部執行猶予の必要的取消事由（刑法第26条2号・3号）については，かつて憲法第39条後段の二重処罰の禁止に反し違憲でないかが争われたこともあるが，我が国の判例は合憲の立場を採っており[101]，これを前提とすれば，一部執行猶予の取消しについても同様となろう。

但し，一部執行猶予の言渡し前に犯した他の罪について禁錮以上の一部執行猶予に処せられた場合を裁量的取消しにすることも，理論的に全く考えられないというわけでもない。確かに，一部執行猶予が確定する前に犯した余罪に対して，実刑は勿論，一部執行猶予判決を言い渡す場合でも，本犯に対する一部執行猶予の目的は最早実現できなくなったとして，これを取り消すというのは，考え方としては順当であるし，法技術的にもシンプルである。しかし，一部執行猶予であれば，本犯と余罪が併合罪として審理されていても一部執行猶予

101）　最大決昭和33・2・10刑集12巻2号135頁，最小決昭和35・10・4刑集14巻12号1533頁。

だった場合があり得るわけで，そうした場合，本犯に対する一部執行猶予の趣旨を尊重し，余罪はそれを踏まえた量刑が可能なので，2つの一部執行猶予を順に（一部同時に）執行することも考えられる。但し，余罪の一部執行猶予が確定するのが本犯の一部執行猶予の実刑部分執行中でないと都合が悪い。本犯の一部執行猶予の実刑部分執行中に余罪の一部執行猶予が確定すれば，まず本犯の一部執行猶予の実刑部分を執行し，それに続いて余罪の一部執行猶予の実刑部分を執行し（刑法第27条の2第3項），その後に本犯と余罪の一部執行猶予の猶予期間がそれぞれ併行して進行することができるからである（猶予期間の併存は全部執行猶予でも認められており問題ない。）。本犯の一部執行猶予の実刑部分の執行が既に終わり，猶予期間が開始した後に余罪の一部執行猶予が確定することになると，余罪の実刑部分と本犯の猶予期間が重なることとなり，こうした場合は取り消さざるを得ない[102]。

2　裁量的取消事由

　猶予期間中に罪を犯し，罰金の刑が確定した場合には，社会内処遇に失敗したことは確かであるが，犯した罪が比較的軽微であり，罰金は身柄の拘束を伴わず，社会生活を維持することができる刑罰であることから，必要的に一部執行猶予を取り消すものとせず，裁量に委ねることにしたものである（刑法第27条の5第1号）。

　保護観察付の一部執行猶予に処せられた者が，遵守事項を遵守しなかったときも裁量的取消事由とされている（同第2号）。この点は，保護観察付全部執行猶予の場合と同様であるが，全部執行猶予の場合と異なり，一部執行猶予の場合は遵守事項違反の情状が特に重い場合に限られていない。これは，一部執行猶予が，実刑部分を含むより重い刑事責任に対する刑罰であり，且つ「再び犯罪をすることを防ぐために必要であり，かつ，相当であると認められるとき」

---

102)　これには実刑と猶予期間の併存をどう考えるかという，より根本的な問題が関わる。改正刑法草案では，執行猶予の言渡し前に犯した他の罪によって禁錮以上の実刑に処せられた場合は裁量的取消事由とされている（草案第72条2号）。

第1編第1章　刑の一部執行猶予制度の法的構造　　51

に限って適用されるものであるため，その保護観察においても遵守事項の遵守を強く求める必要があるからである。また，実刑部分の執行において矯正処遇を受けた後であるからということも理由になり得る。仮釈放後の保護観察（3号観察）における遵守事項違反を理由とする取消しにおいても重い情状が要求されていないが，これと同様である。

　しかし，だからと言って，極めて形式的な遵守事項違反で自動的に一部執行猶予の言渡しを取り消すことを前提としているわけではない。いくら実刑部分において刑事施設に収容されていたからと言って，釈放後の猶予期間において一部執行猶予を取り消し，再収監することは，受刑者の予後にとって重大な影響があるから，遵守事項違反の内容，その背景・原因，保護観察全般における処遇や改善更生の状況，原処分を取り消した場合の更生への影響などを勘案しながら，取消しの是非を検討することになる[103]。これは，現在の，仮釈放後の保護観察の場合も同様である。

3　取消手続

　一部執行猶予の言渡しを取り消すべき場合には，検察官が，刑の言渡しを受けた者の現在地又は最後の住所地を管轄する地方裁判所，家庭裁判所又は簡易裁判所に対しその請求をしなければならず（刑事訴訟法第349条1項），遵守事項違反により刑の執行猶予の言渡しを取り消すべき場合，その請求は保護観察所長の申出に基づいて行わなければならない（同第2項）。

　その他，一部執行猶予の取消しに関する裁判所の手続については，全部執行猶予と同様である（刑事訴訟法第349条の2）。

4　他の刑の執行猶予の取消し

　確定判決の前後で犯された罪について併合審理され，同時に一部執行猶予が

103）　保護観察処遇では更生が困難であるというような決定的な局面に至る前であっても，期待される社会内処遇の機能を果たせない場合等には執行猶予の取消しを可能とする趣旨であるとされる。勝田聡・前掲注(97)25-26頁。また，今福章二・前掲注(71)28-29頁も参照のこと。

言い渡された場合には，まず2つの実刑部分が順次執行され，続いてそれぞれ
の猶予期間が同時に進行することになるが，片方の一部執行猶予にのみ保護観
察が付いている場合，再犯以外の遵守事項違反があると，保護観察付一部執行
猶予が取り消され，猶予刑が執行されることになる。しかし，そのままだと，
猶予刑の取消刑の執行と取り消されなかった単純一部執行猶予の猶予期間が同
時に進行することになり，一部執行猶予の意義が最早失われることになるので，
もう一方の（単純）一部執行猶予も取り消さなければならないことにしたもの
である（刑法第27条の6）。

5　仮釈放の取消しとの関係

　保護観察付一部執行猶予の実刑部分において仮釈放が認められた場合，一部
執行猶予の保護観察に先立ち，仮釈放中の保護観察（3号観察）が行われる。こ
の仮釈放中の保護観察において再犯以外の遵守事項違反があり仮釈放が取り消
された場合でも，一部執行猶予を取り消すことはできない。一部執行猶予の保
護観察はまだ始まっておらず，たとえ仮釈放の遵守事項と同じ内容の遵守事項
が一部執行猶予の保護観察で設定されていたとしても，保護観察や遵守事項は
法的に異なるものだからである。仮釈放中の再犯により遵守事項違反として仮
釈放が取り消される場合，一部執行猶予は再犯に対する刑の種類によって必要
的又は裁量的に取り消されることになるが，これは刑法第27条の4第1号又
は第27条の5第1号による取消しであって，第27条の5第2号によるもので
はない。

　法律上の扱いはこれで問題ないが，ただ，一部執行猶予に保護観察が付され
ていないと，仮釈放後の保護観察が失敗したような者に対し，一部執行猶予の
猶予期間の間，保護観察を行い得ないというのは如何にも不都合である。加え
て，仮釈放が取り消され再収監されても，残刑期間は一般に短いため，再びす
ぐに一部執行猶予の猶予期間が始まるが，対象者の問題性は依然として解消さ
れていないことが多いであろう。こうした点からも，一部執行猶予は必要的保
護観察制度を採るべきだと思われる。

第1編第1章　刑の一部執行猶予制度の法的構造　　53

IX 一部執行猶予と仮釈放

1 仮釈放の適用

　刑法は一部執行猶予における仮釈放について特に規定を設けなかったことから，これを排除していないと考えられ，一部執行猶予の実刑部分を執行する過程においても仮釈放は可能である（図3）[104]。これに対し，一部執行猶予は施設内処遇と社会内処遇の有機的連携を裁判の段階で確定ならしめる「裁判による仮釈放」とでも言うべき制度であり，特に保護観察付一部執行猶予の場合は実刑部分の執行後に必ず保護観察が行われるのであるから，刑事施設からの釈放後に保護観察を行うことを目的とする仮釈放を敢えてする必要はないということも考えられる。しかし，一部執行猶予とは言え，執行すべき実刑の部分があるのに，仮釈放を認めないとすることは自由刑に対する仮釈放の例外を設けることになるし，仮釈放の可能性を認めることによって本人に自発的な更生の努力を促すことができる。保護観察の付かない，所謂「単純一部執行猶予」を認める今回の立法では，仮釈放後の保護観察を経ることにより，施設内処遇→保護観察（3号観察）→猶予期間（心理強制）という，段階処遇的な使い方も考えられる。

2 法定期間の基準

　仮釈放が認められるのはよいとして，その場合，仮釈放の形式的要件たる法定期間3分の1の基準となる刑期の基準をどうするかという問題がある。これには，猶予刑も含めた宣告刑の刑期全体とする考え方（仮に，宣告刑説と呼ぶ。）と，実刑部分の期間とする考え方（実刑部分説という。）の2つが考えられるが，立法者（部会）は宣告刑説に立つ[105]。

　考えられる実刑部分説の根拠としては，現在の仮釈放が宣告刑期ではなく，刑期に算入すべき勾留日数を引いた執行刑期とされていること[106]が挙げられ

104）　被収容人員適正化方策部会議事録第19回15頁。
105）　被収容人員適正化方策部会議事録第19回15頁。

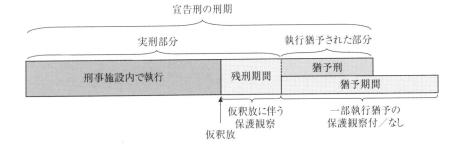

る。一部執行猶予の猶予刑はあくまで猶予されているのであるから，執行すべき刑期である実刑部分が基準になるというものである。この点について，宣告刑説の方からは，未決勾留の場合，実際に身柄を拘束され，有罪が確定した後では刑の執行を受けたものと同様に解し得るのに対し，一部執行猶予の猶予刑は実際に身柄の拘束を受けたわけではなく，単に取消しによる執行の可能性があるに止まり，その性質は異なるから，両者を同じ扱いにしなければならない必然性はないとの反論が可能である。

しかし，実刑部分説の最大の利点は，必ず仮釈放の形式的要件である法定期間（刑期の3分の1）を充足することができるところにある。これに対し，宣告刑説では，実刑部分の割合が宣告刑期の3分の1以下である場合，仮釈放は当初より不可能となってしまう。そのため，受刑者は刑事施設内で善行保持のインセンティブが働かないとする見解もある[107]。しかし，一部執行猶予の宣告刑は3年以下の懲役又は禁錮とされているので，実刑部分がその3分の1以下という量刑が実際にどれほど行われるか疑わしいし，仮にそうした量刑がなされたとしても，猶予刑が長いため，猶予期間はさらにそれより長く設定されることになり，保護観察が付いていれば，仮釈放の必要性は余り感じられない。

106）「刑法第28条および少年法第58条第3号に規定する刑期の3分の1の算出について」昭和47年7月22日矯保1235号矯正局長・保護局長通達。
107）被収容人員適正化方策部会議事録第19回18頁。

さらに，実刑部分説の問題は，実刑部分の宣告刑に占める割合に応じて，全刑期からする仮釈放の法定期間経過日までの割合，つまり事実上の仮釈放要件が変わってしまうことにある。例えば，懲役3年で執行すべき実刑部分が2年（刑期の3分の2）であるとすると，その3分の1で仮釈放の形式的要件を充足するわけであるから，刑期全体からすれば9分の2ということになってしまう。これが早過ぎるとかどうとかいうことより，既存の仮釈放の要件（9分の3）とは異なる要件が事実上できることになり，しかもその割合は実刑部分の全刑期に占める割合によって変動してしまうが，これは適当でなかろう。また，実刑部分の受刑中に一部執行猶予が取り消された場合，仮釈放の要件はやはり全刑期の3分の1となることとの整合性も考えなければならない。そうしたことから，今回導入された制度を前提とすれば，宣告刑説が妥当であろう。

　宣告刑説唯一の問題は，保護観察が付されない単純一部執行猶予において，実刑部分が宣告刑の3分の1以下となるような量刑が行われた場合である。いくら刑事責任が小さいとはいえ，施設内処遇の期間も短く，かといって仮釈放の可能性も猶予期間中の保護観察もなく，果たして施設内処遇と社会内処遇の連携という一部執行猶予の機能が充分に発揮されるか疑問である。単純一部執行猶予の量刑においては，この点にも充分配慮する必要があろう。立法論的には，第Ⅴ節で主張したように，余りに実刑部分の割合が小さい一部執行猶予を避け，且つ仮釈放の可能性を残すためにも，実刑部分の宣告刑に占める割合を3分の1以上とすることを検討すべきであろう。

3　執行率

　法定期間の基準は宣告刑説を採るとしても，実務では，実際に実刑部分のどの時点で仮釈放を認めるかが問題となる。現在の80％強という執行率の運用を前提とすれば，一般に仮釈放までの期間が長くなり，仮釈放が遅くなる。例えば，3年の懲役うち6月を執行猶予3年という判決の場合，80％の執行率だと仮釈放の時期は実刑部分を約2年5月執行した時点となり，実刑部分の残刑期間は1か月しかない。ましてや，2年の懲役うち6月を執行猶予3年という判決の場合，刑期の80％は1年7月強となり，実刑部分より長く，この執行

率では仮釈放ができないことになってしまう。

このように，従来の執行率を維持した場合，実刑部分の大部分を執行してからの仮釈放となり，仮釈放の意義が薄れるため，一部執行猶予では仮釈放までの執行率を下げるような運用になる可能性もある。反対に，一部執行猶予の場合，もともと猶予期間（保護観察付の場合，保護観察期間）が設定されているため，3号観察期間が短くとも，仮釈放日を少し遅めに行うこともあり得る。さらに，保護観察付の一部執行猶予であれば，保護観察も行われるので，わざわざ無理して仮釈放をする必要がないとして仮釈放が抑制され，消極的な運用になることもあり得る。もし一部執行猶予の場合に仮釈放が抑制的になると，社会内処遇の連携を図るという目的が却って後退することにもなりかねない。一部執行猶予が単純一部執行猶予となっていれば尚更である。制度の施行後，一部執行猶予に対する仮釈放がどのように運用されていくか注目していく必要がある。

4　一部執行猶予の取消しと仮釈放の失効

一部執行猶予の仮釈放中に禁錮以上の刑が確定した場合は，一部執行猶予の必要的取消事由に該当し（刑法第27条の4第1号），仮釈放についても裁量的取消事由に該当する（刑法第29条1項1号）が，一部執行猶予が取り消された場合，仮釈放の処分は失効することになるため（刑法第29条2項），取消手続なしに仮釈放は終了し，収監される（図4）。施設内処遇と社会内処遇の連携による改善更生と再犯防止が必要且つ相当として一部執行猶予を言い渡したにもかかわらず，刑の確定という一部執行猶予の取消事由が発生し，同じ施設内処遇と社会内処遇の連携を図ることが目的の仮釈放も最早果たし得ないと見なされるからである。また，仮釈放の取消しは裁量的取消制度であるため，一部執行猶予が必要的ないし裁量的に取り消されたとしても，必ずしも仮釈放が取り消されるとは限らず，手続上の時間的制約から取消しが間に合わない場合もあることから，一部執行猶予の取消しの付随効果として失効することにしたものである。

なお，仮釈放中の再犯に対する禁錮以上の刑の確定が，万が一，猶予期間開始後にずれ込んだときでも一部執行猶予は取り消し得るが，仮釈放は失効しないため，仮釈放は終了することになる。そのため，仮釈放を取り消すためには，

図4 刑の一部執行猶予の取消しと仮釈放の失効

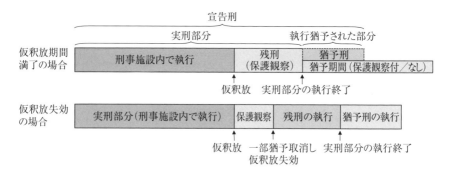

仮釈放期間中に再犯を遵守事項違反として裁量的取消しをしておく必要がある。

　仮釈放中に確定したのが罰金であるときには，一部執行猶予，仮釈放共に裁量的に取り消し得るが，一部執行猶予が仮釈放中に取り消された場合，同様に仮釈放の処分は失効する。

　一方，仮釈放中の再犯以外の遵守事項違反により仮釈放が取り消された場合は，第Ⅷ節の5で既に述べたように，一部執行猶予の保護観察には影響を与えない。但し，猶予期間開始までの間に特別遵守事項を設定・変更することは可能であり（更生保護法第52条4項），仮釈放中の遵守事項違反の内容によって，設定や変更が行われることはあろう。

5　取消刑中の仮釈放

　一部執行猶予が取り消された場合，取消刑の執行の過程で仮釈放を為しえるかという問題がある。従来，全部執行猶予が取り消され，執行される懲役又は禁錮の過程でも仮釈放が適用されていることから，これと同様に，取消刑に対する仮釈放は認められるものと考えられる。

　一部執行猶予の取消事由が遵守事項違反の場合は，取消刑のみが執行されることになるので，宣告刑のうち執行刑期の3分の1（法定期間）が経過していれば仮釈放の形式的要件は充足する。これに対し，猶予期間中の再犯を理由として一部執行猶予が取り消される場合は，再犯に対する刑と取消刑の両方を執行しなければならない，いわゆる二刑持ちの状態になるため，仮釈放が認められ

るためには，両刑のそれぞれについて法定期間を経過する必要がある。従来，
二刑持ちの場合，仮釈放の適用を早めるため，一方の刑の仮釈放要件を充足し
た後，刑の執行を停止し，もう一方の刑の執行を行うといった刑の執行順序を
入れ替えることがよく行われる。一部執行猶予の猶予刑が短い場合，既に前刑
の法定期間が既に経過しているであろうから，余りこうした操作は必要ないで
あろうが，猶予刑の割合が極端に高く，法定期間を経過していない場合などは，
同様の処理が必要となることもあろう。

　一部執行猶予の実刑部分において仮釈放が行われ，仮釈放期間中に一部執行
猶予が取り消された場合，仮釈放は効力を失うことになるが（刑法第29条2項），
その場合でも残刑や取消刑の執行中に再度の仮釈放を認め得るかについては，
これを積極に解したい。その理由として，1)現在の法令には再度の仮釈放を禁
ずる規定がなく，これを認めるというのが通説・実務であること，2)従って，
社会内処遇が一度失敗しても，再度の社会内処遇の機会を認めるというのが法
(の欠缺) の趣旨であること，3)再度の仮釈放が認められないと，当該受刑者は
満期釈放となってしまい，社会内で再犯防止や改善更生への働きかけを行い得
ないこと，4)再度の仮釈放の余地が残されていた方が，受刑者の自律的な更生
への働きかけが強いこと，が挙げられる。

　しかし，必ず再度の仮釈放を認めなければならないわけではないことは当然
である。一部執行猶予の取消事由やその内容，執行されることになる（仮釈放
後の）残刑と取消刑（猶予刑）の期間，仮釈放の許可基準を考慮して，仮釈放の
適否が判断されることになる。実際問題として，残刑と取消刑の期間がある程
度長くないと，仮釈放の手続が間に合わないであろう[108]。

6　考試期間主義との関係

　最後に一言付言すれば，一部執行猶予は考試期間主義を採る場合の仮釈放と
似た目的と効果を有する。共に，施設内処遇だけで完結させることなく，社会

---

[108]　仮釈放期間が短い現在の運用の下では再度の仮釈放を行うだけの残刑期間がなく，実
　際に再度の仮釈放が行われているのは殆ど無期刑の場合に限られている。

第1編第1章　刑の一部執行猶予制度の法的構造　　59

内処遇との連携を図ることで改善更生と再犯防止を図ることを目的とし，刑の最後の一部分の執行を猶予し，そこから猶予期間を設定するという効果の点でも両者は全く同じだからである。異なるのは，決定機関と時期，それに判断基準である。一部執行猶予は裁判所が裁判において予め猶予を決定しておくのに対し，考試期間主義の仮釈放は，仮釈放決定機関が自由刑の執行の過程で決定する[109]。判断基準も，一部執行猶予が行為責任を中心に予防的判断を加味して行うのに対し，仮釈放の場合は，予防的判断を中心に行う[110]。

　このように一部執行猶予と考試期間主義の仮釈放が目的や効果の点で類似性があるとすると，両方共に採用に値しないという見解を除けば，少なくともどちらかを採用すべきことになる。これまで，我が国では残刑期間主義を採用しており，考試期間主義は「刑期を越えて自由の制限を受け，刑期経過後に取り消されて再び収監されるのは，受刑者の権利を侵害する」[111]として，部会でも同様の指摘がなされたことから[112]，今回，一部執行猶予制度を導入することとなった。しかし，一部執行猶予は，要件の点で適用範囲が限られ，また要件を充足したとしても，その事案全てに適用されるわけではないから，一部執行猶予が適用されなかった事案においては，依然として，満期釈放や仮釈放の問題が残される。そこで，一部執行猶予を導入した我が国においても，考試期間主義を採用する必要性は依然としてあると考える。考試期間主義自体にもいろいろ課題があり，また一部執行猶予を採用した場合，一部執行猶予を言い渡された者に対する考試期間主義の適否という新たな検討課題も生ずるが，方策はある[113]。

---

109) 日本の場合，仮釈放は地方更生保護委員会という行政委員会が行うが，ドイツのように，裁判所（行刑判事）が仮釈放を決定するところもある。

110) 但し，仮釈放の実質的要件や許可基準に応報的要素をどのような形で評価するかについては議論がある。太田達也・前掲注(69)13-17頁，105-107頁。

111) 前田俊郎「仮釈放」森下忠編『刑事政策演習［増補版］』有信堂（1971）212頁。

112) 被収容人員適正化方策部会議事録第12回18-20頁，第13回7頁，18-19頁，第14回24頁。

113) 太田達也・前掲注(11)152頁以下。二分判決における考試期間主義の適否については，後掲・第1編第3章第Ⅵ節の9参照。

X 量刑

1 一部執行猶予と刑の軽重

部会では，一部執行猶予が全部実刑と全部執行猶予の中間的な刑責に対する刑罰であることが強調されている[114]。確かに，刑罰の重みとして，単純全部執行猶予＜保護観察付全部執行猶予＜単純一部執行猶予＜保護観察付一部執行猶予＜全部実刑という段階があることは想定できるし，一部執行猶予には実刑部分が含まれているため，全部執行猶予よりは総じて重い刑事責任に対する刑罰であることは確かであるとしても，全部実刑との関係では，中間的という説明は余り意味があるものではなく，誤解すら招きかねない。

また，一部執行猶予は従前より刑を重くするものでも軽くするものでもないとの説明が部会においてなされている[115]。ただ，部会では，事務局の説明として，従来の量刑より重くしないために，一部執行猶予では宣告刑をより長くして，実刑部分を従来の実刑よりも短くするとされている[116]。例えば，従来の基準であれば懲役1年の実刑であるところ，一部執行猶予であれば，宣告刑を懲役1年6月として，うち8月を執行猶予2年とするといった趣旨であろう。しかし，猶予期間を含めたトータルな国の介入期間という点では，これを重罰化と見る向きもあろうし，実務上，懲役1年の実刑と，懲役1年6月，3年の保護観察付全部執行猶予とでは，後者が前者より重い刑とはされておらず[117]，そうなると懲役1年の実刑を懲役1年6月うち8月を執行猶予2年とするというのは緩刑化ではないのかということにもなりかねない。結局，個々の事案に

---

114) 被収容人員適正化方策部会議事録第 19 回 2-4 頁，11-13 頁，19 頁，23 頁，第 22 回 14 頁等，法制審議会総会議事録第 162 回 4-5 頁。

115) 被収容人員適正化方策部会議事録第 18 回 9-10 頁。また，国会での法案趣旨説明でも，「この刑の一部の執行猶予制度は，刑の言い渡しについて新たな選択肢を設けるものであって，犯罪をした者の刑事責任に見合った量刑を行うことには変わりがなく，従来より刑を重くし，あるいは軽くするものではありません。」と述べられている。第 183 回国会参議院法務委員会会議録第 6 号（平成 25 年 5 月 28 日），衆議院法務委員会会議録第 16 号（平成 25 年 6 月 7 日）。

116) 被収容人員適正化方策部会議事録第 18 回 9-10 頁，第 19 回 27 頁，第 22 回 20 頁。

117) 最小決昭和 55・12・4 刑集 34 巻 7 号 499 頁。

対して相応しい刑の量定が行われることを前提とする以上，総論的・抽象的に，一部執行猶予がなかったときの量刑と比べて重いか低いかを想像しても仕方がない。

　保護観察の有無についても，刑事責任の程度から言えば，単純一部執行猶予より保護観察付一部執行猶予の方が重い刑であることは間違いないが，だからと言って，行為責任の軽重を中心に保護観察の有無を決するのでは，施設内処遇と社会内処遇の有機的連携という一部執行猶予の目的が大幅にトーンダウンすることは避けられない。現在の全部執行猶予の量刑では保護観察の付される割合が8％程度しかなく[118]，一部執行猶予でもそうした運用になっては制度化の意義は薄れてしまう[119]。

2　一部執行猶予の適用類型

　それよりは，どのようなケースにおいて一部執行猶予を選択すべきか，さらには宣告刑，実刑部分と猶予刑の割合，猶予期間の長さ，保護観察の有無をどのように量定すべきかという量刑上の問題の方が遙かに重要である。しかし，刑法は，「犯情の軽重及び犯人の境遇その他の情状を考慮して，再び犯罪をすることを防ぐために必要であり，かつ，相当であると認められるとき」（刑法第27条の2第1項）と規定するに過ぎず，立法の段階では具体的にどのような罪種や犯罪者が相応しいのか十分なイメージ化が図られていない。

　部会でも，判決前調査制度もない中，予防や処遇を踏まえたうえで一部執行猶予の判決を行うためには対象の類型化が必要だとしている[120]。そして，施設内処遇に続き社会内処遇を行う必要があることがもっともイメージしやすく，

---

118)　最高裁判所・前掲注(55)46頁。但し，裁判員裁判では，保護観察付執行猶予の割合が裁判官裁判の場合の36％から56％に上がっていることは注目に値する。最高裁判所事務総局「裁判員裁判実施状況の検証報告書」(2012) 23頁。

119)　但し，執行猶予の前に施設内処遇（実刑部分）が入っている一部執行猶予の保護観察の要否を裁判段階で判断するのは難しいとする意見が部会で示されている。被収容人員適正化方策部会議事録第22回31頁。

120)　被収容人員適正化方策部会議事録第13回5-7頁，11頁，15頁等。

そして適切な犯罪類型が薬物依存者であり，対象者の問題性（前科や処遇の必要性）からいって通常の一部執行猶予とは異なる要件を定めることが適切であるとされたことから，別の法律において，薬物使用等の罪に対する一部執行猶予を規定することとなったのである。しかし，それ以外の犯罪ないし犯罪者類型では，道交法違反など比較的軽い罪を繰り返し，初めて実刑に処される者，実刑と執行猶予の境界にある者，執行猶予期間中に比較的軽い罪を犯して自由刑に処せられる者という抽象的な対象を示す程度で，後は窃盗犯が制度に適するか否かといった議論が行われているに過ぎない[121]。

　しかし，満期釈放となりがちであるが，社会内処遇が必要な受刑者や，施設内処遇に続いて，仮釈放ではカバーできない期間の社会内処遇を実施することで，改善更生と再犯防止をより確実なものにしていくことが望ましい受刑者は，薬物依存者以外にもいろいろ考えられる。例えば，責任能力に問題がなく，実刑を科せられた統合失調症等の精神障がい者は，障がいの特性や引受人の問題から満期釈放となることが多く，刑事施設内で行われていた処遇や治療が満期釈放によって突然遮断され，精神保健福祉法上の 26 条通報も，ごく一部の受刑者にしか措置入院が取られないため，釈放後の医療や福祉に結び付いていない。その結果，精神障がい受刑者の釈放後の再犯率（再入率）は極めて高いものとなっている。一部執行猶予によって，釈放後も一定期間，保護観察を確保することができれば，釈放後，社会内での医療や福祉に繋げるまで見守ることができる。

　釈放後，社会生活への定着まで一定期間支援を要する知的障がい受刑者や高齢受刑者にしても，また然りである。平成 21 年からは特別調整と地域生活定着支援事業が実施されているが[122]，その対象者は殆ど満期釈放となるため，更生緊急保護を用いる以外，釈放後，全ての対応を地域生活定着支援センター

---

121)　被収容人員適正化方策部会議事録第 13 回 7 頁，10 頁，第 14 回 7 頁，20-22 頁，第 18 回 5 頁，第 22 回 14 頁，16 頁。
122)　「高齢又は障害により特に自立が困難な矯正施設収容中の者の社会復帰に向けた保護，生活環境の調整等について（通達）」平成 21 年 4 月 17 日保観 244 号矯正局長・保護局長通達。

第 1 編第 1 章　刑の一部執行猶予制度の法的構造　　63

と福祉施設に委ねなければならない。しかし，福祉的支援を必要とする元受刑者でも，福祉さえ提供すれば再犯を犯さないというわけではないため，再犯防止を意識した指導が必要となる場合があり，実際に，地域生活定着支援センターや対象者を受け入れている福祉施設から，司法がすぐに手を引くのではなく，当面，司法としても対象者の指導や監督に関わって欲しいとの要望が出されている[123]。特別調整の時期を早め，仮釈放と連動させる方法もあるが，仮釈放制度そのものの見直しが必要となる。そこで，一部執行猶予を言い渡しておくことによって，刑事施設からの釈放後も一定期間，「司法と福祉が併走」しながら対象者を見守り，地域社会への定着を見計らいながら司法がフェードアウトしていくことが可能となる。また，家族も引受人もなく，どう考えても，釈放後，福祉的な支援が不可欠で，それなしには更生に支障が生ずる危険性が高いにもかかわらず，福祉的支援を拒絶する者がおり，こうした者は特別調整の対象にならない。それで再犯に至らなければよいのであるが，必ずしもそうならないことから，こうした者も社会内処遇を確保する一部執行猶予の対象として考えられよう。

　この他，性犯罪者に対しては刑事施設や保護観察において認知行動療法に基づいた処遇プログラムが行われ，一定の再犯防止効果が見られるとされているが[124]，性犯罪受刑者の満期釈放者の中には，一部，性犯罪再犯率の高い者が含まれていることが近年の調査で示されている[125]。そうしたこともあり，平成17年からは，13歳未満の子どもを対象とする暴力的性犯罪（強姦，強制わいせつ等）の出所者情報を法務省が警察に提供し，所在確認を通じて再犯の未然防止を図る再犯防止措置制度が導入されたが，所在不明者や再犯者が多く見られるなど課題も多く[126]，平成23年には対象者の面談を行うようにするといった制度改正が行われている[127]。また，大阪府では，平成24年に「大阪府子ど

---

123)　太田達也・前掲注(68)67-68 頁。
124)　法務省矯正局成人矯正課・前掲注(95)，法務省保護局・前掲注(95)。
125)　法務総合研究所『研究部報告 55―性犯罪に関する総合的研究』(2016) 119 頁以下，法務総合研究所『平成 22 年犯罪白書―重大事犯者の実態と処遇』(2010) 259 頁，277 頁。特に，13 歳未満の子どもを対象とする性犯罪者の同種再犯率が高い。同『平成 18 年犯罪白書―刑事政策の新たな潮流』(2006) 254-255 頁。

もを性犯罪から守る条例」（大阪府条例第2号）を制定し，刑事施設から釈放された性犯罪者に住所等の届出をさせ，臨床心理士による専門プログラムなどの社会復帰支援を行っている。しかし，再犯防止措置の面談も大阪の社会復帰支援も，希望者だけに行う任意の措置であり，問題性の高い者が対象外となっている可能性がある。大阪府では国に対し性犯罪者，特に満期出所した性犯罪者の再犯防止対策に関する要望書を提出しており[128]，国も，平成24年に策定した「再犯防止に向けた総合対策」において性犯罪出所者に対する新たな再犯防止策の検討を行うこととしている[129]。一部執行猶予は，単純な満期釈放がなく，釈放後も一定の期間社会内処遇を行うことができることから，こうした性犯罪者，特に子どもを対象とするような性犯罪者の改善更生と再犯防止にも有用であると考えられる。また，日本では殆ど研究や施策が行われていないが，性犯罪者と並んで同種及び異種重大再犯率の高い放火犯についても[130]，一部執行猶予の適用が検討に値する。

　さらに私見では，累犯者（法律上の累犯に限らない。）こそ，本来，一部執行猶予にもっとも相応しい対象者である[131]。前科が多くなればなるほど，更生に多くの問題が予想されるにもかかわらず，その問題性故，却って仮釈放が困難

---

126)　警察庁生活安全局＝科学警察研究所犯罪行動科学部「子ども対象・暴力的性犯罪の出所者」の再犯等に関する分析」（2010）。上野正史「警察における性犯罪対策―子どもに対する犯罪への対策を中心に」警察学論集62巻3号（2009）110頁以下，太田達也「我が国における性犯罪者の再犯防止対策―現状と課題」警察学論集62巻3号（2009）120頁以下。

127)　「子ども対象・暴力的性犯罪の出所者による再犯防止に向けた措置の実施について」平成23年1月13日警察庁丙生企発第2号，丙地発第3号，丙刑企発第1号，丙捜一発第1号警察庁生活安全局長，警察庁刑事局長通達。加藤伸宏「『子ども対象・暴力的性犯罪出所者の再犯防止措置制度』の見直しについて」警察学論集64巻5号（2011）1頁以下。

128)　大阪府「国の施策並びに予算に関する最重点提案・要望」（2013）9頁。

129)　犯罪対策閣僚会議「再犯防止に向けた総合対策」（2012）11頁。

130)　法務総合研究所（2010）・前掲注(125)259頁，277頁。

131)　部会では，犯罪を繰り返す者や再犯者に対する刑罰として一部執行猶予や分割刑の制度を検討していた。被収容人員適正化方策部会議事録第14回14頁以下，第18回5頁。また，第179回国会参議院法務委員会会議録第5号（平成23年11月29日）23頁の魚住裕一郎委員の意見，第180回国会衆議院法務委員会会議録第12号（平成24年8月7日）25頁及び28頁の柴山昌彦委員と熊谷貞俊理事の意見。

となり，満期釈放となるため，釈放後の指導も監督も行われない。そうした者
にこそ，刑事施設での処遇のみならず，社会の中で処遇期間を確保することが
できる一部執行猶予が相応しい。しかしながら，第Ⅳ節の2で述べたように，
刑法上の一部執行猶予には厳格な前科要件があるため，こうした犯罪歴を持つ
者の多くが対象外となってしまうのは残念としか言いようがない。

3　訴訟当事者から見た一部執行猶予

　訴訟当事者の立場から見た一部執行猶予はどうであろうか。弁護人としては，
流石に全部執行猶予判決は期待できないという場合，全部実刑を回避するため，
一部執行猶予判決を求めていくという場合はあろう。しかし，そのためには，
単に刑事責任の程度だけでなく，被告人の改善更生のうえで一部執行猶予が適
切であることを示す必要があり，被告人の帰住環境を含め，施設内処遇と社会
内処遇の連携の必要性・相当性について情状立証（情状弁護）を展開する必要
がある。しかし，一部執行猶予の弁論や立証を行うモティベーションが十分に
上がるか疑問がないわけではない。例えば，検察官が懲役3年を求刑した場合，
弁護人として，懲役3年うち1年を執行猶予2年といった一部執行猶予を主張
するより，懲役1年の実刑か，懲役2年の全部執行猶予を求めることになるの
ではないか。多少実刑部分が短くはなっても，その分長期間の猶予期間が設定
される一部執行猶予の弁論や立証を行うより，思い切って全部執行猶予の弁論
を行うか，一部執行猶予の実刑部分と同じか，それより軽い実刑を求める弁論
を展開することになってしまうような事態も予想される[132]。或いは，全部執
行猶予の場合もそうであるが，一部執行猶予になることによって，却って宣告
刑が長くなるのではないかとの懸念もあろう。情状弁護はただでさえ手間暇が
かかるのに，実刑後の社会内処遇（消極・積極含めて）の必要性・相当性という

---

132)　部会では，一部執行猶予を当初から弁護人が求める事は普通あり得ないという意見が
　　　弁護士委員から出されており，こうした発想が弁護士にあることが窺える。被収容人
　　　員適正化方策部会議事録第22回21頁。また，第183回国会衆議院法務委員会議録第
　　　17号（平成25年6月11日）20頁の椎名誠委員の質問並びに谷垣禎一法務大臣及び
　　　今崎幸彦最高裁判所事務総局刑事局長の答弁。

従来より複雑な情状立証を行うのは，負担が大きいだけで，得るものが少ない
とされてしまうおそれもある。

　一方の検察官も，「これは流石に実刑というのは重過ぎるであろう」といっ
た場合に全部執行猶予の求刑を行うことはあるし，近年の障がい者（知的障が
い者）に対する入口支援[133]においても，従来であれば実刑を求刑するような事
案において福祉的なサポートを前提に全部執行猶予を求刑することが行われる
ようになっている他，更生緊急保護の事前調整の試行事業[134]においてはさら
に起訴猶予処分とすることも行われている。しかし，完全なダイバージョンた
る全部執行猶予と異なり，一部執行猶予は実刑部分を有するため，それよりは
端的に実刑を求刑していくことになりはしないであろうか。一部執行猶予を求
刑する場合，施設内処遇と社会内処遇の連携の必要性・相当性の立証を行わな
ければならない負担があるため，尚更である。

　裁判所も，一部執行猶予の量定に当たっては予防的側面についての判断が求
められるが，判決前調査制度がなく，また検察官からも弁護人からも情状関係
の立証が行われないと，こうした判断は容易ではなかろう。検察官が実刑を求
刑し，弁護人がそれよりも軽い実刑又は全部執行猶予を主張し，裁判所が「落
としどころ」として，一部執行猶予を言い渡すというところに落ち着くような
ことがあってはならない。

　ただ，一部執行猶予の宣告刑の要件を厳格（3年以下の懲役・禁錮に限定）にし
た理由の1つが，実刑部分執行後の社会内処遇の要否を裁判所が判断すること
が容易でないというものであったが，一部執行猶予における再犯防止の必要

---

133)　原山和高「長崎地検における罪を犯した知的障害者の再犯防止に関する取組につい
　　　て」研修779号（2013）27頁以下参照，太田達也「障がい犯罪者に対するダイバー
　　　ジョンと福祉的支援―入口支援事業における障がい者審査委員会を中心として」『共
　　　生社会を創る愛の基金2012年度事業報告書』（2013）37-41頁，古宮久枝「再犯防止
　　　等の刑事政策の目的に向けた検察の取組」法律のひろば66巻11号（2013）42頁以下，
　　　市原久幸「東京地方検察庁における『入口支援』―検察から福祉へのアプローチ」罪
　　　と罰51巻1号（2014）100頁以下。
134)　法務省保護局「起訴猶予者に対する更生緊急保護を活用した新たな社会復帰支援策の
　　　充実強化について」（平成25年9月26日報道発表資料），古宮久枝・前掲注(133)
　　　44-45頁。

性・相当性は，そこまで厳格且つ具体的な証明が求められるものと考えるべきではない。裁判員裁判でも量刑理由の中で一般的な処遇の必要性（というより処遇への期待）に言及される例が見られるし[135]，全部執行猶予に保護観察を付けるときの量刑判断も同様だからである。それでも予防的観点からの判断ができないということであれば，自由刑とは施設内処遇と社会内処遇をセットにした制度としてしまうことも，将来の立法課題としてはあり得ると私見では考えている。

XI 薬物使用者等に対する刑の一部執行猶予

1 目的

　薬物使用等の罪を犯した者のうち規制薬物に対する依存ないし依存的傾向を有する者は，自由刑により刑事施設の中で断薬し，一定の処遇を受けたとしても，釈放後，適切なリハビリや支援を受けないと，薬物の使用を繰り返す可能性が高い。特に，我が国でもっとも検挙人員が多い薬物犯罪である覚せい剤は，同一罪種による再犯率が全罪種の中でもっとも高い部類に入る[136]。そのため，釈放後の社会内処遇が極めて重要であるが，仮釈放となっても，残刑期間主義を採る我が国では，極めて短期間の保護観察しか行うことができない他，覚せい剤受刑者の4割強は満期釈放であり，一切，社会内処遇を行い得ない。

　そこで，裁判において予め刑の一部を猶予し，猶予期間を設定しておくことで，施設内処遇に続いて社会内処遇の期間を確保することができる刑の一部執行猶予は，規制薬物に対する依存のある薬物犯罪者についても極めて有効であると考えられる。勿論，薬物使用等の罪を犯した者についても，刑法第27条の2の要件を満たせば，刑法上の一部執行猶予を適用することになる[137]。し

---

135)　静岡地判平成22・5・20，千葉地判平成21・9・18等。太田達也「裁判員制度と犯罪者処遇—刑事法の立場から」日本犯罪社会学会第37回大会報告要旨集（2011）29-31頁参照。

136)　法務総合研究所・前掲注(19)207頁以下，同・前掲注(21)233頁以下に詳しい調査報告がある。なお，釈放事由（満期釈放と仮釈放）別の再入率については，法務総合研究所・前掲注(5)218頁参照。

68

かし，薬物依存者の場合，前科を有している場合が多く，厳しい前科要件が課せられている刑法上の一部執行猶予を適用できない場合が多いことが予想される。そこで，刑法上の一部執行猶予の前科要件を満たさない場合であっても，なお規制薬物の依存の改善に資する処遇を行うことが再犯防止のうえで必要且つ相当であるときには，一部執行猶予を行い得るよう刑法に対する例外法を定めることにしたものである。

　また，刑法上の一部執行猶予は，保護観察が裁量的とされており，保護観察を付さないこともできるが，規制薬物の依存者に対し，再犯による猶予刑の取消しという心理的抑止力を及ぼすだけでは十分な再犯防止効果が期待できず，対象者の状況と必要に応じて，時には医学的治療や福祉的支援を併行させながら保護観察を行っていくことが極めて重要である。そこで，薬物使用者等に対する一部執行猶予においては保護観察を必要的とする特則を併せて設けることにしたものである。

2　対象犯罪

　薬物使用者等一部執行猶予法第 2 条 2 項が定める刑法，大麻取締法，毒物及び劇物取締法，覚せい剤取締法，麻薬及び向精神薬取締法及びあへん法に定める規制薬物等（同条第 1 項に規定）の使用や施用等及びその前提となる所持が対象となる（以下，「薬物使用等の罪」という。）。法の目的が規制薬物等に対する依存の改善に資する処遇を行うことにあることから，輸入・輸出，製造，営利目的の所持等は対象とはならない。なお，対象犯罪は「その罪又はその罪及び他の罪」とされていることから，薬物使用等の罪とそれ以外の罪が併合審理されているような場合にも薬物使用者等一部執行猶予法による一部執行猶予の適用がある。

　もともと，部会において事務局が提示した参考試案には，「薬物自己使用等事犯を犯した者に対し，上記 1 の罪とその罪より重い刑が定められている他の罪とに係る懲役の言渡しをするときは，その一部の執行を猶予することができ

137）　東山太郎（警論）・前掲注(24)40 頁，東山太郎（法ひ）・前掲注(24)19 頁。

ないものとすること。」という規定があり，薬物使用等の罪より法定刑の重い罪が併合審理されているような場合，一部執行猶予の適用を排除することとされていた。例えば，覚せい剤の購入費を得るために窃盗（10年以下の懲役又は50万円以下の罰金）を犯し，覚せい剤を自己使用（10年以下の懲役）した場合には一部執行猶予の対象になり得るが，窃盗ではなく強盗（5年以上の懲役）を犯した場合には，対象にならないというものである。

その理由は，薬物使用等の罪とそれ以外の罪を犯して併合審理されている場合，その者の問題性の中心が薬物使用の背景にある薬物依存にあるかどうか定かでなく，そうした場合，一部執行猶予が再犯防止のために必要且つ相当であるかどうかを裁判所が判断することが必ずしも容易でないことから，そうした類型を一部執行猶予の対象外とすることが望ましく，それは薬物使用等の罪よりもそれ以外の罪の方が法定刑が重い場合に多いからであると説明されている[138]。

しかし，たとえ薬物使用等の罪以外に併合審理されているような罪があったとしても，本人に規制薬物に対する依存があるのであれば一部執行猶予を科すことには意味があるから，再犯防止の必要性と相当性という要件において一部執行猶予の適否を判断すればよく，併合審理されている他罪との関係だけで一律に排除するのは適当でない。覚せい剤依存による幻覚から傷害事件（15年以下の懲役又は50万円以下の罰金）を犯した場合，確かに傷害罪は覚せい剤使用より刑の重い犯罪であるが，こうした犯罪者の再犯防止には施設内での断薬・処遇に続いて，社会の中で継続的な治療ないしリハビリを行うことが極めて重要であると考えられる。参考試案は法定刑の点からこうした事案を一切一部執行猶予の対象から除外することになるので妥当ではない。対象に含めたうえで，後は再犯防止の必要性・相当性から判断するのが望ましい。

部会でも，そうした意見の他，仮に一部執行猶予の適用に一定の制限を設けるとしても，法定刑の上限で比較して一律に除外するのは適当でない，覚せい剤の自己使用目的所持といったより刑責の重い犯罪の方が，大麻の自己使用目

138）　被収容人員適正化方策部会議事録第18回9頁，第20回10-11頁，第22回39頁。

的所持といったより軽い犯罪より一部執行猶予の適用範囲が広いのは不均衡である，そもそも薬物使用等の罪の法定刑が5年や10年と長く，それより法定刑が重い他の罪を犯した場合を除外すると言っても，そもそも一部執行猶予が3年以下の刑を言い渡す場合に限られているので，そうした制限は必要ない，などの意見が出されている[139]。

また，薬物以外の罪が被害者のある犯罪だった場合に，一部執行猶予に対して被害者から納得が得られるかどうか難しいという指摘がある[140]。しかし，これは薬物事犯の問題というより，一部執行猶予制度そのものに対する被害者の捉え方の問題であり，これは第Ⅳ節で既に指摘したように，施設内処遇から社会内処遇に繋げることで再犯防止を図る刑罰として，被害者にも理解が得られるものと考える。

結局，法制審議会の答申ではこの規定は削除され，薬物使用等の罪とそれ以外の罪が併合審理されているような場合でも一部執行猶予が認められることとなった。そこで，薬物使用等の罪以外の罪でも起訴され，併合審理されている場合にも一部執行猶予の対象となることを明確にするため，薬物使用者等一部執行猶予法第3条は「その罪又はその罪及び他の罪」という文言となったものである。

3 宣告刑

薬物使用者等一部執行猶予法による一部執行猶予についても，宣告刑が3年以下の懲役又は禁錮でなければならない。犯した罪の刑責がそれより重いものについては，たとえ一部とはいえ，宣告刑の一部の執行を猶予することは適当でないとされたためである。

しかし，薬物使用等の罪の刑事責任が重い場合の1つとして，薬物に対する親和性，常習性，依存症が強い場合があり，その場合，薬物依存に対する処遇

---

139) 被収容人員適正化方策部会議事録第20回10-11頁，16頁，第22回39-40頁，第24回5頁。
140) 被収容人員適正化方策部会議事録第20回18頁。

第1編第1章　刑の一部執行猶予制度の法的構造　　71

の必要性が高いはずであるから，宣告刑によって一律に排除することは妥当ではない。さらに，規制薬物欲しさに強盗を働いたり，薬物使用の影響下で殺人未遂を行った場合などのように，薬物使用等の罪以外の「他の罪」でも起訴され，併合罪処理の結果，宣告刑が3年を超えたからといって，薬物依存に対する処遇の必要性がないわけではなく，強盗や殺人を犯すほど薬物依存の程度が深刻であるのであるから，施設内処遇と社会内処遇の連携を図る必要性は極めて高い。

　刑法上の一部執行猶予のところで述べたように，一部執行猶予の宣告刑を3年以下に限定するのは，執行猶予という性質を強調しているからであり，同制度を「全部執行猶予の亜種」と見ていることの表れである。しかし，一部執行猶予は，満期釈放や仮釈放における社会内処遇の限界を克服し，施設内処遇と社会内処遇の連携を通じて犯罪者の社会復帰と再犯防止を図ることが最大の眼目であり，さらに一部執行猶予とはいえ，実刑部分がある以上，この制度は「全部執行猶予の亜種」というより，「実刑の亜種」であると考えるべきであるから，宣告刑を3年以下に限定する必要はない。制度論としては，宣告刑が3年を超える場合についても，一部執行猶予の適用を認めるべきであった。

4　前科

　薬物使用者等一部執行猶予法による一部執行猶予には前科要件が付されていない。これは，この種の薬物犯罪者には前科があることが多く，前科要件が付されていると，本来，処遇を行うべき者が対象から外れてしまい，薬物依存に対する処遇を行うことで再犯防止を図るという制度の目的を十分に果たすことができないからである。

　しかし，それだけに，次に述べる再犯防止の必要性や相当性の判断において前科が考慮される余地が刑法上の一部執行猶予より大きい。例えば，薬物使用者に刑の執行終了から未だ5年が経過していない複数の前科があり，それがいずれも組織的な薬物取引（輸入，譲渡し）であるような場合であるとか，薬物とは全く関係のない他罪種である場合，再犯防止の必要性はさておき，少なくとも前科の面からは相当性を否定する方向で評価される余地が高くなる。

5 情状・再犯防止の必要性と相当性

　刑法上の一部執行猶予においては，「犯情の軽重及び犯人の境遇その他の情状を考慮し」，再犯防止の観点から必要性と相当性の判断を行うものとされているのに対し，薬物使用者等一部執行猶予法上の一部執行猶予においては，「刑事施設における処遇に引き続き社会内において規制薬物等に対する依存の改善に資する処遇を実施することが」再犯防止のうえで必要且つ相当かどうかが量刑判断の基準となる。一部執行猶予は，施設内処遇と社会内処遇の確実な連携を担保することで犯罪者の再犯防止を図ることを目的とするものであり，特に規制薬物等に対する依存のある者については，薬物依存の改善が再犯防止のうえでの必須課題となるからである。

　なお，部会の参考試案や法制審議会の答申では，「犯情の軽重その他の事情を考慮して，その薬物自己使用等事犯に係る犯罪的傾向を改善するために必要であり，かつ，相当であると認められるとき」とされ，再犯防止の文言がない[141]。ただ，参考試案や答申では，刑法上の一部執行猶予の要件においても再犯防止の文言がなく，単に「情状により」とされていることから，参考試案・答申と薬物使用等一部執行猶予法との違いは，規制薬物等の使用という犯罪的傾向の改善が再犯防止のうえで必要且つ相当かどうかということと，規制薬物等の依存を改善する「処遇」が再犯防止のうえで必要且つ相当かどうかにある。しかし，参考試案・答申のような，犯罪的傾向の改善が再犯防止のうえで必要であることはある意味自明であり，殆どトートロジーとも言える。反対に必要性・相当性の判断に当たって犯罪的傾向が改善するかどうかという基準は，極めて困難を求めることにもなりかねない。そこで，規制薬物等の依存を改善する「処遇」が再犯防止のうえで必要且つ相当かどうかという文言に改めたものと考えられ，それが正当である。

　なお，刑法上の一部執行猶予では，「再び犯罪をすることを防ぐために必要であり，かつ，相当であると認められるときは」とされているのに対し，薬物

---

141)　答申では相当性の文言が見られないが，これは刑法上の一部執行猶予の方で既に規定されているため，敢えて重複して規定する必要がないからである。

第1編第1章　刑の一部執行猶予制度の法的構造　　73

使用等一部執行猶予法上の一部執行猶予は、「刑事施設における処遇に引き続き社会内において規制薬物等に対する依存の改善に資する処遇を実施することが、再び犯罪をすることを防ぐために必要であり、かつ、相当であると認められるときは」という規定振りとなっており、「相当である」という文言が「処遇を実施することが」という文言を受けているように読めなくもないことから、相当かどうかという予防面での相当性に限定しているかのようにも見える。細かい話をすれば、「処遇を実施することが」の後の読点があるかないかによって意味合いが変わるが[142]、刑法上の一部執行猶予の条文の趣旨から考えても、ここでの相当性は犯情面での判断も含まれると考えるべきであろう。

薬物使用等の罪における特有の犯情としては、所持や使用する薬物の種類や量、常習性、自己使用以外の薬物関連犯罪行為（譲渡、売買等）などが挙げられる。このうち常習性は、「犯人の境遇その他の事情」といった一般情状にも該当するが、部会では、常習性が著しいと、再犯防止のための処遇の必要性が高い一方、相当性が欠ける場合もあるとしている[143]。しかし、薬物依存が進んだ者ほど治療や処遇の必要性が高く、薬物依存への対応なしに更生や再犯防止が難しいことを考えると、犯情の点から相当性が欠けるとするのは妥当でなかろう。

予防面での相当性は、薬物依存治療を専門とする病院が限られている現状を考えると、薬物依存に対する治療の必要性が極めて高いにもかかわらず、対象者の居住地等からそれが困難であるとして、不相当という状況があり得なくもないであろうが、薬物使用等の罪に対する一部執行猶予が導入され、保護観察における医療機関や福祉機関との連携が進められていくことを前提とすれば[144]、薬物依存の治療が難しいからといって、予防上不相当ということはあるべきではなかろう。

---

142) 薬物使用者等一部執行猶予法第 3 条の読み替え規定において、「考慮して」を「考慮して、刑事施設における処遇に引き続き社会内において規制薬物等に対する依存の改善に資する処遇を実施することが」にするのであるから、「処遇を実施することが」の後の読点は残るのであろう。

143) 被収容人員適正化方策部会議事録第 20 回 3 頁、第 179 回国会参議院法務委員会会議録第 4 号（平成 23 年 11 月 24 日）20 頁の魚住裕一郎委員の質問。

6 猶予期間と保護観察

(1) 必要的保護観察

　薬物使用者等一部執行猶予法による一部執行猶予の猶予期間は，刑法上の一部執行猶予と同様，1年以上5年以下である。異なる点は，刑法上の一部執行猶予においては，保護観察が裁量的とされているのに対し，薬物使用者等一部執行猶予法による一部執行猶予においては必要的とされていることである（薬物使用者等一部執行猶予法第4条1項）。現在，刑事施設では特別改善指導の一環として薬物依存離脱指導（R1）が行われているが[145]，規制薬物等に対する依存症がある者の場合，刑事施設内での断薬と処遇だけでは，社会に出てから再び薬物に手を染める危険性が高く，単に一部執行猶予の取消しによる再収監の可能性という心理的抑止力だけでは十分でない。そこで，実刑部分を執行した後の猶予期間においては必ず保護観察に付し，積極的な処遇を行うことにしたものである[146]。

(2) 専門的処遇

　一方，保護観察においては，平成19年に制定され，翌年から施行された更生保護法に基づき，「医学，心理学，教育学，社会学その他の専門的知識に基づく特定の犯罪的傾向を改善するための体系化された手順による処遇として法務大臣が定めるものを受けること」を特別遵守事項に設定することができるようになり（更生保護法第51条2項5号），一般に専門的処遇と呼ばれている。現在までに4つの専門的処遇が法務大臣によって指定されているが[147]，そのうちの1つが覚せい剤事犯者処遇プログラムである[148]。このプログラムは，一般に，

144）　薬物事犯者に対する保護観察の改革動向については，田島佳代子「保護観察所における薬物事犯者の処遇」罪と罰50巻2号（2013）55頁以下，平尾博志（田島佳代子・和田清報告部分）「ラウンドテーブル・ディスカッション2：薬物依存のある保護観察対象者に対する保護観察について」更生保護学研究2号（2013）33頁以下等。

145）　前掲注(73)の文献参照。

146）　被収容人員適正化方策部会議事録第18回9頁。

147）　平成20年4月23日法務省告示第219号，平成22年9月9日法務省告示460号。

148）　「覚せい剤事犯者処遇プログラムを活用した保護観察の実施について」平成20年5月9日保観347号保護局長通達。

薬物依存のある保護観察対象者の改善更生に特に必要と認められる場合に設定されることになっているが，薬物使用者等一部執行猶予法による一部執行猶予は，薬物依存に対する処遇の必要性が特に高い者が対象となっていることから，その保護観察においては原則としてこの専門的処遇を特別遵守事項として設定しなければならないこととされた（更生保護法第51条の2）。

さらに，法務省では，一部執行猶予制度の導入を見据えて，厚生労働省の協力を得て，薬物依存の専門家等で構成する薬物処遇研究会を立ち上げ，処遇期間の長期化及び規制薬物全般に対応する新たな薬物処遇プログラムを開発すると共に[149]，地域連携を在り方についての「地域支援ガイドライン（案）」を策定している[150]。薬物処遇プログラムの対象は，保護観察に付される理由となった犯罪事実に覚せい剤自己使用の罪に当たる事実が含まれ，仮釈放者（3号観察）のうち保護観察期間が6月以上ある者か[151]，保護観察付執行猶予者（4号観察）中，規制薬物の使用により懲役若しくは罰金の刑の言渡し，又は保護観察処分（1号観察）若しくは少年院送致の保護処分を受けたことがあるなど，規制薬物の使用を反復する犯罪的傾向が強く，本プログラムを受けることを特別遵守事項に定めるのが相当である旨の裁判所の意見が示された者とされている。

プログラムの内容は，コアプログラムとフォローアッププログラムから成っている。コアプログラムは，薬物処遇プログラムワークブックを用いて，おおむね2週間に1回，全5課程（回）に亘って行われる。かつてはこのコアプログラムのみが行われていたが，平成24年10月以後は，コアプログラムの修了後，おおむね1か月に1回，特別遵守事項が取り消されない限り，フォローアッププログラムが保護観察終了時まで行われる。但し，コアプログラムの修了後，保護観察開始から原則として6月が経過した対象者については，特別遵

---

149) 「『覚せい剤事犯者処遇プログラムを活用した保護観察の実施について』の一部改正について」平成24年9月21日保観112号保護局長通達。
150) 田島佳代子・前掲注(144)55頁以下，西崎勝則「制度導入に向けた更生保護における実施体制の整備の取組」法律のひろば66巻11号（2013）28頁以下。
151) 対象者を3号観察期間6月以上の者に限定する問題として，平尾博志（太田達也報告部分）・前掲注(144)33頁以下参照。

守事項を取り消すことも可能である。なお，保護観察期間が長い保護観察付全部執行猶予者については，当面，フォローアッププログラムは実施しないこととされている。

(3) 指導監督の特則

専門的処遇は，保護観察官が個別処遇又は集団処遇の形で行うが，薬物依存のある保護観察対象者の中には医療や臨床心理の専門家による治療やリハビリが必要な者が少なくない。従来，こうした対象者については，「医療及び療養を受けることを助けること」（更生保護法第58条2号）という補導援護の一環として，専門病院で治療を受けたり，薬物依存リハビリ施設でのプログラムに参加したりするよう保護観察官が助言する形で行うか[152]，保護観察対象者の改善更生を図るため有効且つ適切であると認められる場合には補導援護を「その他の適当な者」に委託する形で行ってきたが（更生保護法第61条2項），保護観察官や保護司以外の者が，直接，指導監督やその一環として行われる専門的処遇に関わることは，法律上認められていなかった。

しかし，薬物依存の改善に当たっては専門家による治療や支援が必要不可欠であることから，平成24年以降，医師，臨床心理士，薬物依存のリハビリ施設職員等を専門的処遇の「実施補助者」にできるものとし，実際に，法務省が国立精神神経医療研究センターの協力を得ながら新たに開発した薬物事犯者に対する総合的外来治療プログラムの実施においては，薬物依存治療の専門家やダルク等民間の薬物依存リハビリ施設の職員が補助者として処遇に加わっている[153]。

---

152) 平成14年の犯罪者予防更生法改正時に追加され，更生保護法に引き継がれた補導援護の一つ「必要な生活指導」（第58条6号）は，アルコール依存や薬物依存を有する者も対象者として想定していたが，生活知識の付与や援助団体の情報提供の他，生活技能訓練などを行うに止まる。法務総合研究所『平成30年版更生保護』（2018）127-128頁。

153) 田島佳代子・前掲注(144)58頁以下。なお，法的性格は不明であるが，平成24年度からは，保護観察所に登録した薬物依存症リハビリ施設に対し薬物依存回復訓練を委託している。西崎勝則・前掲注(150)30頁。

そして，薬物使用等の罪を犯した者に対する一部執行猶予の場合，刑事施設内での処遇に続いて，定期外来治療を受けたり，ダルク等の民間団体でリハビリや支援を受けたりすることが想定されている。そこで，更生保護法も併せて改正され，新たに規制薬物等に対する依存がある保護観察対象者に関する指導監督の特則が設けられた。もっとも，これは一部執行猶予に付される保護観察に限ったものではなく，その他の保護観察についても適用がある。

そこでは，まず「規制薬物等に対する依存がある保護観察対象者に対する保護観察は，その改善更生を図るためその依存を改善することが重要であることに鑑み，これに資する医療又は援助を行う病院，公共の衛生福祉に関する機関その他の者との緊密な連携を確保しつつ実施しなければならない」(更生保護法第65条の2) という処遇の基本方針が定められると同時に，保護観察官は，薬物依存の改善に資する医療を受けるよう，必要な指示その他の措置をとり (同第65条の3第1項1号)，又は公共の衛生福祉に関する機関その他の適当な者が行う規制薬物等に対する依存を改善するための専門的な援助であって法務大臣が定める基準に適合するものを受けるよう，必要な指示その他の措置をとることができるものとされた (同2号)。ここでは，薬物依存の専門病院において入院や通院治療を受けたり，薬物依存のリハビリを行う福祉施設や民間団体で専門的援助を受けるといったことが想定されている。

但し，これらの医療又は専門的援助を受けるに当たっては，保護観察対象者の意思に反しないことを予め保護観察所長が確認しなければならない (更生保護法第65条の3第2項)。医療や福祉的援助の性質上，これを受けるかどうかは，あくまで保護観察対象者の自由な意思に基づかなければならないからである。

この点に関連し，薬物使用等の罪を犯す者にとって，薬物依存の治療は「改善更生のために特に必要」(更生保護法第51条2項本文) であるから，これを特別遵守事項に直接設定するか，専門的処遇の一部とすることができないのかという問題がある。これまでも，精神障がいのある保護観察対象者に対し「精神科医の指示に従って，幻覚，妄想の症状抑制又は緩和に必要な服薬を継続すること」[154]といった特別遵守事項が設定されることがあった[155]。また，韓国の保護観察においては，「性行改善のための教育，治療及び処遇プログラムに関する

保護観察官の指示に従うこと」という特別遵守事項を設定することが可能であ
る[156]。

　しかし，医療行為は患者のインフォームド・コンセントに基づくものでなけ
ればならず，保護観察対象者といえども，これを強制することは医療の本質に
反することになる。また，薬物依存を改善しようとする本人の自発的意思抜き
には，どのような治療や援助も十分な成果を上げられないということもある。
そこで，今回のような規定内容となったものである。従って，保護観察対象者
本人が当初から医療や援助を希望しなかったり，途中で医療や援助を受けなく
なったりしても，それだけをもって保護観察上の不良措置をとることは許され
ない。

　なお，対象者本人の意思に基づいて保護観察官が第65条の3第1項2号に
規定する専門的援助の措置をとったとき，特別遵守事項として専門的処遇が設
定されている場合であれば，措置の内容に応じ，処遇の一部を終わったものと
して実施することができることとされた（同第4項）。ここでは，同条第1項1
号に規定する規制薬物等の依存の改善に資する医療を受けるよう必要な指示そ
の他の措置をとった場合が含まれていない。これは，医療行為を保護観察にお
ける（専門的）処遇の一部と見なすのは，保護観察の性質から難しいと考えら
れたためであろう。

⑷　簡易薬物検出検査

　現在，特別遵守事項として覚せい剤事犯者処遇プログラムが設定されている
者に対しては，コアプログラム及びフォローアッププログラムの実施に併せて
簡易薬物検出検査（以下，「簡易薬物検査」という。）が行われている。検査方法は，
当初は尿検査のみであったが，現在は，尿検査と唾液検査の2種類が行われて

---

154)　犯罪をした者及び非行のある少年に対する社会内における処遇に関する事務の運用に
　　　ついて（依命通達）別紙1，別紙2。
155)　犯罪者予防更生法時代の調査であり，また薬物事犯者ではなく，殺人や強盗といった
　　　重大犯罪者に対してであるが，仮釈放者には薬物や疾病の治療に関する特別遵守事項
　　　が設定されている。法務総合研究所（2010）・前掲注(125)257頁。
156)　韓国・保護観察等に関する法律施行令（大統領令）第19条2号。

いる。

　保護観察対象者に対する簡易薬物検査は，平成16年から，仮釈放者等の自発的意思に基づく任意の検査という形で行われるようになった。この検査は，保護観察対象者の再犯の発見を目的とするというより，保護観察対象者が薬物の誘惑に負けないよう次回の検査日という短期の目標をもたせ，その達成感により薬物依存からの離脱意思を持続させると共に，薬物再使用の不安を抱く家族からの信頼を得るためのものであった。

　更生保護法が制定・施行され，専門的処遇としての覚せい剤事犯者処遇プログラムが導入されると，簡易薬物検査はプログラムの一環として義務化されることとなった[157]。当初，簡易薬物検査は覚せい剤事犯者処遇プログラムが行われる5回に限られ，それ以後の保護観察期間や覚せい剤事犯者処遇プログラム対象外の覚せい剤事犯保護観察対象者については，その自発的意思に基づいて簡易薬物検査を受けるよう働きかけるものとされ[158]，希望した者について任意の検査が行われていた。しかし，平成24年から仮釈放者について覚せい剤処遇のフォローアッププログラムが導入され，その間は簡易薬物検査が義務的に実施されることとなった。

　簡易薬物検査の結果，陽性反応が出た場合，保護観察官は，保護観察対象者に対し警察等へ自ら出頭するよう説得し，対象者がこれに応じないときは警察等へ通報するものとされている。任意の簡易薬物検査では，陽性反応が出た場合，自主的に警察等に出頭し，不出頭の場合には保護観察官が警察に通報する旨の誓約書を取っている（義務的な検査でも誓約書を取っている保護観察所もある。）。こうした薬物再使用の場合の出頭義務やその承諾を取ることを自己負罪拒否特権違反であるとする批判が一部にある[159]。しかし，そもそも，国家公務員た

---

157)　韓国では，麻薬類の投薬，喫煙，摂取の有無に関する検査に従うことという特別遵守事項を設定することができる（韓国・保護観察等に関する法律第32条3項9号）。

158)　「簡易薬物検出検査を活用した保護観察処遇の実施について」平成20年5月9日保観351号保護局長通達。

159)　京都弁護士会「保護観察所で実施されている簡易尿検査を用いた保護観察処遇に関する申入書」（2004年8月27日），近畿弁護士連合会「罪を犯した人の更生保護のありかたと弁護士会の役割に関する決議」（2008年11月20日）。

る保護観察官には犯罪告発義務があり（刑事訴訟法第239条2項），通報に関する事前告知がなくとも，薬物再使用の疑いが高い場合，当然に警察等に通報しなければならない。そして，通報の前に対象者に出頭するよう説得する程度のことは，保護観察官の職務の問題だけに限らず，保護観察対象者本人の更生をも考えると許されるというべきである。また出頭義務については，犯罪実行以前の指導の一環としてのものであり，実際に犯罪を犯した者に対し自己負罪の供述や行動を強制するのとは異なるから，自己負罪拒否特権違反には当たらない[160]。

　現在，保護観察期間を通して簡易薬物検査を行っているのは仮釈放者だけであり，保護観察付執行猶予者については，当面，5回から成るコアプログラムの間だけに限定されている。これは，執行猶予の保護観察が最大5年間と長いため，簡易薬物検査を含むフォローアッププログラムが非常に長期に及ぶ場合があるためであると思われる。薬物使用等の罪を犯した者に対する一部執行猶予についても1年以上5年以下で保護観察が行われるが，簡易薬物検査がどのような形で行われるのかは現時点で不明である。

⑸　保護観察中の再使用と司法的対応

　問題となるのは，薬物依存のある保護観察対象者の処遇に関わる保護観察官以外の者が薬物の再使用を発見した場合の報告義務である。今回改正された更生保護法が施行されると，指導監督の特則という形で病院における治療や衛生福祉関係機関による専門的援助が行われるようになるが，もし薬物の再使用を担当医や関係機関の職員が発見した場合に保護観察所等に報告しなければならないとなると，治療中の保護観察対象者との信頼関係や回復過程にある対象者の治療の継続にも支障を来しかねないとして，報告を前提とした援助に難色を示す向きがある[161]。

　従来，保護観察の補導委託の受託者が，保護観察対象者に，犯罪行為は勿論，「犯罪又は非行に結び付くおそれのある行動を認めたとき」は，保護観察所長

---

160)　平尾博志（太田達也報告部分）・前掲注(144)35頁。

に報告しなければならない義務がある（犯罪をした者及び非行のある少年に対する社会内における処遇に関する規則第61条2項4号）。但し，改正更生保護法は，「保護観察所の長は，規制薬物等に対する依存がある保護観察対象者について，第30条の規定により病院，公共の衛生福祉に関する機関その他の者に対し病状，治療状況その他の必要な情報の提供を求めるなどして，その保護観察における指導監督が当該保護観察対象者の心身の状況を的確に把握した上で行われるよう必要な措置をとるものとする」（第65条の4）と規定するに止まり，現時点では特に報告義務についての定めはない。

　一方，医師には業務上取り扱ったことについての守秘義務がある（刑法第134条秘密漏泄罪，精神保健及び精神障害者福祉に関する法律第53条）[162]。医師が麻薬中毒者であると診断したときには都道府県知事への届出義務があるが，これはその後の措置入院など医療のための届出であり，届出先も警察ではなく，知事となっている（麻薬及び向精神薬取締法第58条の2）[163]。また，公務員には一般に犯罪告発義務があり（刑事訴訟法第239条2項），これによると公務員たる医師には犯罪告発義務があることになるが，治療上の観点から司法的対応をとらない程度の裁量は許されるという見解も示されている[164]。

　その是非はともかく，告発義務の問題だけを取り上げて議論することは無益であろう。問題の本質は，むしろ，薬物依存に対する治療をどこでどのような

---

161)　丸山泰弘「薬物使用者に対する刑の一部の執行猶予制度—刑の個別化と一部猶予」立正法学論集46巻1・2合併号（2013）111-113頁，第179回国会参議院法務委員会会議録第4号（平成23年11月24日）28頁及び同第5号（平成23年11月29日）26頁の井上哲士委員の質問。

162)　最高裁は，国立病院の医師（国家公務員）が合法的な医療行為として採取した尿から違法な薬物（アンフェタミン，覚せい剤）を検出した場合に，捜査機関に通報することは正当行為として許容されるものであって，医師の守秘義務に反しないと判示している。最小決平成17・7・19刑集59巻6号600頁。

163)　麻薬中毒とは麻薬，大麻又はあへんの慢性中毒をいい，麻薬中毒者とは麻薬中毒の状態にある者をいう（麻薬及び向精神薬取締法第2条24号，25号）。しかし，その適用件数は極めて少ない。厚生労働省「薬中毒者及び措置入院者年次別状況表」。その理由として，医師の知識不足と対象者の基準の曖昧さが指摘されている。松本俊彦「薬物依存臨床における司法的問題への対応」こころのりんしょうà·la·carte29巻1号（2010）117-118頁。なお，奇妙なことに，覚せい剤取締法にはこうした制度がない。

164)　松本俊彦・前掲注(163)115頁及びそこで引用されている報告書参照。

形で行うことが望ましいかということである。薬物依存に対しては，適切な医学的治療と認知行動療法を行いながら，薬物を再使用しないよう継続的にサポートしていくことが重要であることは間違いない。しかし，我が国では規制薬物等の自己使用を犯罪として（比較的重い）処罰の対象としているため，司法的対応との関わりの中で薬物依存の治療をどのように行うかという難しい問題が生ずることになる。

　従来，覚せい剤の自己使用については，8割を起訴し，その6割に実刑を科すという刑罰中心的な対応をとってきており[165]，薬物依存の治療やリハビリは，その過程の中で行われているに過ぎない。しかし，薬物依存のある者については，何度起訴し，何度刑罰を科そうと，刑執行後の継続的な治療やリハビリに繋がらなければ，薬物依存という基本的な問題は解消されない。先に述べたように，覚せい剤受刑者の4割は満期釈放となっており，治療やリハビリに結び付く例は殆どないと考えられるし，残りの仮釈放にしたところで，僅かばかりの認知行動療法が行われても，極めて短期間に保護観察が終了してしまい，その後の治療には繋がっていき難い。薬物事犯者（自己使用者）の刑事責任を追及するという国の要求は満たされても，薬物依存者の再使用を防止するという最終的な目標は達成されていないのである。

　もし薬物依存の治療やリハビリが確実に行われ，薬物の再使用を防ぐ（か，再使用までの期間を相当程度延ばす）ことができるのであれば，それを前提として刑罰権の発動を抑制することが考えられてもよいであろう。近年，知的障がい者や高齢者については，従来であれば起訴せざるを得なかったような事案においても，福祉的な支援を前提として起訴猶予にしたり，執行猶予としたりする方が，実刑を科して何もしないより社会復帰や再犯防止に資するとして「入口支援」が行われているが[166]，それと同様，薬物依存の治療やリハビリを前提に起訴猶予や執行猶予にする方法である。こうした運用が可能となれば，保護観察中の再使用についても，何が何でも起訴・実刑という対応ではなしに，

---

165)　法務総合研究所・前掲注(5)150頁。
166)　「入口支援」については，前掲注(133)の文献参照。

第1編第1章　刑の一部執行猶予制度の法的構造　　83

「治療を優先した司法的対応」が可能となる。そうなれば，告発義務も大した問題ではなくなろう。

　しかし，薬物の自己使用が常に起訴猶予や全部執行猶予相当というわけではない。現在の薬物事犯に対する法制度の下では，薬物の自己使用についても犯罪としての評価を避けることができないし，薬物の自己使用以外に犯した犯罪の刑事責任を全く不問にするわけにはいかないため，事案によっては自由刑を回避できない場合もあろう[167]。但し，薬物依存の治療という観点から見た場合でも自由刑にも意味がないわけではない。本人に薬物に対する問題性を認識させ，治療に向けた動機付けを行う環境としては良い面もある。薬物に対する中毒症状があれば，刑事施設にいる間に治療を行い，認知行動療法を行うことによって薬物を使用しない自己コントロールの方法を学ばせる機会となり得る。しかし，刑事施設から満期釈放となったり，僅かな仮釈放期間だけ対応し，その後のリハビリに繋がらないというのでは，刑事施設内での矯正処遇が生かされない。新たに導入された一部執行猶予は，一部実刑とすることが相当である事案において，刑事施設からの釈放後も一定の期間，保護観察を行いながら，薬物依存の治療とリハビリに向けた働きかけをしていくことができる。

　しかし，上記のような薬物使用等の罪に対するダイバージョンや一部執行猶予が本来の成果を発揮するためには，病院や保健機関等における薬物依存の治療体制が十分に整備されていることが大前提となる。日本は，まだ薬物依存の第二次予防（早期発見・早期治療）と第三次予防（社会復帰）のためのシステムが極めて未発達であることから[168]，今後，医療や保健・福祉における治療とリ

---

167) 薬物依存の治療過程において薬物の再使用は「スリップ」であり，薬物依存の治療や回復が一進一退のものであるとしても，薬物の再使用により本人の生命が危険に晒されたり，重大な他害行為に及ぶ危険性が全くないとは言えない。違法薬物の購入資金が犯罪組織の活動資金となったり，薬物の取引そのものが犯罪組織の暗躍を助長するといった社会の治安に対する悪い影響も無視できない。

168) 和田清「薬物依存を理解する―司法モデルから医療モデルへ」こころのりんしょう à·la·carte29 巻 1 号（2010）78 頁。平成 25 年 2 月末現在，全国で認知行動療法による薬物依存治療プログラムを行っているのは，医療機関 23 か所，精神保健福祉センターで 7 か所である。第 183 回国会衆議院法務委員会議録第 17 号（平成 25 年 6 月 11 日）16 頁。

ハビリ体制の整備が急務である。

　また，薬物依存者の中には帰住先がなく，中間施設としての住居が必要な場合が少なくない。現在，利用可能な施設としては，更生保護施設やダルク等の民間団体が運営する施設がある。従来，更生保護施設は薬物依存に対する治療やリハビリが必要な者については受入れを躊躇することが少なくなかったが，現在，5か所の更生保護施設を薬物処遇重点実施更生保護施設に指定し，専門職員を配置して，薬物依存から回復するための処遇を実施している（拡大の予定がある。)[169]。国立の更生保護施設である自立更生促進センターは，近隣住民との関係から設置や運営において困難な問題が生じたが，設置された2か所のセンターのうち北九州の自立更生促進センターでは薬物依存のある保護観察対象者を居住させ，他機関との連携を図りながら重点的な処遇を行っている[170]。

7　一部執行猶予の取消し

　刑法による一部執行猶予は，一部執行猶予の確定前に他の罪について禁錮以上の実刑に処せられたことが発覚した場合には必要的に取り消すものとされているが（刑法第27条の4第3号），薬物使用者等一部執行猶予法による刑の一部行猶予の場合，執行終了日や執行免除日から5年以内の実刑前科があってもこれを科すことができることから，一部執行猶予の確定前に他の罪について禁錮以上の実刑に処せられたことが発覚した場合も取消事由とはされてない（薬物使用者等一部執行猶予法第5条）。

---

169)　東京にある女性更生保護施設である両全会では，平成23年度から，本部とは別に，自立準備ホーム「みどり」を設置し，本部での在会後，一定期間，自立準備ホームでより自立に近い形で生活する体制を整えると同時に，外部の臨床心理士などを招聘して，在所処遇及び通所処遇の形で3年に亘って薬物依存離脱指導を行うプログラム「ローズ・カフェ」を開始している。小畑輝海「自立準備ホーム『ホームみどり』の発足―自立へ向けての新たなサポート体制の誕生」刑政122巻12号（2011）36頁以下，同「女性更生保護施設『両全会』における出所者等の社会復帰支援の現状と課題」法律のひろば66巻8号（2013）43頁以下。
170)　田島佳代子「更生保護法施行後の保護観察―保護観察と生活環境の調整の現状」法律のひろば66巻6号（2013）15頁以下，西崎勝則・前掲注(150)33頁。

XII　遡及適用

　刑の一部執行猶予は，刑法等一部改正法が施行される前にした行為について
も適用がある（刑法等一部改正法附則第2条1項，薬物使用者等一部執行猶予法附則第2
条）。

　憲法は遡及処罰を禁止する一方（憲法第39条），刑法は犯罪後の法律によって
刑の変更があったときは，その軽いものによると定めている（刑法第6条）。一
部執行猶予の導入が「刑の変更」に当たるとし，一部執行猶予が旧法より重い
場合もあるため，施行前の行為に対する適用は許されないと批判する向きもあ
る[171]。

　我が国の判例は，刑の執行猶予の条件に関する規定の変更は，刑自体の変更
ではなく，刑の執行方法に関する規定であるから（刑の一執行形態説），執行猶
予の条件の変更は刑法第6条にいう「刑の変更」に当たらないとしている[172]。
そこで，今回の一部執行猶予について遡及適用を認めた理由として考えられる
のは，一部執行猶予についても自由刑の最後の一部分の刑の執行方法に関する
規定であるから，「刑の変更」によって新旧法律の適用について定めた刑法第
6条の適用はないものとし，そのうえで，施設内処遇と社会内処遇の有機的連
携による犯罪者の社会復帰と再犯防止を図るという新法の趣旨に鑑み新法を適
用するというものであろう。

---

171)　足立昌勝「刑の一部執行猶予制度導入の問題点―刑法等の一部改正案に関連して」法
　　　と民主主義465号（2012）57頁。
172)　最小判昭和23・6・22刑集2巻7号694頁，最大判昭和23・11・10刑集2巻12号
　　　1660ノ1頁。

第2章

刑の一部執行猶予制度を巡る論議

I 刑の一部執行猶予制度に対する批判とその検証

　刑の一部執行猶予制度の導入は，明治38年の「刑ノ執行猶予ニ關スル法律」の制定や現行刑法の制定，戦後の執行猶予制度改革，犯罪者予防更生法や執行猶予者保護観察法による保護観察の整備などと並ぶ刑罰制度の一大改革であり，量刑や犯罪者処遇において大きな意味を有する。しかし，本制度に対しては，立法段階からいくつかの批判が加えられていることにも留意する必要がある。そこで，本章では，一部執行猶予制度に対する批判の検証を通じて，制度の意義や在り方について改めて検討してみることとする。

II 制度不要論について

1 副次目的としての過剰収容緩和

　法制審議会が法務大臣より「被収容人員の適正化」と「犯罪者の再犯防止及び社会復帰の促進」を図る制度や処遇の在り方を諮問され（巻末・資料1）[1]，被収容人員適正化方策に関する部会（以下，「部会」という。）を設置して審議を行

---

1)　法務大臣・諮問第77号。

い，その成果として一部執行猶予制度（と社会貢献活動）の導入を答申したことからもわかるように，一部執行猶予制度は，単に過剰収容の緩和だけでなく，再犯率の高い満期釈放者を含めた犯罪者の再犯防止と社会復帰を目的とする制度として提案されたものである[2]。従って，部会が過剰収容緩和策の検討という目的を拡大し，或いはそこから逸脱して再犯防止策を検討したという批判[3]は見当違いであるし，一部執行猶予が過剰収容の緩和に役立つかどうかという視点だけで制度の是非を検討することも適当でない。

過剰収容を解消するために刑事司法制度があるのではなく，犯罪者に対する適切な刑事責任の追及と社会復帰に向けた処遇を通じて社会の安全に寄与することが刑事司法の究極の目的であり，犯罪者を社会に戻す以上，その改善更生を図ることで再犯を防止することが求められるわけである。そして，全犯罪者の3割によって犯罪総数の6割が行われているという現実に鑑みると[4]，犯罪者の再犯を防止することで犯罪総数を相当程度減らすことができる計算となり，その結果として，過剰収容の緩和にも繋がることが期待できるのである。一部執行猶予は，そうした犯罪者の改善更生と再犯防止を図り，結果として過剰収容の緩和にも貢献する制度として導入されたのである。

2　仮釈放積極化政策の限界

部会（や政府）は，再犯率の高い満期釈放者に対する対応の限界と，仮釈放後に短い保護観察期間しか取ることができない現行制度の限界を一部克服し，施設内処遇と社会内処遇の有機的連携を図ることを目的として一部執行猶予制

---

2)　法制審議会における法務大臣及び事務当局の説明では，刑事施設からなるべく早期に適切な形で社会内に戻す方策や，刑を受け終わった者に対する有効な中間的処遇の在り方や再犯防止・社会復帰支援の制度について意見を取りまとめることが諮問の趣旨であると説明されている。法制審議会第149回総会議事録1頁。また，第183回国会参議院法務委員会会議録第6号（平成25年5月28日）1頁及び衆議院法務委員会議録第16号（平成25年6月7日）2頁の谷垣禎一法務大臣答弁参照。部会での認識として，被収容人員適正化方策部会議事第1回2-3頁，17頁，第14回15頁。

3)　大杉光子「威嚇や監視で立ち直れるか―刑の一部執行猶予制度の新設」アジェンダ30号（2010）115-116頁。

4)　法務総合研究所『平成19年版犯罪白書―再犯者の実態と対策』（2007）222頁。

度を提案したのであるが，これに対しては，「現行の仮釈放を積極的に活用することによって早期に施設から釈放し，残刑期間に支援をすることが可能であり，また，満期釈放者に対しても，現行制度の下でも更生緊急保護による支援も可能なのである。にもかかわらず，これらが活用されていないことこそが問題なのであって，行為責任主義に抵触するような疑義のある新たな制度を構築する必要性はない」といった批判[5]や「『施設内処遇と社会内処遇の有機的な連携を図る制度』としては，現行法においても仮釈放制度が存在するのであって，より積極的に『施設内処遇と社会内処遇の有機的な連携を図る』のであれば，まずもって現行の仮釈放制度の運用状況の改善を図り，あるいは必要的仮釈放制度や善時制の導入を検討すべきである」といった主張がなされている[6]。

　確かに，仮釈放率は，伸び悩むばかりか，平成17年あたりから低下し始め，平成21年には戦後初めて50％を切る事態となっており，一部執行猶予の採否にかかわらず，仮釈放をより積極化する道を模索していく必要があるのはその通りである。しかし，仮釈放の積極化は，昭和58年の通達[7]以来，努力が続けられており，平成24年には新たな運用が始められている[8]。それにもかかわらず，これまでなかなか仮釈放率が上がることがなかった，その主たる原因は，刑事施設には更生を（従って，仮釈放も）拒否している暴力団受刑者の他，犯罪傾向が進み，処遇も容易でない累入受刑者の占める割合が高いという現実に加え，これまでの仮釈放が「再犯のおそれ」を許可基準の1つとし，その評価に重点を置いてきたことにある。仮釈放の実質的要件たる「改悛の状」（刑

---

5)　京都弁護士会「刑の一部執行猶予制度に反対する意見書」（平成24年4月3日），福岡弁護士会「刑の一部執行猶予制度に対する意見書」（平成24年5月18日）。
6)　刑事立法研究会「刑法等の一部を改正する法律案及び薬物使用等の罪を犯した者に対する刑の一部の執行猶予に関する法律案についての意見」（平成24年4月20日）1-2頁，井上宜裕「刑の一部執行猶予—制度概要とその問題点」刑事立法研究会編『非拘禁的措置と社会内処遇の課題と展望』現代人文社（2012）169頁。
7)　「仮出獄の適正かつ積極的な運用について（通達）」昭和58年11月30日保観371号，「仮出獄の積極的な運用について（通達）」昭和59年1月5日矯医38号矯正局長通達。
8)　「仮釈放の積極的な運用の推進について（通達）」平成24年1月19日保観3号矯正局長・保護局長通達，「『仮釈放の積極的な運用の推進について』の運用上留意すべき事項について（通知）」平成24年1月19日矯成93号法務省矯正局成人矯正課長通知。

法第28条）を判定する仮釈放許可基準の1つとして「再犯のおそれがないこと」が求められている以上，覚せい剤や窃盗の累入者など犯罪傾向の進んだ受刑者を「再犯のおそれなし」としておいそれと仮釈放に付すことができないのである[9]。

私見では仮釈放許可基準や実質的要件を根本的に見直すべきであると考えるが[10]，こうした仮釈放制度の特質や受刑者の現実を考慮せず，ただ闇雲に仮釈放を積極化せよと言ったところで，仮釈放率を大幅に上げることは殆ど期待できない。仮釈放の積極化が望ましいのはその通りであるが，現行の制度のままでそれが容易でないことは既に歴史が証明している[11]。

3　仮釈放後の保護観察期間の限界

さらに，たとえ仮釈放を積極化し，仮釈放率を高めても，残刑期間主義を採り，刑期に応じて80％から90％以上の執行率[12]を維持する我が国の仮釈放では，大半（7割）の仮釈放者について数か月から6か月程度の極めて短い保護観察期間しか確保することができず，再犯リスクの高い釈放後3年から5年までの期間をカバーすることは到底不可能である。仮釈放後の保護観察期間中に再犯を犯す者は4〜6％に止まるのに対し，仮釈放者で再犯を犯す者の大半が保護観察期間終了後に再犯を行っているのである[13]。

また，再犯リスクの問題だけでなく，仮釈放者の社会生活が安定するまでに必要な支援を行ううえでも，現行の仮釈放制度では十分な期間を取ることができない。保護観察というと，すぐに監視であるとか，自由や人権の制約という

---

9)　但し，単に入所歴があるから「再犯のおそれ」ありとして仮釈放を認めないという形式的な運用は行われていない。犯罪傾向が進んでいるとしてB指標の判定を受けている受刑者の仮釈放率は2016年で46％と，A指標受刑者の仮釈放率78％の2分の1強であるものの，それでも約半数が仮釈放になっている。法務省『2016年矯正統計』e-Stat表81より算出（拘留受刑者は除外）。

10)　太田達也『仮釈放の理論─矯正・保護の連携と再犯防止』慶應義塾大学出版会（2017）71頁以下（初出「仮釈放要件と許可基準の再検討─『改悛の状』の判断基準と構造」法学研究84巻9号（2011）13頁以下）。

11)　被収容人員適正化方策部会議事録第12回22頁，17頁，第13回9頁。

12)　刑期が長くなればなるほど執行率を上げるため，結局，仮釈放後の残刑期間はいずれも短い期間となる。法務省・前掲注(9)表70。

側面だけで捉えようとする向きがあるが[14]，保護観察の重要な作用の1つが対象者の自立や社会復帰を支援する補導援護（更生保護法第58条）や応急の救護（同第62条）であることを勝手に歪曲してはならないであろう[15]。仮釈放期間終了（満期）後の更生緊急保護（同第85条）などは正に「司法福祉」の領域である。そうした社会復帰支援としての期間が数か月から6か月しかないというのでは余りに短過ぎるのである。

司法は早々に手を引いて，後は福祉に委ねるべきだという意見もあるかもしれない。それは，ある一面では正しい。しかし，障がい受刑者や高齢受刑者に対する近年の特別調整や地域生活定着支援センターを巡る運用においても，福祉機関だけでなく，当初の一定期間は司法関係機関（保護観察所など）が共に関わりながら対応して欲しいという意見が福祉関係者から示されている[16]。

このように，仮釈放者でさえ短期間に再犯に至る者が多いという現実と，その再犯リスクの高い期間や社会復帰のための支援を要する期間をカバーする保護観察期間すら確保できないという現行仮釈放制度の限界を克服することを1つの目的として，一部執行猶予が提案されたのである。一部執行猶予の対象者が実刑部分の過程で仮釈放となったとき，実刑部分の残刑期間が短くとも，その後，一定期間の猶予期間（時には保護観察付）が確保されているからである。

これに対し，保護観察期間を確保したいのであれば，仮釈放をもっと早期化

---

13) 法務省・前掲注(9)表64，法務省『2016年保護統計―保護観察所』e-Stat表42。また，警察による「子ども対象・暴力的性犯罪の出所者情報」制度の運用においても，仮釈放者中，仮釈放期間中に再犯に至った者は10.0%で，残りの90.0%は仮釈放期間終了後に再犯を犯していたことが明らかにされている。警察庁生活安全局＝科学警察研究所犯罪行動科学部『「子ども対象・暴力的性犯罪の出所者」の再犯等に関する分析』（2010）7頁。
14) 井上宜裕・前掲注(6)169頁。森久智江「刑の一部執行猶予制度に関する一考察」立命館法学345-346号（2012）860-861頁。
15) 菊田幸一博士も，保護観察イコール「管理・統制」と見なすことに疑問を呈され，保護観察そのものの課題として取り組むべきだとされる。菊田幸一「刑の一部執行猶予制度の新設法案」NCCD41号（2011）92頁。また，「特別座談会・刑の一部執行猶予をめぐって」論究ジュリスト8号（2014）188頁〔以下，「特別座談会」とする。〕の青木和子弁護士の発言も参照。
16) 太田達也「精神障害犯罪者の社会復帰―司法と福祉の連携」刑法雑誌52巻3号（2013）518頁。

すればよいという見解がある[17]。しかし，それでは余りに司法処分の意味を軽んずることになるし，どんなに早く仮釈放しても，受刑者の9割以上を占める刑期5年以下の受刑者には充分な保護観察期間を確保することができない。

　また，仮釈放後の保護観察期間を確保するには，考試期間主義に基づく仮釈放を採用する方法が考えられる[18]。これは，仮釈放を残刑の執行猶予制度とし，仮釈放に続く一定の猶予期間（通常は5年以下）を設定して，保護観察を行うというものであり，筆者はこの制度を支持するものであるが[19]，行政委員会（地方更生保護委員会）が，事後的に，残刑（相当期間）を超えた（ように見える）保護観察期間を設定することから批判も多い[20]。特に，一部執行猶予の不要論を唱える論者は，一部執行猶予と考試期間主義が，実刑の最後の一部分の執行を猶予して，一定期間，保護観察（社会内処遇）を行うという点で類似した制度であるためか，考試期間主義が許されないのであるから，一部執行猶予も許されないと主張する[21]。しかし，両者は，似ていても，法的性質と決定機関を異にする制度である。考試期間主義に対する批判も当たらないと考えているが，それはさておき，刑の一部執行猶予は，司法機関（裁判所）が，刑罰として，裁判時に刑の一部分（残刑相当期間）を猶予する代わりに猶予期間を言い渡しておくものであり，その意味で考試期間に対する批判を回避することができるものなのである。

---

17) 日本弁護士連合会『「更生保護のあり方を考える有識者会議」報告書に対する意見』（2006）2頁。

18) 森下忠「仮釈放」平場安治＝平野龍一編『刑法改正の研究1』東京大学出版会（1972）306頁以下，森下忠『新版刑事政策』成文堂（1993）296-298頁。

19) 太田達也・前掲注(10)127頁以下（初出「仮釈放と保護観察期間—残刑期間主義の見直しと考試期間主義の再検討」研修705号（2007）3頁以下）。

20) かつての刑法改正作業における議論としては，法務省『法制審議会改正刑法草案—附同説明書』（1974）154頁，前田俊郎「仮釈放」森下忠編『刑事政策演習［増補版］』有信堂（1971）212頁，平野龍一『犯罪者処遇法の諸問題［増補版］』有斐閣（1982）84-85頁。また，近時の批判として，佐伯仁志『制裁論』有斐閣（2009）71頁，金光旭「中間処遇及び刑執行終了者に対する処遇」ジュリスト1356号（2008）147-148頁等。部会でも，責任主義との関係で考試期間主義は問題があるとの見解が示されている。被収容人員適正化方策部会議事録第12回18-20頁，第13回19頁，第14回24頁。

21) この問題は第Ⅲ節で詳しく検討する。

4　満期釈放の限界

　さらに，仮釈放で対応すればよいという見解は，仮釈放にならない満期釈放者とその再犯に対する配慮に欠けている。仮釈放の要件や基準を改めるなどして仮釈放の積極化を進めたとしても，仮釈放には馴染まず，満期釈放となる者がどうしても出る。満期釈放者は，再犯のおそれがあるとされるなど，更生に支障が生じる可能性が高いにもかかわらず，保護観察を行えない。再犯のおそれが（少）なく，更生の可能性が高い者に対しては社会の中で指導監督や補導援護が行われるのに，再犯のおそれがより高い満期釈放者には何らの社会内処遇もなし得ないというジレンマがあり（仮釈放のジレンマ），これは仮釈放制度の改革では如何ともし難い。

　一部執行猶予に批判的な論者が提案する必要的仮釈放制度は，現行の裁量的仮釈放のような要件や許可基準を廃止した，一定の刑期の経過だけで機械的に仮釈放を認める制度であるが，再犯や暴力団組織への復帰を公言して憚らない受刑者まで仮釈放に付すことになるなど弊害が多過ぎて採用に値せず，善時制（善時的仮釈放）はさらに問題が多い[22]。

　満期釈放者に対しては，本人の申出に基づき，更生緊急保護を行うことができるが，あくまで本人の希望に基づくものであり，利用を希望しない者に対しては全くの無力である。更生に支障を来すおそれの多い者が支援を求めるとは限らないのである。

　一部執行猶予制度は，受刑者が仮釈放にならずとも，釈放時が刑の満期ではなく，釈放に続いて，一定の期間，猶予期間が設定されており，さらに保護観察が付いていれば，その間，指導監督や補導援護を行うことができる。一部執行猶予は，従来，何らの手当も行うことができず，いわば放置状態にあった満期釈放者に対し，保安処分によらず，更生や社会復帰に向けた処遇を行うことを可能にする制度なのである。

22）太田達也・前掲注(10)155頁以下（初出「必要的仮釈放制度に対する批判的検討」法学研究80巻10号（2007）1頁以下参照）。

Ⅲ　責任主義と残刑期間主義に違背するとの批判について

1　責任主義違反の内容

　一部執行猶予に対しては，さらに，「刑期の残り期間を大幅に上回って自由制限を伴う監視下に置かれ得るという点で，仮釈放制度における残刑期間主義を踏み越えることになる。したがって，この制度は，刑期の範囲内での自由刑の執行の緩和という形で責任主義と調和する制度としてはとらえることができず，むしろ，自由刑とは別の1個の独立した刑事処分として，裁判所が言い渡す制度であるととらえざるを得ない。そして，責任主義の観点からは責任に対応するのは自由刑の刑期であり，それとは別の自由の制約を伴う制度は責任主義からは説明することができない。」[23]との批判がある。ここには，責任主義違反と残刑期間主義違反という相互に関連する2つの批判が含まれている。

2　責任主義違反との批判

　まず，第一の批判は，一部執行猶予の猶予期間と実刑部分を合わせた期間が宣告刑の刑期を超えることから責任主義違反だというものである[24]。しかし，この批判には，そもそも，一部執行猶予のうちの宣告刑が行為責任に応じた刑であるとしている点で制度の理解に誤りがある。一部執行猶予は，宣告刑の刑期と一部執行猶予の有無，猶予刑の期間，猶予期間，保護観察の有無を合わせたものが刑事責任に応じて量定された「刑」なのであって，宣告刑だけが刑事責任に基づいて量定された刑罰ではない。現行の全部執行猶予も，宣告刑（猶予刑）の部分だけが刑事責任に応じて量定された刑罰ではなく，宣告刑の刑期と執行猶予の有無，猶予期間，保護観察の有無を刑事責任に応じて量定しているのである[25]。

　また，「再犯防止目的という将来の不確定な事項にかかる……要素を制度適

23）京都弁護士会・前掲注(5)。
24）福岡弁護士会の意見書も，「被告人を実刑に処した上で，言い渡された刑期を超える執行猶予期間を付すことが，責任主義との関係上，正当化しうるか疑問である」とする。福岡弁護士会・前掲注(5)。同旨，井上宜裕・前掲注(6)170頁。

94

用の決定的な要件として，刑期を超えて自由を制限する新たな制度を規定することは，行為責任主義という刑法の大原則の変質につながるおそれがある。」という批判も，宣告刑（実刑部分＋猶予刑）を行為責任に応じた刑期だとしたうえで，行為責任による刑期を「超えて」，つまり刑を加重する方向で予防的側面を考慮することは許されないと断じるものであるが，正鵠を射た指摘とは言えない。行為責任に予防的評価を加えた刑事責任に相応する刑として「宣告刑の刑期，一部執行猶予の有無，猶予刑の期間，猶予期間プラス保護観察の有無」を定めているのである。

3　残刑期間主義違反との批判——一部執行猶予を巡る第一の誤解

　第二に，上記の批判は，一部執行猶予が仮釈放制度（特に，考試期間主義）と類似した側面を有することに着目し，それと比較しながら，仮釈放でもできない残刑期間を超えた自由制限が行われることが行為責任主義違反であるとする[26]。

　一部執行猶予と現在の日本の仮釈放（残刑期間主義）が，共に刑事施設内での刑の執行に続いて社会内処遇（心理強制という消極的処遇を含む。）を行うという仕組みだけに着目すれば，類似点があることは確かである。しかし，仮釈放は自由刑の執行過程において受刑者を仮に釈放し，保護観察という形で刑の執行を

---

[25]　京都弁護士会も「もっとも，現行の全部執行猶予制度（及び執行猶予者に対する保護観察制度。刑法25条）も，例えば『懲役3年，保護観察付き執行猶予5年』という判決であれば，刑期を上回って自由制限を伴う処遇が行われ得るものであるから，一部執行猶予制度もこれに類するものであるかのようにも思われる。」としている。京都弁護士会・前掲注(5)。全部執行猶予の量刑について，宣告刑の刑期の判断を先に行い，その後執行猶予にするかどうかを判断するという学説もないわけではないが，執行猶予や保護観察を付すかどうかも含めて全体的に刑を定めるとするのが一般的であるとされている。遠藤邦彦「量刑判断過程の総論的検討」大阪刑事実務研究会編『量刑実務大系1 量刑総論』判例タイムズ社（2011）80頁。

[26]　同旨，土居政和「日本における非拘禁的措置と社会内処遇の課題」刑事立法研究会編『非拘禁的措置と社会内処遇の課題と展望』現代人文社（2012）27頁，29-30頁，井上宜裕・前掲注(6)170頁，森久智江・前掲注(14)860-861頁，丸山泰弘「薬物使用者に対する刑の一部の執行猶予制度—刑の個別化と一部猶予」立正法学論集46巻1・2合併号（2013）103頁。足立昌勝「刑の一部執行猶予制度導入の問題点—刑法等の一部改正案に関連して」法と民主主義465号（2012）55-56頁も同趣旨であろうか。

継続するものであり，刑期がそのまま進行するため[27]，残刑期間の経過で刑の執行が終わるものであるのに対し（刑の一執行形態説），一部執行猶予は，裁判において予め自由刑の一部の執行を「猶予」する代わりに，一定の猶予期間を設定して，その期間，再犯や保護観察付であれば遵守事項違反がなければ，猶予した自由刑の部分を失効させるという異なった法的性質をもった制度である。異なった制度を殊更同一視して，片方（仮釈放）でできないから，もう片方（一部執行猶予）でも許されないというのは，比較の前提の誤りであって（一部執行猶予を巡る第一の誤解──仮釈放との比較の誤り），いわば，サッカー（仮釈放）ではゴールキーパー以外手を使ってはいけないのであるから，ラグビー（一部執行猶予）でも手を使うことは許されないのだと言っているに等しい[28]。しかし，サッカーはサッカー，ラグビーはラグビーである。それは「刑の猶予」という「名目」かどうかの問題ではなく[29]，法制度の本質的な差違の問題である。制度を批判する論者も，「現行制度とは法的性質を異にする全く新しい制度を新設しようとするものであ」り，「現行仮釈放制度とはその法的性質を全く異にする制度」であることを認めている[30]。

　一方，前節でも指摘したように，日本では採用されていない考試期間主義による仮釈放制度は，実刑の最後の一部分の執行を猶予して，一定期間，猶予期間を設定し，保護観察（社会内処遇）を行うという点で一部執行猶予と類似した制度である。両者は決定機関や法的性質の点で異なる制度ではあるが，今回，一部執行猶予の意義や目的が評価され，導入されたことを契機として，仮釈放においても，同様の効果を有する考試期間主義に対する検討や導入が進むことを期待したい。一部執行猶予制度が導入されても，宣告刑や前科要件が厳しい

---

27) 更生保護法第77条5項から仮釈放中にも刑期が進行することがわかる。
28) 仮釈放でさえ許されないことをするという批判であるが，仮釈放後の保護観察中に再犯や遵守事項違反で仮釈放が取り消された場合，取り消された時点から再び残刑を満期まで執行するため，仮釈放後の保護観察期間中だった期間の分は宣告刑の刑期より長くなるのである。この点を誤解したうえでの批判として，大杉光子・前掲注(3)112頁。誤りの部分は，後日，同誌37号（2012）93頁にて訂正されているが，そうなると当該部分の批判が全く意味をなさなくなる。
29) 刑事立法研究会・前掲注(6)5頁。
30) 京都弁護士会・前掲注(5)。

ため，その適用対象とならない受刑者については，限られた期間しか保護観察
が行われず，さらに満期釈放となってしまえば，何らの手立てがないことは，
以前と変わりないからである。そういう意味では，一部執行猶予を仮釈放と対
比させる見解は，論者の目論見とは裏腹に，有益と言えなくもない。

Ⅳ　執行猶予制度の趣旨に反するとの批判について

1　ダイバージョンの理念没却

　先の残刑期間主義違反の主張は，一部執行猶予制度を仮釈放制度と比較した
うえでの批判であったが，一方で，一部執行猶予制度を全部執行猶予と同じ
「執行猶予制度」と位置付けたうえでの批判もなされている。本来，執行猶予
の刑事政策的意義は，刑の宣告だけに止める「要罰性の不存在」と猶予期間中
の再犯防止に向けた「威嚇」にあるにもかかわらず，一部執行猶予は，「『威
嚇』効果という点では猶予期間開始時点からしか機能せず，全部猶予に比して
その効果をかなり減殺され，『要罰性の不存在』という点では『短期自由刑』
を一部執行してしまうことになり，『短期自由刑の弊害』も回避できないこと
になってしまう。」ので，「このような『中間的処分』は，従来の自由刑の執行
猶予制度の意義を捨象するものであり，その存在意義は不明確である」という
ものである[31]。一言で言えば，一部執行猶予はダイバージョンの趣旨を没却し
ているという批判である。

2　一部執行猶予の実質——一部執行猶予を巡る第二の誤解

　しかし，「執行猶予」という名称が用いられていても，一部執行猶予は紛れ
もなく実刑の一種であり，それでよい。つまり，全部執行猶予よりも遙かに刑
事責任が重く，且つ処遇の必要性も高い犯罪者に対する刑罰なのである。この
ことを失念してはならない。制度に批判的な論者も，「一部執行猶予制度は，
刑期の当初一定期間を必ず刑事施設に収容して行うものであるから，『一部執

31）刑事立法研究会・前掲注(6)3-4頁，森久智江・前掲注(14)859-860頁。

行猶予』という名称を冠してはいるが，その内容は紛れもなく実刑の一種である。現行執行猶予制度の本質であるダイバージョンとしての機能を有しない『一部実刑』の制度である点において，現行制度とはその法的性質及び機能が決定的に異なる。」ことを認める[32]。

　一部執行猶予は，全部実刑という量刑さえあり得る犯罪者に対して，刑の一部の執行を猶予して，早期に釈放する代わりに，一定の期間，当該猶予の取消しの可能性を残し，ときには保護観察を設定する「部分的な」ダイバージョンである。にもかかわらず，刑事責任が一部執行猶予より遙かに軽い全部執行猶予と比較し，それと同じ機能を求めるのは，先の仮釈放と同様，異なる性質のものを比較することから来る過ちである（一部執行猶予を巡る第二の誤解――全部執行猶予との比較の誤り）。一部執行猶予が執行猶予という名称を用いているが故にこうした批判が出やすくなるのであろう[33]。

　なお，「一部実刑」という表現は，刑期のごく一部のみが実刑で，残りの部分が猶予されているというようなニュアンスをもつため，余り適当ではない。アメリカには，かつてオハイオ州など一部の州で導入されていたショック・プロベーションや旧いタイプの二分判決（split sentence）があるが，極めて短期間の刑事施設収容によるショック効果に疑問が呈され，法と秩序政策や量刑忠実法の影響の下で廃止されたり，内容が改正されたりしている[34]。一部執行猶予は，このような刑の最初のごく僅かな期間だけ刑事施設で刑を執行し，ショックを与えたうえで社会内処遇を行うという制度とは異なる制度である。しかし，一部執行猶予も，もし宣告刑が3年，うち2年6月を猶予といったように宣告刑に対する実刑部分の割合を極めて短くするような量刑が常態化すれば，上記のようなショック・プロベーションに対する批判が妥当しよう。そもそも宣告刑が3年，うち2年6月を猶予という量刑は，本来，一部執行猶予にするのに

32）京都弁護士会・前掲注(5)。
33）筆者は，そうした意味でも，執行猶予とは異なる概念を有する制度として，アメリカの新しいタイプの二分判決に似た制度の創設を提唱している。後掲・第1編第3章参照。
34）後掲・第1編第3章第Ⅱ節。部会でも，ショック・プロベーションが議論の俎上に上っている。被収容人員適正化方策部会議事録第12回21-24頁，第13回4-6頁，第14回7-12頁。

相応しいケースかどうかも疑わしい。私見では，一部執行猶予も猶予刑の割合が余りに高いと短期自由刑の弊害と施設内処遇の社会処遇の連携という点で問題が大きいことから，猶予刑の割合に一定の制限を付ける方が望ましいと考えている。

V　猶予刑を超える猶予期間を設定することへの批判について

1　猶予刑を超える自由制限

　第Ⅲ節において，一部執行猶予を残刑期間主義に基づく仮釈放制度と比較（同一視）しつつ残刑（猶予刑）を超える猶予期間を設定することを批判する向きがあることを紹介したが，前節のように一部執行猶予を従来の全部執行猶予と比較したうえで，刑期（特に猶予刑）を超える猶予期間を設定することが許されないとする批判も見られる[35]。それは，一部執行猶予が「現行執行猶予制度の本質であるダイバージョンとしての機能を有しない『一部実刑』の制度である点において，現行制度とはその法的性質及び機能が決定的に異なる。したがって，本法案には，全部執行猶予制度と比較して，刑期を超える自由制限を許容するだけの正当性がない。」というものである[36]。即ち，全部執行猶予が刑事施設での収容を全く要しない全面的なダイバージョンであるからこそ，猶予刑を超える猶予期間が設定できるのであって，一部執行猶予は，一部実刑を科すものであるから，残りの刑を猶予したとしても，猶予刑の期間を超える自由制限は正当化し得ないというのである。

2　猶予刑と猶予期間の関係

　しかし，全部執行猶予において宣告刑の全てを猶予したとしても，当該宣告刑を遙かに超える猶予期間を設定する制度が必ずしも正当化されるわけではない（例えば，宣告刑6月を全部猶予し，猶予期間を20年間にする制度の妥当性）ことの

35）福岡弁護士会・前掲注(5)。
36）京都弁護士会・前掲注(5)。

第1編第2章　刑の一部執行猶予制度を巡る論議　99

裏返しとして，宣告刑を超える猶予期間が設定可能であるのは，宣告刑の全てを猶予しているからではなく，宣告刑（取り消された場合の取消刑でもある。）の刑期と，心理的な強制を働かせるか，保護観察を行う猶予期間の長さを合算した刑を刑事責任に応じて量定することが刑罰制度として可能であり，且つ実際の適用場面である量刑においても適切な場合があり得るという政策的な判断がなされているからである。そうであるとすると，刑期の最後の一部分を猶予する代わりに，猶予刑より長い猶予期間を，刑事責任に応じて設定することも制度論として十分に成り立ち，実刑部分があるからという理由だけで，猶予刑を超える猶予期間が絶対に許されないという結論が法制度の本質や人権保障の観点から自動的に導き出されるわけではない。

　もっとも，宣告刑の刑期と同一の猶予期間を設定するという全部執行猶予の制度設計が絶対にあり得ないというわけではない。その場合，宣告刑の刑期と同一の期間の猶予期間を含めたものが刑事責任に対応していると見るわけである[37]。しかし，そうなると，猶予期間を設定する自由度が奪われ，刑事責任の程度から宣告刑を長くできない場合に心理強制や保護観察を行う猶予期間が極めて短くなるか，逆に猶予期間を長くしようとすると，宣告刑まで長くするような量刑判断がなされるおそれも出てくるが，いずれも妥当でない。このことは，一部執行猶予の猶予刑と猶予期間の関係についても等しく当てはまる。

　さらに，刑の全部を猶予する以上，宣告刑の範囲を（3年以下という）短いものにせざるを得ないという全部執行猶予の本質とも関係しており，それは一部執行猶予において実刑部分と猶予刑を合わせた宣告刑の刑期を3年以下に限定する場合も同様である。3年以下の限られた宣告刑の中で実刑部分を定め，残りの猶予刑の幅でしか猶予期間が設定できないとしたら，心理強制を働かせる（さらに保護観察付の場合は，処遇を行う）期間が極めて限られてしまう。一部執行

---

37) これに対し，量刑上，宣告刑を行為責任に応じて量定し，猶予期間は専ら予防的観点から定めるという徹底した見解や，猶予期間やその間の保護観察を保安処分又は刑罰とも保安処分とも異なる第三の刑事制裁という見解を取れば，宣告刑と猶予期間の連動は必然的でなくなる。しかし，こうした見解には，一定の利点はあっても，現在の実務からは支持され難いであろう。

猶予において，宣告刑の刑期を 3 年以下と短く設定する制度設計の場合，猶予刑の期間と猶予期間を同一の期間に固定するのは，一部執行猶予本来の趣旨を没却することになりかねない。

3　猶予期間から見た二分判決

　筆者が，一部執行猶予制度より望ましい刑罰制度として主張する新しいタイプの二分判決制度は，実刑部分と社会内処遇の部分から成る刑罰であるが，この社会内処遇の期間は，それと同じだけの自由刑が「猶予されている」か，又は「猶予されていると見なし得る」制度であり，一部執行猶予にたとえれば，猶予刑の期間と猶予期間が同一の期間に固定されているものである。しかし，これが可能（で且つ十分）であるのは，二分判決の実刑部分と社会内処遇の期間が法定刑ないし法定の範囲内で柔軟に設定できるため（無制限ではない。），猶予刑と猶予期間が同一となっているような仕組みでも，実刑部分に続いて適切な社会内処遇の期間（＝猶予期間）が設定できるからである。

　猶予刑を超える猶予期間を設定することに対する上記のような批判が出るのも，一部執行猶予を「全部執行猶予の亜種」として捉えることが原因である。それならば，いっそのこと，異なる自由刑の制度としての二分判決という形で導入し，さらに，基本的には全ての自由刑を二分判決とするか二分判決が本来の自由刑の姿であるとした方が，全部執行猶予の理屈に引きずられなくて済む。

Ⅵ　厳罰化・刑の長期化に繋がるとの批判について

1　厳罰化の内容

　一部執行猶予の導入が厳罰化や刑の長期化をもたらすとの批判もある。つまり，「現行法下において全部執行猶予が選択されていた事例が，一部執行猶予（＝一部実刑）になる可能性があり……現行法下において全部実刑が選択されていた事例が，一部執行猶予となる……場合，施設内処遇が短期化したとしても，社会内処遇を加えた処遇期間全体が長期化する問題が生じる」というものである[38]。このうち後者の批判は，現行法下で懲役 3 年の実刑とされた事案が，懲

役3年うち1年を執行猶予3年とすることとなった場合でも，刑罰としての自由制限の期間が合計5年に延びたとして刑の長期化だというものである。さらに，もし一部執行猶予の受刑者が猶予期間中に再犯や遵守事項違反を犯し，一部執行猶予を取り消されると，自由の制約はさらに伸びると批判する[39]。また，執行猶予を付する場合に宣告刑の量刑を重くするのが従来の実務慣行であるとして，一部執行猶予の場合も，実刑部分と猶予期間の合計期間は相当長期になるとする批判もある[40]。

2 刑罰制度の在り方

しかし，従来，全部執行猶予となっていたような事案が実刑部分を有する一部執行猶予となることは，全くあり得ないとは言えないまでも，想定し辛い[41]。一部執行猶予は，執行猶予の亜種というより実刑の亜種だからである。もしそういうことがあるとすれば，それは事案が異なると言うほかない。

また，懲役3年の実刑と懲役3年うち1年を執行猶予3年という2つの量刑が，果たして同じ犯罪者による同じ犯罪行為に対する刑の量定と言えるかどうかはさておくとしても，確かに心理強制を含めた自由制約の期間だけに着目すれば3年から5年ないし5年以上に伸びている。しかし，自由を100％拘束される実刑部分は2年に短縮され，ほぼ100％に近い自由を得られる猶予期間が3年続くわけであるから，その自由の制約の総量は重くなっているとは必ずしも言えないのではないか。猶予期間が最長10年まで設定できるような一部執

---

38) 京都弁護士会・前掲注(5)。同旨，福岡弁護士会・前掲注(5)，土居政和・前掲注(26)27-28頁，井上宜裕・前掲注(6)167頁，169頁，丸山泰弘・前掲注(26)101-102頁。太田達也「刑の一部執行猶予と社会貢献活動—犯罪者の改善更生と再犯防止の観点から」刑法雑誌51巻3号（2012）415頁の西原春夫会員の質問。

39) 大杉光子・前掲注(3)112頁。

40) 福岡弁護士会・前掲注(5)。

41) 第179回国会参議院法務委員会会議録第4号（平成23年11月24日）7頁の平岡秀夫法務大臣答弁及び26-27頁の稲田伸夫政府参考員の答弁も参照。刑事立法研究会・前掲注(6)5頁は，懲役2年（全部）執行猶予2年と懲役2年うち6月を執行猶予2年とを比較しているが，両者が同じ刑事責任に対する量刑とは考え難い。森久智江・前掲注(14)860-861頁も同じ。

行猶予制度があったと仮定し，従来なら6月の懲役であったものが，最後の1月を猶予する代わりに10年の保護観察付執行猶予というのであれば，確かに刑の長期化だけでなく，自由制約の総量も重くなっているように感じられ，それは重罰化だと言えるかもしれないが，こうした量刑が同じ事案に対してなされるとは考え難い。誤解を恐れずに言うなら，刑の長期化と言える場合はあるかもしれないが，重罰化ではないということであろう[42]。

　そもそも，筆者は，現行の刑罰制度や量刑が理想的であるとは言えない以上，将来の刑罰制度を考える際，現行法より絶対に重いものとなってはいけないとは考えていない。犯罪情勢や犯罪者の問題性，処遇や対策の必要性などに鑑み，現行法以上の自由・権利の制約を内容とする刑罰や処分を導入しなければならないときもあろうし，逆に，非犯罪化や非刑罰化，緩刑化を図ることが望ましい場合もあるというのが筆者の基本的なスタンスである。それは，社会の安全確保，犯罪者の権利保障と社会復帰・再犯防止，被害者の早期回復（順序はこの際関係ない。）という3つないし4つの軸のバランスを考えながらあるべき刑罰制度を模索していくべきであり，犯罪者の権利制約の軽重だけ考えればよいという方針は採ることができない。

VII　量刑判断が困難であるとの批判について

1　量刑における予防的判断

　「判決の時点で，裁判所が，再犯防止の施設内処遇と社会内処遇の連携をはかるために，実刑部分を何年にして執行猶予期間を何年にすればいいのかを判断することは不可能である。」[43]との見解に示されるように，裁判所が，被告人

---

42) 特別座談会・前掲注(15)188頁の今井猛嘉教授の発言も参照のこと。さらに，従来，執行猶予の刑期は実刑を言い渡される場合の刑期より長いことが多いため，執行猶予中の再犯に対して実刑が科される場合，前刑の執行猶予が取り消された分の刑期と後刑の実刑を合算すると，比較的長い実刑の執行を受けることになるのに対し，執行猶予中の再犯に対し一部執行猶予が適用されれば，これが緩和されるとすると評価する向きもある。神洋明＝青木和子「刑の一部執行猶予制度導入について―弁護士の立場から」刑事法ジャーナル23号（2010）39頁。

の更生の可能性や処遇の必要性といった予防的側面を判断して実刑部分と猶予刑の割合や猶予期間を量定することは困難であるとの批判がある[44]。

　この種の「できる，できない」の議論は結局のところ水掛け論にならざるを得ないので，反証の必要は余り感じられないし，「できない」という主張に対しては証明が求められないが，「できる」と言えばその証明を求められるという不公平な議論でもある。

2　個別予防に関する情状立証の程度

　また，判決の時点で求められる予防的判断は厳密な科学的根拠に基づかなければならないというわけではない。現在の量刑においては，被告人の行為責任に加え，一定の幅での予防的考慮が認められているが，そこでも再犯リスクや処遇の必要性に関する科学的証明が必要なわけではなく，被告人の経歴や前科前歴，事件の動機・背景，事件に対する態度などを基に経験的なところから受刑者の更生の可能性や処遇の必要性を判断しており，一部執行猶予で裁判所に求められる予防判断もそれと同じでよい。

　量刑上死刑か無期かが争われた被告事件の判決で，被告人の更生可能性を判断して死刑判決を回避し，無期懲役を選択するとか，更生可能性がないとして死刑判決をする実務が定着しているが，これなどは無期刑で刑事施設に30年以上収容し，いろいろな処遇を行った後の更生の可能性を判断しているのである。これができるというのであれば，3年未満の刑事施設収容の最後の一定期間を猶予して，その後一定期間の猶予期間を設定するための予防的判断が不可能とは言えないであろう。

　勿論，猶予刑の割合や猶予期間を決める量刑判断は，現在の全部執行猶予より複雑であることは確かである。しかし，全部執行猶予の制度でも，宣告刑の

---

43)　京都弁護士会・前掲注(5)。第179回国会参議院法務委員会会議録第4号（平成23年11月24日）15頁の松下新平議員の質問も同旨。
44)　同旨，土居政和・前掲注(26)27頁，井上宜裕・前掲注(6)168頁，刑事立法研究会・前掲注(6)5頁，森久智江・前掲注(14)861-863頁。部会でも，そうした指摘がなされている。被収容人員適正化方策部会議事録第12回24頁，第13回5頁。

104

刑期との対応などを基に実務経験の積み重ねを通じて一定の基準ができている
わけであるから[45]，一部執行猶予においても，実務を通じてある程度の基準化
がなされるであろう。

しかも，一部執行猶予は，3年以下の自由刑にしか適用がないから，猶予刑
の範囲は3年未満である。猶予刑の上限も下限も法定されなかったが，余りに
猶予刑が長く，実刑部分が短い場合だけでなく（例　懲役3年うち2年10月を執行
猶予5年），猶予刑が余りに短く，実刑部分が長い場合（例　懲役3年うち1月を執
行猶予5年）も，本来，一部執行猶予とすべき事案がどうかわからないため，
宣告刑の長短によって猶予刑の幅はある程度限られることになると考えられ，
宣告刑に応じた猶予刑の期間設定は可能であろう。

3　量刑の面から見た二分判決

前述した通り，筆者は，一部執行猶予，特に今回の立法のような全部執行猶
予の亜種としての発想が強い一部執行猶予より，実刑に社会内処遇（保護観察）
を組み合わせる二分判決の方が制度としては望ましいと考えている。その場合，
かなり長期の自由刑でも二分判決が可能となる。そのような長期の身柄拘束に
続く社会内処遇の必要性を判断することが可能なのかということが問われるで
あろうが，刑期が長くなればなるほど，社会や親族との隔絶などによって（そ
うならないように努力しつつも），援護の必要性も高まるので，一般的な処遇の必
要性は判定できると考えている。また，二分判決の場合，猶予刑と猶予期間を
別々に量定せず，猶予されていると見なされる刑の部分と社会内処遇の期間は
一致することになるので，よりシンプルな量刑が可能となる。どうしても処遇
の必要性判断が困難であるというのであれば，将来的に，自由刑は，一定期間
の身柄拘束期間と身柄拘束期間に応じた一定期間の社会内処遇期間のセットか
ら成るものであるとしてしまう方法もあろう。

---

45)　執行猶予の量刑については，遠藤邦彦・前掲注(25)50-53頁，79-80頁，植野聡「刑種
　　の選択と執行猶予に関する諸問題」大阪刑事実務研究会編『量刑実務大系第4巻─刑の
　　選択・量刑手続』判例タイムズ社（2011）43頁以下，小池信太郎「量刑理論からみた
　　刑の執行猶予」刑法雑誌52巻2号（2013）243頁以下。

Ⅷ　刑の軽重が複雑になり過ぎるとの批判について

1　一部執行猶予と不利益変更禁止の原則

　一部執行猶予は，刑の量定がやや複雑な判断構造となるため，これが導入されると，刑の軽重が複雑になり，上訴審における不利益変更禁止の原則との関係で，被告人の控訴を萎縮させるとの批判がある[46]。

　部会において一部執行猶予は全部実刑と全部執行猶予の中間的な刑事責任に対する刑罰として設けることが意識されており[47]，刑の軽重という点で，一般的に一部執行猶予は全部執行猶予以上（を超える）全部実刑未満の刑罰である[48]。しかし，もともと執行猶予という法制度自体に量刑上曖昧な部分があり，現行の全部執行猶予制度でさえ，実刑との間で刑の軽重が機械的・計量的に明確に示されるわけではなく，また執行猶予やそれに付される保護観察の法的性格の問題も完全に解決されているわけではないことから，宣告刑の一部を執行猶予にする一部執行猶予の場合，実刑や全部執行猶予との軽重関係がやや複雑になることは確かである。

2　執行猶予と不利益変更を巡る判例の立場

　しかし，執行猶予を含む刑の軽重について，判例は，「第一審の刑と第二審の刑とを実質的に考察すると，第一審における執行猶予の言渡は重要な要素であって，執行猶予の場合は現実に刑の執行を受ける必要はなく，かつ言渡を取消されないで猶予の期間を経過したときは刑の言渡そのものが効力を失うこととなるのである」としたうえで，「両者の刑の比較の総体的考察」をし，たと

46）京都弁護士会・前掲注(5)。

47）被収容人員適正化方策部会議事録第 19 回 2-4 頁，11-13 頁，19 頁，23 頁，第 22 回 14
　　頁等，法制審議会総会議事録第 162 回 4-5 頁。

48）しかし，1 年の実刑より，最後の 6 月を猶予刑とする刑期 3 年の一部執行猶予の方が当
　　然に重い刑罰であるように，この中間的な刑罰という表現はある意味で誤解を招くおそ
　　れがあり，国会審議でこうした表現が用いられなくなったのは正当である。第 183 回国
　　会参議院法務委員会会議録第 6 号（平成 25 年 5 月 28 日）1 頁及び衆議院法務委員会議
　　録第 16 号（平成 25 年 6 月 7 日）2 頁の谷垣禎一法務大臣答弁参照。

106

え宣告刑が短くなろうと執行猶予判決から実刑への変更（懲役6月執行猶予3年→禁錮3月）は不利益変更と評価し[49]，反対に宣告刑が相当程度長くなろうと刑の執行猶予に変更（懲役1年→懲役1年6月保護観察付執行猶予3年）することを不利益変更とは見ていない[50]。この公式を土台にすれば，一部執行猶予についても，個々の事案における軽重判断は可能であろう。

3　一部執行猶予と全部執行猶予の関係

　まず，全部執行猶予が一部執行猶予になるのは，全部執行猶予が実刑になるのと同じ公式を当てはめることができるであろうから，全部執行猶予と一部執行猶予の刑期がどういう関係であろうと，基本的には不利益変更となろう（例　懲役2年執行猶予3年→懲役1年うち6月を執行猶予3年）。反対に，一部執行猶予を全部執行猶予にする場合は，実刑を全部施行猶予にする関係と類似しているから，例えば，全部執行猶予の宣告刑がかなり一部執行猶予の宣告刑や実刑部分より長くとも（例　懲役2年うち1年6月を執行猶予3年→懲役3年執行猶予5年），不利益変更とはならないであろう。

4　一部執行猶予と実刑の関係

　一部執行猶予が実刑となる場合は，実刑の刑期が一部執行猶予の実刑部分より長い場合（例　懲役2年うち6月を執行猶予3年→懲役2年）は不利益変更となり，逆に短い場合は不利益変更とは言えない。反対に，実刑を一部執行猶予にする

49）最大判昭和26・8・1刑集5巻9号1715頁。また，最小決昭和32・1・24裁判集刑117号423頁。

50）最小決昭和55・12・4刑集34巻7号499頁。この他，仙台高秋田支判昭和35・4・13高刑13巻3号247頁（懲役2月→前第2審で確定した公訴事実の1つに対する懲役2月執行猶予2年と一部上告後の差戻審たる第2審でもう1つの公訴事実に対して宣告された懲役1月執行猶予1年の合計での刑の軽重の比較），高松高判昭和42・7・10下刑9巻7号857頁（懲役2年→懲役3年執行猶予5年），札幌高判昭和44・12・25判時580号91頁（懲役6月→懲役8月執行猶予4年），大阪高判昭和53・6・2判タ369号433頁（懲役8月罰金30万円→懲役1年執行猶予3年罰金30万円），大阪高判平成3・2・7判時1395号161頁（懲役10月→懲役1年6月執行猶予4年），福岡高判平成6・6・16日高検速報平成6年160頁（判タ876号292頁）（懲役10月→懲役2年6月執行猶予5年）等。

場合は，一部執行猶予の実刑部分が実刑の刑期以上の場合（例　懲役 2 年→懲役 2 年 6 月うち 6 月を執行猶予 3 年）は不利益変更であろう。一部執行猶予の実刑部分が実刑の刑期よりさほど短くなっていない場合（例　懲役 1 年→懲役 1 年 6 月うち 8 月を執行猶予 3 年）は見解が分かれる場合もあるかもしれないが，一審が実刑である場合，被告人が上訴を躊躇するとは思われない。

5　一部執行猶予と一部執行猶予の関係

　一部執行猶予を異なる一部執行猶予に変更する場合，宣告刑[51]，実刑部分，猶予期間という 3 つの要素のうち，1 つだけが長くなれば，不利益変更と考えられる。3 つの要素のうち 2 つが変更になる場合は複雑であるが，基本的に刑事施設に収監される実刑部分の期間が長くなれば，宣告刑が短くなろうと（例　懲役 3 年うち 1 年 6 月を執行猶予 3 年→懲役 2 年 6 月うち 6 月を執行猶予 3 年），猶予期間が短くなろうと（例　懲役 3 年うち 1 年を執行猶予 3 年→懲役 3 年うち 6 月を執行猶予 1 年），不利益変更と考えられる。反対に，実刑部分が短くなれば，宣告刑（例　懲役 2 年 6 月うち 6 月を執行猶予 3 年→懲役 3 年うち 1 年 6 月を執行猶予 3 年）や猶予期間（例　懲役 3 年うち 6 月を執行猶予 1 年→懲役 3 年うち 1 年を執行猶予 3 年）が長くなろうと，不利益変更とは考えられない。

　実刑部分が同じで，宣告刑と猶予期間が変更となる場合は，懲役 8 月全部執行猶予 3 年を懲役 10 月全部執行猶予 2 年としたのが不利益変更に当たるとした裁判例[52]があることを考えると，一部執行猶予の猶予期間が短くなっても，宣告刑が長くなれば（例　懲役 2 年 6 月うち 6 月を執行猶予 3 年→懲役 3 年うち 1 年を執行猶予 2 年），不利益変更に当たるであろうし，反対に宣告刑が短くなれば，猶予期間が長くなっても，不利益変更には当たらないという裁判例[53]が一部執行猶予にも妥当しよう。

　保護観察の有無が関わるとこれより複雑な場合が生じるが，これはそもそも

51）懲役 6 月執行猶予 2 年を懲役 8 月執行猶予 2 年としたのが不利益変更に当たるとした裁判例として，東京高判昭和 30・10・31 刑集 12 巻 4 号 735 号。
52）名古屋高判昭和 28・6・25 高刑 6 巻 8 号 970 頁。
53）最小判昭和 28・12・25 刑集 7 巻 13 号 1749 号。

執行猶予に内在する問題である。以上のように考えると，一部執行猶予において，刑の軽重がやや微妙な場合があることは確かであろうが，少なくとも，裁判例を積み重ねることで解決が可能であり，制度の導入を否定すべきほど困難な問題ではないし，少なくとも被告人が刑の軽重の曖昧さを理由として上訴を控えるような事態になるとも思われない。

IX　受刑者の処遇が困難になるという批判について

1　受刑者の釈放時期と処遇の動機付け

　一部執行猶予に対し，「刑事施設内での努力の多少にかかわらず，出所時期が決まっている」ため，「早期の出所に向けて努力しようという動機に欠けることになり，施設内処遇も出所後の社会内処遇もモチベーションを保つことが困難になると予想される。」という批判が見られる[54]。

　しかし，一部執行猶予の実刑部分についても仮釈放が可能であり，出所時期が完全に固定されているわけではない。受刑者自身の態度と努力によって，裁判所が定めた実刑部分の期間より早期の釈放も可能であり，これが処遇への参加意欲を高める一要因となり得る[55]。

　制度に批判的な論者は，さらに一部執行猶予では仮釈放が消極化する可能性が高く，受刑者の処遇に対する動機付けにはならないと反論する[56]。確かに，一部執行猶予の構造上，仮釈放が通常の実刑とは異なった運用となる可能性はある[57]。しかし，一部執行猶予の仮釈放の運用がどのようになろうと，法律上は仮釈放が可能であり，個々の事案では仮釈放が実際に行われ得るのであるから，これを期待しつつ，更生に向けた努力をすることは十分に考えられる。高齢無期受刑者でさえ，入所時には仮釈放に希望を見いだすと聞くが，これと同

---

54)　京都弁護士会・前掲注(5)，土居政和・前掲注(26)27頁。
55)　勿論，受刑者が仮釈放のためだけに処遇に励むことがあってはならないが，人である以上，100%純粋な動機だけから物事に取り組まなければ意味がないということではない。
56)　京都弁護士会・前掲注(5)。
57)　太田達也・前掲注(38)401頁。

じであろう。確かに，一部執行猶予では，仮釈放が行われるにしても，実刑部分の大半を執行しての仮釈放となる可能性もある。しかし，実刑部分の期間より僅かに短い時期での仮釈放でも，受刑者はこれを望むものである。たかだか数週間や数か月早い釈放などどうでもよいとは考えないものである。

2　矯正処遇の在り方

そもそも，受刑者が早期の出所を目標にしか努力しないという前提も問題である。どれだけ事件を反省し，更生に向け真摯に努力している受刑者でさえ，仮釈放が処遇への動機付けになっていることは否定できず，またそのことは非難されるべきではない。しかし，だからといって，仮釈放の可能性が低い場合に受刑者が処遇の意欲を失うと決めてかかるのはおかしい。たとえそうした受刑者がいても，処遇への動機付けを如何に高めていくかを含め処遇の在り方を模索するのが矯正処遇の真の在り方である。そうした努力を行ってもなお改善更生への意欲が見られない受刑者であれば，実刑部分の全てを刑事施設で執行することはやむを得ず，そうした受刑者にも一部執行猶予は社会内処遇の機会を設けることができる点で優れている。

X　膠着的な取消しの運用が行われるとの批判について

1　遵守事項違反の程度と取消し

全部執行猶予の場合，遵守事項違反による取消しは情状が重いときに限られているのに対し（刑法第26条の2第2号），一部執行猶予の場合は，遵守事項違反の情状が重くない場合でも裁量的に取り消し得るとされているため，「社会内処遇が硬直的なものになるおそれが高い。」と批判されている[58]。要するに，僅かな遵守事項違反で機械的・形式的に一部執行猶予の取消しが行われるようになるのではないかという指摘である[59]。

58）京都弁護士会・前掲注(5)，福岡弁護士会・前掲注(5)。
59）井上宜裕・前掲注(6)169頁，刑事立法研究会・前掲注(6)6頁。

確かに，制度論的に，一部執行猶予の保護観察の取消事由を遵守事項違反の情状が重い場合に限定することも考えられなくもない。しかし，一部執行猶予は実刑部分のある刑罰であり，刑事責任の程度だけでなく，処遇の必要性についても，全部執行猶予より遥かに高い者が対象である。法律上の要件としても，「再び犯罪をすることを防ぐために必要であり，かつ，相当であると認められるとき」に限って適用され，ましてや猶予期間中保護観察に付されるのは，それだけ個別予防の必要性が高い場合であるから，遵守事項の遵守が強く求められるのである[60]。そうした受刑者が刑事施設に収容され，拘禁と処遇を経た後に釈放され，保護観察付の猶予期間となったにもかかわらず，敢えて遵守事項に違反した場合，情状が重いものでなくとも取消事由とするという法的構成には十分合理性がある。

2　遵守事項違反による仮釈放取消しの実情

　取消しを情状の重い遵守事項違反に限るべきだという見解は，一部執行猶予を全部執行猶予に引きつけて考えていることの所産であると思われるが，一部執行猶予はむしろ実刑に近いのである。その意味で，一部執行猶予における保護観察は仮釈放の保護観察に近く，その取消事由たる遵守事項違反は情状が重い場合とされていないことを考えると（刑法第29条1項4号），一部執行猶予の保護観察においても同様とすることには理由がある。

　そもそも，仮釈放の取消しも，遵守事項違反をもって自動的に行っているのではなく，実務では，違反の経緯や本人の意識，動機，違反の程度などを考慮したうえで仮釈放取消しの是非を判断しており，執行猶予に比べ安易に取消しを行っているわけではない。法も，特別遵守事項に「違反した場合に……刑法……第27条の5及び第29条第1項……に規定する処分がされることがある」（更生保護法第51条2項本文）としており，違反が100％取消しに繋がるわけではない構成になっている。

　むしろ，更生保護法制定の際，生活指針的なものや努力目標的なものは特別

60）　被収容人員適正化方策部会議事録第24回11頁。

遵守事項から除外し，特別遵守事項はその違反が原処分の取消しに繋がり得ることを明確にする改正が行われ[61]，こちらの方がよほど取消しへの影響が大きいはずであるが，実務では，特別遵守事項違反を杓子定規に認定して運用するようになったということはついぞ聞かない[62]。なお，仮釈放の取消しの殆どが遵守事項違反であるが，その内実は再犯である。再犯に対する裁判確定を待って取り消していては仮釈放期間が経過してしまうので，再犯を一般遵守事項の中の善行保持義務違反（更生保護法第50条1号）として取消しを行っているのが現状である。つまり，事実上は再犯による取消しであり，再犯（善行保持）以外の遵守事項違反で仮釈放を取り消すのは，実際には情状が極めて重い場合にかなり限定されていると言ってよい。

そこで，一部執行猶予の取消しが裁量的取消しであることを前提とすれば，遵守事項の違反を情状の特に重いものに限定せずとも，そのことだけによって社会内処遇の内実を無意味にするような機械的・専断的運用がなされる危険性が高まることはないものと考える。

XI 保護観察の体制が不十分であるとの批判について

1 保護観察体制と内容の充実

現在の保護観察は保護観察付一部執行猶予を支えるだけの人的・物的体制がないという批判がある[63]。確かに，一部執行猶予の導入によって，保護観察の対象者は増加するであろうし，その期間も従来の3号観察より長期化することは間違いないので，現在の保護観察の実施体制で十分な処遇ができるかどうか不安になるのも無理はない。さらに言えば，保護観察期間の長期化に伴って，不良措置としての取消件数も増えるであろうから，その対応に掛かる負担も念

61）小荒井友厚「更生保護法の概要」法律のひろば60巻8号（2007）22-24頁等参照。
62）再犯を遵守事項違反として取り消すことがあることから厳密なところまではわからないが，統計上も遵守事項違反による取消しが増えている様子は窺われない。法務省『2006年保護統計—保護観察所』e-Stat 表26，同・前掲注(13)表26。
63）京都弁護士会・前掲注(5)，福岡弁護士会・前掲注(5)。

頭に置く必要がある。

しかし，保護観察体制が不十分だからやらないというのではなく，一部執行猶予制度や社会貢献活動の導入も1つの契機として，さらなる保護観察体制の整備を図っていくべきである。保護観察官の増員，保護司の人材確保，保護観察実施体制の見直し（地区担当制など）と充実，定型性をもった保護観察処遇の推進，矯正処遇との連携，帰住先の確保，保護観察と福祉の連携など，社会内処遇のための基盤づくりや処遇内容の再検討は，一部執行猶予の導入如何にかかわらず，進めなければならない喫緊の課題である。

2 保護観察期間の確保

一方，保護観察の期間ばかり長くしても，監視としての意味しかなく，保護観察に処遇としての効果は期待できないといった，保護観察の効用そのものに対する批判も聞かれる。しかし，全否定からは何も生まれないので，効果的な保護観察を行うために何をすべきかの検討を今後も続けなければならないが，いくら効果的な処遇があっても，その処遇を行うための期間を確保できなければ話にならないので，一定の保護観察期間を確保するための制度が必要なのである。

また，保護観察を行うよりも，福祉的，医療的な支援を行うべきだとの見解も見られる[64]。確かに，そうした非司法的な対応によって更生が可能な対象者もいるであろう。しかし，任意の働きかけに応じず，再犯を繰り返す者に対して，それで足りるとするのは楽観的であろう。

XII 将来の展望

我が国は，施設内処遇と社会内処遇の有機的連携の中で犯罪者の改善更生と再犯防止を図る制度として刑の一部執行猶予制度を採用することとしたが，それは「全部執行猶予の亜種」とも言うべき，全部執行猶予制度に引きつけた内

---

64) 刑事立法研究会・前掲注(6)2頁。

容となっている。

　本章では，同制度に対する批判の検討を通じて，一部執行猶予制度の意義を改めて確認したが，一部執行猶予が施設内処遇と社会内処遇の有機的連携を図ることのできる唯一の制度というわけでない。アメリカには，一部執行猶予制度と似て非なるとも，非なりて似るとも言えるスプリット判決又は分割刑（split sentence）と呼ばれる制度があり，特に，新しいタイプの二分判決（bifurcated sentence）にはいくつかの点で優れた特徴がある。そこで，次章では，アメリカで導入されているスプリット判決のうち，この新しいタイプの二分判決制度について考察することで，一部執行猶予の課題を浮き彫りにすると共に，我が国における未来の刑罰制度についてその可能性を模索することとする。

第3章

刑の一部執行猶予と二分判決
——二分判決制度の意義と可能性——

I　釈放後の再犯と新たな刑罰制度の必要性

1　満期釈放後の再犯と対応の限界

　我が国では，一定の要件を充足する受刑者には仮釈放を認め，残刑期間，保護観察に付しているが，再犯のおそれがあるなど仮釈放の許可基準を満たさない者や引受人がいない者は満期釈放となる。つまり，更生の可能性の高い犯罪者は社会の中で指導監督や補導援護が行われるのに，再犯のおそれが高い処遇困難者や引受人がいないなど更生に支障が生ずる可能性の高い要保護犯罪者には何らの手当もなされていない。更生緊急保護の制度もあるが，あくまで本人の意思に反しない場合に限られる。いわば，「問題の少ない犯罪者だけを選んで社会内処遇を実施し，問題性の高い犯罪者は放置している」[1]状況にある。

　その当然の結果とも言えようが，満期釈放者による再犯は極めて深刻な状況にあり，釈放後5年目までの刑事施設への再入率は50％近くに達する[2]。釈放後の翌年末までに再犯をし，検挙され，有罪で実刑となって刑事施設に入所す

---

1)　太田達也「保護観察の実態と改善策」刑法雑誌47巻3号（2008）446頁。
2)　法務省『2016年矯正統計』e-Stat表64，法務総合研究所『平成29年版犯罪白書—更生を支援する地域のネットワーク』（2017）216頁。

115

る者の割合だけでも 27% に及ぶ。こうした満期釈放者の再犯を減らすか，再犯までの期間を延ばすことができれば，社会の安全に大きく貢献するだけでなく，刑事司法機関の負担を減らすことができる。しかし，「満期」釈放者に対して国が強制的に介入することについては責任主義の観点から許されないため，この問題は解消されないまま，毎年，多くの満期釈放者による再犯と受刑の悪循環が繰り返されてきている。

　本来，満期釈放者の再犯防止のためには，まず刑事施設での矯正処遇を通じた働きかけに尽力すべきであろうし，仮釈放の積極化や制度改革を通じた対応も検討されるべきである。その 1 つに，満期釈放そのものをなくしてしまうことで問題に対応しようとする必要的仮釈放の制度がある。これには，一定期間の刑の執行により自動的に仮釈放に付す（真正）必要的仮釈放や，アメリカの一部の州で採用されているような善時制（good-time system）と組み合わせ，善時日数を満期釈放日から逆算して得られた日に仮釈放を認める善時的仮釈放があるが，いずれも制度的難点が多く，善時的仮釈放などは，結局，満期釈放者が出ることになるため，問題の解決に繋がらない[3]。矯正処遇も，その充実を図ることは重要であるとしても，所詮は自由を拘束したうえでのものであり，それだけで確実な更生や社会復帰が実現できるものではない。やはり，施設内処遇の後，社会生活を送らせながら，必要な指導や監督，援護を行う社会内処遇の期間を設けることが望ましい。

　海外には，ドイツのような満期釈放者に対する行状監督（Führungsaufsicht）といった保安処分の制度もある[4]。しかし，保安処分を巡るかつての議論でも問題とされたように，将来の危険性に対する刑事制裁としての保安処分は危険性

3）　詳しくは，太田達也『仮釈放の理論―矯正・保護の連携と再犯防止』慶應義塾大学出版会（2017）155 頁以下（初出「必要的仮釈放制度に対する批判的検討」法学研究 80 巻 10 号（2007）1 頁以下参照）。
4）　行状監督については，岡上雅美「ドイツにおける行状監督制度とその運用」法制理論 36 巻 2 号（2003）47 頁以下，滝本幸一「ドイツにおける行状監督制度の現状について」罪と罰 39 巻 3 号（2002）55 頁以下，Thomas Wolf（吉田敏雄訳）「ドイツ刑法における行状監督」法学研究 41 巻 4 号（2006）861 頁以下，ハンス＝ユルゲン・ケルナー（小川浩三訳）『ドイツにおける刑事訴追と制裁』信山社（2008）129-132 頁参照。

の判断が困難であるとの強い批判があるうえに，刑罰執行後の保安処分ということになれば，たとえそれが拘禁を伴わない社会内での監督であろうと，我が国での実現可能性は乏しいと言わざるを得ず，実際の制度設計にも難しいものがある。

2　仮釈放後の再犯と保護観察期間の限界

　一方，仮釈放にも問題がある。仮釈放は，刑法上の要件たる「改悛の状」を具体化した，悔悟の情及び改善更生の意欲，再犯のおそれ，保護観察相当性，社会感情といった許可基準を満たす受刑者に対して認められることになっているが[5]，実際には，仮釈放から5年目までの再入率は30％近くにも及ぶ[6]。しかも，仮釈放の取消率が低いことから，再犯の殆どは仮釈放期間が終わってから行われていることになる。これは，仮釈放期間が短か過ぎることを意味している。

　日本では，刑の一執行形態説に基づく残刑期間主義が採用されているため，仮釈放後も社会の中で刑期が進行し，仮釈放時の残刑期間が経過すると，刑の執行が終了する[7]。しかも，我が国では刑期の80％から90％以上を執行してから仮釈放にする運用であるため，残刑期間が短く，数か月から6か月程度の仮釈放期間しかない者が仮釈放対象者の80％近くにも達している[8]。そのため，保護観察が仮釈放対象者の再犯リスクが高い期間をカバーすることができないのである。

　これに対しては仮釈放の早期化で対応する方法が考えられるが，いくら早期に仮釈放したところで，刑期が短い場合，仮釈放者の再犯リスクが高い5年までの仮釈放期間を確保することは不可能であるし，長期受刑者については，重大事犯者であるため，極めて早期に釈放することには抵抗が強く，司法権との

---

5)　太田達也・前掲注(3)71頁以下（初出「仮釈放要件と許可基準の再検討─『改悛の状』の判断基準と構造」法学研究84巻9号（2011）13頁以下）。
6)　法務省・前掲注(2)表64，法務総合研究所・前掲注(2)216頁。
7)　残刑期間主義については，森下忠『刑事政策大綱［新版］』成文堂（1993）296頁以下等参照。
8)　法務省『2016年保護統計─保護観察所』e-Stat 表12。

関係もある。

そこで欧米等で採用されている考試期間主義を採用する案が考えられるが[9]，この制度については，責任主義違反であるなどの批判が我が国では強く[10]，制度の導入には至っていない。

3　スプリット判決──第三の選択肢

このように，満期釈放にしても，仮釈放にしても，再犯リスクが高く，処遇の必要性の高い釈放後の一定期間，保護観察を行い得ないという制度的な限界が我が国にはある。かといって，保安処分は，最早，議論の俎上にも上らない（し，その方がよい。）。そこで，考え得るもう１つの手段が，犯罪者に自由刑と社会内処遇を組み合わせ「刑罰として」科す方法である。つまり，自由を拘束する自由刑と社会内で処遇を行う社会内処遇を併せた刑罰を犯罪者の刑事責任に応じて科すものである。これであれば，将来の危険性といった予測困難な問題を回避できるし，責任主義の原則に反することもない。自由刑の部分を執行した後，刑事施設から釈放するのは「満期釈放」ではなく，自由刑と社会内処遇の両者を執行し終えた時に初めて「満期」，即ち刑の執行終了となる。ここでの社会内処遇は「満期釈放後」に行う刑罰でも，ましてや保安処分でもない。

今回，導入された刑の一部執行猶予も，ある意味，自由刑と社会内処遇を１つの刑として言い渡すものであるが，一部執行猶予のように宣告刑の一部の執行を猶予し，実刑部分に続いて猶予期間を設定するというのではなく，よりストレートに，自由刑と社会内処遇を組み合わせたものを１つの刑罰として言い渡す方法が考えられる。

こうした自由刑と社会内処遇を組み合わせたものを１つの刑として言い渡す制度を採用しているのがアメリカである。かつて連邦で採用され，一部の州で

---

9)　太田達也・前掲注(3)127 頁以下（初出「仮釈放と保護観察期間─残刑期間主義の見直しと考試期間主義の再検討」研修 705 号（2007）3 頁以下）。

10)　前田俊郎「仮釈放」森下忠編『刑事政策演習［増補版］』有信堂（1971）212 頁，前野育三「仮釈放」法律時報 47 巻 5 号（1975）96 頁，佐伯仁志『制裁論』有斐閣（2009）71 頁，金光旭「中間処遇及び刑執行終了者に対する処遇」ジュリスト 1356 号（2008）147-148 頁等。

も導入されている。量刑時に自由刑と社会内処遇のプロベーションを同時に言い渡し，自由刑の執行後，プロベーションを行うスプリット判決ないし分割刑（split sentence）と呼ばれる制度がそれである。しかし，この制度は，元来，比較的軽微な犯罪を対象とし，短期の自由刑によるショック効果を狙ったものであったため，短期自由刑の弊害やショック効果に疑問が呈されるようになり，連邦のスプリット判決は 1984 年に廃止されている。

4　新たなスプリット判決——監督付釈放・二分判決

　しかし，スプリット判決を廃止した連邦では，これに代わって監督付釈放（supervised release）と呼ばれる，スプリット判決と似た機能を有する新たなタイプの刑罰制度を採用しているし，21 世紀前後になると，装いも新たなスプリット判決制度が登場するようになっている。例えば，ウィスコンシン州では 1999 年末に二分判決（bifurcated sentence）と呼ばれる新しいタイプのスプリット判決を導入するに至っている。裁判所が自由刑と社会内処遇を組み合わせて言い渡す点は従来のスプリット判決と同様であるが，宣告刑の刑期等による制限はなく，従って，殺人や強盗など重大な犯罪に対して長期の自由刑を科す場合から窃盗など軽微な犯罪に短期の自由刑を科す場合まで広く適用があることが従来の短期自由刑に限定されてきたスプリット判決と異なる点であり，適用実績も多い。ウィスコンシン州は，全米で初めて州憲法に被害者支援の権利規定を盛り込む改正を行うなど革新的な刑事司法改革を行う州として知られているが，現在，全米でもっとも二分判決を広範に適用している州と言ってよい。

　日本でも，かつて 1950 年代から 60 年代にかけて，ごく一部の論者によりこの種の制度が提案されたことがある。例えば，岩崎二郎氏は，「たとえ刑期が満了した者であっても，未だ全く或いは十分に改善されていないということが極めて明らかである場合（中略）にも定められた刑期満了の故に当然且つ自動的にこれを釈放しなければならないというのであれば，それは将に虎を野に放つに等しいもの」とされ，「形式的な刑期満了の故に実質的に未だ矯正されずして出獄する者に対する対策と処置は今後尚一層研究に値する」として，自由刑と社会内処遇を併用する制度の提案を行っている[11]。

また，高橋正己氏は，仮釈放者，満期釈放者共に釈放後の再入率が高く，仮釈放については保護観察期間が短いことから，「保護観察を仮釈放者に限らず，一般の釈放者に対しても，釈放後一律に１年間行い得ることとし，必要に応じてその期間を通算５年まで更新できるように法律を改正する」ことを提案している[12]。平野龍一博士も，満期釈放者が「野放し」なることを問題視し，仮釈放のみならず，満期釈放の場合も，「仮に」釈放し，１年以上５年以下のパロール（仮釈放）期間に付して，遵守事項違反の場合には再収監するアメリカの模範刑法典の不定期刑の規定を紹介し，考慮に値するとされている[13]。さらに，野中忠夫氏は，「懲役３年，釈放後における保護観察２年」といったように刑期と釈放後に受けるべき保護観察の期間をセットして言い渡す「セット案」なるものを提唱し，これによって満期釈放者にも，仮釈放者にも，等しく十分な保護観察期間を確保できるとしている[14]。

　連邦の監督付釈放やウィスコンシン州の二分判決は，我が国の法制度と馴染みにくいプロベーション「的」な保護観察を自由刑と併用するものであるため，そのまま日本に導入することには技術的問題があるが，我が国における自由刑と社会内処遇を組み合わせた新しい刑罰を考えるに当たって参考になる面が多々ある。そこで，本章では，アメリカにおけるスプリット判決やその類似制度を概観した後，連邦の監督付釈放制度とウィスコンシン州の二分判決制度を紹介し，その分析を通じて，刑罰として自由刑と社会内処遇を組み合わせて科す制度の可能性と課題を検討することにする。

　なお，split sentence は，我が国では，一般に，「分割刑」とか「二分判決」と訳されているが，ウィスコンシン州では，これとは異なる bifurcated sentence

---

11）岩崎二郎「仮釈放について―裁判と行刑との関係をめぐって」法曹時報8巻8号（1956）19頁。但し，厳密には，岩崎氏が提案するのは，長期刑と仮釈放を結合させたような制度であり，二分判決のような性質をもつ制度ではない。

12）高橋正己「戦後における累犯再入率の考察」植松正他編『犯罪学年報第1巻 累犯の研究』有斐閣（1960）56頁。

13）平野龍一『犯罪者処遇法の諸問題』有斐閣（1982）88-91頁（初版は1963年）。

14）野中忠夫「必要的仮釈放制度とその問題点」更生保護と犯罪予防3巻2号（1968）20-21頁。

の用語を用いている。bifurcated が「2つに分かれた，分岐した」状態を意味することから，本章では，ウィスコンシン州の bifurcated sentence に「二分判決」の訳語を用い，一般の split sentence は「スプリット判決」と訳すことにする。

II　アメリカにおけるスプリット判決の展開

スプリット判決とは，広義では，刑務所やジェイルでの拘禁とプロベーションなどの社会内処遇を組み合わせて科す制度を指す。連邦の監督付釈放やウィスコンシン州の二分判決も広義のスプリット判決の一種であるが，アメリカでは，スプリット判決以外にも，拘禁と社会内処遇を組み合わせる様々な刑罰制度が導入されてきており，スプリット判決の名称がこれらの様々な制度の総称として用いられる場合もあるため，誤解を招きやすい。連邦とウィスコンシン州の新しいタイプの二分判決について検討を加える前に，アメリカにおける拘禁と社会内処遇を組み合わせる制度のうち，ミックス判決，プロベーションの遵守事項としての拘禁，ショック・プロベーション，それにスプリット判決を概観することにする。この他，拘禁と社会内処遇を組み合わせる制度には半拘禁（intermittent confinement）などもあるが，本章の目的である二分判決とはかなり制度の趣旨を異にするので，ここでは取り上げない。

1　ミックス判決・混合刑

アメリカでは，被告人が複数の訴因で起訴されている場合，裁判所は一部の訴因について自由刑を，他の訴因についてプロベーションを言い渡すことができる権限がプロベーションの正式な制度ができる以前から非公式の実務として伝統的に認められてきており，ミックス判決とか混合刑（mixed sentence）と呼ばれている[15]。その目的は犯罪者に自由刑の体験をさせることでショックを与え，

---

15) アメリカでプロベーションの法制度が成立する以前の非公式の宣告猶予やプロベーションの実務については，J.M. Master, *Legislative Background of the Federal Probation Act*, 14 FED. PROBATION 9, 10-11 (1950) を参照のこと。

その後のプロベーションに協力的にさせることだとされているが[16]，スプリット判決と異なるところは複数の訴因がある場合に限られていることである。我が国では複数の懲役又は禁錮を言い渡すとき，その一部に実刑を，一部に執行猶予を言い渡すことができるかどうかについては争いがあり，一般には消極に解されているが[17]，アメリカでは，執行猶予とは異なるプロベーションを背景にしているとはいえ，実刑とプロベーションを同時に言い渡すことが可能となっている。

　もともと非公式的な宣告猶予の実務に起源を有するうえ，1950年代に連邦でスプリット判決が導入されたこともあり，ミックス判決の実情は昔も今も明らかでない。しかし，1970年代，ミックス判決は，1）複数の刑を言い渡すときにしか適用できない，2）受刑者がプロベーションの前に執行される自由刑でパロールとなるかもしれないため，量刑判断が難しい，3）刑の必要的下限制度のある州では適用が限られる，4）自由刑の判決が上訴で破棄された場合，ミックス判決が成り立たない，5）プロベーションの前にパロールがなされると，社会内処遇の期間が長くなり過ぎるおそれがある，などの制約に加え[18]，a）そもそも社会内処遇としてのプロベーションの本質と相容れない，b）自由刑執行後のプロベーションが犯罪者の監視の手段として用いられている，c）刑務所内で悪風感染のおそれがある，d）保護観察官の時間と労力を奪う，などの批判がなされている[19]。もっとも，ミックス判決が連邦のスプリット判決制度創設の一因になったことも指摘されている[20]。

2　プロベーションの遵守事項としての拘禁

　ジェイル等への拘禁をプロベーションの遵守事項の1つとする制度が，1920年代のカリフォルニア州で導入されている[21]。その後，この制度は多くの州で

16）Henry P. Chandlers, *The Future of Federal Probation*, 14 FED. PROBATION 41, 44 (1950).

17）大塚仁他編（豊田健執筆部分）『大コンメンタール第2版第1巻』青林書院（2004）531頁以下。

18）Nicolette Parisi, *Combining Incarceration and Probation*, 44 FED. PROBATION 3, 5 (1980).

19）Henry P. Chandlers, *supra* note 16, at 44.

20）Nicolette Parisi, *supra* note 18, at 6.

採用され，1980年に実施された調査では，2分の1弱の州で同種の規定が置かれているとされている[22]。アメリカ法律協会の模範刑法典（Model Penal Code）においても，有罪者に対する刑の付加を猶予し，プロベーションに付したうえで，30日を超えない範囲で裁判所が定めた期間，プロベーションの条件として拘禁を言い渡すことができるものとしている[23]。遵守事項としての拘禁の上限は，30日，60日，90日，6月，1年と州によって異なり，例えば，ケンタッキー州では1974年の立法当時は6月であったものが，1998年の改正で12月に拡大されている[24]。

　この制度の目的も，ミックス判決同様，犯罪者に自由刑の体験をさせることであるとされているが，1950年代から60年代にかけて，法執行及び司法運営に関する大統領委員会や全米犯罪非行審議会は，拘禁とプロベーションの組み合わせは矛盾であると批判している[25]。

3　ショック・プロベーション

　ショック・プロベーション（shock probation）とは，自由刑の判決を言い渡し，それを執行する過程で，事後にその判決を取り消し，プロベーションの判決を言い渡す再判決（resentence）の制度である。自由刑とプロベーションが組み合われて執行されるため，スプリット判決と誤解されやすいが，スプリット判決が一度の判決で自由刑とプロベーションを言い渡すのに対し，ショック・プロベーションは，自由刑の判決を言い渡し，執行を始めた後のしかるべき時期に

21）Cal. [Penal] Code §19a. この規定は廃止され，現在の規定は，Cal. [Penal] Code §1203.1(a) 等．

22）Nicolette Parisi, *supra* note 18, at 8.

23）Model Penal Code §6.02.(3)(b) (Official Draft and Explanatory Notes 1962).

24）Ky. Rev. Stat. §533.030(6). Gregory M. Bartlett, *Alternative Sanctions and the Governor's Crime Bill 1998 (HB455): Another Attempt at Providing a Framework for Efficient and Effective Sentencing*, 27 N. Ky. L. Rev. 283, 309 (2000). ミシガン州も12月以下である。Mich. Comp. Laws §771.3(2)(a). ニューヨーク州では，軽罪（60日），重罪（6月），断続拘禁（4月）と，犯罪や自由刑の種類によって拘禁の上限が異なる。N.Y. [Penal] Law §60.01(2)(d). イリノイ州でもプロベーションの条件として断続刑（periodic imprisonment）を科すことができる。730 Ill. Comp. Stat. 5/5-6-3(b)(1), 5/5-7-1(d).

25）Nicolette Parisi, *supra* note 18, at 8.

裁判所が残りの刑を猶予し，プロベーションを言い渡すものである点で決定的に異なる[26]。

　ショック・プロベーションをアメリカで初めて導入したのがオハイオ州である[27]。同州で1965年に導入され，その後1969年に一部改正されたショック・プロベーション制度によれば，被告人はまず裁判で自由刑の宣告を受け，刑務所等に収監されるが，裁判所は，収監後30日以上60日以内の受刑者からの申立て又は職権により，残刑の執行を猶予し，裁判所が定める一定の期間，プロベーションに付することができる[28]。被告人に科されるのは通常の自由刑であり，将来，プロベーションに付されるかどうかは全く予想が付かず，全て裁判所の裁量に委ねられている。判決確定後，被告人を実際に刑務所に収容することによって自己の犯した罪の重大性を認識させると共に，犯罪者に心理的な「ショック」を与え，これが再犯への抑止となることが期待されていた[29]。

　しかし，その後，一時的な拘禁によるショックに再犯防止効果はないとの評価がなされるようになっていたところ[30]，アメリカでは，1990年代から，裁判所の宣告刑をできるだけ忠実に執行することを求める量刑忠実法（truth-in-

---

26) Nicolette Parisi, *supra* note 18, at 10, DEAN JOHN CHAMPION, PROBATION, PAROLE, AND COMMUNITY CORRECTIONS 225-227 (6th ed. Pearson Prentice Hall 2008).

27) 当初の運用や法的問題については，George F. Denton, *Adult Parole and Probation in Ohio*, 17 INTERNATIONAL JOURNAL OF OFFENDER THERAPY AND COMPARATIVE CRIMINOLOGY 65, 72 (1973), Raymond J. Michalowski & Edward W. Bohlander, *The Application of Shock Probation in Judicial Practice*, 21 INTERNATIONAL JOURNAL OF OFFENDER THERAPY AND COMPARATIVE CRIMINOLOGY 41 (1977).

28) OHIO REV. CODE § 2947.061.

29) Gennaro F. Vito, *Developments in Shock Probation*, 2 FED. PROBATION 22, 22 (1984). しかし，刑務所内での受刑者の詳細な処遇調査と施設内処遇の実施もショック・プロベーションの意義の1つであるとされている。

30) Gennaro F. Vito and Harry F. Allen, *Shock Probation in Ohio: A Comparison of Outcomes*, 25 INTERNATIONAL JOURNAL OF OFFENDER THERAPY AND COMPARATIVE CRIMINOLOGY 70 (1981), JEREMY TRAVIS, PREVENTING CRIME: WHAT WORKS, WHAT DOESN'T, WHAT'S PROMISING 9 (National Institute of Justice, 1998), DORIS L. MACKENZIE, SENTENCING AND CORRECTIONS IN THE 21ST CENTURY: SETTING THE STAGE FOR THE FUTURE 27 (2001). しかし，Vito等も，ショック・プロベーションも初犯者は再犯率が低いなど，同制度に一定の再犯防止効果の可能性を認める。Gennaro F. Vito & Harry E. Allen, *Shock Probation in Ohio: Use of Base Expectancy Rates as an Evaluation Method*, 7 CRIMINAL JUSTICE AND BEHAVIOR 331 (1980), Gennaro F. Vito, *supra* note 29, at 23-27.

124

sentencing law) の制定が相次ぎ，オハイオ州においても，1995 年に成立した量
刑忠実法によりショック・プロベーションの規定は廃止されるに至った[31]。し
かし，代わりに，裁判所が自由刑の執行過程で判決を修正し，5 年以内の社会
内監督措置 (community control sanction) に付す司法的釈放制度 (judicial release) が新
たに採用されている[32]。裁判所が事後的に判決を社会内処遇に修正することが
できる点では共通しているが，新たな制度では，裁判所はプロベーションに付
す前に公開審理をもたなければならず，また被害者が当該手続に参加すること
ができるなどの点で異なる。1996 年に刑務所からの釈放の 13.2％を占めてい
たショック・プロベーションは 2003 年には 0.2％まで低下し，代わりに司法的
釈放が 5.9％を占めるようになっている[33]。社会内処遇の対象人数では，2013
年 3 月の時点で，31,819 名中，司法的釈放対象者が 1,797 名で 5.6％となって
いる[34]。

　このようにショック・プロベーションの先駆的存在であったオハイオ州では
制度の概念と内容が異なるものへと改められたが，テキサス州やケンタッキー
州などでは依然としてショック・プロベーションの制度が用いられている[35]。

4　スプリット判決・分割刑

　狭義のスプリット判決は，自由刑と社会内処遇の「組み合わせ方」によって，
さらに 2 つの類型に分かれる。1 つは，言い渡した自由刑の一部の執行を猶予
し，猶予された期間についてプロベーションを科すものであり (猶予型)[36]，も
う 1 つは，特に猶予という概念は用いず，刑罰として自由刑とプロベーション
を同時に科すものである (結合型)。但し，結合型のスプリット判決でも，自由

---

31) 1995 Ohio SB 2. この立法については，DAVID DIROLL, THOUGHTS ON APPLYING S.B. 2 TO "OLD
　　LAW" INMATES (Ohio Criminal Sentencing Commission).

32) OHIO REV. CODE ANN. § 2929.20.

33) JEFFRY HARRIS & DAVID DIROLL, MONITORING SENTENCING REFORM 39 (Ohio Criminal Sentencing
　　Commission, 2005).

34) BUREAU OF RESEARCH, OFFICE OF POLICY AND OFFENDER REENTRY, ADULT PAROLE AUTHORITY,
　　REGIONAL WORKFORCE ANALYSIS, MARCH 2013 (2013).

35) TEX. CODE CRIM. PROC. art. 42.12, §§ 6-7. KEN ANDERSON, CRIME IN TEXAS 118-119 (revised ed.,
　　University of Texas Press 2005). KY. REV. STAT. § 439.265.

刑の後に付されるプロベーションないし社会内処遇の性質によっては，事実上，猶予型に近い場合があることには注意を要する。

　猶予型スプリット判決の典型が，1958 年の連邦法で採用されたスプリット判決である[37]。カリフォルニア州で「プロベーションの遵守事項としての拘禁」について実務経験のある連邦裁判官が同法の推進者であったとも言われる[38]。制度の内容は，死刑又は終身刑が法定されておらず，刑の長期が 6 月以上の場合，裁判所は 6 月以上の自由刑を科したうえで，6 月を超えない期間，ジェイル・タイプの施設か処遇施設に拘禁し，残刑期間の執行は猶予して，被告人を当該期間，裁判所が最適と思料する条件と遵守事項の下にプロベーションに付すことを認めるものであった[39]。連邦法にはスプリット判決における刑の上限は規定されていないが，拘禁の期間は 6 月以下であるため，重大事件を前提としたものでも，また極めて軽微な犯罪を前提としたものではないことと，自由刑の残刑の「執行を猶予」する (the execution of the remainder of the sentence be suspended) としていることが特徴である。

　この連邦スプリット判決制度は，社会復帰思想が後退する 1970 年代以前の立法であり，強硬な犯罪対策路線を取ったロナルド・レーガン大統領が成立させた 1984 年の包括的犯罪統制法の一部である 1984 年量刑改革法により廃止されている[40]。しかし，アラバマ州，フロリダ州，マサチューセッツ州，メーン州など猶予型のスプリット判決を採用している州も依然として多い[41]。

---

36) 猶予型の「猶予」は，宣告猶予から発展したプロベーションの伝統をもつアメリカの場合，一般に宣告猶予と捉えられがちであるが，実際にアメリカ各州のプロベーションの中には，刑の宣告を猶予してプロベーションを科す場合と，刑を宣告したうえでその執行を猶予し，プロベーションを科す場合があり，後者などは大陸法系や我が国の執行猶予に実は近い。DEAN JOHN CHAMPION, *supra* note 26, at 23.

37) Pub. L. No.85-741, 72 Stat. 834 (1958).

38) Nicolette Parisi, *supra* note 18, at 8.

39) 18 U.S.C.A. §3651 (West 2000).

40) Sentencing Reform Act of 1984, Pub. L. No. 98-473, 98 Stat. 1987.

41) ALA. CODE §15-18-8, FLA. STAT. §948.012, MASS. GEN. LAWS CH.279, §1, MD. CODE [CRIM. PROC.] §6-222 , ME. REV. STAT. tit. 17-A, §1152, §1203, §1261, WYO. STAT. §7-13-107.

マサチューセッツ州では，30月以下に限られているカウンティの矯正施設に収容する拘禁刑（house of correction sentence）を言い渡す場合に猶予型のスプリット判決を科すことができるが，2013年に言い渡されたこの短期拘禁刑13,636件のうち25.7％がスプリット判決となっている[42]。同州には，拘禁刑と釈放後監督（from and after probation sentence）を同時に科す制度もあるが，これは訴因が複数ある場合，1つに拘禁刑，1つにプロベーションを科すものでミックス判決に近い。これとスプリット判決を合わせれば，拘禁刑の35％にも達する。

　また，メーン州では，プロベーション対象者のうち，スプリット判決として自由刑の後にプロベーションに付された者の割合が66.4％を占めており，うち重罪では83.7％，軽罪では52.0％がスプリット判決となっている。しかし，その58.3％が45日未満の刑期，27.4％が45日以上270日未満，14.3％が270日以上と刑期が短い。重罪に限っても，刑期270日以上は29.5％である[43]。

　なお，スプリット判決は，自由刑に後に続けてプロベーション等の社会内処遇を実施するのが一般的であるが，アラバマ州やフロリダ州では，先に社会内処遇を実施し，後で自由刑を行う逆スプリット判決（reverse split sentence）もある[44]。

　一方，結合型のスプリット判決は，1つの刑の言渡しにおいて自由刑とプロベーション等の社会内処遇を命ずるもので，ジョージア州等で採用されている。同州のスプリット判決は，拘禁の部分が長期であるのが特徴であり，例えば強姦罪や児童加重強制わいせつ罪，略取誘拐に対するスプリット判決は，拘禁が25年以上とされており，拘禁に続くプロベーションは終身である[45]。スプ

---

42) Massachusetts Sentencing Commission, Survey of Sentencing Practices FY 2013, at 9, 21-22 (2012).

43) Mark Rubin, Who Gets a Split Sentence in Maine (Sentencing Practices Sub-Committee Supplementary Materials, 2006).

44) The Alabama State Bar Committee on Correctional Institutions and Procedures, *Community Punishment and Corrections of Adults in Alabama*, 59 Ala. Law. 158, 159. また，フロリダ州については，Fla. Stat. § 948.012(2).

45) Ga. Code. § 16-5-40(d)(2)，§ 16-6-1(b)，§ 16-6-4(d)(1)，§ 16-6-22.2(c)，§ 17-10-6.1(b)(2)，§ 17-10-6.2(b).

リット判決におけるプロベーションの平均期間を示す統計はないが，プロベーション全体では 6.3 年であり（新規人員中），10 年を超える者が 10％も見られる[46]。同州では，プロベーション対象者のうちスプリット判決によるものが 43％を占め，残りが単独のプロベーションとなっている。本章で取り上げる連邦の監督付釈放やウィスコンシン州の二分判決もこの類型に属する。

　スプリット判決は，元来，前半部分の拘禁によりショック（shocking or jolting）を与えることによって犯した罪の重大性を認識させ，再犯を防止することを目的としている。特に，短期自由刑を対象とした比較的古いタイプのスプリット判決にこの傾向が強い。これが，後にスプリット判決に対する批判の根拠となるわけであるが，連邦のスプリット判決では，「司法の諸目的並びに公共及び被告人の最善の利益（the ends of justice and the best interest of the public as well as the defendant）に適うと裁判所が思料するとき」に科すことができるとしていたことからも，単なる心理強制による抑止効果だけでなく，犯罪者の利益，即ち改善更生に資することが求められていたことには注意すべきである。

　スプリット判決にも様々なバリエーションがあるため，統一的な基準で集計を行うことは難しく，その動向を全米レベルで把握することには困難を伴う。それでも，連邦司法省が公表している統計によれば，2007 年におけるプロベーション対象者のうち，独立処分としてのプロベーションを受けている者が 54％と過半数を占めるのに対し，スプリット判決は 9％に止まっている[47]。1995 年と比較した場合，独立処分のプロベーションの割合が 6％も高まる一方，スプリット判決は 6％も低下している。

　その原因として，短期拘禁刑によるショック効果が疑問視されるようになっ

---

46) Georgia Department of Corrections, Probationer Statistical Profile: Probation Starts During CY2015, at 22-23 (2016).

47) LAUREN E. GLAZE & THOMAS P. BONCZAR, PROBATION AND PAROLE IN THE UNITED STATES, 2007, at 6 (Bureau of Justice Statistics, 2008). この統計がスプリット判決のデータを掲載していたのは 2007 年版までで，それ以降 2010 年版までは「拘禁無しプロベーション」と「拘禁付プロベーション」の州ごとの統計を掲載するに止まっている。LAUREN E. GLAZE & THOMAS P. BONCZAR, PROBATION AND PAROLE IN THE UNITED STATES, 2010, at 6 (Bureau of Justice Statistics, 2011). しかし，ここでの「拘禁付プロベーション」には本文で紹介したような様々な制度が含まれていると推測される。

たことが考えられるが，1990 年代半ばから各州で制定が進んだ量刑忠実法が影響を与えた例もある。例えば，マサチューセッツ州では，1993 年の量刑忠実法[48]により州刑務所への収容を命じる自由刑についてはスプリット判決の適用が排除されている。もっとも，カウンティの矯正施設へ収容する拘禁刑には依然としてスプリット判決が適用可能であり，複数の訴因がある場合には拘禁刑と釈放後監督（from and after probation sentence）を併科することもできるため，拘禁と社会内処遇を組み合わせる制度全体の適用件数に大きな変化は見られなかったようである[49]。

しかし，その一方で，後述するウィスコンシン州のように，量刑忠実法によってパロールを廃止する代わりに，刑事施設から釈放した後の社会内処遇を補う制度としてスプリット判決の一種である二分判決（bifurcated sentence）を採用した州も見られることから，量刑忠実法がスプリット判決拡大の契機となった例もあるわけである。

肝心のスプリット判決の再犯防止効果であるが，本格的な研究は見られないものの，コネチカット州では，スプリット判決（ショック・プロベーションにも近い）は満期釈放より 15％ 再犯率が低いとの調査結果がある[50]。しかし，スプリット判決が広範に適用されているメーン州では，通常のプロベーション対象者の再犯率 20.5％ と比べスプリット判決の再犯率が 30.4％ と高いことが指摘されている[51]。

5 新たなスプリット判決──監督付釈放・二分判決

連邦では，1984 年にスプリット判決が廃止されたが，それに代わり，裁判

---

48) Chapter 432 of the Acts of 1993 (Chapter 432), An Act to Promote the Effective Management of the Criminal Justice System through Truth-in-Sentencing.
49) MASSACHUSETTS SENTENCING COMMISSION, SURVEY OF SENTENCING PRACTICES: TRUTH- IN-SENTENCING REFORM IN MASSACHUSETTS (2000).
50) OFFICE OF POLICY & MANAGEMENT & CONNECTICUT STATISTICAL ANALYSIS CENTER, STATE OF CONNECTICUT RECIDIVISM STUDY: ANNUAL REPORT 6 (2007).
51) MARK RUBIN, EXPLORING THE RELATIONSHIP BETWEEN SPLIT SENTENCE AND PROBATION RECIDIVISM IN MAIN (Sentencing Practices Sub-Committee Supplementary Materials, 2006). しかし，この調査は，プロベーションと比較するなど方法論に問題がある。

第 1 編第 3 章　刑の一部執行猶予と二分判決　　129

所が自由刑とともに監督付釈放（supervised release）と呼ばれる5年以下の社会内処遇を科すことができる制度が導入されている。スプリット判決のみならず，パロールの制度も併せて廃止されたことから，公正モデルに基づく定期刑化の要請を満たしつつ，自由刑後の社会内処遇を確保するために設けられたものである。この制度も結合型のスプリット判決と言えるが，短期自由刑によるショック効果を狙った古い型のスプリット判決とは異なり，長期刑をも対象とし，自由刑と社会内処遇を連携を図ることに目的がある。

　州では，ウィスコンシン州が，1999年に二分判決（bifurcated sentence）と呼ばれる新たなタイプのスプリット判決を導入している。これも結合型のスプリット判決に属するが，連邦の監督付釈放同様，自由刑と社会内処遇の有機的連携が目的であり，しかも終身刑を除く自由刑は原則として二分判決の形で言い渡すことになっているため，殺人（終身刑が法定刑となっている第1級殺人を除く）や武装強盗，強姦といった重大犯罪に対して長期の自由刑を科す場合にも適用がある。社会内処遇も，理論上，3月といった極めて短い期間に設定することも可能である一方，20年といった長期間に設定することも可能である。

　長期の拘禁と社会内処遇を組み合わせることができるという点では，先に掲げたジョージア州のスプリット判決もそうであるし，フロリダ州でも，2005年のジェシカ・ランスフォード法により，同年9月1日以降の児童に対するわいせつ行為に対して終身刑を科すとき以外は，25年以上の拘禁と終身のプロベーションから成るスプリット判決を科さなければならないとされている[52]。

　また，オハイオ州において，1995年の量刑忠実法がパロールを廃止し，裁判所が言い渡した自由刑の刑期通りに執行するものとする一方，判決において，拘禁後の一定期間，パロール・ボードが定める社会内での監督（post-release control）に服さなければならない条件を定める制度を導入している[53]。釈放後の監督をパロール・ボードが決めるなど，スプリット判決や二分判決とはやや

---

52) Jessica Lunsford Act, 2005, 2005 FLA. LAWS 28. FLA. STAT. §948.012(4), §775.082(3)(a)(4)(a)(II), §800.04(5)(b).
53) OHIO REV. CODE §2967.28.

趣を異にするが，適用の広さという点で，本章で注目する新しいタイプの二分
判決に似た側面がある。

Ⅲ　アメリカにおける量刑改革の経緯と量刑忠実法

　アメリカでは1970年代に刑務所における処遇の再犯防止効果に疑問が呈さ
れ[54]，社会復帰理念が大きく後退すると同時に，不定期刑とパロールの多用に
より不公正で不公平な法執行になっているとの新応報刑論ないし公正モデル
（just desert）の主張が強まると[55]，全米で不定期刑やパロール制度の廃止ないし
縮小が進み，定期刑制度を採用する州が増えていった。さらに，刑罰の重さを
刑事責任に比例させ（比例性 proportionality），犯罪者の特性にかかわらず，刑事
責任が同じ犯罪行為に対して同じ刑罰を科すため（衡平性 equity），1980年代に
は量刑ガイドラインを策定する州が相次いだ[56]。法的拘束力のない量刑基準を
設けるに止まった州もあるが，多くの州では量刑委員会が罪種と犯行態様に応
じたスコアに基づいて量定を行うための体系的な量刑ガイドラインを設けるよ
うになり，連邦においても1984年の包括的犯罪統制法の一部である量刑改革
法[57]により連邦量刑委員会が設置され，1987年に量刑ガイドラインが策定さ
れている。こうした1980年代以降の構造的量刑（structured sentencing）に向けた
量刑改革の一方で，一定の罪種や累犯・常習犯に対しては，裁判所の裁量を排
除し，一定の刑を必要的に科す必要的量刑制度（mandatory sentencing）の採用も
進むようになった。そのもっとも極端な例が，1993年のワシントン州[58]や
1994年のカリフォルニア州[59]の立法を嚆矢とする，3回目の重罪には終身刑又
は長期の刑を科すことを義務付ける三振アウト法（three-strikes you're out law）やそ

---

54) Robert Martinson, *What Works? Questions and Answers About Prison Reform*, 6 THE PUBLIC
　　INTEREST 22 (1974).
55) Andrew von Hirsch, DOING JUSTICE: THE CHOICE OF PUNISHMENTS (New York, Hill and Wang,
　　1976).
56) FRANK SCHMALLEGER, CRIMINAL JUSTICE TODAY 342-343 (12th. Pearson Prentice Hall 2013).
57) Sentencing Reform Act of 1984, Pub. L. No.98-473, 98 Stat. 1987.
58) Persistent Offender Accountability Act, 1994 Wash. Leg. Serv. Ch. 1, §2.
59) Chapter 12, Statutes of 1994 (AB 971, Jones and Costa).

れを 2 回とした二振アウト法である。

　しかし，アメリカでは，連邦を含め，依然として善時制を採用している州が多く，またパロールを廃止していない州もあったため，いくら裁判所が刑事責任に応じた公平な刑罰を言い渡しても，実際に受刑者が刑期満了まで刑務所に収監されるということは殆どなかった。そのため，アメリカでは，裁判所の量刑改革に続き，裁判所が宣告した自由刑の刑期をできるだけ忠実に執行することを求める動きが強まり，その結果，1990 年代に量刑忠実法（truth-in-sentencing law）と呼ばれる法律が各州で制定されるようになった[60]。量刑忠実法は，量刑真実法とも呼ばれ，裁判所が言い渡した自由刑の刑期にできるだけ忠実に刑務所の中で執行することを求める法全般を指す。そして，1994 年には，連邦で暴力犯罪統制及び法執行法が成立し[61]，一定の暴力犯罪の受刑者が宣告刑の85％以上の執行を刑務所の中で受けることを義務付ける量刑忠実法を制定ないし実施した州に対しては連邦政府（司法長官）が州刑務所建設又は増築のための補助金を支給する制度が設けられたため[62]，それまで量刑忠実法を有していなかった州でも同種の立法が進み，既に立法を行っていた州でも連邦の基準に合うよう法改正を行ったところがある[63]。

　連邦の監督付釈放制度やウィスコンシン州の二分判決制度も，こうした定期刑化やパロール廃止を中心とする量刑改革ないしは量刑忠実法制定が契機となって導入されたものである。

---

60) FRANK SCHMALLEGER, *supra* note 56, at 343.

61) Violent Crime Control and Law Enforcement Act of 1994, Pub. L. No.108-322, 108 Stat. 1796.

62) 42 U.S.C. §§ 13701-13712.

63) 当時の各州における量刑忠実法の制定・施行状況については，PAULA M. DITTON & DORIS JAMES WILSON, TRUTH IN SENTENCING IN STATE PRISONS (Bureau of Justice Statistics, 1999). もっとも 1994 年の連邦法制定以前に量刑忠実法を制定していた州も多く，同法の影響は比較的穏やかなものであったとされている。WILLIAM J. SABOL ET AL., THE INFLUENCE OF TRUTH-IN-SENTENCING REFORMS ON CHANGES IN STATES' SENTENCING PRACTICES AND PRISON POPULATIONS (Urban Institute, 2002).

Ⅳ　連邦の監督付釈放制度

1　導入の背景と意義──連邦のパロールとスプリット判決の廃止

　監督付釈放（supervised release）とは，連邦裁判所が 1987 年 11 月 1 日以降に行われた連邦犯罪に対して自由刑を科す場合，5 年以下の社会内処遇を併せて科すことができるというものである[64]。これは，1984 年包括的犯罪統制法（Comprehensive Crime Control Act of 1984）の一部として成立した量刑改革法（Sentencing Reform Act）[65]によって導入されたものである。

　1984 年包括的犯罪統制法は連邦におけるパロール制度を廃止した法律としても知られているが，この監督付釈放はパロールの後継制度に位置付けられている[66]。自由刑から釈放後に社会内処遇を行い，遵守事項に違反した場合には再び刑務所に拘禁するという点で監督付釈放とパロールは共通しているが，パロールが刑期の執行終了前に釈放するものであるのに対し，監督付釈放は自由刑の刑期（から善時の期間を引いた期間）を全て執行したうえで行うという点で異なる。手続的にも，パロールが自由刑の執行過程でパロール委員会が一定の基準に従って決定するものであるのに対し，監督付釈放は裁判所が判決において量刑の一環として量刑基準に沿って言い渡すという点で決定的に異なる。監督付釈放が，「司法的パロール」と呼ばれるのもそのためである。但し，パロールのように刑の執行終了前に刑務所から釈放して社会内処遇を行うのではなく，自由刑の執行が終わり，釈放した者に対して監督を行うことから，「監督付釈放」というより，むしろ「釈放後監督」と言うべきものであろう。

　パロールが廃止されたのは，前節で概観したように，公正モデルの台頭と社会復帰処遇の後退，それに犯罪に対し寛容過ぎる（soft on crime）との批判から

---

64) United States Sentencing Commission, Federal Offenders Sentenced to Supervised Release (2010), United States Sentencing Commission, Guidelines Manual 2016 (2016) 等参照。

65) Sentencing Reform Act of 1984, Pub. L. 98-473, §212(a)(2), 98 Stat. 1999 (1984). 18 U.S.C. §3583.

66) Charles Doyle, *Supervised Research (Parole): An Overview of Federal Law*, in Supervised Research for Federal Crimes: Overview and U.S. Commission Issues 1, 2 (Ross Hopkins ed., Nova Science Publishers, 2015)

であったが，1984年の量刑改革法は，予てから短期自由刑によるショック効果に疑問が呈されていた連邦のスプリット判決制度も同時に廃止している[67]。既述の通り，連邦のスプリット判決は，裁判所が，6月以上の自由刑を科した上で，6月を超えない期間，身柄を拘束した後に残刑の執行を猶予し，残刑期間の間プロベーションに付すことを命ずるものである。この刑が言い渡されていれば，パロールに付されずとも，刑務所から釈放された後も一定期間，社会内処遇に付すことを量刑の時点において確定させておくことができる。しかし，パロールのみならず，スプリット判決まで廃止されてしまえば，自由刑の執行後に社会内処遇を行う仕組みが一切なくなってしまうことから，刑の執行期間を短縮しない形で社会内処遇を行う監督付釈放が導入されることとなったのである。

　しかし，スプリット判決にも，猶予型のほか，自由刑後の社会内処遇を判決において同時に科す結合型のものがあることから，自由刑を言い渡す際に監督付釈放を付随処分として含めるという監督付釈放も，ある意味，自由刑と監督からなる「スプリット」判決である。量刑改革法の起草者も，被告人が一定期間の監督付釈放を伴う自由刑に服するようにすることによってスプリット判決と同様の機能が「より直接的で論理的に一貫性のある方法によって達成され得る」としている[68]。従って，連邦のスプリット判決制度は1984年の量刑改革法によって廃止されたと一般に言われるものの，より正確には，新たな監督付釈放という形に発展的に解消されたというべきであろう。監督付釈放は，パロールの後継制度であると同時に，スプリット判決の新たな発展型でもあるのである。

2　法的性質
　連邦裁判所は，重罪又は軽罪に対し自由刑を言い渡す場合，自由刑に続いて

67）18 U.S.C. §3651 was repealed and 18 U.S.C. 3561(a)(3) was added by Sentencing Reform Act of 1984, Pub. L. 98-473, §212(a)(2), 98 Stat. 1987 (1984).

68）U.S.S.G. §5B1.1, cmt, app. background.

被告人を一定期間の監督付釈放下に置くという付随処分（requirement）を判決の一部に含めることができるとされている[69]。監督付釈放は裁判所の量刑上の選択肢の1つであるが，制度の具体的なイメージを示すともに，その法的性質を明らかにするため，以下に裁判例を挙げる[70]。事案は，ストリート・ギャングのメンバーである51歳の被告人が麻薬密売組織から仕入れたヘロインを販売していたもので，連邦犯罪であるヘロインの頒布及び所持の共謀の罪[71]で起訴されたといものであり，被告人が有罪答弁を行ったことから量刑審理が行われた。判決前調査報告書によれば，被告人には13歳からヘロインの使用歴があり，長期間薬物を使用していなかった時期があるものの，薬物依存がある。違法薬物の所持，窃盗，武装強盗，強姦など30年以上に亘る多くの犯罪歴があり，18歳のとき性犯罪による終身の制限事項が科せられている。量刑審理の結果，以下のような判決（刑）が言い渡された。

　　被告人の薬物依存が多くの違法行為の原因となっているとしても，被告人のこの長い犯罪歴が社会復帰の可能性が限られていることを示している。裁判所は，被告人を，今日の状況，即ち長期に亘る薬物依存者と累犯者として判決せざるをえない。

　　よって，被告人を60月の拘禁と3年の監督付釈放に処する。100ドルの被害者特別付加金（special assessment）を科す。支払能力がないことから罰金を付加しない[72]。被告人の家族との絆を維持するため，被告人をニューヨーク都市部の刑務所に収容することを付言する。監督付釈放については，量刑ガイドライン5D1．3条第(a)，(b)，(c)項に規定されている遵守事項とその他の特別遵守事項のうち量刑審理で指定したものに服するものとする。**薬物処遇も行うものとする**。（ゴシック体筆者）

---

69) 18 U.S.C. §3583(a).

70) United States v. Davis, 2017 U.S. Dist. LEXIS 145776, 2017 WL 3769216 (E.D. N. Y., Aug 10, 2017).

71) 21 U.S.C. §§846, 841(a)(1), 841(b)(1)(C).

72) 罰金と異なり，被害者特別賦課金は必要的であるため，支払能力がなくとも科される。18 U.S.C. §3013.

このように監督付釈放は判決の一部（as a part of the sentence）として裁判所が宣告するが，その法的性質は，法文上，requirementとされている。requirementは，国によっては，プロベーション等の社会内処遇における遵守事項を意味する場合もある[73]。しかし，アメリカ連邦管轄における監督付釈放やプロベーションにおいて対象者が遵守しなければならない遵守事項にはconditionの語が用いられており[74]，監督付釈放は判決（量刑）において有罪の被告人に対して科せられる処分であることから，刑罰に付される一種の付随処分であると考えられる。

3 期間

(1) 起算日

監督付釈放は，自由刑の執行を終了し，釈放された時点から社会内処遇としての監督が行われる。従って，起算日は実際に受刑者が刑務所から釈放された日となる[75]。通常は刑の執行が終了し，釈放された日となるが，仮に何らかの理由により刑の執行終了後に拘禁が継続されたとしても，その分，監督付釈放の期間が短縮されることはないとされている。実際に問題となるのは，自由刑後に精神障害を理由とする民事収容（civil commitment）を行うかどうかの審理の間，刑務所に収容継続が行われる場合であるという[76]。

受刑者が服すべき他の犯罪に対するプロベーションや監督付釈放，パロールがある場合，それが釈放時であろうと本件の監督付釈放中に付されるものであろうと，それらの期間は当時に進行するものとされている[77]。受刑者が複数の監督付釈放付自由刑を言い渡され，自由刑自体が順次執行される場合でも，複数の監督付釈放（監督）は同時に期間が進行する[78]。

---

73) イギリスでは，刑事司法法 (Criminal Justice Act 2003) に基づく地域刑 (community sentence) や執行猶予命令 (suspended sentence order) における遵守事項が requirement と呼ばれている。Criminal Justice Act 2003, s. 177, ss. 189-190.
74) 18 U.S.C. §3583(d). プロベーションの遵守事項については，18 U.S.C. §§3562-3563.
75) 18 U.S.C. §3624(e).
76) Charles Doyle, *supra* note 66, at 3, 14.
77) 18 U.S.C. §3624(e).
78) U.S.S.G. §5G1.2, cmt, app. n2(C).

(2) 期間

監督付釈放の期間は，A級又はB級重罪の場合は2年以上5年以下，C級又はD級重罪の場合は1年以上3年以下，E級重罪又はA級軽罪は1年，その他の軽罪は1年以下とされている[79]。

連邦犯罪における犯罪は，法定刑の上限を基準としてA級重罪からE級重罪までとA級軽罪からC級軽罪までの等級が設けられている[80]。そして，自由刑の刑期は，A級重罪が終身又は無制限の自由刑，B級重罪が25年以下，C級重罪が12年以下の自由刑，D級重罪が6年以下，E級重罪が3年以下であるから[81]，例えば，無期又は25年の自由刑プラス5年の監督付釈放という量刑が可能であるし，D級重罪で4年の自由刑に対し3年といったように自由刑に比して比較的長期の監督を付すこともできる。

これに対し，一定の犯罪については，特別の監督付釈放期間が法定されている。例えば，違法薬物の罪については，違法薬物の種類や量その他の犯情（再犯かどうか）等に応じて5年以上や10年以上といった長期の監督付釈放が定められている[82]。児童に対する性犯罪は終身又は5年以上[83]，テロ行為に対しては終身又は無制限[84]といったように，さらに長期の期間設定が可能となっている[85]。

また，この期間は事後的に変更が可能である。まず，良好措置として，1年が経過した後であれば，対象者の行動や司法の利益から正当化されると思料す

---

79) 18 U.S.C. §3583(b), U.S.S.G §5D1.2(a).　法律には監督付釈放の上限しか規定されていないが，連邦量刑ガイドラインは下限も定めている。制度導入当初は，A級・B級重罪で3年以下，C級・D級重罪で2年以下と，現行より期間の上限が短く設定されていたが，1987年量刑法で現在の期間に引き上げられている。Sentencing Act of 1987, Pub. L. No. 100-182, §8, 101 Stat. 1267.

80) 18 U.S.C. §3559. 犯罪の等級は，規定によって指定されていない場合，法定刑の上限が死刑又は無期であればA級重罪，25年以上の自由刑であればB級重罪，10年以上25年未満の自由刑であればC級重罪，5年以上10年未満の自由刑であればD級重罪といったように，法定刑の上限によって決められている。法定刑の上限が1年以下の自由刑であれば軽罪である。

81) 18 U.S.C. §3581(b).

82) 21 U.S.C. §841.

83) 18 U.S.C. §3583(k).

84) 18 U.S.C. §3583(j).

る場合，裁判所は，いつでも対象者の監督付釈放を終了させることができる[86]。反対に不良措置として，上限未満の期間が設定されている場合，監督付釈放の期間の経過又は終了前であれば，裁判所は，いつでも期間を延長することもできる[87]。そのため，釈放後の監督の期間は，裁判所が設定した期間から法律が定める上限までの間で変動することとなり，そのため監督付釈放が連邦の自由刑を実質的に不定期刑化しているとの批判もある[88]。

4　量刑

　裁判所は，重罪又は軽罪に対し自由刑を言い渡す場合，自由刑に続いて被告人を一定期間の監督付釈放下に置くという付随処分（requirement）を判決の一部に含めることができるとして[89]，監督付釈放を科すかどうかについては裁判所に広い裁量権を認めている。しかし，法律に特別の定がある場合と被告人がドメスティック・バイオレンス（以下，DVという。）の罪により初めて有罪とされた場合[90]は，その例外として，監督付釈放を科すものとされている。連邦量刑委員会が定めた量刑ガイドラインも，法律に定がある場合と1年以上の自由刑を科す場合には，自由刑に続く一定期間の監督付釈放を命ずるものとするとして，解説も，これらの場合，裁判所は，監督付釈放を科すことが求められるとしている[91]。

85）連邦量刑ガイドラインは，連邦テロ犯罪（18 U.S.C. §2332b(g)(5)(B)）とされる犯罪の結果，第三者に対し死又は重大な身体傷害を生じさせ，又はその予見可能なリスクを生じさせた場合，並びに18歳未満の者に対する性犯罪の場合，監督付釈放は，各下限を下回らないものとし，上限は終身まで科すことができるとする。U.S.S.G. §5D1. 2(b). 但し，後者の場合，監督付釈放は，法律上の下限（短期）が推奨されるとする。

86）18 U.S.C. §3583(e)(1). 連邦量刑ガイドラインは，早期終了の例として，薬物依存やアルコール依存の者がプログラムを完了し，再犯のおそれが低下した場合を挙げる。U.S.S.G. §5D1.2, cmt, app. n5.

87）18 U.S.C. §3583(e)(2). 後述するように，遵守事項の変更（修正，削減，追加）もできる。

88）Fiona Doherty, *Indeterminate Sentencing Returns: The Invention of Supervised Release*, 88 New York University Law Review 958, 997 (2013).

89）18 U.S.C. §3583(a).

90）18 U.S.C. §3561(b).　DVで初めて有罪とされた場合は必要的に監督付釈放を科さなければならないが，それ以外のDVやストーカー事件においては，監督付釈放の付加が高度に推奨されるとしている。U.S.S.G. §5D1.1, cmt, app. n 3(D).

裁判所が一定期間の監督付釈放を含めるのかどうか，また一定期間の監督付釈放を含めるべきとする場合，その期間の長さと監督付釈放の遵守事項を決めるに当たっては，連邦法が定める量刑事情のうち一定の事項について考慮するものとされている[92]。その事項とは，

(1)　犯罪の性質及び状況並びに被告人の経歴及び性格
(2)　(B)　犯罪行為に対し適度な抑止を加える必要性
　　　(C)　被告人の将来の犯罪から社会を守る必要性
　　　(D)　被告人に必要な教育的若しくは職業的訓練，医療又は最も効果的な方法によるその他の処遇を提供する必要性
(6)　同様の行為により有罪となってきた同様の犯歴を有する被告人の間との正当な理由のない量刑の不一致を回避する必要性
(7)　犯罪被害者に対し損害賠償 (restitution) を支払う必要性

のほか，量刑委員会が定めた量刑の範囲，ガイドライン，政策方針とされている[93]。これらの量刑事情は連邦犯罪に対し刑罰を科すときの一般的な量刑事情であり，(1)は犯情及び一般情状[94]，(2)(B)は抑止効あるいは一般予防，(2)(C)は消極的個別予防，(2)(D)は社会復帰処遇，(6)は刑の公平性，(7)被害者への損害回復を考慮すべきというものである。反対に，監督付釈放を決定する際に考慮するものとされていない事情が，(2)(A)の犯罪の重大性を反映する必要性，法の遵守を促進する必要性及び犯罪に対して正当な刑罰を付加する必要性であ

91）U.S.S.G. §5D1.1, cmt, app. n5. 但し，その例外として，法律により監督付釈放が求められていない場合と，自由刑の執行後退去強制される可能性のある外国人については，監督付釈放を科すべきでないとしている。しかし，「法律により監督付釈放が求められている場合」が 18 U.S.C. §3583(a) という監督付釈放の一般規定であるので，これは，法律で敢えて監督付釈放を排除することが明示的に規定されている場合と解される。
92）18 U.S.C. §3583(c).
93）18 U.S.C. §3553(a).
94）一般に，前科が重大であるほど監督付釈放の必要性が高まるとする。また，薬物依存やアルコール依存がある場合，監督付釈放の付加が高度に推奨されるとする。U.S.S.G. §5D1.1, cmt, app. n3(B),(C).

る。つまり，監督付釈放の決定に際しては，刑罰の公平性は確保しなければならないものの，考慮すべき理念は，一般予防と個別予防及び損害回復であって，そこには行為責任に応じた刑を科すべき（just desert）との応報（新応報刑論に言う応報）は含まれないというのである。従って，犯罪者の更生に必要であるかどうかや，社会の安全を守るために必要であるかどうかが監督付釈放の可否や期間，遵守事項を決めるにあたっての考慮要素たるべきことになる。

　こうした監督付釈放を巡る量刑基準は，1970 年以降，パロールと定期刑の廃止，比例性の原則の堅持，量刑ガイドラインの創設を押し進めてきたアメリカの刑事司法の潮流の中ではやや異質なものが感じられなくもない。しかし，パロールを廃止し，実刑を科した犯罪者を社会の中で監督したり指導したりする制度がなくなったことから，（刑の執行段階を含めた実質的な）比例性の原則を保持しながら，社会内処遇の期間を確保するための監督付釈放を導入するに際して，ある程度の「予防的な」要素を含めることが不可避だったのではないかと考えられる。

5　遵守事項

　裁判所は，監督付釈放の間，受刑者が遵守すべき事項（condition）（以下，遵守事項という）を命ずるものとされている。遵守事項は，全ての受刑者に適用がある必要的遵守事項（mandatory condition）と，受刑者の状況に応じて設定される裁量的遵守事項（discretionary condition）に区別されている[95]。

(1)　必要的遵守事項

　必要的遵守事項は，以下の通りである[96]。

　①連邦，州又は地域の犯罪を行わないこと，②規制薬物を不法に所持しないこと，③ DV 犯罪により初めて有罪となった者については，政府，民間又は民

---

95)　必要的か裁量的かなど遵守事項の区分は，U.S.S.G. §5D1.3.
96)　18 U.S.C. §3583(d). 但し，⑤の必要的遵守事項は，18 U.S.C. §3624(e). U.S.S.G. §5D1.3.

間の非営利団体の社会復帰プログラムに参加すること，④規制薬物の不正使用をしないこと，及び一定の時に規制薬物の尿検査に服すること，⑤罰金が監督付釈放までに未納の場合，罰金の分納を遵守すること，⑥被害者に損害賠償又は特別賦課金（assesment）[97]を支払うこと，⑦性犯罪登録通知法により登録が義務付けられている者については，当該法律の義務に従うこと，⑧DNA分析未処理排除法によりDNAサンプルの採取が認められている場合，DNAサンプルの採取に従うこと。

(2) 裁量的遵守事項

連邦法は，必要的遵守事項以外の遵守事項を課す裁量権を裁判所に付与しており，裁判所は，遵守事項が，量刑事情[98]と合理的な関連性を有し，量刑事情の目的からして合理的に必要とされる以上の自由剥奪を伴わず，量刑委員会が発出する関連した政策方針に一致した範囲で，プロベーションの裁量的遵守事項[99]又は適当と思われる他の遵守事項を命ずることができる[100]。その内容は極めて広範に及ぶが，連邦量刑ガイドラインは，裁量的遵守事項を，一般遵守事項（standard conditions），特別遵守事項（special conditions），追加的遵守事項（additional conditions）の3つに分けている。

---

97) 18 U.S.C. §3013. 特別賦課金は，罰金（一部）等とともに犯罪被害者基金に組み入れられる。34 U.S.C. §20101.
98) 18 U.S.C. §3553(a).
99) 18 U.S.C. §3563(b). 遵守事項違反に対し遵守事項の変更をする場合，最初の1年のうちの一定期間，刑事施設における夜間拘禁，週末拘禁又は断続拘禁の遵守事項を設定することができる。18 U.S.C. §3583(d)，§3563(b)(10).
100) 監督付釈放の規定のところでは，この裁量的遵守事項の一般要件のほか，外国人と性犯罪者に対する特定の裁量的遵守事項を定めている。外国人が釈放後退去強制となる場合，裁判所は，監督付釈放の遵守事項として，国外退去とし，アメリカ合衆国外に止まらなければならないことを命ずることができ，その退去強制のため入国管理局に身柄を渡すことを命ずることができる。裁判所は，重罪により，性犯罪者登録通知法により登録が義務付けられている者に対し，遵守事項の違反又は不法な行為の合理的な疑いのある場合，遵守事項として，身柄，財産，住居，車輌，書類，コンピュータ，その他の電子通信又はデータ保存送致又は媒体及び装置を，令状により，又は令状なしで，関係機関による捜索のため提出することを命ずることができる。18 U.S.C. §3583(d).

一般遵守事項は，定期報告，定住・定職，無許可の転居の禁止などプロベーション・オフィサーとの連絡を保つことに関するもの，犯罪組織・銃・違法薬物など犯罪性のある者・場所・物を避けることに関するものであるのに対し，特別遵守事項は，性犯罪者に対するプログラムの受講・コンピュータの使用制限，身体・所持品・住居等の無令状捜索，薬物治療・アルコール・精神保健のプログラムの受講，外国人の退去強制など犯罪や犯罪者の特性に応じて科すものとされている[101]。被扶養者がいる場合の被扶養者に対する扶養，罰金，没収，損害賠償命令がある場合の無許可の新たな信用取引や借入限度額の引き上げの禁止，財政状況に関する情報提供といった経済活動に関わる特別遵守事項を設定することもできる。

　さらに，追加的遵守事項として，量刑ガイドラインは，社会内拘禁(community confinement)，在宅拘禁，夜間外出禁止命令と電子監視，断続拘禁(intermittent confinement)，社会奉仕活動，職業制限など対象者の行動の自由や就業を制限する内容の遵守事項を設定することができるとしている[102]。

　社会内拘禁とは，社会内処遇センター，ハーフウェイ・ハウス，社会復帰センター，アルコール・薬物リハビリセンター等での居住と，有償労働，就職活動，社会奉仕，職業訓練，処遇，教育プログラムへの参加を命ずるもので，原則として6月を超えてはならないとされる[103]。在宅拘禁は，労働や社会奉仕，宗教活動，治療，教育や訓練プログラムその他特別に許可されたときを除いて終日在宅させるもので，通常，電子監視の方法が取られるが，あくまで自由刑の代替としてのみ課し得るものである[104]。社会奉仕活動は400時間以内とされる[105]。職業制限は，制限される特定の職業等と有罪となった犯罪に係る行動との間に合理的且つ直接的な関連性が存在し，当該職業制限がなければ対象者が有罪となった犯罪と同様の不法な行為を繰り返すと信ずる理由から社会を

101）　U.S.S.G. §5D1.3(d).
102）　U.S.S.G. §5D1.3(e).
103）　U.S.S.G. §5F1.1.
104）　U.S.S.G. §5F1.2.
105）　U.S.S.G. §5F1.3.

守る上で制限に合理的必要性が認められる場合のみ付しうるとされる[106]。しかし，期間が無制限であってはならず，短期と長期を定めて言い渡すものとされる。断続拘禁は，遵守事項違反があった場合にのみ，監督付釈放の初年度に，夜間・週末・一定の間隔で刑務所に拘禁するものであり，その期間は，1年又は犯罪の法定刑のうち短い方の期間とされている[107]。

6 良好措置・不良措置

裁判所は，量刑において自由刑とともに監督付釈放を言い渡すだけでなく，監督付釈放の解除や遵守事項の変更，監督付釈放の取消しの権限を有している[108]。

対象者の行動や司法の利益から正当と思料する場合，裁判所は，監督付釈放の1年が経過した後，監督付釈放を終了（解除）することができる。一方，裁判所は，上限より短い監督付釈放に付されている場合に，その期間を延長し，又は遵守事項の変更，軽減若しくは追加をすることができる。いずれも，プロベーションの解除や変更に関する連邦刑事訴訟規則の規定が準用される。

不良措置のうちで最も重いものが監督付釈放の取消しである。裁判所は，対象者が遵守事項に違反したことを証拠の優越によって認定した場合，監督付釈放を取消し，当初の犯罪に対し法律で認められた監督付釈放の期間の全部又は一部の期間，取消し前に服した監督付釈放の期間に関わらず，刑務所に収容することを命ずることができる。また，裁判所は，就業時間以外の間，対象者が自宅住居に在宅するよう命じ，遵守の状況を電話や電子通信装置によって監視するよう命ずることもできる（在宅拘禁）。このうち監督付釈放の取消しと再収容は1984年の立法当初には規定されておらず，施行年の1986年反薬物濫用法（Anti-Drug Abuse Act of 1986）によって導入されたものである[109]。この監督付釈放

---

106) U.S.S.G. §5F1.5.
107) U.S.S.G. §5F1.8.
108) 18 U.S.C. §3583(e), (g).
109) Anti-Drug Abuse Act of 1986, Pub. L. No. 99-570, §1006, 100 Stat.3207, 3207-6 to -7 (1986). 改正前の規定は，遵守事項違反を法廷侮辱（18 U.S.C. §401(3)）として扱うとしていた。

第1編第3章 刑の一部執行猶予と二分判決　143

に伴う刑務所への再収容（と後に導入される再度の監督付釈放）は，遵守事項の違反に対する新たな刑罰ではなく，拘禁刑と監督付釈放を最初に科したときの犯罪に対する（拡張された）刑罰であると解されている[110]。この取消しは裁量的だが，1994年の暴力犯罪統制及び法執行法は，違法薬物や銃器の所持，薬物検査の拒否，違法薬物検査において1年に3回以上の陽性反応がある場合は，必要的取消事由として，裁判所は監督付釈放を取り消さなければならないものとした[111]。

取消しに伴う刑務所の拘禁期間は，当初の犯罪がA級重罪の場合は5年，B級重罪は3年，C及びD級重罪は2年，その他は1年を超えることができない。しかし，これは1つの違反に対する期間で，再度の違反に対しては改めてこの期間を限度とする拘禁を科すことができる[112]。

連邦法の規定には以上のように規定されているが，連邦量刑ガイドラインは，監督付釈放（及びプロベーション。以下，本款において同じ。）の違反をA，B，Cの3つの等級に分け，等級毎に監督付釈放の取消基準を定めている[113]。まず，暴力犯罪，規制薬物犯罪，銃器又は重火器の所持を含む犯罪で1年以上の拘禁刑が法定されているか，20年以上の自由刑が法定されている連邦，州又は地域の犯罪を行った場合がA等級違反であり，1年以上の自由刑が法定されているその他の連邦，州又は地域の犯罪を行った場合がB等級違反とされ，これら

---

110) もし遵守事項の違反に対する新たな刑罰だとすると，適正手続の保障が及んでいないことになってしまう。従って，監督付釈放を含む刑罰確定後に法改正があり，その後の監督付釈放の執行過程において違反があったとしても，改正法を適用することは事後法に当たり許されない。Johnson v. United States, 529 U.S. 694 (2000). この事案でも犯行後に改正された再度の監督付釈放に関する規定（18 U.S.C. §3583(h)）が適用されるとすれば遡及適用となるとしてこれを認めなかったが，監督付釈放の取消しに関する規定（§3583(e)(3)）により再度の監督付釈放が認められるとした。

111) Violent Crime Control and Law Enforcement Act of 1994, Pub. L. No. 103-322, §20414, 108 Stat. 1796, 2016-2017 (1994).

112) 18 U.S.C. §3583(e)(3). 2003年の一部改正により "on any such revocation"「いずれかの取消しにおいて」の文言が追加されたことによる。Prosecutorial Remedies and Other Tools to end Exploitation of Children Today Act of 2003, Pub. L. No. 108-21, §101, 117 Stat. 651.

113) U.S.S.G. §7B1.1, §7B1.3. 複数の遵守事項に違反した場合，複数の犯罪を行った場合，違反の等級は最も重い等級の違反によって決まる。

表1　監督付釈放及びプロベーション取消しの場合の拘禁期間（単位：月）

違反等級	前歴等級					
	Ⅰ	Ⅱ	Ⅲ	Ⅳ	Ⅴ	Ⅵ
C等級	3-9	4-10	5-11	6-12	7-13	8-14
B等級	4-10	6-12	8-14	12-18	18-24	21-27
A等級	(1)　下記の(2)以外					
	12-18	15-21	18-24	24-30	30-37	33-41
	(2)　A級重罪により監督付釈放又はプロベーションに付された場合					
	24-30	27-33	30-37	37-46	46-57	51-63

注　前歴等級は，対象者が当初監督付釈放又はプロベーションを言い渡された時に適用のあった等級
　　とする。

の場合，裁判所は監督付釈放を取り消すものとしている。これに対し，1年未
満の自由刑が法定されている連邦，州若しくは地域の犯罪を行った場合，又は
遵守事項に違反した場合がC等級違反とされ，この場合，監督付釈放を取り
消し，又は期間の延長又は遵守事項の変更をすることができるとしている。

　監督付釈放を取り消した場合の拘禁期間は，違反の等級と前歴の等級による
基準が連邦量刑ガイドラインに定められており（表1），この基準に従って裁判
所が拘禁期間を定める[114]。取消しに伴う拘禁の期間についてはガイドライン
に詳細な基準が規定されているが，重要な点は，監督付釈放が取り消された場
合，裁判所は，拘禁からの釈放後，対象者を一定の監督付釈放に付す付随処分
を科すことができることである[115]。即ち，再犯や遵守事項違反により監督付
釈放が失敗し，再び刑務所に拘禁する場合にも，社会内処遇の期間を確保でき
るように，改めて監督付釈放を付することが認められているのである。従って，
この再度の監督付釈放が取り消された場合，再び自由刑と監督付釈放が科され

---

114)　U.S.S.G. §7B1.4.

115)　18 U.S.C. §3583(h). これは，1994年暴力犯罪統制及び法執行法によって追加された
　　　規定である。Violent Crime Control and Law Enforcement Act of 1994, Pub. L. No. 103-
　　　322, §110505, 108 Stat. 1796, 2016-2017 (1994). U.S.S.G. §7B1.4(g)(2). 期間は，監督付
　　　釈放の法定期間から取消しで科される拘禁の期間を減じたものである。

るといったように，際限なく刑期が延びてゆく可能性がある。これが，監督付釈放が連邦の自由刑に再び不定期刑の要素を持ち込むことになったと批判されるもう1つの理由である[116]。

7　運用状況

　監督付釈放制度については，遵守事項や手続に関して憲法上の問題も提起されているものの[117]，施行以来，連邦刑事事件において極めて広範に用いられている。2017年度において連邦刑事事件において自由刑を言い渡された者の84%に監督付釈放が付されている[118]。しかし，連邦刑事事件の約30%を占める入国管理事件においては退去強制がある関係で監督付釈放が科されたのは38%に止まることから，反対に入国管理事件を除くと94%の自由刑に監督付釈放が付されている。連邦の刑事事件において自由刑を言い渡す場合，ほぼ監督付釈放を科すことが原則となっていると言っても過言ではない。

　監督付釈放の平均期間は，2017年度で46月（3年10月），中央値は36月（3年）である[119]。別の資料でも1995年から2015年の間に監督付釈放の期間は42.1月から47.1月に拡大しているとするが，その一方で，期間の拡大に伴い監督付釈放の取消処分を受ける者も増加しているという[120]。実際，監督付釈放終結事件のうち，取消率は34%で，その3分の2強が再犯ではなく，遵守事項違反となっている[121]。

　連邦犯罪者2万5,000人以上を釈放後8年間追跡した再犯調査によると，8年間で49%が再犯に至っているが，釈放後の1年間が最も再犯率が高く，ま

---

116)　Fiona Doherty, *supra* note 88, at 1004-1019.

117)　*See* Charles Doyle, *supra* note 66, 10-13.

118)　UNITED STATES SENTENCING COMMISSION, OVERVIEW OF FEDERAL CRIMINAL CASES FISCAL YEAR 2017, at 6 (2018). 連邦刑事事件の罪種構成は，大まかに言って，薬物犯罪31%，入国管理事件30%，武器12%，詐欺9%，児童ポルノ3%，その他15%となっている。

119)　*Ibid.*

120)　A BRIEF FROM THE PEW CHARITABLE TRUSTS, NUMBER OF OFFENDERS ON FEDERAL SUPERVISED RELEASE HITS ALL-TIME HIGH 2-3 (2017) .

121)　Administrative Office of the U.S. Courts, Judicial Business in the United States 2017, Table E-7A.

た監督付釈放の長短と再犯率を見ると，3年間の者で最も再犯率が高くなっているが，監督付釈放が長くても再犯率が特に低くなるわけではないことが示されている[122]。また，監督付釈放を最後まで執行した場合と良好措置として早期に解除した場合の3年間の再逮捕率は，前者が 19.2% であったのに対し，後者が 10% であったとする調査結果もある[123]。そうしたことから，同調査結果は，監督付釈放の期間を短縮し，再犯リスクの最も高い犯罪者に焦点を当てることによって，人的資源を最大有効活用しつつ社会の安全を確保することができるとしている。

V ウィスコンシン州の二分判決制度

1 ウィスコンシン州における量刑改革と二分判決

ウィスコンシン州では，1974 年から知事が設置した審議会において刑事司法制度改革の一環として量刑改革の論議が始まり，その結果，1970 年代から 80 年代にかけてパロールを制限したり，定期刑化する数多くの法案が提出されたが，収容人口増加が懸念されたことや実務家が不定期刑を支持していたこともあって，いずれも成立に至らず，むしろ不定期刑を維持しながら，量刑ガイドラインを策定する政策が採られた[124]。しかし，ウィスコンシン州でも 1980 年代後半から 1990 年代にかけて犯罪が増加すると，「タフな刑事政策」（tough on crime）を求める動きが強まり，刑務所がもっとも経済的且つ効果的な犯罪統制方法であり，パロールが再犯や犯罪増加の原因となっているとの主張が州内で見られるようになった。

そうした中，1994 年に 3 期目の州知事選に臨んでいたトンプソン州知事が量刑忠実法を提案するに至った。1994 年と言えば，量刑忠実法を導入した州

---

122) U.S. Sentencing Commission, Recidivism among Federal Offenders: A Comprehensive Overview 15-16, 22 (2016).

123) Laura M. Baber and James L. Johnson, *Early Termination of Supervision: No Compromise to Community Safety*, 77 Fed. Probation, Sept. 2013, at 19.

124) 以下，立法の経緯については，Joe Fontaine, Sentencing Policy in Wisconsin: 1975-2005 (Wisconsin Sentencing Commission, 2005).

に刑務所建設の補助金を出すことを規定した連邦暴力犯罪統制及び法執行法が制定された年であり，そうした連邦や全米各州の動向からの影響があったことは想像に難くないが，もともとウィスコンシン州でも，宣告刑と実際に刑務所内で執行される期間には大きな隔たりがあることが1970年代から問題視されてきていた[125]。そうした宣告刑と執行刑期の不一致をなくし，従来の不定期刑制度が損ねてきた刑罰の3C，即ち，確実性（certainty），一貫性（consistency），明確性（clarity）を確立し，刑罰制度に対する公共の信頼を回復することが量刑忠実法の目的とされた。当時のドイル司法長官は宣告刑の85%（連邦法が補助金支給の要件とする水準）を執行することを義務付ける案を主張したが，知事側は100%執行の方針を崩すことはなかった。

　1997年5月，州下院議員によりパロールを廃止し，二分判決を導入する法案AB351[126]が，また州上院議員により対案SB345[127]が提出されるに至った。両者には共通する規定も多いが，もっとも大きな違いは，対案SB345の場合，拘禁刑は二分判決の刑期の75%以下でなければならないという制限が付されている点であった[128]。これに対し，共和党は，民主党が犯罪者を早く社会に出したがっていると批判したのに対し，民主党は，ポピュリズム的な主張を繰り返す共和党の法案の基本理念を批判し難いため，専ら刑務所人口や予算の増加の点から共和党の法案を攻撃するに止まった。

　それぞれの法案は，当時，ウィスコンシン州議会の下院では共和党が多数党，上院では民主党が多数党であったため，互いに多数派を占める議院において相手方の法案審議を凍結する対抗策が取られ，成立が阻まれていたが，1998年初頭に同州で有名な強姦殺人犯が必要的仮釈放制度に基づいて釈放され，またパロール委員長がパロール許可に当たって過剰拘禁の状況を考慮してきたと認めて辞任するなどの事件が相次ぐ中，1998年4月の州議会選挙で上院でも共

---

125) 同州では宣告刑の41%から56%しか刑務所内で執行されていなかったという。John Welsh, Longer Sentences, Shorter Terms, WISCONSIN STATE JOURNAL, March 15, 1998.
126) 1997 Assembly Bill 351. そこでは量刑忠実法の文言が削除され，用いられていない。
127) 1997 Senate Bill 345.
128) 1997 Senate Bill 345, Sec.182.

和党が多数党となったことから，下院は再び法案AB351を上院に送り，上院で一部修正のうえ可決，続いて下院でも可決されて，知事の署名を経て，1998年6月15日，1997年法律第283号[129]として成立するに至った。

同法は，新たに設置された刑罰研究委員会（Criminal Penalties Study Committee）による暫定的な量刑ガイドラインの整備を待つため1999年末が施行日とされたが，委員会の最終報告書を受けた同法の法改正を巡って州議会が紛糾し，結局，改正法案も量刑ガイドラインも議会で承認されないまま，予定通り1999年末に施行された。

改正法案を巡る州議会での最大の争点は，民主党の上院議員が修正法案において提案した，二分判決の修正（ないし調整）制度の是非であった。共和党は二分判決制度を蔑ろにするものとして法案を批判し，その後，下院と上院でそれぞれ第1党であった共和党と民主党の間で法案の提出と審議拒否が繰り返された。しかし，最終的に両党の間で調整と妥協が図られ，争点の二分判決修正制度も範囲を限定する形で盛り込まれることで合意に達し，2002年7月26日，2001年法律第109号が成立し，2003年2月1日から施行された（以下，「2001年改正法」という。）[130]。主な改正点は，量刑ガイドラインの適用の他，重罪の分類級の再編成（等級の増加と法定刑の下方修正），拡大保護観察期間の上限設定，二分判決の修正及び調整制度の新設，拡大保護観察の遵守事項の変更及び違反に対する制裁の導入，拡大保護観察取消しの際の収容期間決定機関の変更などであった。

その後，二分判決制度は，2009年法律第28号（2009年10月1日施行）により調整制度や拡大保護観察等の点でいくつかの改正が行われたが（以下，「2009年改正法」という。）[131]，それらの多くは2011年法律第38号（2011年8月3日施行）により廃止されたため（以下，「2011年改正法」という。）[132]，拡大保護観察の取消後の収容命令権者の変更，高齢受刑者等に対する判決の修正制度（釈放）など若干の改正点が残されたに過ぎない。

---

129)　1997 Wis.Act 283.

130)　2001 Wis.Act 109.

131)　2009 Wis.Act 28.

2 量刑忠実法と二分判決制度の関係

こうして 1997 年法律第 283 号とその後の一部改正により同州において二分判決制度 (bifurcated sentence) が導入された。量刑忠実法という用語は法案 AB351 までの時点で削除されることとなり用いられていないが，この立法の主たる眼目は，連邦政府が奨励し，各州で制度化が進められてきた量刑忠実法の実現にあり，裁判所が宣告した自由刑を「忠実に」(truthful) 執行することにある。二分判決制度は，この新しい法律の中心的制度として創設されたものである。これにより，同州では，法律が施行された 1999 年 12 月 31 日以降に行われた重罪に対して自由刑を言い渡すときは，法定刑として終身刑が予定されているもの以外，この二分判決を適用することとなった。また，2001 年の法改正によって，軽罪についても，2003 年 2 月 1 日以後に行われたものについては，同様に二分判決の形で言い渡すことに改められている。

しかし，量刑忠実法と二分判決制度との間には必ずしも必然的な関係があるわけではない。同州の量刑忠実法の立法過程においても宣告刑の執行割合については激しく議論されているが，自由刑と拡大保護観察を組み合わせる二分判決自体の合理性や正当性については論議された形跡が殆どない。しかし，州知事が，宣告刑の 85％執行を義務付ける司法長官の案を「真の量刑忠実法ではない」として批判し，宣告刑を 100％執行する「絶対的な量刑忠実法」を提案した際，パロールを完全に廃止する代わりに，受刑者を刑務所から釈放した後，より集中的な監督を受ける拡大保護観察に付すように求めたという経緯がある[133]。

また，同州ではパロールに対する批判があったものの，量刑忠実法の目的は刑の執行に見られる不確実性を解消し，受刑者が宣告刑通りに全ての刑期の執行を受けることにあって，パロールの廃止は量刑忠実法の主たる目的ではなく，

---

132) 2011 Wis.Act 38. 2009 年改正法により導入された良好調整時間制度 (positive adjustment time, 善時制に裁判所の決定を組み合わせたような制度) と拡大保護観察の解除制度 (extended supervision discharge) は，2011 年改正法で廃止された。現在の規定に残る良好調整時間制度は，この僅かの施行期間で得た良好調整時間 (一種の善時) の分の調整である。Wis.Stat. § 973.198.

133) Joe Fontaine, *supra* note 124, at 25.

図1 二分判決の構造

「副産物に過ぎない」[134]とされている。一見，矛盾するようであるが，これは，パロールや善時制で自由刑の執行が非常に不確実なものとなり，宣告刑と執行刑期との間に大きな離齬が生じていたことが問題とされたのであって，パロール対象者が釈放後，社会内処遇を受けるという仕組みそのものに対する批判や疑念が向けられたわけでないということである。そうであるとすれば，量刑忠実法によってパロールが廃止された結果，受刑者を社会の中で監督し指導する枠組みがなくなり，その不備を補うために，自由刑と社会内刑を組み合わせる二分判決を採用したと考えるのが極めて自然であろう。

ウィスコンシン州において二分判決制度が成立したのと同じ経緯や背景が我が国にあるわけではないが，受刑者の釈放後，社会内処遇が行われない不備を解消するために二分判決という刑罰を導入したという観点で捉えれば，我が国の現在の満期釈放者や仮釈放者に対する社会内処遇の可能性や拡大を検討するうえでの問題意識としては共通するところがあると言えよう。

3 二分判決制度の概要

二分判決は，重罪又は軽罪に対する刑罰として科されるもので，刑務所に収容する拘禁 (confinement) の部分と社会内で指導監督を行う拡大保護観察 (extended supervision) の部分から成る (図1)[135][136]。二分判決の特徴は拘禁と拡大保護観察の2つの部分から構成されていることであり，二分判決という名称は，

---

134) JOE FONTAINE, *supra* note 124, at 27.
135) WIS. STAT. § 973.01.

刑が2つに（bi）分岐している（furcated）と見るからである。二分判決の拘禁と拡大保護観察は1つの刑の構成部分であり，独立した刑罰ではないが，本節では，便宜上，二分判決のうちの拘禁の部分を「拘禁刑」，拡大保護観察の部分をそのまま「拡大保護観察」と呼ぶことにする。二分判決の場合，刑期（以下，「総合刑期」という。）は刑務所での拘禁刑の期間と拡大保護観察の期間を併せたものとなり，それは各犯罪の法定刑ないし処断刑の上限（長期）を超えてはならないとされている[137]。

　ウィスコンシン州の場合，州刑務所での拘禁刑が法定されている罪が重罪とされ，それ以外の罪が軽罪とされている[138]。重罪は，3種類の罪を除き，A級からI級までの9つの等級に分類され，A級重罪は終身刑，B級重罪であれば60年，C級重罪であれば40年といったように，等級ごとに刑の長期が定められている[139]。二分判決の場合，拘禁刑と拡大保護観察の期間を合わせた期間がこの刑の長期の範囲に収まらなければならない。

　重要なことは，二分判決を言い渡すときの拘禁刑と拡大保護観察についてそれぞれ長期と短期が定められていることである。まず，拘禁刑について，短期は罪種ごとに定められているが，1年を下回ってはならない。長期も等級ごとに定められていて，B級重罪であれば40年，C級重罪であれば25年とされている（表2）[140]。従って，例えば，B級重罪に対し60年の二分判決を言い渡すとき，拘禁刑を40年や30年に設定することはできても，50年とすることは許されない。法律上の加重事由に該当する場合，二分判決のうちの拘禁刑の長期を加重することができ，二分判決の長期もその分加重することができる[141]。

---

136)　ウィスコンシン州の二分判決の概要については，JERE M. BAUER, JR., FELONY SENTENCING AND PROBATION IN WISCONSIN (2001) を，2001年の法改正後の制度については，CHRISTINA D. CARMICHAEL, FELONY SENTENCING AND PROBATION: INFORMATIONAL PAPER 55 (2007) と CHRISTINA D. CARMICHAEL, FELONY SENTENCING AND PROBATION: INFORMATIONAL PAPER 55 (2013) を，それぞれ参照のこと。

137)　WIS.STAT. § 973.01(2)(a). 刑の加重規定がある場合は，その分も含めることができる。

138)　WIS.STAT. § 939.60.

139)　WIS.STAT. § 939.50.

140)　WIS.STAT. § 973.01(2)(b).

141)　WIS.STAT. § 973.01(2)(c). 2017年の改正で工業用大麻の栽培・製造・取引等による刑の加重も対象に加えられている。2017 Wis.Act 100.

表2 重罪の分類等級と二分判決の刑期

重罪の等級	二分判決の上限	拘禁刑の長期	拡大保護観察の上限
A	終身刑（二分判決の適用なし。但し，裁判所が拡大保護観察の適否及び要件を設定）		
B	60 年	40 年	20 年
C	40 年	25 年	15 年
D	25 年	15 年	10 年
E	15 年	10 年	5 年
F	12 年 6 月	7 年 6 月	5 年
G	10 年	5 年	5 年
H	6 年	3 年	3 年
I	3 年 6 月	1 年 6 月	2 年
B 〜 I 級重罪及びその未遂罪以外の犯罪	各罪の法定刑の長期	二分判決の刑期の 75％	―

さらに，子どもに対する性犯罪や重大な性犯罪に対し二分判決を言い渡す場合，拘禁刑の下限が特別に定められている[142]。

分類等級が定められていないその他の犯罪については，拘禁刑の部分は二分判決の総合刑期の 75％を超えてはならないとされる[143]。B 級重罪から F 級重罪までの二分判決の刑期に占める拘禁刑の割合の上限は 60％から 67％で，G 級重罪以下の比較的軽い刑の場合は 43％から 50％であるから，分類重罪の場合，重い重罪ほど拘禁刑の占める割合が高くなる可能性がある。

また，拘禁刑の執行中，州の矯正局は，施設内での違反事項を理由として受刑者に懲罰として 10 日から 40 日の範囲で隔離処分を行う権限が認められており，その場合，当該期間の 50％に相当する期間，拘禁刑を延長することがで

---

142) WIS.STAT. §§ 939.616-939.619.
143) WIS.STAT. § 973.01(2)(b)10.

きる[144]（矯正局にそうした権限があることは，判決言渡し時に被告人に告知しなければならないことになっている。）。しかし，延長した分，拡大保護観察の期間が短縮され，二分判決の総合刑期に変更はない。

4 拡大保護観察

拡大保護観察の期間も短期と長期が定められている。まず，短期は，拘禁刑との関係で定められ，拡大保護観察は拘禁刑の期間の 25％を下回ってはならないとされている[145]。長期は，立法当時，規定されていなかったが 2001 年の改正で，分類重罪の場合，表２のような等級ごとに長期（上限）が定められることとなった。例えば，B 級重罪に対する二分判決の場合，仮に拘禁刑を 40年とすると，短期は 10 年，長期は 20 年となるので，拡大保護観察の期間を 15 年とすることはできるが，拡大保護観察を 8 年としたり，25 年とすることはできない。

裁判所は，判決時に拡大保護観察に際しての遵守事項を定めることができるが，それに加え，矯正局も遵守事項を設定することができる[146]。但し，裁判所が課した遵守事項に抵触するようなものは認められない。遵守事項違反の場合，行政局（Department of Administration）の審理不服申立課（Division of Hearings and Appeals）が，また対象者が審理を放棄した場合は矯正局が，拡大保護観察を取り消し，対象者を再び刑務所に収容する。その際，審理不服申立課又は矯正局が，二分判決の総合刑期から拡大保護観察に付される前に拘禁された期間を減じた残期間を超えない範囲で期間を定めて，収容を命ずる[147]。当該拘禁期間が二分判決の残期間より短い場合，当該拘禁期間を刑事施設で執行した後，釈放し拡大保護観察に付する[148]。

144）　WIS.STAT. § 302.113(3).
145）　WIS.STAT. § 973.01(2)(d).
146）　WIS.STAT. § 302.113(7).
147）　WIS.STAT. § 302.113(9). 立法当時，再収容期間は矯正局等が定めることができたものを，2001 年改正法は裁判所が期間を定めて収容を命ずるものとしたが，2009 年改正法は，再び，矯正局又は審理不服申立課が収容期間を定めて収容を命ずるものと改めた。
148）　WIS.STAT. § 302.113(9)(b).

なお，この拡大保護観察は，制度上，従来のプロベーションとは区別されているが，従来のプロベーションと法的性質がどう異なるのかという議論はウィスコンシン州でも見られない。アメリカのプロベーションには，宣告猶予型と執行猶予型の両方が存在し，宣告猶予型のプロベーションであれば，遵守事項違反時に元の犯罪に対して刑罰（自由刑）の宣告がなされ，執行猶予型のプロベーションであれば，既に宣告されている刑罰の執行が行われる。しかし，二分判決の場合，拘禁刑の部分は既に執行を終えているのであるから，拡大保護観察の取消しによる拘禁が元の犯罪に対する刑罰として科されるものでないことは明らかであり，そうしたことからも拡大保護観察を宣告猶予型のプロベーションと見ることはできない。元の犯罪に対する刑罰として拘禁刑を科すが，二分判決では既に拘禁刑の部分の執行が行われているので，その分を減じた形で量刑を行っているのだとこじつけられなくもないが，2011 年改正法により，取消し時の拘禁期間の決定に裁判所が関わらなくなったので，これも無理であろう。

　また，拡大保護観察に相当する期間の拘禁刑の執行が猶予されていたと考えれば，どちらかと言えば，執行猶予型のプロベーションに近いのかもしれない。ただ，拘禁刑の一部の執行を猶予する旨の宣告が行われているわけではなく，拡大保護観察の取消し時は，総合刑期から拘禁刑の期間を差し引いた期間の範囲で矯正局等（2009 年改正法では裁判所）が拘禁期間を定めるとしていることから，猶予されていた刑がそのまま執行されているというわけでもない。結局，拡大保護観察は，従来の宣告猶予型のプロベーションでも，執行猶予型のプロベーションでもなく，二分判決に固有の独自の制度であり，だからこそ，新しい名称が用いられているのであろう。ただ，いずれにしても二分判決の拡大保護観察が，当初の量刑によって定められた総合刑期の範囲内で刑の執行が行われ，犯罪者の危険性などといった事情に応じて事後的に期間が延長されたりする性質のものではないということは確かである。

5　量刑

　二分判決のみならず，プロベーションや罰金を言い渡す際にも，州法は，市

民の保護，犯罪の重大性，被告人の社会復帰の必要性その他加重事由及び減軽
事由を斟酌して量刑を行うものと定めている[149]。

なお，全ての継続判決（consecutive sentence）は1つの継続した判決として計算
するものとされていることから[150]，複数の二分判決を言い渡したとき，拘禁
刑の刑期の合計に相当する期間，拘禁した後に釈放し，拡大保護観察も，全て
の二分判決の拡大保護観察期間を合計した期間行われる。

6　パロールや必要的釈放との関係

ウィスコンシン州の二分判決は，量刑忠実法の一環として制定されたもので
あるので，裁判所が言い渡した宣告刑をできるだけ忠実に執行することが基本
となる。従って，二分判決の受刑者は，パロールや必要的仮釈放の対象となら
ず，善時制も適用されない[151]。同州では，二分判決の採用前，自由刑（終身刑
以外の不定期刑）を科す場合，原則として宣告刑の25％か6月のいずれか長い方
の期間経過をパロールの要件とし，裁判所がこれより長い期間で独自に法定期
間を設定することも認めていたし，矯正局の権限で，宣告刑の満了前にパロー
ルを解除することもできた。さらに，当時は，刑期の3分の2の期間が経過し
た時点で自動的に仮釈放にする必要的仮釈放（mandatory release）も適用されてい
た。しかし，二分判決の導入と同時に，これらの制度は全て廃止された。

唯一の例外が，チャレンジ拘禁プログラム（challenge incarceration program）と呼
ばれる一種のブートキャンプへの参加資格を判決で認め，且つ，受刑者がその
プログラムを修了した場合である。この場合，裁判所は，二分判決を「修正」
（modify）して，受刑者を早期（30日以内）に釈放して，拡大保護観察に付すこと
ができるが，この場合でも，拘禁刑が短縮された分，拡大保護観察の期間が延
長され，当初の二分判決の総合刑期には影響がない[152]。

149）　Wis.Stat. § 973.017.
150）　Wis.Stat. § 302.113(4).
151）　Wis.Stat. § 973.01(4), (6), (7).
152）　Wis.Stat. § 302.045(3m).

7 二分判決の調整・修正制度——2001 年改正法，2009 年改正法，2011 年改正法

しかし，2001 年の法改正で，大別して 2 つの場合に，二分判決の拘禁刑の刑期満了より早期に釈放し，拡大保護観察に付すことが可能となった。

まず，B 級重罪以外の受刑者が，拘禁刑の刑期の 85％（C 級から E 級重罪の場合）か 75％（F 級から I 級重罪の場合）以上の執行を受けた後，社会復帰への努力や進展が見られ，又は処遇プログラムへの参加や進展が見られる場合などに，受刑者からの請求に基づき，裁判所が拘禁刑の残刑期間マイナス 30 日以下の期間，拘禁刑を短縮することが認められた[153]。しかし，拘禁刑を短縮した分，拡大保護観察が延長され，二分判決の総合刑期は変わらない。検察官に異議がある場合，拘禁刑の短縮は認められず，性犯罪の場合は被害者に異議がある場合も同様である。この制度は，二分判決の「調整」（sentence adjustment）と呼ばれるが，二分判決の総合刑期そのものの調整ではなく，拘禁刑と拡大保護観察の割合を「調整」するに過ぎない。

さらに，B 級重罪以外の受刑者が高齢（65 歳以上又は 60 歳以上）で二分判決の拘禁刑に一定期間（5 年以上又は 10 年以上）服したか，又は余命 6 か月以下の不治の疾病や負傷により苦痛を伴う終末期にある場合，受刑者からの請求に基づき，刑務所のプログラム審査委員会（program review committee）の判断を経て，裁判所が命令発付日から 30 日以内に受刑者を釈放するよう二分判決を「修正」（modification of the sentence）し，拡大保護観察に付すことができるものとされた[154]。但し，修正が行われた場合も，やはり二分判決の総合刑期自体に変わりはない。2009 年改正法と 2011 年改正法により，高齢，衰弱，障がい又は刑務所内では受けられない医学的治療やサービスが必要であるといった「特異な健康状態」

---

153) Wɪs.Sᴛᴀᴛ.§973.195. その他，量刑や拡大保護観察の取消しに関する法令の改正があった場合には，別途規定がある。2009 年の法改正で，この二分判決の調整制度は，2009 年 10 月 1 日の施行日以前に刑を科された者に限って適用されることとなったが，2011 年改正法でこの適用制限は廃止された。

154) Wɪs.Sᴛᴀᴛ.§302.113(9g). 社会復帰や処遇を理由とする二分判決の調整の請求は 1 回しか認められないのに対し，高齢や健康状態を理由とする二分判決の修正は一定期間をおけば再請求も可能であり，修正に関する裁判所の決定に対しては不服申立（appeal）ができる。

（extraordinary health condition）という定義に改められたが，本質的な部分に変更はない。

高齢や健康状態を理由とする二分判決の「修正」は，特異な状況の下でのみ認められる二分判決の修正であるが，社会復帰や処遇を理由とする二分判決の「調整」は，裁判所が定めた拘禁刑の期間を社会復帰を理由に短縮することができ，その意味で量刑忠実法の趣旨をかなり制限する内容のものであって，運用如何によってはかつてのパロールと同じような効果をもたらし得る。高齢等による二分判決の「修正」は，1998年の法律で設置された刑罰研究委員会の最終報告書で提言されたものであるが，後者の社会復帰や処遇を目的とした二分判決の「調整」は，当時，州の上院で多数党となっていた民主党上院議員から提案されたもので，立法当時，共和党からは「量刑忠実法を水で薄めるものだ（water down）」と批判され，また裁判官からも「量刑忠実法から"忠実"を抜き去るものだ」と批判されている[155]。

こうした二分判決の「調整」や「修正」制度が創設されたということは，犯罪者の処遇や改善更生を考慮せず，裁判所の宣告した拘禁をそのまま執行することにはやはり限界があったということかもしれない。しかし，自由刑と拡大保護観察を組み合わせるという二分判決の構造そのものは維持されただけでなく，犯罪者の更生の状況によっては，拘禁の部分を短縮し，その分，拡大保護観察を延ばすという仕組みは，日本の制度の在り方，特に，一部執行猶予と仮釈放の関係を考えるうえでも参考となる。

8　終身刑の扱い

1999年12月31日以後に行われた重罪に対して終身刑（life imprisonment）を言い渡す場合，二分判決の適用[156]もパロールの適用もない[157]。しかし，裁判所は，20年経過後又は20年経過後の一定の日に拡大保護観察に付すことのでき

---

155)　JOE FONTAINE, *supra* note 124, at 50-51, 55.
156)　WIS.STAT. § 973.01(3).
157)　WIS.STAT. § 973.014(1g)(c).

る日を定め（ここでは仮に「法定期間経過日」という。），或いは，一切，拡大保護観察，即ち釈放を認めないこととするかを決めることができる[158]。但し，刑務所内での懲罰によって，この法定期間経過日を一定の基準で延期することができる一方[159]，受刑者も一定の要件の下で拡大保護観察のための釈放を判決裁判所に請求することができる[160]。

なお，1999年12月31日以前の犯罪に対する終身刑の場合は，原則として，13年4月の経過がパロールの要件とされていたが，裁判所は，終身刑を言い渡す場合，法律に規定にされた法定期間よりも遅い法定期間経過日を設定することも，パロールのない終身刑を言い渡すこともできた[161]。

この二分判決以外に，ウィスコンシン州でも，性犯罪者に対する特別な処分が制度化されており，一定の重大な性犯罪者は，刑期の満了やプロベーションの終了後に，終生の監視に付すことができる。

9　二分判決の実務

統計によれば，ウィスコンシン州における2015-16年度の新受刑者の平均刑期は，拘禁刑の部分だけで男子が3.8年，女子が2.8年であるのに対し，拡大保護観察を含めた期間は，男子が8.2年，女子が6.5年となっている[162]。単純に引き算をすれば，拡大保護観察の期間は，男子が4.4年，女子が3.7年ということになる[163]。拡大保護観察の期間が長いこともあって，その取消率は40％に達しており，再収容の結果，宣告刑の拘禁期間よりも拘禁期間が長くなっ

---

158)　WIS.STAT. §973.014(1g)(a). 従って，終身刑と言っても，一定期間経過後に拡大保護観察のため釈放される余地もあるため完全な（釈放のない）終身刑ではないことになるが，ここでは取りあえず，終身刑の用語を用いることにする。

159)　WIS.STAT. §302.114(3).

160)　WIS.STAT. §302.114(5).

161)　JERE M. BAUER, JR. *supra* note 136, at 6.

162)　CHRISTINA D. CARMICHAEL, ADULT CORRECTIONS PROGRAM: INFORMATIONAL PAPER 54, AT 10-11 (Wisconsin Legislative Fiscal Bureau, 2017).

163)　民間シンクタンクの調査によると，2004年初頭の新受刑者の拘禁刑が平均44月であるのに対し，拡大保護観察は平均55月となっている。JUDITH GREENE & KEVEN PRANIS, TREATMENT INSTEAD OF PRISONS: A ROADMAP FOR SENTENCING AND CORRECTIONS POLICY REFORM IN WISCONSIN 37 (Justice Strategies, 2006).

表3　ウィスコンシン州における二分判決の裁判例（2007〜2008）

重罪等級	罪名	条文	事実認定	拘禁刑	拡大保護観察期間	プロベーション
A	第1級殺人（故意）	940.01(1)(a)	V	終身刑		
B	第1級殺人（reckless）	940.02(1)	GP	26年	9年	
B	第1級児童性的暴行	948.02(1)	GP	13年	5年	
C	放火	943.02(1)(a)	GP	15年	15年	7年
C	第2級児童性的暴行	948.02(2)	GP	10年	7年	
C	武装強盗	943.32(2)	GP	5年	5年	
C	コカイン製造頒布目的所持（＞40g）	961.41(1m)(cm)4	GP	5年	5年	
D	第2級殺人（reckless）	940.06(1)	GP	9年	6年	
D	児童ポルノ所持	948.12(1m)	GP	3年	3年	5年
D	ひき逃げ致死	346.67(1)	GP	2年6月	3年	3年
E	強盗（暴行による）	943.32(1)(a)	GP	4年	5年	
E	コカイン製造頒布目的所持（15g＞ ≧5g）	961.41(1m)(cm)2	GP	2年	2年	3年
F	侵入盗	943.10(1m)(a)	GP	2年6月	2年6月	
G	重罪犯銃器所持	941.29(2)(a)	GP	2年	4年	
G	コカイン製造頒布（1g≧）	961.41(1)(cm)1g	GP	3年	4年	
G	窃盗（人・団体から）	943.20(3)(e)	GP	1年6月	1年6月	
H	児童虐待（傷害）	948.03(2)(b)	GP	3年	3年	3年
H	飲酒運転	346.63(1)(a)	GP	1年3月	2年	
I	傷害	940.19(2)	GP	1年3月	1年6月	3年
I	薬物使用製造頒布場所の維持	961.42(1)	GP	1年6月	2年	3年
I	児童虐待（傷害：reckless）	948.03(3)(b)	GP	1年6月	6月	2年6月

注　事実認定　V＝陪審による有罪評決，GP＝有罪答弁

ているという[164]。

　さらに二分判決の量刑実務を具体的に把握するため，2007年から2008年に同州のミルウォーキー巡回裁判所で判決言渡しが行われた重罪事件の中から裁判例を拾ってみたものが表3である。全事件の平均をとったわけではなく，2,000件ほどの裁判例から，罪名による比較が可能なように，訴因が1つの事

164）　*Id.* at 36-37.

表 4　ウィスコンシン州における二分判決の裁判所（2010）

重罪等級	罪名	条文	事実認定	拘禁刑	拡大保護観察期間	プロベーション
B	第 2 級殺人（故意）	940.05(1)	GP	25 年	15 年	
B	第 1 級児童性的暴行	948.02(1)(b)	GP	4 年	7 年	
C	武装強盗	943.32(2)	GP	12 年	6 年	
C	第 2 級児童性的暴行	948.02(2)	GP	1 年 6 月	5 年	
C	コカイン製造頒布目的所持（>40g）	961.41(1m)(cm)4	GP	3 年	3 年	4 年
D	第 2 級殺人（reckless）	940.06(1)	NC	7 年	8 年	
E	強盗（脅迫による）	943.32(1)(b)	GP	3 年	4 年	
E	大麻製造頒布目的所持（>10,000g）	961.41(1m)(h)5	GP	3 年 6 月	3 年 6 月	
F	侵入盗	943.10(1m)(a)	GP	1 年 6 月	1 年 6 月	
G	重罪犯銃器所持	941.29(2)	GP	3 年	4 年	
G	コカイン製造頒布（1g≧）	961.41(1)(cm)1g	GP	1 年 10 月	3 年	
H	加重傷害	940.19(6)(b)	GP	2 年	3 年	
I	ストーキング	940.32(2)	GP	1 年 6 月	2 年	
I	大麻所持	961.41(3g)(e)	GP	1 年 6 月	2 年	

注　事実認定　V ＝陪審による有罪評決，GP ＝有罪答弁，NC ＝不抗争答弁

件を中心に抜き出したものであるので，あくまで裁判例として見る必要がある。また，表 4 は，ミルウォーキー巡回裁判所における 2010 年の裁判例を取り上げたものである。

　これらによると，重大な重罪事件ほど量刑の「ブレ」がやや大きいが，それでも，拡大保護観察の期間は拘禁刑の刑期に近い期間が設定されることが多いこと，総合刑期が短い場合は拘禁刑より長い拡大保護観察期間が設定される傾向があること，刑期が長い場合には拡大保護観察の方が短く設定されているが，それでも拡大保護観察が 15 年といったように相当長期に及ぶものがあることがわかる。規定では，拡大保護観察の期間は拘禁期間の 25％を下回ることはできないとされているが，それよりは遙かに長い拡大保護観察期間が設定されていることになる。また，どのような運用かは明らかでないが，二分判決にプロベーションまで併科されている例が少なくない。

第 1 編第 3 章　刑の一部執行猶予と二分判決　161

Ⅵ　我が国における制度の導入可能性と制度設計

1　監督付釈放と二分判決の特徴及び我が国への示唆

　連邦の監督付釈放とウィスコンシン州の二分判決の特徴をまとめると，以下のようになろう。

⑴　裁判所が自由刑を言い渡す場合に，自由刑の執行に続いて一定期間，受刑者を社会内での処遇（監督付釈放又は拡大保護観察）に付すものである。

⑵　従来のスプリット判決が非重大犯罪を主な対象とするのと異なり，重罪から軽罪まで広く適用されている。

⑶　短期の拘禁によるショック効果を狙ったものではなく，パロールの廃止を契機として，拘禁刑と社会内処遇を組み合わせる新たな刑罰ないし付随処分として導入されたものである。

⑷　自由刑後の社会内処遇には，下限と上限が法定されており，その範囲内で裁判所が期間を量定する。

⑸　社会内処遇の間に遵守事項の違反があった場合，社会内処遇を取り消して，一定期間，刑務所に再収容する。二分判決の場合，拘禁期間は当初の総合刑期を超えることはなく，監督付釈放の場合も，違反や前歴のレベルに従って拘禁期間の幅が法定されているが，その執行後，再度の監督付釈放に付することができるため，刑期が延びる可能性がある。

　連邦の監督付釈放やウィスコンシン州の二分判決は，刑務所から釈放される時点が刑の満期ではなく，刑務所での収容に続いて必ず社会内処遇が行われるため，我が国における満期釈放の制度的限界を解決するための制度を検討するうえで重要な示唆を数多く提供してくれるように思われる。また両制度は，パロールの廃止による社会内処遇の欠如を補うために導入されたという経緯があるが，仮釈放を有する我が国においても，残刑期間主義のため極めて短い保護観察期間しか取ることができないという状況は，ある意味，これと似たような状況にあると言うこともでき，予め社会内処遇を組み合わせた自由刑を言い渡

162

しておくことで，短い仮釈放期間を補うことが可能であることから，二分判決
は我が国の仮釈放の限界を考試期間主義とは別の観点から克服することができ
る。

　そこで，以下では，連邦の監督付釈放やウィスコンシン州の二分判決を視野
に入れながら，刑事施設に拘禁する自由刑と社会内処遇としての保護観察を組
み合わせて言い渡す刑罰制度の可能性と課題について検討を加えることにした
い。なお，以下で検討の対象とする，自由刑と保護観察を組み併せて言い渡す
制度を，アメリカのスプリット判決や二分判決などと区別するため，仮に「複
合判決」と呼ぶことにし，このうちの社会内処遇の部分は単に「保護観察」と
呼ぶが，従来の保護観察とは異なった機能をもつものであることに注意を要す
る[165]。

2　制度の目的

　我が国において自由刑と保護観察を併せて言い渡す複合判決のような制度を
導入する意義があるとすれば，それは第Ⅰ節で問題提起したように，更生に支
障が予想される犯罪者や要保護性の高い犯罪者を刑事施設から釈放（満期釈放
ではない）した後，社会の中で指導監督や補導援護を行う期間を確保し得るこ
とにあり，制度の目的もそうあるべきである。

　アメリカのショック・プロベーションやミックス判決，さらに古いタイプの
スプリット判決は，短期間の身柄拘束による「ショック効果」を主な目的とし
ていたが，こうした制度の効果に対して批判があったことは既に指摘した通り
である。実際，ショック・プロベーションは廃止の憂き目に遭っている。また，
ショック・プロベーションや伝統的なスプリット判決は，プロベーションを短
期自由刑に組み合わせるものであったため，そもそもこうした犯罪者に自由刑
が必要であるのか，そうした犯罪者においてはプロベーションという社会内処
遇と自由刑は相容れないのではないか，という疑問を招くことになったのであ

165）　もっとも，我が国の保護観察は，1号観察から4号観察まで，かなり異なった法的性
　　質をもち，不良措置の取り方も異なっている。

る。

　本節で検討する複合判決は，こうした短期の自由刑により受刑者に精神的ショックを与えることを目的とした制度であってはならないと考える。そのようなショックにどれだけ再犯防止効果があるか疑問であるし，たとえ何らかの感銘力がそうした刑にあるとしても，短期の身柄拘束による弊害の方が勝る場合が多いからである。日本の実務でも，身柄拘束を経験せず，裁判で執行猶予になった犯罪者がまるで無罪となったかのように振る舞い，短期間の間に再犯を犯して，結局，執行猶予が取り消されることがあることから，筆者も短期間の身柄拘束と保護観察を組み合わせた刑罰制度を模索していた時期もあったが，やはりこれは段階的保護観察，集中的保護観察，保護観察と社会貢献活動の組み合わせなど，保護観察制度の工夫で対応する方が望ましいのではないかと考えている。

　そうした点からも，複合判決は，短期自由刑の受刑者に限らず，自由刑に続いて社会内処遇としての保護観察を行うことで，刑事施設における矯正処遇を補うと同時に，社会生活の中で自らを律し，更生に向けた生活環境とリズムができるまで指導監督を行い，また必要に応じて就労を促すための職業補導や福祉的支援[166]に繋げるための生活支援といった補導援護を行うことを主眼とすべきである。勿論，単に刑事施設から釈放された犯罪者を単に社会の中で監視するだけの刑罰や処分であってはならないと考える。

3　必要的仮釈放制度との相違

　このような自由刑と保護観察からなる新たな刑罰を設けずとも，必要的仮釈放制度を導入すれば同じ効果が得られるとする批判が考えられる。つまり，自由刑 4 年，保護観察 2 年という複合判決であれば，6 年の自由刑を科し，刑期の 3 分の 2 が経過した時点で必要的に仮釈放にすれば，結局同じことになると

---

166)　平成 21 年より，刑務所出所者を福祉的支援に繋げる特別調整と地域生活定着支援事業が行われている。「高齢又は障害により特に自立が困難な矯正施設収容中の者の社会復帰に向けた保護，生活環境の調整等について（通達）」平成 21 年 4 月 17 日保観244 号矯正局長・保護局長通達。

いう見解である。必要的仮釈放にはそれ自体看過できない多くの制度的不備があり[167]，採用には値しないが，複合判決との関係においても検討を加えておく必要があろう。

　一言で必要的仮釈放と言っても，それには，刑期の6分の5[168]や3分の2[169]といった自由刑の刑期のうち一定割合を経過した場合に必ず仮釈放にする場合（真正必要的仮釈放）と，善時制と組み合わせ，善時の合計日数分，早期に釈放する場合（善時的仮釈放）の2つがある。しかし，このうち善時的仮釈放は，善時の取消し（没収）によって仮釈放にならない場合が生ずるので，「必要的」仮釈放とは言えず，従って，必ず社会内刑（処遇）に付すことを目的とする複合判決と同様の効果をもつことはできない。また，善時の取得によって短縮される期間にも限界がある。

　これに対し真正必要的仮釈放制度は，刑期の一定割合の経過で自動的に仮釈放にするため，受刑者を必ず保護観察に付すことができるが，仮釈放日が刑期の一定割合から算出されるため，保護観察期間が自由刑の刑期によって左右されてしまうという，複合判決と比べて大きな制約がある。例えば，必要的仮釈放日を6分の5とした場合，刑期が2年であれば保護観察期間は4月，30年であれば5年と固定されてしまい，必要的仮釈放日を3分の2とした場合では，それぞれ6月と10年となってしまう。一般に，満期釈放の場合，釈放されてから5年間，特に最初の3年間の再犯率が極めて高いが，真正必要的仮釈放においては，刑期が短いと極めて短い期間しか保護観察期間を取ることができず，また反対に刑期が長い場合（さらに緩和された仮釈放要件の場合），保護観察期間が10年と長過ぎることとなる。

　これに対し，複合判決では，自由刑と保護観察の比率を（一定の範囲で）自由

---

167)　太田達也・前掲注(3)155頁以下。
168)　法制審議会刑事法特別部会の小委員会が作成した小委員会参考案の「別案」。法務省刑事局『刑法改正資料(一)法制審議会刑事法特別部会小委員会参考案（第一次案)』（1970）35頁。
169)　ウィスコンシン州のかつての不定期刑制度の下での必要的釈放制度は，パロールに付されず，刑期の3分の2が経過したときは必要的に仮釈放するとしていた。Christina D. Carmichael, *supra* note 136, at 25-26.

に変えられるため，刑事責任に応じて刑期を定め，犯罪者の改善更生など予防目的を考慮して，保護観察の期間を定められる利点がある。犯情や犯罪者の状況によっては，自由刑の期間より保護観察の期間を長く取ることもできる。自由刑の期間を極めて短くし，保護観察を長く取ることも理論上可能ではあるが，そうなると，古いタイプのスプリット判決やショック・プロベーションのような短期自由刑の弊害が生ずるので，一定の制約は必要であろう。

　また，そもそも既存の仮釈放は，受刑者に再犯のおそれがないことを基準の1つとしていることから（犯罪をした者及び非行のある少年に対する社会内における処遇に関する規則第28条），必要的仮釈放を制度化するためには，この仮釈放の要件及び基準を根本的に改め，「再犯のおそれ」を仮釈放の判断基準から除外する必要があるが，これには相当抵抗があろう[170]。これに対し，複合判決は，そうした再犯のおそれが認められる場合でも，またそのような場合にこそ，刑事施設からの釈放後に保護観察の期間を必ず確保できるという利点がある。

　このように，必要的仮釈放は，その固有の性質から生じる限界だけでなく，複合判決との比較においても劣る。

4　法的性質——刑罰としての複合判決

　本節で提案する複合判決は，自由刑に保護観察を併科して言い渡す刑罰とする。従って，犯罪者の刑事責任を基礎として自由刑の刑期と保護観察の期間を定めることから，自由刑の刑期と保護観察の期間を併せた「刑期」が犯罪者の刑責に応じたものとなる。そのため，保護観察は自由刑の「満期」釈放後に行われる処分ではなく，自由刑と保護観察の両者を執行して初めて刑罰の執行が終わることになることに注意しなければならない。ウィスコンシン州の二分判決や連邦の監督付釈放も刑罰又はその一部として科されるものであるし，二分判決などは，終身刑が法定されている重罪を除く全ての犯罪に言い渡すものと

---

170)　筆者は，現在のような「再犯のおそれ」に比重を置いた仮釈放の判断基準には問題があると考えているが，一切，これを考慮から外すことには反対である。太田達也・前掲注(3)93頁以下参照。

されていることから，自由刑とは拘禁と社会内処遇が結合した形であることが前提となっている。

これに対して予想される批判は，保護観察が刑罰ではなく，犯罪者の将来の危険性を念頭に置いた保安処分ではないか，というものであろう[171]。確かに，自由刑の執行後に社会内での監督を科す制度の中には，ドイツの行状監督のように保安処分であるものもあるし，保安処分という制度的位置付けのないイギリスにおいて導入された危険な性犯罪者や暴力犯罪者に対する拡大判決（extended sentence）[172]も，そうした性質を払拭できない。我が国でも，かつて野中忠夫氏が刑期と保護観察期間をセットとして言い渡す「セット案」を提唱しているが，その場合の保護観察は「広義の保安処分の一種」であり，改正刑法準備草案にある保安処分と刑を併科できる規定を一歩進めたものであると説明している[173]。

しかし，二分判決は，市民の保護，犯罪の重大性，被告人の社会復帰のニーズ，減軽・加重事由を全て考慮して量刑を行う，正に刑罰である。「市民の保護」や「被告人の社会復帰のニーズ」が含まれているが，これは（一般及び個別）予防の目的を考慮していることを示しているに過ぎず，だからといってこの制度が保安処分ということにはならない。また，いくら拡大保護観察の終了時に再犯の危険性があろうと，期間を延長したりすることは許されない[174]。

このように考えれば，自由刑と保護観察を組み合わせた「刑罰」を想定し，犯罪者の刑事責任に応じて科すことは十分可能であろう。

5　保護観察の法的性質と不良措置――刑の一部執行猶予との関係

複合判決を自由刑と保護観察を併科する刑罰として構成するとしても，さら

---

171)　金光旭・前掲注(10)148 頁。
172)　Criminal Justice Act 2003, c.44, §§ 227-228, § 247 (amended by Criminal Justice & Immigration Act 2008, c.4, §§ 15-16, § 25.). *See* RICHARD TAYLOR ET AL., BLACKSTONE'S GUIDE TO THE CRIMINAL JUSTICE ACT 2003 (Oxford University Press, 2004).
173)　野中忠夫・前掲注(14)20 頁。
174)　但し，監督付釈放の方は，取り消す場合，法定の期間内で拘禁期間が設定され，さらに新に監督付釈放を科すことができるため，当初の刑期よりも期間が延びることになる。

に保護観察をどのような法的性質をもった刑罰とすべきかという問題がある。この保護観察の法的性質がもっとも如実に反映されるのが保護観察の執行中に再犯や遵守事項違反があった場合の不良措置の在り方であり，我が国の法制度に適合するかどうかはこの点に拠る部分が大きい。

(1) プロベーション型の保護観察

連邦の監督付釈放やウィスコンシン州における二分判決の拡大保護観察は，既存の宣告猶予型のプロベーションでも，純粋な執行猶予型のプロベーションでもない独自の社会内処遇であると言わざるを得ないが，仮に宣告猶予型の特殊なプロベーションであるとしても，こうした伝統を持たない我が国の場合[175]，保護観察中に再犯や遵守事項違反があった際，元の犯罪に対して改めて自由刑を科すという制度構成を採ることは不可能である。

なお，宣告猶予型のプロベーションとしつつ，その遵守事項違反を犯罪として構成する方法も考えられる。こうした制度については，自由刑と保護観察をセットにして言い渡す「セット案」を提唱した野中忠夫氏が，自由刑後の保護観察において遵守事項違反がある場合に一定期間の拘禁，科料，保護観察期間の延長，遵守事項の付加などの独自の制裁的措置を課す制度を検討している。野中氏は，人権保障上の批判があることはもっともであるとしながら，「行政官庁の恣意による専断にわたらないように，法令によって基準を定め，決定を裁判官の職権に委ねる等の適切な枠組みを用意するならば（中略）必ずしも人権保障上の問題とするほどのことではないのではなかろうか」としている[176]。

---

175) 但し，少年法に基づく保護観察処分（1 号観察）はプロベーション型である。そのため，不良措置として虞犯通告という方法を採らざるを得なかったことが，2007 年の少年法一部改正（第 26 条の 4）と更生保護法の規定（第 67 条 2 項）の制定に繋がっている。

176) 野中忠夫・前掲注(14)20-21 頁。さらに，野中氏は，対象者に制裁的措置をとることに対する人権保障上の懸念に対して，「『刑期満了釈放者は，晴天白日の身であって，制約を強制することとは一切不可能である』というような固定観念に呪縛されて，本人のためにも，社会公共のためにも，最も望ましいと思われる制度を採用し得ないとすれば，何と不自由で不幸なことと思わざるを得ないのである」とされるが，今日，こうした主張が支持されることはあり得ないであろう。

168

野中氏自身は遵守事項違反に対し「犯罪化」や「刑罰」という表現こそ用いてはいないが，特に拘禁や科料は性質的に刑罰と見ることができるため，実質的に遵守事項違反を犯罪化しているのと同様である。

　しかし，遵守事項違反を「犯罪」として構成することは，以下の理由からやはり難しいように思われる。まず，複合判決の保護観察にも現在と同様の遵守事項が適用されることを前提とすれば，遵守事項の中には「犯罪性のある者との交際……（以下，省略）」（更生保護法第51条2項1号）といった，不適切な行動を内容とするものがある一方，「労働に従事すること」や「通学すること」といった健全な一般社会生活そのものを内容とするものが含まれる他，個別に設定される特別遵守事項にもこうした内容のものが少なくない。いくら刑罰としての保護観察中とはいえ，こうした一般の生活行動を取らないこと（不作為）に対する非難可能性は犯罪を構成するには余りにも小さ過ぎる。「保護観察官又は保護司の呼び出し」に応じること（同第50条2号イ）や「事実の申告」や「資料の提出」（同第50条2号ロ）も，行政機関が設定した遵守事項を遵守しているかどうかの確認のために必要なことで，その違反に対し行政罰程度のものは科し得ても，果たして刑罰を科すまで違法性が高いものと言えるか疑問無しとしない。

　仮に遵守事項違反に対して刑罰を科し得るとした場合でも，刑責に応じた刑罰でなければならないであろうから，その刑は罰金や拘留，科料といった軽微なものとならざるを得ない。さらに，現在の法制度の下では，保護観察中の再犯も遵守事項違反となり得るが（同第50条1号），そうなると再犯を構成する犯罪行為が同時に遵守事項違反という犯罪行為にも該当することになってしまう。

⑵　執行猶予型の保護観察

　我が国の司法制度や刑罰制度は大陸法系の制度に親和的であるため，アメリカにおける宣告猶予型のプロベーションのような制度を導入することは難しく，また遵守事項違反に対して刑罰を科すことも適当でないとすれば，複合判決の保護観察は一種の執行猶予に付随する保護観察の制度とすることが，もっとも合理的且つ実現可能性が高いように思われる[177]。つまり，実刑たる自由刑に

保護観察を組み合わせるが，当該保護観察は，その期間と同じだけの刑期の自由刑が猶予されているとするのである。執行猶予であれば，再犯や遵守事項違反の場合に，保護観察を取り消して，猶予していた刑を執行するという我が国に馴染みの深い形で不良措置を行うことができる。実際，アラバマ州，フロリダ州，マサチューセッツ州，メーン州などアメリカの一部の州のスプリット判決には，こうした猶予型を採るものがある。

こうした猶予型のスプリット判決なり複合判決は，新たに導入された刑の一部執行猶予と性質的には酷似した制度となる。異なるのは，一部執行猶予の場合，自由刑の最後の一部分の執行が猶予され（猶予刑），その猶予刑より長い期間の猶予期間が設定されているのに対し，猶予型の複合判決は，猶予刑と同じ期間だけ猶予期間が設定されており，且つ，必ず保護観察が付されていることである。いわば，複合判決は，猶予刑と猶予期間が同じになっている特殊な一部執行猶予である。従って，保護観察中に遵守事項違反があった場合には，保護観察を取り消して，保護観察の期間と同じ期間の自由刑を執行することになる。保護観察を取り消されるまで実際に保護観察を受けた期間にかかわらず，当初，裁判所が言い渡した保護観察の全期間に相当する期間，自由刑の執行を行うわけである。一見，受刑者に不利に見えるが，この点は，現在の保護観察付執行猶予の取消しでも仮釈放の取消しでも同じである。

そうであれば一部執行猶予制度でよいではないかと言われそうであるが，一部執行猶予は，執行猶予という概念を全面に出すため，どうしても全部執行猶予の要件に引きずられやすく，実際，宣告刑（3年以下の懲役又は禁錮）や前科要件などでは全部執行猶予に近いものとなっている。それよりは，自由刑と執行猶予「的」性質をもった保護観察との組み合わせから成る新しい刑罰として構成した方が，制度の汎用性や柔軟性は高くなる。

一部執行猶予の場合，3年以下の自由刑にしか科すことができないため，もし猶予刑と同じ期間だけしか猶予期間が設定できないとなれば，極めて短い猶予期間しか設定することができないが，複合判決の場合，法定刑の範囲内で自

---

177)　太田達也・前掲注(1) 447 頁。

由刑と保護観察を自由に組み合わせられるので，この点についての不都合はない（具体的な制度設計や短期刑の限界については後述する。）。

6　保護観察期間の扱い

　しかし，もっとも問題となるのが，複合判決における保護観察の期間の扱いである。特に，保護観察期間を法定刑の範囲に含めるかどうかで異なる制度設計が考えられる。

　1つは，自由刑（実刑部分）と保護観察期間を含めたものが法定刑（ないし処断刑。以下，同じ。）の範囲に収まるようにする方法である（図2　複合判決タイプⅠ）。複合判決の保護観察は，取り消されれば，それと同じ期間の自由刑（取消刑）が執行されることになるのであるから，自由刑（実刑部分）と取消刑を併せた総合刑期が法定刑に収まるものでなければならないのは当然ということになる。これに対し，一部執行猶予は，実刑部分と猶予刑を足した宣告刑が法定刑の範囲内であればよく，猶予刑よりも長い猶予期間ないし保護観察期間は，法定刑からはみ出すことがあり得る（図2　刑の一部執行猶予）[178]。

　しかし，タイプⅠの複合判決では，法定刑や宣告刑が短い場合，ある程度の保護観察期間を確保しようとすると，自由刑の部分を短くしなければならないし，自由刑を一定期間取ろうとすると，保護観察期間が限られてしまう。反対に，一部執行猶予は，極端な話，宣告刑の最後の1日を猶予刑とすれば，そこから最長5年までの猶予期間ないし保護観察期間を設定することができる。ただ，実際には，一部執行猶予でも宣告刑が短い場合には，取消しの時の執行を考え，ある程度の猶予刑の期間を確保しなければならないため，その分，実刑部分が短くなるし，猶予期間と猶予刑とは必ずしも対応関係にないとは言っても[179]，1月の猶予刑に5年の猶予期間が適当かということがあるので，猶予刑が短くなれば，猶予期間もそれなりに短くなることが一般的であろう[180]。

---

178)　これは全部執行猶予の場合にも生じていることであるが，そのことから，この執行猶予に付される保護観察が一体どのような性質をもったものかが問われることになる。
179)　大判昭和7・9・13刑集11巻15号1238頁。

図2 刑の一部執行猶予と複合判決

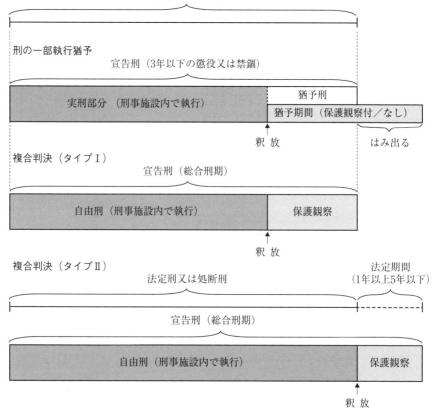

　それでも、タイプⅠの複合判決は、短期刑を言い渡す場合、長い保護観察期間を確保するための柔軟性に欠けることは確かである。また、自由刑の実刑を法定刑目一杯に科したいという場合も、保護観察期間を取ることができなくなってしまう。こうした複合判決の制度設計は、宣告刑が法定刑の長期より一

---

180)　全部執行猶予制度の場合、猶予期間は宣告刑（猶予刑）には拘束されないものの、一般に宣告刑が短ければ猶予期間は短くなり、宣告刑が長くなるにつれ猶予期間も長くなる。団藤重光編『注釈刑法(1)』有斐閣（1964）201頁。

定程度短い場合にしか，その本領を発揮できない。これでは，折角，施設内処遇と社会内処遇の有機的連携を図るための制度でありながら，その価値は大幅に減殺されてしまう。そこで考えられる制度設計は，ウィスコンシン州のように，自由刑と保護観察それぞれの長期と短期を法定してしまう方法である（図2　複合判決タイプⅡ）。こうすることにより，自由刑と保護観察を各上限と下限の中で自由に組み合わせることができる。「自由に」とは言っても，当然に自由刑と保護観察を併せた全体が刑事責任に応じたものでなければならないことは当然であるし，自由刑と保護観察の期間の比率は行為責任に予防的な考慮を加えて行うことになる。

　しかし，保護観察の期間は，ウィスコンシン州のような長いものまでは必要ないように思われる[181]。複合判決の目的は，刑事責任の範囲内で施設内処遇と社会内処遇の適度に連携させることにより受刑者を社会にソフトランディングさせていくことであり，社会内での監視を目的とするものではない。フロリダ州で2005年に成立したジェシカ・ランスフォード法により，12歳未満の者へのわいせつ行為に対し25年以上の有期自由刑を科すときには終身のプロベーションと電子監視の付いたスプリット判決を科さなければならないものとされたが[182]，これなどは監視を主たる目的としていると言わざるを得ない。

　また，自由刑の刑期の25％を拡大保護観察期間とするような，自由刑の長短に保護観察刑の期間を比例させる仕組みは，必要的仮釈放のところで指摘したように，硬直的な運用となり，複合判決を採用する意義も失われかねない。

　刑事施設から釈放後の再入率は釈放後5年程度で頭打ちとなることから，保護観察は長くても5年あれば十分であろう。これは自由刑の部分が長い場合でも，同様である。また，保護観察の短期は，不良措置として保護観察を取り消したときの再収容の期間を考えた場合，極端に短くても効果が薄いわりに弊害

---

181)　拡大保護観察期間が長いと，その間の遵守事項違反による取消率が高くなり，結果として刑務所の収容人員やコストの増加に繋がることから，同州でも拡大保護観察の期間を拘禁期間の50％までに制限すべきとの意見もある。JUDITH GREENE & KEVEN PRANIS, *supra* note 163, at 79-80.

182)　Jessica Lunsford Act, 2005, 2005 FLA. LAWS 28. FLA. STAT. §948.012(4), §775.082(3)(a)4. a.(Ⅱ).

ばかりが目立つので，1年は必要であろう。その意味では，連邦の監督付釈放の期間が妥当であろう（取消後の再度の監督付釈放の仕組みを除く。）。

　従って，保護観察の期間に関しては，罪種ごとに逐一規定する必要はなく，刑罰の総則に，自由刑を言い渡す場合に，1年以上5年以下の範囲で保護観察を付することができる旨の規定を置くことで対応することになろう。勿論，これは刑罰制度の大改革であり，刑法の大改正が必要となる。しかし，一部執行猶予制度が限られた範囲の犯罪者にしか適用がなく（初入者や準初入者，薬物事犯累犯者），犯罪を繰り返す者や重大な犯罪を犯した問題性の高い犯罪者に適用がないことから，これに代わる将来の制度として十分に考慮に値すると考える。筆者が，二分判決や複合判決を「次世代の自由刑」[183]と呼ぶ理由はそこにある。

　なお，こうした保護観察の期間を，一定の範囲とは言いながら，自由に設定できるとすると，果たして裁判時に行為責任及び個別予防の観点からそうした期間を設定することが可能なのかという問題が，3年以下の自由刑に限られる一部執行猶予以上に指摘される可能性がある。特に長期刑の場合，保護観察が始まるのは，長い刑事施設での処遇を経た後となるから，その時点でどの程度の保護観察期間が必要かを裁判時には厳密に判断できないとされるからである。しかし，3年以下の自由刑であれば，全部執行猶予でも猶予期間の量定においてそうした判断がなされているし，より刑が長期になれば，釈放後の社会復帰には様々な支援が必要になることは既に長年の実務が証明している。自由刑に続く保護観察期間を1年から5年の範囲で設定することが不可能であるとは考えられない。また，保護観察の必要性がなくなったときのために保護観察の仮解除の制度を設けておけばよいし（取消しの可能性だけは残しておく），より早い社会復帰が望ましい場合は，後述するように自由刑の部分での仮釈放を認めればよいであろう。

---

183)　太田達也「刑の一部執行猶予と社会貢献活動―犯罪者の改善更生と再犯防止の視点から」刑法雑誌51巻3号（2012）407-408頁。

7 保護観察の取消しとその効果

　全部執行猶予や一部執行猶予における保護観察と同様，複合判決の保護観察の場合も，例えば再犯の刑が罰金である場合や遵守事項違反の場合に必ず保護観察を取り消すとすることが，受刑者の更生にとって必ずしも望ましい場合ばかりでないであろうから，必要的取消事由の他，裁量的取消しを認めるのが適当であろう。もっとも，裁量的取消事由としての遵守事項違反は情状の重いものに限定する必要はない。複合判決も，一部執行猶予同様，実刑を含んだ刑罰であり，施設内処遇に続いて行われる保護観察においては，遵守事項の遵守について強い働きかけをする必要があるからである。仮釈放の裁量的取消事由である遵守事項違反も，情状の重いものに限定されていない。

　保護観察を取り消されることなく保護観察期間を経過した場合，猶予されている（と見なされる）自由刑の執行は行われないのはよいとして，その場合に，言い渡された複合判決への効果をどうするかである。全部執行猶予の場合，執行猶予が取り消されることなく猶予期間が経過すれば判決の言渡しそのものが失効する条件付有罪判決であり，一部執行猶予の場合も，猶予刑の効力が将来に向かって消滅し，猶予されなかった実刑部分の期間を刑期とする懲役又は禁錮に減軽となる（刑法第27条の7）。

　複合判決においても，一部執行猶予と同様に，部分的な条件付有罪判決とすることも考えられる。しかし，比較的軽微な犯罪に対する執行猶予とは異なり，複合判決は長期の自由刑をも科すことができる制度であるから，期間経過により保護観察の言渡しそのものを失効させるのは適当でないであろう。それよりも，猶予されている自由刑の執行を免除するという部分的条件付執行免除制度とするのが適当である。従って，全部執行猶予や一部執行猶予の前科要件の起算日や再犯加重の起算日も，刑の執行免除の効果が発生した保護観察期間の経過日となる。

8 対象者の範囲

　ウィスコンシン州では，終身刑が法定されている重罪を除く重罪と軽罪に対し自由刑を科すときは全て二分判決の形で刑を言い渡すことになっている。監

督付釈放も，裁量とされるが，現在，連邦刑事事件の80％以上の事件において言渡しが行われている。日本でも，原則として無期刑を除く自由刑（懲役・禁錮）を科す場合に複合判決として言い渡すことも考えられる。こうなると，複合判決ないし二分判決というより，自由刑とはそもそもそうした構造をもったものと捉えることも可能であろう[184]。つまり，自由刑とは，受刑者の自由を100％，24時間制限する期間と，それに続いて社会の中で生活させながら，定期的に面接や一定のプログラムを受ける程度の自由制限がある期間から構成されると考えるわけである。現在の懲役・禁錮では，「刑事施設に拘置」（刑法第12条2項，第13条2項）するものとされているが，執行の過程では，開放的施設で処遇を行うことが認められ（刑事収容施設法第88条2項），さらには外出や7日以内の外泊を許すことができる（同第106条）のであるから，保護観察はこれよりさらに「自由度が緩和された自由刑」とみることも決してできない相談ではない。

しかし，そうなると複合判決の適用者が2万人以上となって，保護観察件数が現在の仮釈放対象者の倍近い，膨大な数となる。さらに，暴力団構成員といった処遇困難者など，従来の保護観察では対象としてこなかったような難しい問題を抱えた犯罪者を多数，扱うことになる。その結果，保護観察官が業務を行うに当たって大きな負担と危険を伴うことは必至である。ましてや，民間篤志家である保護司にまでこうした業務を担当させることができるかどうか，迷うところである。しかし，だからといって，問題の多い犯罪者を放置しておいてよいわけがない。こうした反社会性の強い処遇困難者を保護観察で多く扱うとなれば，保護観察官だけでなく，警察と連携して対応する仕組みが考えられなければならない。しかし，暴力団の問題は，そもそも日本の政府や社会が長年，暴力団構成員による個々の犯罪への対応を中心とし，日本社会に蔓延る

184）　森下忠『刑事政策の論点Ⅱ』成文堂（1994）67頁は，執行猶予に単純執行猶予と保護観察附執行猶予があるように，自由刑についても，単純自由刑と保護観察附自由刑があってもよいとされる。また，坂田仁「自由刑制限刑の提言」犯罪と非行155号（2008）159頁以下は，自由剥奪刑に加えて，自由制限刑という社会内で保護観察を行う刑罰を提案し，自由剥奪刑との併科も可能にすべきとしている。

不法集団を放置してきたつけであって，これを釈放や保護観察の改革だけで対応しようというのは土台無理な話である。これは，日本政府がより根本的なところから取り組まなければならない問題である。

　一方，通常の懲役・禁錮といった自由刑と複合判決を併存させ，両者のいずれかを選択できるようにするとなると，対象者数からしてより現実的な政策ではあるものの，今度は，どのような犯罪者を対象とするかという問題を検討せねばならなくなる。一部執行猶予は，初入者や準初入者，薬物累犯者に限定し，さらに社会内処遇が不相当なものを対象から除外している[185]。しかし，これでは，結局，問題性の高い犯罪者ほど社会内処遇を受ける機会がなくなるというジレンマを解消できないため，複合判決を全ての自由刑に適用しないとしても，再犯や累犯にも適用すべきであろう。特に，受刑歴が多くなればなるほど，仮釈放が困難となり，満期釈放となる確率が高くなるから[186]，こうした再犯者や累犯者に複合判決を適用し，社会内処遇を確保する意味はある。

　しかし，再犯防止にとってもっとも重要且つ効果的な機会は，初入と2入の間，即ち初回の受刑後であることを考えると，複合判決を再犯などに限定するのは好ましくない。初入者でも，拘禁から解かれた後，指導監督だけでなく，援護を必要とする要保護犯罪者はいくらでもいる。特に，50代後半や高齢の受刑者などは，初犯後の更生に失敗すると，2度目以降の更生はますます極めて困難となることから，「早めに」社会内での更生を支援することが重要である[187]。複合判決はこうした高齢受刑者や障がいをもつ受刑者など社会内で一定期間援護を要する受刑者に効果的であろうし，認知行動療法や薬物依存治療といった体系化された処遇を社会の中で継続して行う必要がある性犯罪者や薬

---

185)　一部執行猶予の場合，「犯情の軽重及び犯人の境遇その他の情状を考慮して，再び犯罪をすることを防ぐために必要であり，かつ，相当であると認められるとき」（刑法第27条の2）という相当性の要件があるため，反社会性の強い者は社会内処遇に不相当とされている。
186)　近時の調査として，法務総合研究所『平成20年版犯罪白書─高齢犯罪者の実態と処遇』（2008）257頁。
187)　太田達也「高齢犯罪者の実態と対策─処遇と予防の観点から」ジュリスト1359号（2008）126頁。

物犯罪者なども複合判決の対象に相応しいと思われる[188]。

9 仮釈放との関係——特に考試期間主義との関係

　本節で提案する複合判決制度にしても，刑の一部執行猶予制度と同様，仮釈放との関係が問題となる。連邦やウィスコンシン州ではパロールが廃止されるとともに監督付釈放や二分判決が導入されていることから，パロールとの関係を考慮する必要はない。しかし，自由刑と社会内処遇の連携を図る手段として複合判決を導入しようとするのであれば，仮釈放との関係は独自に検討すべきことになる。

　もっともシンプルな制度構成は，複合判決においては仮釈放を認めないというものである。複合判決では必ず刑事施設からの釈放後に保護観察が行われるため，仮釈放の必要性はかなり失われるとも考えられる。しかし，判決時に判明している事情を基に自由刑と保護観察の相応しい期間を設定したとしても，刑事施設での処遇の成果によってはより早い時点での釈放を認め，早期の自立更生を図ることが望ましい場合もある[189]。また，仮釈放の可能性を認めておく方が受刑者の更生意欲を促すことにもなる。ウィスコンシン州でも，2001年の法改正により，社会復帰と処遇を目的とした拘禁刑の調整が可能となった。短縮された期間の分は拡大保護観察期間が延長されるため，効果としては，複合判決の拘禁刑に仮釈放を認めているに等しい[190]。

　そこで，複合判決でも仮釈放を認めるとした場合，問題となるのが仮釈放要件と仮釈放期間である。

　まず仮釈放の形式的要件たる法定期間とその算定基準が問題となる。現行の

---

188)　スプリット判決が多用されるメーン州で行われた実務家調査では，スプリット判決の対象として性犯罪者，薬物犯罪者，暴力犯罪者などが望ましいという結果が示されている。SENTENCING PRACTICES SUBCOMMISSION, CORRECTIONS ALTERNATIVE ADVISORY COMMITTEE, PERCEPTIONS ABOUT SENTENCING AND ATTITUDES TOWARD CORRECTIONAL ALTERNATIVES IN THE MANE CRIMINAL JUSTICE PROFESSIONAL COMMUNITY 8-9 (Crime & Justice Institute, 2006).

189)　金光旭教授も，刑の一部執行猶予について，「仮釈放はあくまでも刑の執行形態の変更に過ぎないから，新制度と両立し得ると思われる。」とされている。金光旭・前掲注(10)151頁。

仮釈放制度は，有期刑の場合，法定期間は刑期の3分の1であるが，複合判決ではこれとは異なる独自の仮釈放要件を設定することも不可能ではない。特に，自由刑の後に保護観察という社会内処遇が予定されているから，刑期の2分の1といったようにやや遅めの法定期間としても，十分な社会内処遇を確保することはできる。これは，自由刑を，無期を除き全て複合判決で言い渡す制度にするのか，通常の自由刑と複合判決の併存を認めるのかによっても異なり，もし既存の自由刑を残すのであれば，複数の異なる仮釈放要件を設けるのは，やや抵抗がある。

　ただ，この法定期間は，仮釈放の法定期間経過日（旧法である犯罪者予防更生法下での応当日）の算定基準を含めて検討しなければならない。現行では，刑期の3分の1の算定基準は宣告刑期ではなく，執行刑期とされているから[191]，宣告刑期から未決勾留日数を控除し，その3分の1となる。一部執行猶予の場合，法定期間の算定基準は実刑部分ではなく，猶予刑も合わせた宣告刑全体とされている。複合判決の場合も，保護観察の部分はそれと同じ期間だけの自由刑が猶予されていると考えるわけであるから，もしこの猶予という性質を重視するのであれば，法定期間の算定基準は自由刑と保護観察の期間を合わせた総合刑期ということになろう。しかし，複合判決のような全く新しい刑罰を創設するのであるから，仮釈放の算定基準は実刑たる自由刑の部分とすることも制度的には十分考えられる。その方が必ず仮釈放の可能性が残るし，法定期間経過日の到来が平均的に早くなる。

　次に，仮釈放期間が問題となるが，これは仮釈放の法的性質をどうするかと

---

190)　しかし，検察官が二分判決の調整を承認しないことが大半であり，選挙を意識した裁判官も調整を承認することは殆どないであろうとされる。JUDITH GREENE & KEVEN PRANIS, *supra* note 163, at 81. なお，フロリダ州では，旧法（FLA. STAT. § 948.014）当時の司法長官意見として，12月未満の拘禁刑とプロベーションのスプリット判決受刑者に対するパロール適格審査の義務はパロール委員会にはないとしているが，逆に言えば，12月以上の拘禁刑を含むスプリット判決の受刑者はパロール適格があるということになる。OP. ATT'Y GEN. FLA. 1979-58. もっとも，現在，フロリダ州では既にパロールが廃止されている。

191)　「刑法第28条および少年法第58条第3号に規定する刑期の3分の1に算出について」昭和47年7月22日矯保1235号矯正局長・保護局長通達。

第1編第3章　刑の一部執行猶予と二分判決　　179

図3 二分判決・複合判決等における仮釈放と保護観察の期間

ウィスコンシン州の二分判決

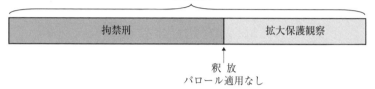

複合判決（仮釈放は残刑期間主義）

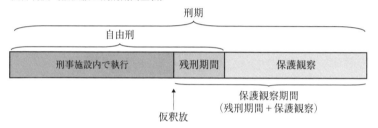

複合判決（仮釈放は考試期間主義）

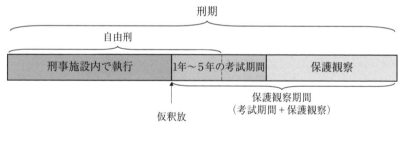

刑の一部執行猶予（保護観察付）

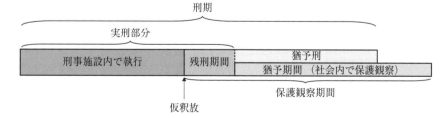

いう問題と直結している。現在，仮釈放には残刑執行主義・残刑期間主義が採用されており[192]，仮釈放となった後は社会の中で刑期が進行するため，残刑期間が仮釈放期間ということになり，その間，保護観察が行われる。この制度を前提とすれば，複合判決においても，自由刑の執行中に仮釈放となった場合は，自由刑の残刑期間の保護観察（3号観察）に続いて，複合判決の保護観察が執行されることになる（図3）。仮に懲役6年，保護観察刑2年を言い渡された者が5年で仮釈放となったとすると，仮釈放の保護観察期間（仮釈放期間）1年プラス，複合判決の保護観察2年の計3年となる。保護観察としては3年という期間を前提として処遇計画を立て，指導監督や補導援護を行うが，最初の1年の保護観察が終了した時点で複合判決の保護観察に資格移動ということになろう。最初の1年の保護観察の間に遵守事項違反や再犯があった場合は仮釈放が取り消されるが，これは複合判決の保護観察には影響を及ぼさないものとし，複合判決の保護観察の期間に入ってから遵守事項違反や再犯があった場合には，保護観察が取り消され，同じ期間の自由刑が執行される。複合判決に仮釈放を認める場合，これがもっとも簡潔且つ簡便な方法であろう。

　しかし，筆者は，仮釈放につき，現行の残刑期間主義・残刑執行主義ではなく，考試期間主義・残刑猶予主義を採用すべきとの見解に立っているため[193]，この制度と複合判決の整合性を検討する必要がある。周知のように，考試期間主義は，仮釈放対象者の処遇の必要性に応じて一定の保護観察期間をとることを認める制度であり，仮釈放の時点から1年から5年といった保護観察が行われるものであるから，複合判決の場合，その保護観察終了時からさらに複合判決の保護観察が執行されることになる（図3）。

　しかし，そもそも，この考試期間主義は，仮釈放後に非常に短い保護観察期間しか取ることができない残刑期間主義の欠点を補うための制度であるため，必ず一定の保護観察が行われる複合判決では，敢えて仮釈放後の保護観察期間を柔軟に設定できるようにする必要性は乏しく，屋上屋を重ねるものとも言え

---

192)　仮釈放後の保護観察期間については，森下忠・前掲注(7)296-298頁。
193)　太田達也・前掲注(3)127頁以下。

第1編第3章　刑の一部執行猶予と二分判決　　181

る。そこで，複合判決においては残刑期間主義としてしまうという設計も考えられ，その場合，一般の自由刑に対しては考試期間主義とした場合でも，複合判決については残刑期間主義とすることになろう。

　但し，複合判決にも考試期間主義を採用した場合，統一的な仮釈放制度が維持できる他，刑事施設での処遇の成否を見ながら保護観察の期間を修正できるという利点もある。また，こうしておけば，複合判決の場合，委員会の判断で，保護観察期間を残刑期間に一致させることもできる。複合判決の保護観察の取消刑たる（猶予されていた）自由刑の執行においても，仮釈放を認めないと満期釈放となってしまうため，ここでも仮釈放を認め，その場合も考試期間主義を採用すべきであろう。

10　複数刑の執行

　複数の刑を複合判決の形で宣告された場合，自由刑と保護観察を交互に執行することは，社会生活を遮断し，更生を妨げるおそれがあるから，適当でない。これについては，かつての改正刑法草案で提案された2個以上の自由刑と仮釈放制度の場合に準じて[194]，まず複数の自由刑の刑期を合算した期間，刑事施設内で自由刑を執行し，その後，それぞれの保護観察の期間を合算した期間，保護観察を執行するものとすべきであろう。もし自由刑について仮釈放を認めるとするならば，その要件は，正に改正刑法草案第86条のように，それぞれの刑について仮釈放の前に経過すべきものとされる期間を合算した期間を経過したときに，仮釈放の処分をすることができるものとすべきである。

Ⅶ　将来の展望

　本章では，アメリカの連邦とウィスコンシン州における新たなスプリット判決を手掛かりとしながら自由刑と保護観察を組み合わせて言い渡す刑罰制度の可能性と課題について検討を加えた。我が国ではスプリット判決ではなく刑の

---

194)　法務省『刑法改正資料(6)法制審議会改正刑法草案―附同説明書』（1974）27-28頁。

一部執行猶予を採用したが，ここでの考察からも明らかになったように，二分判決には一部執行猶予にない優れた点があることから，将来的には二分判決（複合判決）や，さらにそれを押し進めた，自由刑を刑事施設での拘禁とそれに続く社会内処遇から構成される刑罰とするような抜本的な改革が我が国でも考えられてしかるべきである。自由刑の歴史は比較的浅いが，それでも自由刑が登場した近代からその形態は殆ど変わっていない。こうした刑罰が未来永劫に亘って現在のままでなければならないほど現在の制度は理想的ではない。

第4章

刑の『裏』一部執行猶予
──全部執行猶予の一部取消制度・試論──

I　刑の『裏』一部執行猶予の意味

　現行刑法は，全部執行猶予の取消事由として必要的取消事由と裁量的取消事由を定める（刑法第26条，第26条の2）。実務において圧倒的に多いのは猶予期間中の再犯に対する刑の確定を事由とする取消し（同第26条1号）であるが，全部執行猶予が取り消された場合，猶予されていた刑（以下，猶予刑という。）の全てが執行されることになる（以下，取消刑という。）。例えば，懲役1年6月全部執行猶予3年の場合，取消刑は懲役1年6月の全部実刑といった具合である。その結果，裁判において全部実刑が言い渡される場合と同様の問題が生ずる。即ち，刑の執行において仮釈放が認められないと満期釈放となって更生に支障が生ずるおそれの高い者に対し社会内処遇を行うことができず，たとえ仮釈放になったとしても，3年以下の全部実刑であるから，残刑期間主義を採る現行法制度の下では，極めて短い保護観察しか行い得ないというものである[1]。

　全部執行猶予中に再犯を行った場合でも再度の全部執行猶予が可能であり，その場合，前刑は取り消されずに済むが，刑期が1年以下で「情状に特に酌量

---

1)　第1編第1章第II節3，第3章第I節2及び太田達也『仮釈放の理論─矯正・保護の連携と再犯防止』慶應義塾大学出版会（2017）127頁以下参照。

すべきものがあるとき」という厳しい要件に加え，保護観察中でなかった場合に限られる（同第25条2項）。そのため，全部執行猶予中の者が再度の全部執行猶予に付されるケースは極めて少なく，結果として殆どが前刑取消しとなっている[2]。また，2016年からは刑の一部執行猶予が導入され，全部執行猶予中の者の再犯に対しても刑の一部執行猶予を言い渡すことが可能となり（同第27条の2第1項2号），一部執行猶予の実刑部分と取消刑の全部実刑終了後に一定期間の猶予期間と保護観察を付すことができるようになった。しかし，現時点までの運用によれば，全部執行猶予中の再犯に対して一部執行猶予を言い渡した件数は少なく[3]，しかも適用事例の殆どは薬物事犯であると推測され，刑法犯での適用は極めて少ない。結局，全部執行猶予中の再犯に対しては全部実刑が主に科されており，またそれによって前刑が取り消されるため，比較的長い自由刑の実刑が執行されることになる。

　全部執行猶予の取消事由が猶予期間中の再犯ということは，本人の更生に支障が生ずる可能性が高いということであるし，遵守事項違反（同第26条の2第2号）による取消しにしても，再犯の危険性が高いことを示している。全部執行猶予判決確定前の犯罪による刑の確定（同第26条第2号・3号，第26条の2第3号）は，本来，全部執行猶予相当でない事案に対して科した全部執行猶予を修正するものであるが，他にも犯罪を行っていたわけであるから，予防という観点から見た場合，更生に問題が生じる可能性が高いといってよい。そのため，全部執行猶予が取り消されて全部実刑となった場合，再（々）犯のおそれありとし

---

2)　検察庁『2015年検察統計』e-Stat表69，表71。刑の一部執行猶予導入前の2015年では，猶予期間中の再犯による全部執行猶予取消件数4,258件に対し，再度の執行猶予226件であるので，概数であるが，再犯の場合の全部執行猶予の取消率は95％程度と見込まれる。なお，2017年から審議が始まった法制審議会—少年法・刑事法（少年年齢・犯罪者処遇関係）部会において，再度の全部執行猶予の要件の緩和（刑期を1年から2年に引上げ）や保護観察付全部執行猶予中の者に対する再度の全部執行猶予の導入が検討されている。

3)　2016年6月の制度施行後から年末までの数値となるが，全部執行猶予中の再犯に対して刑の一部執行猶予を言い渡したのは256件であるから，禁錮以上の再犯による全部執行猶予の取消件数を考えると，一部に止まる。検察庁『2016年検察統計』e-Stat表70，表73，表75。

て，満期釈放となる可能性もあり，社会内処遇が確保できないことが憂慮される。勿論，仮釈放になることも十分考えられるが，再犯の場合は 2 刑持ちとなることから，それぞれについて仮釈放の法定期間を経過しなければならず，たとえ刑の執行順序の変更を行うとしても，早期の仮釈放は容易ではなく，保護観察期間も短くなりがちである。

そこで，全部執行猶予の取消事由に該当する場合でも，全部執行猶予の全てを取り消す場合のほか，その一部に限って取り消すことを認めることが考えられる。そうすることにより，全部執行猶予が取り消されて刑事施設に収容される実刑部分と取り消されなかった猶予刑の残りが組み合わさった形となる。イメージを明確にするために，最もシンプルな遵守事項違反による全部執行猶予の一部取消しを示したものが図 1 である。懲役 1 年 6 月の全部執行猶予 3 年のうち，1 年については取り消して実刑部分とし，残りの 6 月は取り消さず，猶予刑のままとする。全部執行猶予の猶予期間については，これを取り消して，実刑部分終了時から開始する猶予期間を新たに設定する。こうすることにより，取消刑は実刑部分と猶予刑が組み合わさり，実刑部分の終了後から猶予期間や保護観察を開始する「刑の一部執行猶予」と同じ構造となる。全部執行猶予の一部取消しを認めるだけでなく，新たな猶予期間と保護観察を設定可能とすることで，「刑の一部執行猶予」を科したのと同じ効果を持たせることができる。

本書は刑の一部執行猶予制度の在り方について検討を加えるものであるが，全部執行猶予の一部取消制度を設けることで刑の一部執行猶予と実質的に同じ機能を持たせることができるため，本章においてその意義や制度設計について検討を試みることにする。本章のタイトルを，「刑の『裏』一部執行猶予」としたのも，「正面」から裁判で刑の一部執行猶予を言い渡せるようにするだけでなく，全部執行猶予が十分功を奏さなかった場合にも，直ちに全てを取り消して全部実刑とするだけでなく，一部取消しを認めることで，「逆」（裏）の方向からの「刑の一部執行猶予」とすることができるからである。

なお，本章では，最初に全部執行猶予を言い渡すことになった罪については「本件」といい，全部執行猶予中に行った罪で，全部執行猶予の取消事由に当たるものを「再犯」ということにする。「再犯」は，法律上再犯加重となる場

第 1 編第 4 章　刑の『裏』一部執行猶予　　187

図1　全部執行猶予の一部取消しのイメージ（遵守事項違反の場合）

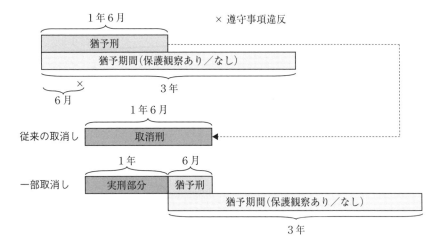

合の「再犯」ではなく，本件の後に行われたという趣旨である。また，本件に対する全部執行猶予を「前刑」と言い，再犯に対して新たに科せられる刑を「後刑」と呼ぶ。

Ⅱ　海外における類似の制度

日本には，全部執行猶予の一部取消しについて議論の蓄積が全くない。そこで，海外に同様の制度があれば参考になるが，実刑部分の執行に続く社会内処遇の期間を確保することを目的として執行猶予の一部だけを取り消すような海外の制度を筆者は知らない。しかし，イギリスやカナダなど拘禁刑の執行猶予又はそれに類似した制度を採用する国の中には，不良措置の1つとして，猶予した拘禁刑の一部に限って執行することを認めているところがある。そこで，我が国における全部執行猶予の一部取消制度についての検討に先立ち，イギリスの猶予刑及びカナダの条件付刑を取り上げ，一部執行（一部取消し）制度について概観することにする。

1 イギリス（イングランド・ウェールズ）

(1) 執行猶予命令（猶予刑）制度と不良措置

イギリス（イングランド・ウェールズ）には 19 世紀後半に始まるプロベーション制度の長い歴史があり，現在は，2003 年の刑事司法法（Criminal Justice Act 2003）に基づく地域刑（community sentence）の制度となっているが，これとは別に猶予刑（suspended sentence）又は執行猶予命令（suspended sentence order）と呼ばれる刑罰がある[4]。両者共に社会生活を送りながら無償労働（unpaid work）やプログラムの履行といった一定の地域内遵守事項（community requirement）（以下，単に遵守事項という。）を遵守することを内容とする刑罰であるが，地域刑と異なり，猶予刑は拘禁刑の一種であり，裁判所が 14 日以上 2 年以下の拘禁刑を言い渡すときに，6 月以上 2 年以下の期間，裁判所がその判決の効力を生じさせない命令を行うものである[5]。従って，拘禁刑ではあるが，受刑者は社会の中で生活しながら，遵守事項を履行し，それに違反しない限り，拘禁刑は執行されない。

しかし，受刑者が，正当な理由なく遵守事項に違反し，又は猶予期間（operational period）[6]の間に行った罪により有罪となった場合，裁判所は，(a) 刑期を変更せずに猶予刑の効力を生じさせる（執行する），(b) 元の刑期をより短い刑期に代えて効力を生じさせる（執行する），(ba) 2,500 ポンド以下の罰金を支払う，よう命じ，(c) 遵守事項を課す執行猶予命令の場合，(1) 執行猶予命令を行う場合に裁判所が課し得るより多くの遵守事項を課す，(2) 監督期間（supervision period）[7]を延長する，(3) 猶予期間を延長するよう猶予命令を変更し，(d) 遵守事項を課さない執行猶予命令の場合，猶予期間を延長することで猶予

---

4) 執行猶予命令は拘禁刑の執行を猶予する裁判所の命令を指し，猶予刑は執行猶予命令が言い渡された刑（判決）を指す。Criminal Justice Act 2003, s. 189(7). 日本語の文章に合うよう，本章では適宜使い分ける。

5) Criminal Justice Act 2003, s. 189.

6) operational period とは，猶予刑を受ける受刑者がさらに罪を犯した場合に猶予刑を取り消しうる期間を言い，6 月以上 2 年以内で裁判所が命令で定める。Criminal Justice Act 2003, ss. 189 (1)(a), (3) amended by Legal Aid, Sentencing and Punishment of Offenders Act 2012, s. 68. 本章では，「猶予期間」の語を当てる。

命令を変更することのいずれかの措置をとらなければならない[8]。但し，裁判所は，(a) 犯罪者が執行猶予命令の遵守事項を遵守した範囲（the extent to which the offender has complied with any community requirements）と，(b) 猶予期間内に行った罪により有罪となった場合はその情状（the facts of the subsequent offence）を含む全ての事情を考慮して，猶予刑の効力を生じさせる（刑を執行する）ことが不当である（unjust）場合を除き，猶予した拘禁刑の刑期を変更せずに執行するか，刑期をより短くして執行する命令をしなければならないとされている[9]。

(2) 猶予刑の一部執行とその基準

このように，イギリスには，執行猶予中に再犯や遵守事項違反があった場合，猶予刑の一部に限って執行する制度がある。法文上は「元の刑期をより短い刑期に代えて効力を生じる（take effect）よう命ずる」とされ，制度の説明等では「猶予刑の一部を活性化する（activate）」と表現されたりしているように，猶予した刑の一部を執行するという形を取るが，実質的には本章のテーマである全部執行猶予の一部取消しに相当する[10]。

猶予刑の全部執行や一部執行について，2003 年刑事司法法は，犯罪者が遵守事項を遵守した程度，又は再犯の場合は犯罪の情状を含む全ての事情を裁判所は考慮すると規定するに止まる[11]。同法によって設置された量刑ガイドライン評議会（Sentencing Guidelines Council）が 2004 年に策定した量刑ガイドライン[12]も，特に具体的な基準は示さず，全部執行か一部執行かについても，遵守

---

7) supervision period とは，猶予刑を受ける受刑者が遵守事項を遵守しなければならない期間を言い，6 月以上 2 年以内で裁判所が命令で定める。Criminal Justice Act 2003, ss. 189 (1A), (3) ,(4) amended by Legal Aid, Sentencing and Punishment of Offenders Act 2012, s. 68. 本章では，「監督期間」の語を当てる。監督期間は，猶予期間より長くなってはならない。

8) Criminal Justice Act 2003, Sch.12, para.8(1), (2).

9) Criminal Justice Act 2003, Sch.12, para.8(3), (4).

10) これに対し，地域刑の場合，遵守事項に違反した場合，遵守事項の内容を変更し，罰金の支払いを命じ，又は元の犯罪に対して改めて刑を言い渡すことができる。Criminal Justice Act 2003, Sch. 8. 189. 執行猶予命令と異なり，一部執行という概念がないのは，元の犯罪に対し刑が言い渡されていないからである。

11) Criminal Justice Act 2003, Sch.12, para.8(4).

事項を遵守した程度が関連性を有すること，猶予期間の終了間際に再犯を行った場合は，猶予刑の執行ではなく，遵守事項の変更や猶予期間・監督期間の延長など執行猶予命令の変更が相当であること，再犯が元の犯罪より軽い場合，一部執行か執行猶予命令の変更が適当であること，再犯に対する刑が拘禁刑でない場合，裁判所は猶予刑を執行することが相当かどうか考慮すべきことを規定するに止める[13]。

　ただ，量刑ガイドライン評議会は，裁判所命令の違反（breach）に対する制裁（不良措置）の基準を設けるため，マジストレイトや裁判官への意見調査を実施し，2016年，裁判所命令違反に対する制裁ガイドラインの参考案を策定・公表し，意見公募を行っている[14]。そのガイドラインは，執行猶予命令の不良措置について，遵守事項違反と再犯のそれぞれについて基準を設けていることから，確定版ではないが，参考になる。

　まず，遵守事項違反の場合は，(1) 執行猶予命令に対する総合的な態度及び履行状況並びに既に履行した遵守事項の内容，(2) 既に履行又は一部履行した遵守事項の対象者の行動に対する影響，(3) 執行猶予命令の付加から違反までの時間的近接性を考慮して遵守事項の遵守レベルを低，中，高の3段階に分け，不良措置の基準を表1（上段）のように定めている。

　また，再犯の場合は，表1（下段）のように，一次的には再犯の犯情を元に不良措置の内容を決めるが，犯情が軽い場合には，遵守事項の履行状況を考慮するとしている。まず，複数再犯若しくは重大再犯であるか，元の犯罪と同程度の再犯の場合でも，罪質が近い場合は，最も重い違反として，遵守事項の状況を考慮せずに刑期の全部を執行する。イギリスにおける従来の実務では，再犯までに無償労働が全て履行され，又は再犯までに猶予期間の殆どが経過していた場合には，刑期の一部を執行することもしばしば見られるようであるが，

12）Sentencing Guidelines Council, New Sentences: Criminal Justice Act 2003 Guideline (2004).
　　2003年刑事司法が導入した新たな刑罰のうち社会内で執行される刑罰の量刑基準について定める。
13）*Ibid*. Section 2, Part 2, C.
14）Sentencing Council, Breach Offences Guideline: Consultation (2016).

表 1　イングランド＆ウェールズの執行猶予命令（猶予刑）に対する不良措置

	再犯の内容	遵守事項の遵守レベル	不良措置
遵守事項違反	なし	低レベル	刑期を全部執行
		中レベル	無償労働の履行や外出禁止の遵守割合に応じて刑期の一部執行 遵守事項の追加，猶予期間・監督期間の延長若しくは罰金の付加又はその併科
		高レベル	遵守事項の追加，猶予期間・監督期間の延長又は罰金の付加
再犯	複数の若しくは重大な再犯又は元の犯罪と類似し，同程度の再犯		刑期を全部執行
	元の犯罪より軽微だが拘禁刑相当の再犯	低レベル	刑期を全部執行
		高レベル	無償労働の履行や外出禁止の遵守割合に応じて刑期の一部執行
	拘禁刑不相当の再犯		無償労働の履行や外出禁止の遵守割合に応じて刑期の一部執行 遵守事項の追加，猶予期間・監督期間の延長若しくは罰金の付加又はその併科

　そうなると，再犯がより軽い場合と同じ扱いとなってしまうことから，評議会はこの方針を採用せず，元の刑期全部を執行することにしたとしている。

　これに対し，拘禁刑相当ではあるものの，再犯がさほど重大でない場合，それまでに履行した遵守事項の割合に応じて刑期の一部を執行するとしている。但し，対象者の更生や社会復帰に関連した遵守事項を履行していても，対象者の行動や態度に変化が見られないような場合は，遵守レベルは低いと見なされる。再犯が拘禁刑不相当なほど軽微な場合は，たとえ遵守事項の遵守レベルが低い場合でも，猶予刑を執行することは不当であるとしている。評議会は，その例として，万引きに対して猶予刑を受けた者が，猶予期間中に飲酒運転を行ったケースを挙げている。

　なお，法は，遵守事項違反や再犯があった場合，原則として猶予刑を執行しなければならないとするが，「全ての事情を考慮して猶予刑の執行が不相当である場合」という例外を設けている[15]。不相当かどうかの判断は主に遵守事項の遵守レベルと再犯の犯情によるが，ガイドライン（参考案）は，その他の要

15）Criminal Justice Act 2003, Sch.12, para.8(3).

因として，個人に係る重要な減軽事由，社会復帰の現実的な見通し，猶予刑の執行が他の者（例えば，対象者の家族等）に及ぼす重大な影響を考慮することができるとしている。

(3) 事例

　量刑ガイドライン評議会は，執行猶予命令に対するガイドライン（参考案）において不良措置の具体的事例を示している。

【事案の概要】

　A（28歳男性）は，譲渡目的によるAクラスの違法薬物所持（コカイン，ヘロイン，覚せい剤，LSD等）の罪で拘禁刑6月執行猶予2年の判決を受け，100時間の無償労働を含む遵守事項が設定された。当初は遵守事項をよく遵守し，最初の6週間で30時間の無償労働を履行したが，猶予期間開始から4か月から2か月間は，子供が病気であるとか，臨時の仕事があり，妻子を養うお金が必要といった様々な言い訳をして無償労働に参加しなくなっていた。その正当な理由を示すことができず，A本人も違反を認めたことから，猶予期間開始から6か月後にプロベーション・サービスによって遵守事項違反と認定された。Aには，他の罪による地域刑の前科があり，これは良好終了しているが，他にも暴行（common assault）や万引きによる前科もある。

【遵守事項の遵守レベル】

　当初は遵守事項をよく遵守し，短期間の間に無償労働のほぼ3分の1を履行したが，監督期間の最初の4分の1の時点で違反が認定されている。無償労働の履行状況と執行猶予命令から違反までの時間的近接性から，遵守事項の遵守レベルは中程度であったと考えられる。

【不良措置】

　猶予期間は既に上限である2年が設定されているため，延長することができない。また，Aが無償労働の一部を履行していないことを考えると，無償労

働を延長しても，履行されない可能性が高い。監督期間を延長しても，違反行
為に対し即効性は期待できない。従って，猶予されている拘禁刑を執行すべき
であるが，無償労働を履行した分に応じて元の刑期を減軽すべきである。

　Ａは，違反が就労中に起き，被扶養者たる妻子もいるとして，異議を申し
立てる可能性がある。ガイドラインは，拘禁が他の者に対し著しい影響を与え
るかどうかを含め拘禁刑の執行が不当となるような他の要因も考慮するとして
いる。しかしながら，妻子の存在は既に判決時に関連性有りとして考慮したう
えで判決裁判所は拘禁刑が相当だとして判決をしている。仮に拘禁刑の執行が
不当であるとした場合，不良措置の選択肢は罰金ということになり，それでは
違反の重大性に応じたものとはならず，既に排除された刑への修正ということ
にもならない。

　よって，既に履行した無償労働に応じた減軽を行ったうえで刑の一部を執行
する。

　以上のように，イギリスでは，執行猶予に対する不良措置の１つとして猶予
刑の一部執行を認めているが，不良措置の種類や執行割合の決定においては，
遵守事項の違反の程度や再犯の犯情といった行為責任[16]の重さを原則的な基準
としている。このことは，ガイドライン（参考案）が，執行猶予命令の違反に
対する不良措置を制裁（penalty）としていることからも窺うことができる。但
し，再犯等に至るまで更生プログラム等の遵守事項を比較的よく履行していた
としても，本人の更生や行動に変化が見られない場合には，遵守事項の遵守レ
ベルは低いと見なされ，重い不良措置がとられることや，猶予刑の執行が不相
当かどうかの判断においても社会復帰の現実的な見通しを考慮することができ
るとしていることから，責任的な評価だけでなく，更生という個別予防的な評
価が補充的になされていると考えられる。

　しかし，拘禁刑の一部執行の目的は，再犯や遵守事項違反に対する制裁と既

16）ここでの行為責任とは，再犯の場合は再犯の行為責任を示すが，遵守事項違反の場合は，
　違反に対する責任を意味する。

に履行した遵守事項分の調整が主たるもので，拘禁刑執行時に社会内処遇を確保するという目的ではないことは明らかである[17]。執行されないこととなった拘禁刑の部分についても，猶予刑として残るというわけでもない。そうした意味では，本章で提示する全部執行猶予の一部取消しとは性質も目的も異なる。しかし，再犯の罪質や犯情，遵守事項の履行状況や違反の内容等から執行部分を定める基準は，我が国における全部執行猶予の一部取消基準を考えるうえで参考となろう。

2 カナダ

(1) 条件付刑制度とプロベーションとの相違

カナダでは，1996年9月に施行された法律により刑事法典[18]が改正され，条件付（拘禁）刑（conditional sentence of imprisonment）と呼ばれる刑罰が導入されている。拘禁刑の代替刑を設けることによって拘禁刑への依存を減らすと共に，自らが惹起した害悪を犯罪者に認識させ，その損害を回復させる修復的司法の理念を量刑に取り込むことが導入の目的であったとされる[19]。条件付刑は，拘禁刑の一種とされるが，実際に受刑者は刑事施設に収容されることなく，条件（遵守事項）を遵守しながら社会生活を送る形で執行が行われる。

カナダには，社会の中で遵守事項を遵守することを内容とする刑罰として，この条件付刑のほかにもプロベーション（命令）（probation order）がある。但し，カナダのプロベーションには様々な適用方法がある。刑の必要的下限が定められておらず，2年以下の自由刑を科すべきときに，刑の言渡しを猶予し，被告

---

17) 但し，イギリスの有期の拘禁刑は2分の1で仮釈放となるため，社会内処遇の期間は確保することができる。Criminal Justice Act 2003, ss. 243A-244, Offender Rehabilitation Act 2014, s. 1.

18) Criminal Code, R.S.C., 1985, c. C-46. これは刑事実体法（刑法）だけでなく，刑事手続法（刑事訴訟法）でもあるため，ここでは刑事法典と訳す。

19) Robin MacKay, Conditional Sentences 1 (2005). 条件付刑の量刑に当たっては，量刑の基本目的や原則と一致していることが求められている。カナダ刑事法典は，責任非難，一般予防，個別予防，社会からの隔離（必要な場合），社会復帰の支援と並んで，被害者や社会に与えた害悪の認識とその損害回復が量刑の基本目的の1つであることを定める。Criminal Code, RSC., 1985, c. C-46, s. 718.

第1編第4章　刑の『裏』一部執行猶予　　195

人を条件付で釈放するよう命ずることができるという宣告猶予（suspended sentence）にプロベーションを付することができるほか[20]，罰金又は 2 年以下の自由刑を科すと同時にプロベーションを付加したり[21]，或いは公訴棄却（discharge）とする場合にも付することができる[22][23]。プロベーションの期間は，3 年を超えることができない[24]。宣告猶予のプロベーション中に罪を犯し有罪となった場合は，命令を取り消して元の罪に対して刑を科すか，特別遵守事項（optional conditions）を変更し，又は 1 年を超えない範囲でプロベーションの期間を延長する[25]。また，遵守事項違反自体も犯罪であり，正式起訴犯罪として 4 年以下の拘禁刑が科されるか，略式起訴で 1 年 6 月若しくは 5,000 ドル以下の罰金又はその併科となる[26]。

　これに対し，条件付刑は，2 年以下の自由刑を科す場合，社会における犯罪者の行動を監督するため，一定の条件に従い，社会の中で刑に服するよう命ずるものである[27]。但し，(a) 社会内での刑の執行が社会の安全を損なわず，量刑の基本目的や原則と一致していること，(b) 拘禁刑の必要的下限（短期）が定

---

20) Criminal Code, RSC., 1985, c. C-46, s. 731(1)(a).
21) Criminal Code, RSC., 1985, c. C-46, s. 731(1)(b). プロベーションを自由刑の実刑に付加する場合，プロベーションは自由刑の執行が終了し釈放された時点から開始され，仮釈放となった場合には，自由刑の執行が終了したときから開始する。Criminal Code, RSC., 1985, c. C-46, s. 732.2(1)(b). 従って，自由刑プラス社会内処遇という一種の二分判決のような効果を有する。また，カナダには週末拘禁等の断続刑（intermittent sentence）もあり，これにプロベーション命令を付加することもでき，この場合，刑期中の身柄拘束されていない間と執行が終わって釈放された後にプロベーションの遵守事項を遵守しなければならない。Criminal Code, RSC., 1985, c. C-46, s. 732(1).
22) Criminal Code, RSC., 1985, c. C-46, s. 731(2), s 730(1). 裁判所による公訴棄却には絶対的公訴棄却と条件付公訴棄却，即ちプロベーション命令付公訴棄却がある。
23) ややこしいことに，条件付刑にもプロベーションを付すことができる。この場合，条件付刑の執行終了後（期間満了後）にプロベーションが適用される。Criminal Code, RSC., 1985, c. C-46, s. 732.2(1)(c). カナダ各州での調査によれば，条件付刑にプロベーションが付されているケースが半数かそれ以上に上っているという。Correctional Services Program, *Highlights of the Conditional Sentencing Special Study*, Bulletin Canadian Centre for Justice Statistics, No. 85, at 7 (2002).
24) Criminal Code, RSC., 1985, c. C-46, s. 731.2(2)(b).
25) Criminal Code, RSC., 1985, c. C-46, s. 732.2(5).
26) Criminal Code, RSC., 1985, c. C-46, s. 733.1(1).
27) Criminal Code, RSC., 1985, c. C-46, s. 742.1.

められている犯罪でないことのほか，正式起訴で訴追可能な，最高刑が一定以上の特定の罪でないことが要件とされる。社会内で生活しながら一定の遵守事項を遵守する義務が課せられるという点ではプロベーションと同じであるが，プロベーションは犯罪者の社会復帰に主眼を置くのに対し，条件付刑は，処罰が主たる目的とされ，自宅拘禁や夜間外出といったより自由制限の強い遵守事項が「基準となり，例外ではない (the norm and not the exception)」とされている[28]。

　制度的にも，プロベーションの場合，監督官への一定間隔の報告義務や滞留義務が特別遵守事項（選択的）であるのに対し[29]，条件付刑では法定遵守事項（必要的）となっているほか[30]，処遇プログラムへの参加を特別遵守事項として設定するとき，プロベーションの場合は被告人の同意が必要であるが，条件付刑には必要ないなどの違いがある[31][32]。

(2)　遵守事項違反に対する不良措置

　正当な理由なく条件付刑の遵守事項に違反した場合にとり得る不良措置は，(a) 不処分（不良措置をとらないこと），(b) 特別遵守事項の変更，(c) 条件付刑を「停止」(suspend) し[33]，未執行分（期間未経過分）の一部の期間，刑事施設に収

28）R. v. Proulx, 2000 SCC 5, [2000] 1 R.C.S. 61.

29）Criminal Code, RSC., 1985, c. C-46, s. 732.1(3)(a), ss. 732.1(3)(a)-(b).

30）Criminal Code, RSC., 1985, c. C-46, ss. 742.3(1)(c)-(d).

31）このほかにも，(1) プロベーション命令の特別遵守事項 (optional conditions) としての居住指定条項は犯罪者の社会再統合が目的であるのに対し，条件付刑の場合は社会復帰が主たる目的ではなく，自宅拘禁や夜間外出禁止のような刑罰的な条件として課される点，(2) 遵守事項違反に対する不良措置が，プロベーション（命令付宣告猶予）の場合は遵守事項違反自体が犯罪を構成するのに対し，条件付刑の場合は拘禁刑の執行から不処分までの幾つかの選択肢がある点，(3) 遵守事項違反の証明の程度が，プロベーションの場合，犯罪を構成するため，合理的な疑いを超える証明が必要なのに対し (beyond the reasonable doubt)，条件付刑の場合，証拠の優劣（優越）でよい点 (balance of probabilities) 等で異なる。Robin MacKay, *supra* note 19 at 6-7.

32）2015 年度における原処分は，プロベーションが 2 万 2,057 人，条件付刑が 3,713 人であり，開始人員（プロベーション中に他の刑罰を受けた場合等を全て人員に計上）は，6 万 5,782 人と 1 万 1,205 人である。Julie Reitano (Canadian Centre for Justice Statistics), Adult Correctional Statistics in Canada, 2015/2016, at 14-15 (2017).

容し，条件付刑を，特別遵守事項を変更のうえ又は変更なしに，拘禁からの釈放時点で再開する，(d) 条件付刑を終了させ，刑の満了まで拘禁に付するのいずれかである[34]。プロベーション命令付宣告猶予の不良措置と異なるのは，条件付刑が社会の中で拘禁刑を執行するという構成を採っているからであり，従って，刑罰の執行を猶予する我が国の全部執行猶予とは異なるが，拘禁刑を刑事施設の中で執行する不良措置をとる場合も，残刑期間の全てを執行するのでなく，その一部に限って執行することを認めており，全部執行猶予の一部取消しに通ずるところがある。

これに対し，社会の中で条件付刑の執行を受けている者が他の罪により実刑を言い渡された場合は，その罪がいつ行われたかにかかわらず，実刑が執行されている間，条件付刑は「停止」(suspended) され，他の実刑の執行が終わった時点から執行が再開されるものとされている[35]。

条件付刑の遵守事項違反や不良措置については，限られた資料しかないが，アルバータ州を含む4州の条件付刑に関する調査によると，アルバータ州とノバスコシア州の遵守事項違反率が31％と22％，サスカチュワン州とニューブランズウィック州の再拘禁率（遵守事項違反による条件付刑の停止と終了）が39％と23％となっている[36]。不良措置の内訳については，これよりさらに古い資料となるが，オンタリオ州では，遵守事項違反のうち28％が不処分で，22％が遵守事項の変更，23％が残刑期の拘禁（条件付刑取消し）で，27％が一部拘禁（条件付刑の停止）とするものがある[37]。これによる限り，条件付刑の一部執行は比較的用いられていることは確かなようである。

33）suspended sentence と同じ suspend という用語が用いられているが，ここでは「停止」と訳す。

34）Criminal Code, RSC., 1985, c. C-46, ss. 742.6(9).

35）Criminal Code, RSC., 1985, c. C-46, ss. 742.7(1). オンタリオ州では，期間中の再犯の場合，善行保持の遵守事項違反として扱うとされる。Canadian Centre for Justice Statistics, Conditional Sentencing in Canada; A Statistical Profile 1997-2001, at 87 (2003).

36）Sara Johnson, *Outcomes of Probation and Conditional Sentence Supervision: An Analysis of Newfoundland and Labrador, Nova Scotia, New Brunswick, Saskatchewan and Alberta, 2003/2004 to 2004/2005*, JURISTAT CANADIAN CENTRE FOR JUSTICE STATISTICS, Vol. 26, No.7, at 7(2006).

但し，一部拘禁の場合，残刑期間のうちどの程度の割合を拘禁しているのか，またどのような基準に基づいてその割合を決めているかは，具体的な資料がなく，明らかでない。ただ，遵守事項違反の疑いがある場合に裁判所による違反手続に移行するかどうかの判断において，保護観察官は，再度の違反を防止する必要性，社会の保護，犯罪者の責任，犯罪者の所在を考慮し（ニューファンドランド・ラブラドール州），或いは犯罪者の状態や刑の執行中の変化，再犯の危険性，違反の重大性を評価する（ケベック州）とされていることから[38]，こうした観点に基づいて執行する拘禁期間を定めていることが推測される。

もっとも，カナダの条件付刑は，実質的には執行猶予的な制度であっても，形式的にはそうではなく，遵守事項を遵守しながら社会生活を送る中で刑期が進行していくため，比較的早い時点で遵守事項に違反すれば，刑期が多く残っており，拘禁する期間には幅があるが，残刑期間が少ない時点で遵守事項違反となれば，余程悪質な違反でなければ，残り僅かな期間だけ拘禁することに制裁や処遇としての意味がないことから，遵守事項の変更等が行われる可能性が高いであろう。

Ⅲ　全部執行猶予一部取消しの意義

1　刑の調整

日本でも，これまで全部執行猶予の一部取消しに関する主張が僅かながらなされたことがあるが，それは再犯による後刑と全部執行猶予の前刑（取消刑）の2刑持ちとなることで刑が重くなり過ぎるのを避けることを意図したものであった[39]。

確かに，全部執行猶予の量刑においては，全部実刑とする場合よりも，刑期

---

37) Canadian Centre for Justice Statistics, *supra* note 35, at 84, 94. マニトバ州では一部拘禁 25％（残刑期拘禁 53％），サスカチュワン州一部拘禁 0％（残刑期拘禁 38％），プリンスエドワード島一部拘禁 100％（但し，件数が極端に少ない）と，州間の差が激しい。この資料によれば，遵守事項違反率についても，オンタリオ州 11％，マニトバ州 33％，サスカチュワン州 57％，プリンスエドワード島 3％と州ごとに相当の開きがある。

38) Canadian Centre for Justice Statistics, *supra* note 35, at 30, 76.

第 1 編第 4 章　刑の『裏』一部執行猶予　　199

をやや長くすることが一般的な傾向であることから[40]，全部執行猶予が取り消された場合，やや長い全部実刑となり得る。また，再犯に対する量刑は，全部執行猶予が取り消されることを考慮して刑をやや軽くすることも行われているが，一方で，全部執行猶予中であるにもかかわらず，敢えて再犯に至ったという犯情から重い行為責任が認められるため，後刑が大幅に軽くなるということはない。そこに全部執行猶予が全部取り消された取消刑が加わることにより，比較的長い刑期となってしまう。いくら再犯を行った者の責任とは言え，前刑も含めて一度に執行されることによって，折角，全部執行猶予中に築きかけた雇用関係や人間関係が長い実刑の執行によって御破算となってしまう。また，現行の執行率による限り，仮釈放による早期の釈放にも限度がある。そこで，全部執行猶予の一部取消しを認めることで，後刑と併せた全体の刑の重さを調整することができるとする考え方が出てくることになる。

2　取消事由と不良措置の均衡

しかし，行為責任と個別予防に応じて刑を量定し，善行保持を条件として刑の執行を猶予したわけであるから，その条件に違反した以上，再犯に対する後刑と合わさることで刑が重くなり過ぎるからといって前刑の執行を一部に止めるべきという理屈は説得力に欠けるように思われる。また，純粋な遵守事項違反には再犯に対する後刑がないことから，そもそも，こうした理屈は通用しない。

39）こうした問題意識は，法制審議会被収容人員適正化方策に関する部会においても見られる。法制審議会被収容人員適正化方策に関する部会第14回議事録（2008年4月25日）9-11頁。但し，そこでは全部執行猶予の一部取消しよりは，むしろ再犯に対する後刑に全部執行猶予の取消刑を含めて一部実刑，一部執行猶予とすることに関心が傾いている。

40）実刑より刑期を長くする根拠として，全部執行猶予の取消しによって重い刑に服することになるという威嚇によって被告人に対する改善更生を促すという心理規制の効果を狙ったものであるというのが一般的な見解であるが，全部実刑との境界を考えた場合，全部実刑より格段に軽い刑とならないようにするため，宣告刑の刑期を長めに設定することは（量）刑の性質上，当然であるとする見解もある。植野聡「刑種の洗濯と執行猶予に関する諸問題」大阪刑事実務研究会編著『量刑実務大系4―刑の選択・量刑手続』判例タイムズ社（2011）77-79頁。

そこで，イギリスのように，全部執行猶予の取消事由に該当するような再犯や遵守事項違反があったとしても，その再犯や違反には「程度」があることから，それに応じて取消しの「量定」を行うことに根拠を求めることが考えられる。特に，我が国の場合，必要的取消しと裁量的取消しという段階は設けられているものの，禁錮以上の刑が確定した場合は，それがどのような犯罪や刑期であっても，一律全部取消しとなってしまう（但し，刑法第26条の2第2号の遵守事項違反の場合は異なる）。しかし，比較的軽微な犯罪の場合，全部執行猶予の全てを取り消すことが不良措置として重すぎるという場合があろう。そこで，量刑における罪刑均衡の原則や比例原則のように，全部執行猶予の取消しの場合も，再犯の罪に応じて取消しの割合を決めるという理屈が成り立とう。

　遵守事項違反の場合にも，違反には「程度」の差が当然にある。もっとも，我が国の場合，全部執行猶予を取り消すには，自力更生が困難と認められるほど，その情状が重くなければならないことから，一部取消しのような事態が想定しにくいかもしれない。しかし，情状が重い場合といえど，全部取り消すべき場合と，一部取消しに止める場合を観念することはできる。ましてや，後述するように，遵守事項違反の情状が極端に重い場合にしか取消しが行われていない運用を改める必要があるとすれば，尚更である。

　また，全部執行猶予に付される保護観察に不利益処分としての性質があることは否定できない。そこで，不良措置がとられるまで対象者が専門的処遇プログラムや社会貢献活動を履行していた場合，その分だけ全部執行猶予の取消刑から減じるという理屈も成り立ち得る。遵守事項違反の程度には，違反の重さのほかに，これまでに遵守してきた遵守事項の期間や内容の評価も含まれるのであって，「違反」の程度は，裏返せば，「遵守」の程度ということでもあるのである。

　本来，全部執行猶予の取消しには，再犯や遵守事項違反に対する制裁としての側面と，自力更生が困難となったことによる予防的対応という側面の両面がある[41]。再犯や遵守事項違反に程度の差があることを一部取消しの根拠とする考え方は，全部執行猶予の取消しを違反に対する制裁と捉えるという前者の側面に立つものである。しかし，保護観察付執行猶予についていえば，遵守事項

第1編第4章　刑の『裏』一部執行猶予　　201

違反があったからといって，その制裁として直ちに全部執行猶予を取り消して刑を執行するのは「ある意味保護観察の自己否定であって，矛盾をはらんでいるとも言える」[42]。保護観察中に問題が生じたからこそ，それを適期として処遇を行うべきであり，それこそが本来の社会内処遇の意義のはずである。これは（比較的軽微な）再犯についても言えることである。しかし，その一方で，再犯や違反があっても全部執行猶予が取り消されないなどということになれば，対象者の自力更生による全部執行猶予制度の実効性を担保することができなくなることも確かであり，再犯や遵守事項違反があったときに「適切に刑を執行する必要があることもまた軽視できないところである」[43]。ただ，そうであるとしても，再犯や違反の程度によっては，全部を取り消す場合以外に一部取消しという新たな選択肢を認めることで，制裁としての取消しにおいても柔軟な対応をすることができる。

3　施設内処遇と社会内処遇の有機的連繋——社会内処遇期間の確保

しかし，全部執行猶予の一部取消しには，取消制度のもう 1 つの側面である犯罪予防という観点からのより積極的な意義が認められなければならない。私見によれば，それが冒頭で指摘した社会内処遇期間の確保であると考える。即ち，全部執行猶予の取消事由が生じた場合，その受刑者は全部執行猶予だけでは更生を為しえなかったわけであるから，その取消しは免れられないし，取消

---

41) 全部執行猶予の取消しに制裁としての側面があることは完全に否定できないとしつつも，対象者の改善更生のため社会内処遇から矯正処遇への転換を図るという予防的な側面こそが中心たるべきとする見解が有力である。平野龍一『犯罪者処遇法の諸問題［増補版］』有斐閣（1982）37 頁，吉田次郎『刑事政策としての更生保護』大永舎（1971）160-169 頁，山田憲児『保護観察付執行猶予の取消し等に関する研究』法務省（1988）62 頁，鈴木昭一郎『更生保護の実践的展開』日本更生保護協会（1999）257-268 頁，大塚仁他編（豊田健執筆部分）『大コンメンタール刑法［第 2 版］第 2 巻』青林書院（2004）606 頁。保護観察の付かない単純全部執行猶予の取消しは，やや制裁としての側面が強いとも考えられるが，それでも改善更生と再犯防止のための矯正処遇への切り替えという予防的側面が重視されるべきである。本章のように全部執行猶予の一部取消制度を認めるのであれば，尚更である。
42) 法務総合研究所『平成 26 年版更生保護』（2014）248 頁。
43) 法務総合研究所・同上 249 頁。

刑の執行により刑事施設において矯正処遇を実施する必要性もある。しかし，全部執行猶予を完全に取り消してしまえば，通常の全部実刑となり，後刑として刑の一部執行猶予が言い渡されるか，刑の執行において仮釈放が認められない限り，満期釈放となって，社会内処遇を行う機会が失われるおそれがある。そこで，全部執行猶予の一部に限って取り消し，猶予刑と新たな猶予期間を設定することで，実刑部分の執行に続き社会内処遇を確保することが可能となる。

　社会内処遇に失敗したのに，再び社会内処遇に期待をかけるのはおかしいとの批判もあり得よう。しかし，社会内処遇に失敗したとはいっても，単純執行猶予の場合，それは保護観察にも付さず，本人の自助努力だけの消極的な社会処遇に過ぎない[44]。従って，刑事施設から釈放される際にはより積極的な社会内処遇である保護観察を通じて，より確実な更生を図る必要がある。しかし，現在の仮釈放では残刑期間しか保護観察を行い得ず，ましてや全部執行猶予の取消刑の場合，3年以下の実刑であり，再犯に対する後刑次第ではあるが，刑期の長さからいって，短い保護観察期間しか確保できない可能性が高い。ましてや，満期釈放となってしまえば，釈放後何らの指導監督や補導援護も行われず，更生がさらに危ぶまれることになる。全部執行猶予が功を奏さなかったからといって，矯正処遇に続いて社会内処遇を行うことに意味がないということには決してならない。このことは，当初の全部執行猶予に保護観察が付されていた場合にも当てはまる。むしろ，全部執行猶予が功を奏さなかったからこそ，再（々）犯を防ぐために，矯正処遇と社会内処遇の連携が必要なのである[45]。全部執行猶予の一部に限って取り消すことで，実刑部分執行後の社会内処遇の期間を確保することができ，これが全部執行猶予一部取消しの最大の眼目というべきである。本章において全部執行猶予の一部取消しを提案し，同制度をたとえて「刑の『裏』一部執行猶予」と呼ぶのも，そのためである。

44）我が国の場合，全部執行猶予に保護観察が付されるのは 10％に止まる。検察庁『2016年検察統計』e-Stat 表 68，表 71。

45）猶予期間中の再犯や遵守事項違反ではなく，余罪による全部執行猶予取消しの場合も同様である。

Ⅳ　全部執行猶予一部取消しの類型（対象者）

1　再犯──後刑が全部実刑の場合

　全部執行猶予の取消事由には，大別して，再犯（及び全部執行猶予確定前の犯罪）による刑の確定と遵守事項違反があるが，実務において圧倒的に多いのは，刑法第26条1号の再犯による禁錮以上の刑が確定した場合である。この場合，後刑と取消刑（前刑）の2つの自由刑が執行され，いわゆる2刑持ちで刑事施設に収容されることになる。後刑が全部実刑の場合は2つの全部実刑となり，後刑が一部執行猶予の場合は，全部実刑と一部執行猶予の2刑となる。後者の場合には，施設内処遇と社会内処遇の連携が図ることができるため，施設内処遇と社会内処遇の有機的連携という全部執行猶予の一部取消しの意義に最も適うのは後刑が全部実刑となる場合である（図2）。つまり，再犯に対し再度の全部執行猶予も刑の一部執行猶予も科すことができないか，相当でない場合ということになる。

　例としては，本件が初犯の覚せい剤の単純使用で，使用回数も少なかったため，全部執行猶予となったが，猶予期間中に，遊ぶ金欲しさから事務所に侵入して現金を盗むという窃盗を働いたケースが考えられる。これまでの一部執行猶予の量刑によれば，単純窃盗に対する専門的処遇プログラムもないことから，必要性が認められず，全部実刑となる可能性が高い。そこで，全部執行猶予の一部に限って取り消すことで，猶予刑と猶予期間を確保することができる。

　再犯の宣告刑は比較的短いものの，犯情が悪く，相当性がないとして，刑の一部執行猶予を科さない場合も考えられる。例えば，迷惑行為防止条例違反（痴漢）に対する懲役6月の全部執行猶予中に，未成年者に対し路上での強制わいせつを行ったような場合である。こうした事案については，宣告刑が3年を超える場合もあろうが，たとえ3年以下であるとしても，再犯の犯情が悪く，一部執行猶予が相当でないとされ，実刑となる可能性がある。

2　再犯──後刑が罰金の場合

　刑法は，再犯に対して罰金が確定した場合を裁量的取消事由とする（第26条

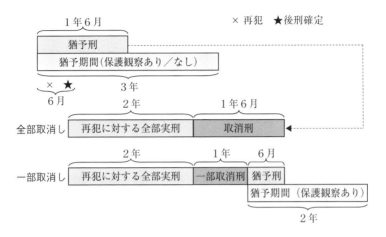

図2 全部執行猶予—一部取消し—再犯が全部実刑の場合

の2第1項)。実務では罰金の確定による全部執行猶予の取消件数は極めて少ないし，裁量的取消事由であるので，全部執行猶予を取り消さないこともあり得る。しかし，道路交通法違反で起訴され，罰金となることで，全部執行猶予が取り消されるような例もあるため，再犯の内容に応じて，全部執行猶予の一部に限って取り消すことが考えられる。罰金による一部取消しも，社会内処遇期間の確保が主たる目的であるが，刑の軽さから，取消事由の程度と不良措置の均衡という面も強い。

3 再犯——後刑が一部執行猶予の場合

再犯に対する後刑が一部執行猶予である場合，施設内処遇と社会内処遇の連携を図ることができるため，全部執行猶予の一部取消しを行う必要性は余り認められない。例えば，懲役1年6月全部執行猶予3年の者が猶予期間中に再犯を行い，再犯に対して懲役2年6月，そのうち懲役6月の執行を2年間猶予する刑の一部執行猶予が言い渡された場合，実際の刑の執行は図3のようになる。まず後刑（刑の一部執行猶予）の確定により，その執行が開始され，後日，後刑の確定を受けて前刑（懲役1年6月）が取り消される。通常は，後刑の実刑部分に続いて前刑たる取消刑の執行が行われた後に釈放され（刑法第27条の2第3項），

以後，刑の一部執行猶予による猶予期間が進行することになる（図3の①）[46]。図3では後刑の実刑部分と前刑の執行後には2年（制度上は1年以上5年以下）という猶予期間が設定されており，保護観察を付することもできるため，社会内処遇の期間が既に確保されており，敢えて全部執行猶予の一部取消しを行う必要は一応ないと考えられる。

　但し，そうした必要性は全くないかと言われれば，そうでないようにも思われる。というのも，前刑の取消刑が執行されることによって，後刑の一部執行猶予の実刑部分が長くなり，加えて猶予刑との比率も異なったものになるからである。後刑たる刑の一部執行猶予の量定に当たっては被告人（全部執行猶予対象者）の行為責任を中心とし予防的要素を僅かに考慮して宣告刑の刑期，猶予刑の割合，猶予期間の長さ，保護観察の有無を判断することになる。その際，前刑が取り消されて合わせて執行されることも一定の範囲で考慮に入れることができることは，後刑が全部実刑である場合と異なることはないであろう。しかしながら，あくまで再犯に対する刑事責任を中心に量刑を行う以上，前刑の執行を過度に評価することには当然躊躇されるはずである。特に，実刑部分と猶予刑の比率に関しては再犯に対する行為責任を中心に（予防の必要性を若干考慮して）量定することになる[47]。しかし，実際には，前刑たる取消刑の実刑が加わるため，2刑を合わせた場合，想定した実刑部分と猶予刑の割合より実刑部分が長い刑となる。図3で掲げた例で言えば，後刑が実刑部分2年，猶予刑6月と4対1の割合（猶予刑20%）となっているが，取消刑1年6月が加わる分，実質的には実刑部分3年6月，猶予刑6月の7対1（猶予刑12.5%）という一部執行猶予となる。これでも全く問題はないが，一部執行猶予において想定した猶予率（猶予刑の比率）からは外れることになる。そこで，1年6月の前刑のうち1年について取消し，6月を猶予刑とすれば，全体として，実刑部分

46）但し，早期の仮釈放を可能にするため，通常は後刑の実刑部分の途中（法定期間経過日以降）で刑の執行順序変更手続をとり，前刑（取消刑）の執行をし，その後，後刑の執行に戻るという形がとられる。仮釈放は，前刑の法定期間経過後の適時に申出・審理が行われる。

47）前掲・第1編第1章第V節。

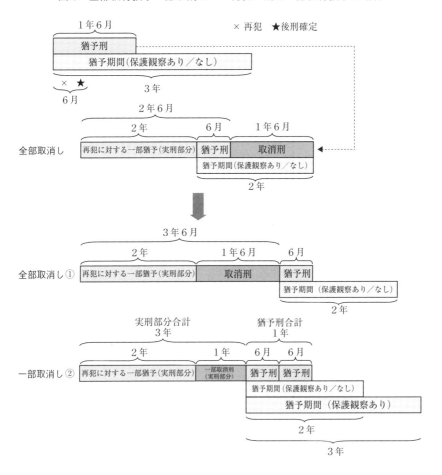

図3 全部執行猶予一部取消し――再犯が刑の一部執行猶予の場合

3年，猶予刑1年（猶予刑25%）という一部執行猶予となる（図3の②。後刑と全く同じ比率にすることも可能）。この場合，2つの猶予期間が一部重複することになるが，現在の再度の全部執行猶予の場合も，こうした猶予期間の重複が起きているので問題はない。このように，全部執行猶予の一部取消しをすることで，後刑の一部執行猶予の猶予率に近付けることはできる。

4 遵守事項違反の場合

遵守事項違反による全部執行猶予の取消しは極めて少なく，しかも，その多くは純粋な遵守事項違反ではなく，再犯を善行保持義務という遵守事項違反として取り消す場合である[48]。再犯による刑が確定した場合でも全部執行猶予の一部取消しを認めるのであれば，再犯を遵守事項違反として取り消す場合でも一部取消しを認めることに異論はなかろう。

これに対し，再犯以外の純粋な遵守事項違反による取消しは，違反の情状が重い場合とされており，判例上，「遵守事項違反の事実があり，その違反がその内容，本人の生活態度全般からみて自力更生意欲の不足ないし欠如に基因するものであり，保護観察による指導援助を継続しても自力更生を期し難い場合をいう」ものとされている[49]。こうした場合には，保護観察という社会内処遇が功を奏さなかったのであるから，全部執行猶予は取り消さざるを得ないとしても，取消刑に続いて社会内処遇の期間を確保する必要性は何ら変わることはない。

さらに，翻って考えるに，従来の遵守事項違反による全部執行猶予の取消基準や運用が果たして妥当なものとなっているかも再検討の余地があるように思われる。全部執行猶予取消決定に対する即時抗告の決定例を見ていると，どうしてここまで取り消されなかったのかいうほど情状が重いものが少なくない。

---

48) 法制審議会少年法・刑事法（少年年齢・犯罪者処遇関係）部会第一分科会第3回会議（2016年11月14日）配布資料・統計資料5（保護観察付執行猶予者の刑の執行猶予の取消しに関するもの）によると，遵守事項違反による取消しのうち再犯がない場合は1桁しかない。

49) 大阪高決昭和56・7・16刑月13巻6・7合併号457頁。最高裁は，この昭和56年の大阪高裁決定と，「善行保持義務に違反したとはいえ，その内容，程度，更には記録によって認められる被請求人の生活態度全般等からみて，右違反が被請求人の自力更生意欲の不足ないし欠如に起因し，保護観察による指導援助を継続しても自力更生を期し難い場合には当たらず，その情状が重いとまではいうことができない」とした平成4年の大阪高裁決定（大阪高決平成4・12・18判時1445号174頁）に相反しないとして，「保護観察による公的な指導，援護を受け，社会内での更生の機会が与えられてきたにもかかわらず，罪質が重く結果の重大な再犯に及んだという以上は，格別の事情が認められない限り，もはや刑の執行猶予の言渡しを取り消さざるを得ないものと解すべきである」とした原決定に対する特別抗告を棄却している。最小決平成17・10・18判タ1207号153頁。

実務において遵守事項違反による全部執行猶予の取消しが殆どなく，再犯による取消しが大半となってしまっているのも，裏返せば，遵守事項違反への対応が遅れてしまっているからであるとも考えられる。無断外泊や指導監督の無視といった軽度の遵守事項違反に対して何とか指導を継続していたものの，取消しの時期を逃したため，再犯に至ってしまったということもあろう[50]。軽度の遵守事項違反に対し的確な対応をとらないことが本人に対する誤ったメッセージになっていないかも危惧される。だからといって，形式的な遵守事項違反をもって全部執行猶予を取り消すような硬直的な制度や運用は適当でないが，そのような運用は取消しを重い遵守事項違反に限っていない仮釈放後の保護観察でも行われていない。そこで，遵守事項違反の内容に応じて全部執行猶予の一部取消しを認める制度を設けることによって，遵守事項違反に対しより適切な時点で取消手続ができるようになるとも考えられないであろうか。これを厳罰化と見る向きもあろうが，遵守事項違反を見逃しているうちに（勿論，指導は行っている），結局，再犯を犯してしまえば，被害者にとって取り返しがつかないし，結局，保護観察対象者本人にもより厳しい刑罰が待っていることになるのである。早期介入により，そうした事態を未然に防ぐことが重要である。

V　全部執行猶予一部取消しの要件

1　再犯に対する宣告刑

　現行の全部執行猶予の取消しは，再犯や余罪については刑が確定することが要件とされており，遵守事項違反については，違反の存在と，その情状が重いことが要件となっている[51]。しかし，全部執行猶予に，全部取消しのほか，一部取消しを認めるとなると，どのような場合に一部取消しを認めるべきかという要件を考えなければならないことになる。

---

50) 鈴木昭一郎・前掲注(41)275 頁。
51) 第 26 条 3 号と第 26 条の 2 第 3 号については，余罪による刑の確定の発覚が要件とされているが，判例上，執行猶予判決の是正が検察官の上訴により不可能であったことが必要とされている。最小決昭和 27・2・7 刑集 6 巻 2 号 197 頁。

施設内処遇と社会内処遇の有機的連携という全部執行猶予の一部取消しの目的に鑑みた場合（後刑に一部執行猶予が言い渡される場合を除き），全部執行猶予の一部取消しを広く認めることが相当であるとの考え方も成り立ち得る。特に，筆者のように，自由刑の執行を受ける受刑者は，全て，施設内処遇だけでなく，社会内処遇に付す必要があり，全ての自由刑に保護観察を付けることが望ましいとの立場に立てば，尚更である。しかし，当初犯した罪に対し刑の一部執行猶予や，海外に見られるような自由刑と社会内処遇を組み合わせたようなその他の刑罰を科す場合と[52]，敢えて善行保持を条件として刑の執行を猶予したにもかかわらず，再犯に至った場合に，その執行猶予を取り消す場合とでは意味が異なろう。また，重大再犯に至った場合，矯正処遇に切り替える必要性は一般的に高いと考えられるし，全部執行猶予の取消制度に再犯等に対する制裁としての側面があることも否定できない以上，一定の重大再犯があった場合には全部執行猶予の全てを取り消さざるを得ない。

　そこで，再犯が一定の重大なものであった場合には，全部取消しとし，再犯に対する刑が一定の範囲内であった場合に限って一部取消しを認めることが合理的であろう。元々，全部執行猶予が3年以下の刑に対してのみ言い渡し得るのに，それ以上の罪を犯した場合にも一部しか取り消さないとすることは不自然のように思われるし，刑の一部執行猶予が3年以下の刑に限定していることを前提とすれば，全部執行猶予の一部取消しの場合も，同様とすることが考えられる。もっとも，後刑が3年以下の場合，刑の一部執行猶予も可能になるから，3年を超える場合（で一定の刑期以下の場合）にも一部取消しを認めるか，後述する他の要件等で一部執行猶予と差別化を図らないと全部執行猶予一部取消しの適用範囲が相当狭くなる可能性もある。

　なお，遵守事項違反による全部執行猶予の取消しの場合は，この要件は妥当しない。

---

52) アメリカの二分判決については，前掲・第1編第3章を参照のこと。

2　必要性

　全部執行猶予の一部取消しは，刑の一部執行猶予同様，施設内処遇と社会内処遇の有機的連携を確保することにより再犯を防止することが主たる目的である。全部執行猶予という心理規制や保護観察だけでは再犯防止を防げなかったか，防ぐことが困難となりつつある（遵守事項違反の場合）わけであるから，全部執行猶予を取り消して刑事施設に収容し矯正処遇を行うと同時に，釈放され再び社会に戻ったときに再犯を行わないようにする必要がある。しかし，再犯や更生が危ぶまれるほどの遵守事項違反を行っていることからも，再犯のおそれがないことを許可基準の1つとする仮釈放が認められず，満期釈放となる可能性もある。そこで，全部執行猶予の一部を猶予刑として残し，一定の猶予期間を設定して，その間は保護観察を行うことで，その再犯を防ぐ必要がある。こうした制度の趣旨からも，全部執行猶予の一部取消しには「再び犯罪をすることを防ぐために必要であるかどうか」という必要性の要件が要求されることになろう。

　但し，刑の一部執行猶予のように比較的高度の必要性が要求されるべきかどうかは検討の余地がある。現在，保護観察付一部執行猶予の裁判においては，一般の社会内処遇（保護観察）が必要という程度ではなく，高専門的処遇プログラムのような体系化された処遇が利用可能で，且つ必要であるという高度な必要性が要求されている[53]。筆者のように，およそ自由刑の実刑（一部執行猶予も含め）を受ける者は釈放後必ず社会内処遇が必要だとの立場に立つならば[54]，必要性要件の基準は緩和されてしかるべきことになる。

---

53)　小池信太郎「刑の一部執行猶予と量刑判断に関する覚書―施行を一年後に控えて」慶應法学33号（2015）273-275頁，今福章二ほか「座談会―刑の一部執行猶予制度の施行とその課題」論究ジュリスト17号（2016）194頁以下の小池信太郎発言部分（197-198頁，201頁），川出敏裕発言部分（199頁），園原敏彦発言部分（202頁），反論として山口貴亮（201頁），樋口亮介「刑の一部執行猶予の選択要件と宣告内容―制度理解を基礎にして」論究ジュリスト17号（2016）220頁。

54)　「自由を大幅に制限し，奪っている環境で，社会復帰の訓練をするのは，床の上で水泳の練習をさせることに似ている」というG・ラートブルフの言葉を引用して社会内処遇の意義を説明するものとして，宮澤浩一『刑事政策講義ノート』成文堂（1998）48頁。

次に，必要性の判断基底については，「犯情の軽重及び犯人の境遇その他の情状」（刑法第27条の2第1項）という刑の一部執行猶予の基準が参考となる。「犯情」については，再犯による後刑の確定が取消事由であるから，その犯情は当然に考慮するとして，本件の犯情や情状をどこまで考慮するかである。例えば，再犯の犯情からだけでも十分必要性が認められるような場合は（従って，後刑は刑の一部執行猶予が適用される可能性もある），本件の犯情は余り重要視する必要がない。反対に，再犯に対しては必要性が認められないような場合でも，本件の犯情や再犯との関連性を考慮することで，必要性が認められるという場合はあろう。例えば，本件では窃盗であったところ，全部執行猶予中に再び窃盗を行い，犯人の特性も含めて考慮すると犯罪者には窃盗症が認められるとして，刑事施設での矯正処遇と保護観察において窃盗症に対する認知行動療法を行う必要性があるような場合である。反対に，本件が窃盗であったのに対して，再犯が道路交通法違反というように本人の犯罪特性が看取されないような場合，必要性が認められないということもあり得る。

　犯人（ここでは猶予の言渡しを受けた者）の境遇その他の情状の中には，保護観察付全部執行猶予の場合，遵守事項の遵守状況など保護観察全般の状況も含まれる。遵守事項違反による取消しの場合も，違反の内容とその原因，更生の可能性と違反との関係等が必要性の判断基底となろう。

3　相当性

　現行法でも，再犯が禁錮以上の刑に当たる場合には必要的取消しとし，罰金に当たる場合には裁量的取消しとしているように，再犯に対する刑の内容によって取消しの態様を変えている。重大な再犯を行っているのに，全部執行猶予（の全部）を取り消さないということは考えられないから，全部執行猶予の取消しにおいても，再犯が重大であるとか，その犯情が悪質であるとかといった場合には，その全てを取り消し，再犯の内容からして相当である場合に限って一部取消しを認めることにすべきであろう[55]。既述の通り，宣告刑の要件を設定することで一定の重大再犯は対象外となるので，宣告刑の要件を満たす場合に限って，再犯の犯情から一部取消しが相当かどうかという要件が機能する

ことになる（犯情面での相当性）。また，再犯の犯情は，後述するように一部取消しの割合を量定する際にも考慮することになる。

　刑の一部執行猶予と同様，予防面での相当性も要件となろう。本人の態度や再犯・違反の内容から対象者の更生を考えるうえで一部取消しによる社会内処遇が相当かどうかという判断となる。保護観察官の指導に全く従わない態度が顕著であるような場合などは相当性が否定されよう。

VI　全部執行猶予一部取消しの「量定」

1　取消比率とその基準

　全部執行猶予の猶予刑のうちどれだけを取消して執行し，どれだけを猶予刑として残すかという取消比率については，再犯の場合，行為責任の大小と予防の必要性を，また遵守事項違反の場合は，違反の程度と予防の必要性を基準とすることが考えられる。全部執行猶予の（一部）取消制度の趣旨から考えて，予防的側面を中心に取消比率を量定することも考えられないわけではないが，猶予されているのが刑罰であって，保安処分ではなく，再犯による取消事由もあることから，予防的側面だけで取消比率を決めることは妥当でない。基本的には再犯の犯情が重く，行為責任が重いほど，取消比率を高くすることになろう。再犯の刑期も当然１つの基準となるが，宣告刑がたとえ要件の範囲内であっても，極めて再犯の犯情が重い場合は，取消比率を100％とし，全部取消しとすることもあり得る。

　遵守事項違反の内容や程度も，端から正当な理由なく専門的処遇プログラムに参加せず，保護観察官の指導にも従わないなど，極めて悪質な場合は，現在のように全部取消しとせざるを得ないであろうが，イギリスのように，プログラムの前半は出席していたが，後半は生活が荒れ始め，何かと理由を付けて参加しないようになり，あげくの果てに２週間ほど所在不明になっていたなどで

55）前刑の原因となった本件は，全部執行猶予となるくらいであるから，その相当性については問題がないため，再犯の犯情次第ということになる。

取り消す場合には，取消しを猶予刑の一部に止めることもあり得る。再犯や遵守事項違反に至るまでの経過期間も，再犯の情状や遵守事項違反の程度に関わるものとして，取消比率に影響しよう。

　予防に関する事情も当然に考慮することになるが，行為責任や遵守事項違反の程度に基づく取消比率を微調整するという形で加味する。再犯による取消しの場合は，犯行動機や犯行の背景となった更生のうえで汲むべき事情であるとか，遵守事項違反による取消しの場合であれば，違反の原因や経過といったものである。矯正処遇に必要な期間も判断材料となろうが，取消刑（実刑部分）の期間については，それが短くても，再犯の場合，後刑の実刑があれば，刑事施設における処遇期間が短くなり過ぎるという心配はない。

2　猶予期間と保護観察の設定

　現在の全部執行猶予の取消しでは全部執行猶予の言渡しそのものが全て取り消されるため，猶予期間についても取り消されることになる。全部執行猶予の一部取消しという制度を導入する場合，猶予期間の効果が残るとなると，猶予期間の一部は既に経過していることから，これを新たな実刑部分執行終了後の期間とするには不都合が多く，一部取消しにおいては，猶予期間は合わせて取り消すこととし，実刑部分の後に新たな猶予期間を設定することが合理的である。

　新たに設定する猶予期間の上限と下限は，刑の一部執行猶予や全部執行猶予と同じ 1 年以上 5 年以下でよいであろう。その期間は，再犯の行為責任や遵守事項違反の内容，予防の必要性，再犯や遵守事項違反までの経過期間等，考慮すべき点は取消比率と同様であるほか，取り消されない猶予刑の期間との関係にも配慮する必要がある。なお，全部執行猶予の期間中に再犯を行うか，遵守事項違反を犯したわけであるから，ただ猶予期間を設定するだけでなく，保護観察は必要的とすべきである。

　猶予期間の起算点は，全部執行猶予の取消刑（実刑部分）の執行が終わり，受刑者が釈放される日が起算点となる。その時点で他に執行すべき実刑がある場合は，その刑の執行を終わった日である。再犯に対する後刑が刑の一部執行

214

猶予であり，さらに全部執行猶予も一部取消しとする場合，一部執行猶予の実刑部分と全部執行猶予の取消刑の部分の執行が終わった時点で，2つの猶予期間が同時に進行することになろう。その場合，より長い猶予期間が実際の猶予期間となるが，短い方の猶予期間が経過した時点でそれに対応する猶予刑は失効することになる。

3　再犯に対する後刑の量定

　従来，全部執行猶予期間中の再犯に対する後刑の量定においては猶予刑が取り消されることが考慮されることが多く，それは後刑を減軽する方向に作用している。しかし，全部執行猶予の一部取消制度ができた場合，取り消されるであろうことはわかっても，全部取消しとなるか一部取消しとなるか，またどの程度の一部取消しとなるかが予測できなくなるため，再犯に対する刑の量定が難しくなることも考えられる。

　ただ，こうした問題は現在の罰金による取消しの場合でも同じはずで，後刑に対し罰金を量定する時点においては，全部執行猶予が取消しとなるかどうかは，裁量的取消しのため，未確定である。また，後刑が実刑の場合でも，「前刑の執行猶予の取消しも見込まれることも踏まえ」，「前刑の執行猶予の取消しが予想されることなどを考慮しても」，「執行猶予が取り消され，併せて服役する可能性もあることなど」といったように，あくまで取消しの可能性という前提で考慮されている。さらに，全部執行猶予の取消しの可能性が後刑の量刑に与える影響は極めてわずかなものであろうし，全部執行猶予の取消比率もそれほど格差が開くとは思われない。そこで，一部取消制度が導入されたとしても，再犯に対する刑の量定において神経質になる必要はないであろう。

Ⅶ　全部執行猶予一部取消しと刑法規定

　以上述べてきた全部執行猶予の一部取消制度を刑法にどのような形で規定するかについていくつかの試案を示すことで，補足的な検討を行うこととしたい。

　全部執行猶予の取消しについて現行規定は，「次に掲げる場合においては，

刑の全部の執行猶予の言渡しを取り消さなければならない」（刑法第26条），「取り消すことができる」（同第26条の2）としていることから，一部取消しの最も単純な規定方法は，「次に掲げる場合においては，刑の全部の執行猶予の言渡しの全部又は一部を取り消さなければならない」（刑法第26条改正案），「全部又は一部を取り消すことができる」（同第26条の2改正案）とすることであろう。

　しかし，これではどのような場合に一部取消しとすることができるか明らかでないことから，全部取消しとするか一部取消しとするか，一部取消しとする場合の比率をどうするかの判断基底と要件を明記することが望ましい。判断基底としては，刑の一部執行猶予のものを参考にすると，必要的取消しの場合，「次の各号に掲げる罪の犯情の軽重及び猶予の言渡しを受けた者の境遇その他の情状」となろう。裁量的取消しについては，再犯による取消しのほか，保護観察の遵守事項違反の場合があるので，「第1号又は第3号に掲げる罪の犯情の軽重及び猶予の言渡しを受けた者の境遇その他の情状又は第2号に掲げる遵守事項を遵守しないことについての情状の程度（重さ）」とする必要がある。

　但し，全部執行猶予の一部取消制度を設ける場合，取消事由としての遵守事項違反の在り方については再検討が必要となろう。従来であれば取消しとなっていたような情状が重いときのなかで全部取消しと一部取消しを認めるという考え方もあろうし，従来であれば全部取消しとなっていたような情状の程度であれば全部取消しとするが，それ以下の場合にも一部取消しがあり得るとすることも理屈としてあり得ないわけではない。後者の場合，立法論として刑法の規定から「その情状が重いとき」という文言を削除する方法もあるし，「重いとき」という基準も相対的なものであるとすれば，文言はそのままに全部取消しと一部取消しを認める余地もあろう。この問題は，そもそも，どのような遵守事項違反の場合に「その情状が重い」として取消しを認めるかという実質的な観点も考慮して検討する必要がある[56]

　次に，要件としては，一部取消制度の目的が施設内処遇と社会内処遇の有機的連携により対象者の改善更生と再犯防止を図ることにあるから，先に検討したように，「再び犯罪をすることを防ぐために必要であり，且つ，相当であると認められるときは」という必要性と相当性の基準を定めることが適当であろ

う。

　新たに設定する猶予期間の規定も必要である。刑の全部の執行猶予の一部を
取り消すときは，取り消されなかった部分について，新たに1年以上5年以下
の範囲で刑の執行を猶予するとの規定と当該猶予期間の起算日に関する規定を
設けることになろう。また，刑の執行順序の変更等で再犯に対する後刑のうち
執行すべき部分が残っている場合があるので，他に執行すべき懲役又は禁錮が
あるときの当該猶予期間は，その執行すべき懲役又は禁錮の執行を終わった日
又はその執行を受けることがなくなった日から起算することも明記しておく必
要がある。

Ⅷ　今後の展望と課題

　本章では，全くの手探り状態ながら全部執行猶予の一部取消制度について検
討を試みた。課題も多くあろうが，やはり一番の課題は制度の存在意義と刑の
一部執行猶予との関係であろう。考試期間主義の採用など仮釈放制度の抜本的
改革がなされれば，こうした制度は必要ないとも言えるし，刑の一部執行猶予
が薬物事犯以外にも広く適用されるようになれば，制度の活用場面というのは，
一部執行猶予がどうしても適用できない事案か，再犯ではない遵守事項違反の
場合に限られることになる。今後，刑の一部執行猶予の運用や仮釈放制度の改
正を見据えながら制度の可能性を検討していくことが望まれる。

　また，保護観察付全部執行猶予の遵守事項違反に対する不良措置の在り方に
ついても見直す必要があるように思われる。現在，再犯のない純粋な遵守事項
違反で全部執行猶予を取り消すのは極めて稀有な例である。形式的な違反だけ

56）情状の重いときの判断基準について，山田憲児・前掲注(41)87頁以下。大塚仁他編
　　（豊田健執筆部分）・前掲注(41)612-613頁は，「『その情状が重いとき』とは，『その情
　　状により』と同趣旨であって，当該情状が重いと判断されるのであれば，特段の事情の
　　ない限り，執行猶予は取り消さざるを得ないものと思料する」とする。そうであるとす
　　れば，情状が重い場合でも，なお「特段の事情」があれば，取り消さない可能性もあり
　　得ることになり，論者の主旨とは相容れないような気もするが，結局，情状の程度も相
　　対的な概念であることを意味する。

を捉えて全部執行猶予を取り消すようなことがあってはならないが，実際には極めて情状が重い遵守事項違反でなければ取消しは行われていない。現場でも全部執行猶予取消しの申出や請求において情状が重いことの疎明に苦労することも多いと聞く。全部執行猶予の取消しによって社会生活が断絶するマイナスの影響は考慮しなければならないが，遵守事項違反の程度とその背景にある更生の状況を見極め，対象者の悪い生活状態や環境を一旦断ち切ることが必要なとき，取消しを躊躇することがあってはならないであろう。全部執行猶予一部取消制度の前提として，遵守事項違反に対する不良措置の在り方も併せて検討する必要があるように思われる。

第 2 編

刑の一部執行猶予　関係法令・逐条解説

凡　例

・本編では，平成 25 年に成立した「刑法等の一部を改正する法律」（平成 25 年法律第 49 号）（以下，「刑法等一部改正法」という。）によって改正された刑法，更生保護法その他の関係法令のうち刑の一部執行猶予に関係した条文，及び同時に成立した「薬物使用等の罪を犯した者に対する刑の一部の執行猶予に関する法律」（平成 25 年法律第 50 号）（以下，「薬物使用者等一部執行猶予法」という。）の条文について解説を加えたものである。

・刑の全部の執行猶予を始め，改正や追加が行われていない条文についても，刑の一部執行猶予や保護観察に関連して参照する必要のある重要な条文については掲載し，刑の一部執行猶予との関わりなどについて簡単な解説を加えてある。

・旧条文に対し改正が行われた場合でも，単に条項の増減に伴う改正だけの部分については省略した。これについては，**巻末資料 7** の新旧対照条文を参照されたい。

・条文に付された下線は，刑法等一部改正法により改正された部分である。但し，刑法等一部改正法で新規に追加された条文については，特に下線を付さず，条文下に「（平成 25 年法律第 49 号追加）」と記してある。

・以下，刑の全部の執行猶予を「全部執行猶予」，刑の一部の執行猶予を「刑の一部執行猶予」又は単に「一部執行猶予」という。

・条文中の漢数字は，号数を除き，算用数字に統一してある。

刑法（明治40年4月24日法律第45号）（抄）

第4章　刑の執行猶予

（刑の全部の執行猶予）

第25条　次に掲げる者が3年以下の懲役若しくは禁錮又は50万円以下の罰金の言渡しを受けたときは，情状により，裁判が確定した日から1年以上5年以下の期間，その刑の全部の執行を猶予することができる。

一　前に禁錮以上の刑に処せられたことがない者

二　前に禁錮以上の刑に処せられたことがあっても，その執行を終わった日又はその執行の免除を得た日から5年以内に禁錮以上の刑に処せられたことがない者

2　前に禁錮以上の刑に処せられたことがあってもその刑の全部の執行を猶予された者が1年以下の懲役又は禁錮の言渡しを受け，情状に特に酌量すべきものがあるときも，前項と同様とする。ただし，次条第1項の規定により保護観察に付せられ，その期間内に更に罪を犯した者については，この限りでない。

1　全部執行猶予の要件（第1項）

　平成25年に成立した刑法等一部改正法によって刑の一部執行猶予（刑法第27条の2以下）が導入されたことから，本条が定める執行猶予が全部執行猶予であることを明確にするための文言が追加された。

　従来，1個の自由刑の一部についてその執行を猶予することはできないとされ，刑の一部執行猶予の創設によりそれが可能となったわけであるが，それは第27条の2が定める要件によらなければならず，本条の規定ではない。

　第1号には前刑の全部執行猶予が取り消されないまま猶予期間が経過した場合も含まれるが，一部執行猶予が取り消されないまま猶予期間が経過した場合でも第1号の適用はなく，一部執行猶予が取り消されないまま猶予期間が経過し，且つ実刑部分の執行が終わってから5年を経過した場合に限って第2号の適用がある。

2　再度の全部執行猶予（第2項）

全部執行猶予中の再犯について，一部執行猶予の適用はあるが（第27条の2第1項2号），再度の全部執行猶予が認められるのは，前刑が単純全部執行猶予の場合で，1年以下の懲役又は禁錮の言渡しを受け，情状に特に酌量すべきものがある第2項の場合に限られる。一部執行猶予による猶予期間中の者には，全部執行猶予の適用はない。

（刑の全部の執行猶予中の保護観察）

第25条の2　前条第1項の場合においては猶予の期間中保護観察に付することができ，同条第2項の場合においては猶予の期間中保護観察に付する。

2　前項の規定により付せられた保護観察は，行政官庁の処分によって仮に解除することができる。

3　前項の規定により保護観察を仮に解除されたときは，前条第2項ただし書及び第26条の2第2号の規定の適用については，その処分を取り消されるまでの間は，保護観察に付せられなかったものとみなす。

1　全部執行猶予の保護観察（第1項）

全部執行猶予に伴う保護観察について定めた規定である。初度の全部執行猶予においては保護観察を裁量的に付すことができ，再度の全部執行猶予は必要的に保護観察を付す。

執行猶予に付される保護観察の法的性質については，これを刑罰ないし刑罰の付随処分と見る説，（保安）処分と見る説，刑罰でも処分でもない第三の刑事制裁と見る説がある。

2　保護観察の仮解除（第2項・第3項）

保護観察の良好措置の1つである仮解除に関する規定である。内容については一部執行猶予に付される保護観察の仮解除の解説を参照のこと（第27条の3第2項・第3項）。

（刑の全部の執行猶予の必要的取消し）

第26条 次に掲げる場合においては，刑の<u>全部</u>の執行猶予の言渡しを取り消さなければならない。ただし，第3号の場合において，猶予の言渡しを受けた者が第25条第1項第2号に掲げる者であるとき，又は次条第3号に該当するときは，この限りでない。

一 猶予の期間内に更に罪を犯して禁錮以上の刑に処せられ，その<u>刑の全部</u>について執行猶予の言渡しがないとき。

二 猶予の言渡し前に犯した他の罪について禁錮以上の刑に処せられ，その刑の<u>全部</u>について執行猶予の言渡しがないとき。

三 猶予の言渡し前に他の罪について禁錮以上の刑に処せられたことが発覚したとき。

1　再犯による禁錮以上の刑の確定（第1号）

　刑法等一部改正法により全部執行猶予の必要的取消事由を定めた規定であることを明確にするための文言が追加されたが，一部執行猶予制度が導入されたことから，全部執行猶予制度の取消しについても実質的な改正が行われたことに注意する必要がある。

　まず，改正前は全部執行猶予期間中の再犯により禁錮以上の実刑判決が確定した場合を必要的取消事由としていたが，改正法は取消しを「その刑の全部について執行猶予の言渡しがないとき」，即ち全部執行猶予の言渡しがない場合とすることで，実刑の場合は勿論，再犯に対する刑が一部執行猶予であった場合も同様に必要的取消事由とした。再犯に対する刑として一部執行猶予が確定した場合，直ちにその実刑部分が執行され，全部執行猶予の目的を果たし得ないことになるため，これを取り消すこととしたものである。

2　全部執行猶予確定前の罪に対する禁錮以上の刑の確定（第2号）

　同様に，全部執行猶予の判決確定前に犯した他の罪について全部執行猶予の言渡しがない場合を取消事由とすることで，実刑の場合のみならず，一部執行猶予の判決が確定した場合も必要的取消事由としている。全部執行猶予の確定裁判前の余罪に相当する罪について一部執行猶予が言い渡されたということは，仮に全部執行猶予の確定裁判の事件と余罪が同時に審判された場合でも全部執

行猶予が言い渡される可能性はないため，全部執行猶予が不適当ということに
なるだけでなく，一部執行猶予の実刑部分が直ちに執行され，全部執行猶予の
目的を最早果たし得ないからである。

3 全部執行猶予確定前の禁錮以上の刑の確定の発覚（第3号）

　全部執行猶予の判決確定前に他の罪について禁錮以上の刑が確定したことが
判決確定後に発覚した場合が必要的取消事由とされていたが，改正法は，刑法
第26条の2第3号における発覚した刑が全部執行猶予に限られるとすること
で，本条第3号の必要的取消事由は，実刑に限らず，刑の一部執行猶予も含ま
れることとなった。但し，発覚した一部執行猶予の刑の執行終了日（猶予期間
経過の場合は，実刑部分の執行終了日がこれに当たる。）等から5年が経過していない
場合に限られる。その場合は，そもそも全部執行猶予の要件を満たさず，全部
執行猶予を言い渡すことができなかったからである。

（刑の全部の執行猶予の裁量的取消し）
第26条の2 次に掲げる場合においては，刑の<u>全部</u>の執行猶予の言渡しを
　取り消すことができる。
　一 猶予の期間内に更に罪を犯し，罰金に処せられたとき。
　二 第25条の2第1項の規定により保護観察に付せられた者が遵守すべ
　　き事項を遵守せず，その情状が重いとき。
　三 猶予の言渡し前に他の罪について禁錮以上の刑に処せられ，その<u>刑
　　の全部の執行</u>を猶予されたことが発覚したとき。

---

1 全部執行猶予の裁量的取消事由

　裁量的に全部執行猶予を取り消すことができる事由を定めた規定である。第
1号と第2号に改正点はないが，第2号による全部執行猶予の取消しは，遵守
事項違反が重い場合に限られる。遵守事項違反には様々な状況や理由が考えら
れ，また全部執行猶予を取り消すとなれば，本人の生活に重大な影響を及ぼす
ことになるためである。これに対し，保護観察付一部執行猶予の裁量的取消事

224

由たる遵守事項違反は，情状が重い場合に限られていない（第27条の5第2号）。

2　全部執行猶予確定前の禁錮以上の刑の全部執行猶予の発覚（第3号）

　本条第3号が規定する全部執行猶予の裁量的取消事由は，発覚した刑が全部執行猶予の場合に限られる。従って，第26条3号における全部執行猶予の必要的取消事由は，同条本文但書の「次条第3号に該当するときは，この限りでない」という除外規定によって，発覚した禁錮以上の刑が，実刑の場合のみならず，一部執行猶予も含まれることになる。

（刑の全部の執行猶予の取消しの場合における他の刑の執行猶予の取消し）
第26条の3　前2条の規定により禁錮以上の刑の<u>全部</u>の執行猶予の言渡しを取り消したときは，執行猶予中の他の禁錮以上の刑についても，その猶予の言渡しを取り消さなければならない。

　禁錮以上の全部執行猶予が取り消されたとき，執行されることになる自由刑と他の全部執行猶予を併存させることは全部執行猶予制度の趣旨にそぐわないため，他の執行猶予を併せて取り消すことを義務付けたものである。

（刑の全部の執行猶予の猶予期間経過の効果）
第27条　刑の<u>全部</u>の執行猶予の言渡しを取り消されることなく<u>その猶予の期間を経過したとき</u>は，刑の言渡しは，効力を失う

　全部執行猶予の猶予期間が経過したとき，刑の言渡しの効力が将来に向かって消滅することを規定したものである（将来効）。このように，我が国の全部執行猶予は，条件付で刑の執行を免除する条件付執行免除制度ではなく，条件付有罪判決の性質を有する。

（刑の一部の執行猶予）

第27条の2　次に掲げる者が3年以下の懲役又は禁錮の言渡しを受けた場合において，犯情の軽重及び犯人の境遇その他の情状を考慮して，再び犯罪をすることを防ぐために必要であり，かつ，相当であると認められるときは，1年以上5年以下の期間，その刑の一部の執行を猶予することができる。

一　前に禁錮以上の刑に処せられたことがない者

二　前に禁錮以上の刑に処せられたことがあっても，その刑の全部の執行を猶予された者

三　前に禁錮以上の刑に処せられたことがあっても，その執行を終わった日又はその執行の免除を得た日から5年以内に禁錮以上の刑に処せられたことがない者

2　前項の規定によりその一部の執行を猶予された刑については，そのうち執行が猶予されなかった部分の期間を執行し，当該部分の期間の執行を終わった日又はその執行を受けることがなくなった日から，その猶予の期間を起算する。

3　前項の規定にかかわらず，その刑のうち執行が猶予されなかった部分の期間の執行を終わり，又はその執行を受けることがなくなった時において他に執行すべき懲役又は禁錮があるときは，第1項の規定による猶予の期間は，その執行すべき懲役若しくは禁錮の執行を終わった日又はその執行を受けることがなくなった日から起算する。

（平成25年法律第49号追加）

1　制度の概要と意義

　刑の一部執行猶予は，言渡した刑（以下，「宣告刑」という。）の最後の一部の執行を猶予し（以下，「猶予刑」という。），猶予されなかった刑の部分（以下，「実刑部分」という。）の執行に続く一定の猶予期間を設定し，一部執行猶予が取り消されることなく猶予期間を経過した場合，猶予刑の効力を失わせ，実刑部分の刑期に相当する刑に減軽するというものである。

　この制度は，自由刑について実刑と全部執行猶予以外の量刑上の選択肢を増やすと共に，刑事施設での刑の執行と矯正処遇に続いて，社会内で一定期間，猶予刑の取消しがあり得るという心理強制の効果により遵法的な社会生活を維

持させ，又は保護観察を付し積極的な指導監督や補導援護を行うことで，対象
者の改善更生と再犯防止を図ることを目的とする。いわば施設内処遇と社会内
処遇の有機的連携を図ることが一部執行猶予の最大の眼目であり，仮釈放や満
期釈放の限界を一部解消ないし緩和するものでもある。

　なお，刑の一部執行猶予は，刑法中「刑の執行猶予」の章の中で全部執行猶
予に続いて規定が置かれ，要件や取消事由の点でも全部執行猶予と類似してい
るが，全部執行猶予とは異なり，たとえ一部とはいえ，実刑が科せられるので
あるから，それに見合うだけの刑事責任と個別予防に応じた刑であることに注
意する必要がある。

　刑法等一部改正法と同時に成立した薬物使用者等一部執行猶予法は，刑法に
規定する一部執行猶予の例外法に当たる。同法は，薬物使用等の罪を犯した者
のうち薬物依存のある者が再び薬物犯罪やその他の犯罪に陥ることを防ぐため，
刑事施設における処遇に引き続き社会内においてその者の特性に応じた処遇を
実施することにより規制薬物等に対する依存を改善することが有用であること
に鑑み，薬物使用等の罪を犯した者に対する刑の一部執行猶予に関し，その言
渡しをすることができる者の範囲及び猶予期間中の保護観察その他の事項につ
いて刑法の特則を定めるものである。

　従って，薬物使用者等一部執行猶予法は，刑法上の一部執行猶予の要件（前
科要件）を充足しない者に適用される。つまり，薬物使用等の罪を犯した者で，
前科に当たる刑の執行が終了した日等から一定の期間（5年）が経過していな
い再犯や累犯に対して一部執行猶予を科すものであるから，薬物使用等の罪を
犯した者で，薬物依存のある者でも，刑法上の一部執行猶予の要件を充足する
者（初入者や準初入者）については，薬物使用者等一部執行猶予法ではなく，刑
法上の一部執行猶予を適用することになる。薬物使用者等一部執行猶予法と刑
法は互いに排他的であり，その意味で薬物使用者等一部執行猶予法は刑法の例
外法であって，特別法ではない。

2　形式的要件——宣告刑（第1項）

　刑の一部執行猶予が認められるのは，宣告刑が3年以下の懲役又は禁錮であ
る場合に限られる（第1項本文）。罰金の一部執行猶予という制度が理論的に全

第2編　刑の一部執行猶予　関係法令・逐条解説　　227

く考えられないわけではないが，施設内処遇と社会内処遇の有機的連携を図ることが刑の一部執行猶予の最大の眼目であるため，刑の一部執行猶予は自由刑に限られ，罰金は対象とされなかった。

宣告刑が3年以下の自由刑に限定された理由は，3年を超えるような自由刑は比較的重い刑事責任に対するものであり，たとえ一部といえども刑の執行を猶予することは，応報や一般予防のみならず，被害者感情や国民感情からして適当でないと考えられたことと，3年を超える自由刑の場合，猶予期間や保護観察の有無など実刑部分の執行を挟んだ将来の事項を裁判時の量刑判断で行うことは困難であるとされたからである。

3　形式的要件──前科（第1項）

判決の言渡し「前に禁錮以上の刑に処せられたことがない者」（第1号），「前に禁錮以上の刑に処せられたことがあっても，その刑の全部の執行を猶予された者」（第2号）又は「前に禁錮以上の刑に処せられたことがあっても，その執行を終わった日又はその執行の免除を得た日から5年以内に禁錮以上の刑に処せられたことがない者」（第3号）であることが必要である。

第1号と第3号については全部執行猶予と同一の要件であり，第2号は全部執行猶予（第25条）の言渡しを受け，執行猶予中の者である。つまり，刑の一部執行猶予は，自由刑の実刑によって刑事施設に収容されたことがない「初入者」（第1号，第2号）か，法律上それに準ずる「準初入者」（第3号）を対象としている。

「禁錮以上の刑」は確定していることを要し，言渡しがあっただけでは足りない。また，禁錮以上の刑に処せられたことがあっても，全部執行猶予の執行猶予期間の経過（第27条）や刑の消滅（第34条の2第1項）により刑の言渡しが効力を失ったときは，「禁錮以上の刑に処せられたことがない者」に当たる。

準初入者の前刑たる禁錮以上の「刑の執行を終わった日」というのは，刑期が満了した日であるが，5年の期間はその翌日から進行する。従って，刑事施設で刑期を満了した，いわゆる満期釈放の場合は，その翌日に釈放されるため（第24条2項），起算日は当該釈放日となる。仮釈放の場合は，仮釈放中も刑期が進行することから（第29条2項，更生保護法第77条5項），刑期の満了した日が

228

刑の執行が終わった日であり、5年の起算日はその翌日となる。刑の執行免除には、刑の時効が完成したとき（第31条）、外国で言い渡された刑の全部又は一部の執行を受けたとき（第5条但書）、恩赦として刑の執行免除が行われるとき（恩赦法第6条、第7条2項、第8条）がある。それぞれ、時効期間の満了日の翌日、執行を免除する判決確定日、恩赦による刑の執行免除の効力が生じた日が起算日となろう。

過去に刑の一部執行猶予に処せられ、取消しを受けることなく、その猶予期間を経過した場合、刑の一部執行猶予の実刑部分の執行が終わった日から起算して5年以内に禁錮以上の刑に処せられたことがない者は第3号の対象となる。

4　実質的要件——情状・再犯防止の必要性と相当性（第1項）

刑の一部執行猶予は、刑事施設での矯正処遇に続いて、猶予期間の間、猶予刑の取消しの可能性を残すか、保護観察を行うことによって、再犯防止を図ることが目的であるから、犯情の軽重及び犯人の境遇その他の情状を考慮して、再び犯罪をすることを防ぐために必要であり、かつ、相当であるという必要性と相当性の要件を満たす必要がある。

判断基底としての情状には、犯行の動機や手段・態様・程度、被害者の人数や被害の程度、共犯関係といった犯情と、被告人の生い立ちや家族関係、職業、特性・人格、前科、被害者の状況や損害回復等といった一般情状が含まれる。

再犯防止の必要性とは、一部執行猶予の目的である施設内処遇と社会内処遇の連携を図ることが再犯防止のうえで必要かどうかという、専ら個別予防上の判断である。

これに対し、相当性については、個別予防面での相当性と犯情面での相当性という2つの側面からの判断となる。予防面での相当性とは、釈放後の帰住地感情が極めて悪く、帰住地調整などをもってしても、本人に対する排斥運動や非難が起きる蓋然性が高いといったように、社会内処遇が本人の社会復帰にマイナスの影響を与えるおそれがある場合とか、暴力団など反社会的組織の構成員等であり、更生の意欲も保護観察の指導監督に服する意思もないなど、社会内処遇の実効性がおよそ期待し得ない場合を指す。

犯情面での相当性は、たとえ3年以下の宣告刑が相当である場合でも、刑の

一部の執行を猶予することが相当かどうかを犯情の点から判断するものであり，犯行が非常に悪質であるとか，社会に与えた不安や影響が著しいといった場合に，相当性が否定される可能性がある。反社会的組織の構成員による犯行という場合，予防面での相当性と犯情面での相当性の両方に関わる。

5　猶予刑（第1項）

　執行を猶予する猶予刑の長短や宣告刑に占める割合について，特に制限はない。これは，一部執行猶予の言渡しを受ける者の犯情や一般情状は様々であること，宣告刑にも長短があること，どの程度の施設内処遇と社会内処遇を要するかは人によって異なることから，実刑部分と猶予刑の柔軟な組み合わせを可能にしておくことが望ましいとされたからである。従って，理論上は，宣告刑の最後の1月のみを猶予することも可能であるし，宣告刑の大半を猶予することも可能である。

　しかし，実刑部分を極端に短くするのは，量刑上，全部執行猶予との刑の選択が問題となり得る他，社会生活を断絶させる割に刑事施設で短い期間しか矯正処遇を行い得ないという短期自由刑の弊害が目立ち，社会内処遇との連携という一部執行猶予の意義からも問題である。さらに，実刑部分が宣告刑（執行刑期）の3分の1より短い場合，事実上，仮釈放は不可能となる。

　また，猶予刑を極端に短くするのも，猶予期間中に一部執行猶予が取り消された場合，刑事施設へ再収容されても十分な処遇期間を取ることができず，社会生活が再び途絶える弊害ばかりが目立つことになる。

6　猶予期間（第1項）

　実刑部分の執行に続き，1年以上5年以下の範囲で猶予期間が設定される。猶予期間も量刑の一部であるから，行為責任の大小も当然に考慮されるが，単純一部執行猶予であれば，社会の中で自律的な生活を送らせるための心理的抑止力をどの程度の期間働かせればよいかという判断と，保護観察付の一部執行猶予であれば，社会復帰のうえでどの程度の期間保護観察が必要かという予防的な判断が重要となる。

　猶予刑の期間と猶予期間は，対応関係にはないとしても，猶予期間は猶予刑

（宣告刑）より長い期間とする全部執行猶予の実務慣行を考えれば，一部執行猶予においても，猶予期間は猶予刑より長く，また猶予刑が長くなれば，それに応じて猶予期間は長くなろう。

7 執行方法と猶予期間の起算点（第2項）

一部執行猶予は，まず宣告刑のうち執行が猶予されなかった実刑部分の執行を行い，当該期間の執行が終わった日（執行を受けることがなくなった場合は，その日）から，猶予期間を起算する。「執行を終わった日」の意味については，前記3の解説を参照のこと。

8 他刑の執行と猶予期間の起算点（第3項）

一部執行猶予の言渡しを受け，その実刑部分の執行が終わったとき（又はその執行を受けることがなくなったとき），他に執行すべき懲役又は禁錮があるときは，一部執行猶予の実刑部分の執行に続いて，他の執行すべき懲役又は禁錮の執行を行い，その執行を終わった日（又はその執行を受けることがなくなった日）から，一部執行猶予の猶予期間を起算する。

例えば，全部執行猶予中の再犯に対し一部執行猶予が言い渡され（第27条の2第2号），これにより全部執行猶予が取り消された場合（第26条1号）や，確定判決の前と後で犯された2つの罪が併合審理され，うち1つに一部執行猶予が言い渡されるような場合がこれに当たる。この規定がないと，猶予期間の進行と他の執行すべき懲役又は禁錮の執行が重なってしまい，一部執行猶予の意味が失われてしまうため，こうした規定が必要となる。

主文2つにおいてそれぞれ一部執行猶予の判決が言い渡されるという場合が実際にどの程度あるかはわからないが，そのような場合は，まず各一部執行猶予の実刑部分を順次（重い方から）執行し，2つの実刑部分の執行が終わった後に，2つの猶予期間が同時に開始されることになろう。

9 薬物使用者等一部執行猶予の場合の特則

薬物使用等の罪（薬物使用者等一部執行猶予法第2条2項）を犯した者については，薬物使用者等一部執行猶予法第3条により刑法第27条の2第1項に規定され

ている一部執行猶予の前科要件が排除されているため，初入者・準初入者でも全部執行猶予中の者でもなく，前に禁錮以上の刑に処せられ，その執行が終わってから5年以内の者については同法による一部執行猶予の対象となる。

　また，一部執行猶予の実質的要件である必要性と相当性の要件も，単に犯情の軽重及び犯人の境遇その他の情状を考慮するだけでなく，「刑事施設における処遇に引き続き社会内において規制薬物等に対する依存の改善に資する処遇を実施することが」再犯の防止にとって必要であり，且つ相当であるかという基準で判断するものとされている。

（刑の一部の執行猶予中の保護観察）
第27条の3　前条第1項の場合においては，猶予の期間中保護観察に付することができる。
2　前項の規定により付せられた保護観察は，行政官庁の処分によって仮に解除することができる。
3　前項の規定により保護観察を仮に解除されたときは，第27条の5第2号の規定の適用については，その処分を取り消されるまでの間は，保護観察に付せられなかったものとみなす。
（平成25年法律第49号追加）

1　一部執行猶予の保護観察（第1項）

　一部執行猶予を言い渡すとき，裁判所の裁量により，猶予期間中，保護観察に付すことができる（裁量的保護観察）。一部執行猶予者の中には，実刑部分に続いて，猶予期間を設定し，その期間は猶予刑の取消しがあり得るという心理的抑止力を及ぼすだけで再犯を防止できる場合も想定できるため，保護観察を裁量的にしたものである。従って，一部執行猶予には，全部執行猶予と同様，保護観察の付かない単純一部執行猶予と保護観察付一部執行猶予があることになる。

　これに対し，薬物使用者等一部執行猶予法に基づき，薬物使用等の罪を犯した者に対し一部執行猶予の言渡しをするときは，刑事施設内での処遇に続いて，

232

社会内においても継続的に規制薬物等に対する依存の改善を図ることが有用であることから，必要的に保護観察に付すこととされた（薬物使用者等一部執行猶予法第2条）（必要的保護観察）。但し，薬物使用等の罪を犯した者に対しても，刑法上の一部執行猶予の要件を満たし，これを適用するときには，法律上，保護観察は必要的ではない。

　保護観察の有無及びその期間は，裁判所が，行為責任の程度に加え，特に個別予防の必要性・相当性を考慮して決定することになる。

　保護観察の期間は，1年以上5年以下の範囲で，猶予期間と同じであるが，第2項以下に定めるよう良好措置として保護観察の仮解除がある。一部執行猶予の保護観察は実刑部分の執行が終わったときから行われる（仮釈放に伴う保護観察との関係については第28条の解説参照）。

2　保護観察の実施

　一部執行猶予に付される保護観察の担当機関や実施方法は，原則として全部執行猶予に付される保護観察と同様，対象者の居住地を管轄する保護観察所がつかさどる（更生保護法第60条）。保護観察における指導監督と補導援護は，保護観察所で管内の地区を担当する保護観察官（主任官）と民間篤志家（地位は非常勤の国家公務員）の保護司がこれを担うが（更生保護法第61条1項），保護観察のうち補導援護については，対象者の改善更生を図るため有効且つ適切であると認められる場合には，更生保護事業法の規定により更生保護事業を営む者（更生保護施設等）その他の適当な者に委託して行うことができる（同第2項）。しかし，その特質や目的から，一部執行猶予に付される保護観察にはいくつかの特則が設けられている他（本編・更生保護法第52条4号，第53条4項，第78条の2等の解説参照），薬物使用等の罪を犯した者に対する一部執行猶予を言い渡された者を含め，規制薬物等に対する依存がある者に対する保護観察について新たな規定が新設された（本編・更生保護法第51条の2，同法第3章第1節の2の解説参照）。

3　保護観察の仮解除（第2項・第3項）

　保護観察付一部執行猶予者についても，保護観察付全部執行猶予の場合と同様，健全な生活態度を保持し，その性格，年齢，経歴，心身の状況，家庭環境，

第2編　刑の一部執行猶予　関係法令・逐条解説　　233

交友関係，保護観察の実施状況等を考慮し，保護観察を仮に解除しても，当該生活態度を保持し，善良な社会の一員として自立し，改善更生することができると認めるときには，一部執行猶予に付された保護観察を，行政官庁の処分によって仮に解除することができる。

　ここにいう行政官庁とは全国8か所に設置されている地方更生保護委員会である。地方更生保護委員会は，法務省保護局の地方支分局の1つであり，仮釈放や仮退院等の許可・取消しなどを所掌する行政委員会であり（更生保護法第16条），一部執行猶予に付された保護観察についても，保護観察所長の申出により，行政官庁たる地方更生保護委員会の処分（決定）により仮に解除することができる（更生保護法第81条1項）。仮解除中でも一部を除く一般遵守事項の遵守義務はあるが（同第2項・第3項），特別遵守事項は仮解除の処分と同時に取り消されたものと見なされる（同第4項）。

　仮解除となった場合，その処分を取り消されるまでの間は保護観察に付せられなかったものと見なされ，遵守事項違反がある場合にも，それを理由として執行猶予を取り消すことはできなくなる。

　保護観察の仮解除は，あくまで仮の解除であるから，対象者の行状に鑑み再び保護観察を実施する必要があると認めるときは，決定をもってこれを取り消さなければならない（同第5項）。

（刑の一部の執行猶予の必要的取消し）
第27条の4　次に掲げる場合においては，刑の一部の執行猶予の言渡しを取り消さなければならない。ただし，第3号の場合において，猶予の言渡しを受けた者が第27条の2第1項第3号に掲げる者であるときは，この限りでない。
　一　猶予の言渡し後に更に罪を犯し，禁錮以上の刑に処せられたとき。
　二　猶予の言渡し前に犯した他の罪について禁錮以上の刑に処せられたとき。
　三　猶予の言渡し前に他の罪について禁錮以上の刑に処せられ，その刑の全部について執行猶予の言渡しがないことが発覚したとき。

（平成 25 年法律第 49 号追加）

1　一部執行猶予の必要的取消事由

　第 1 号では，一部執行猶予判決が確定してから猶予期間が経過するまでの間にさらに罪を犯し，禁錮以上の刑に処せられ，これが確定したとき，必要的に刑の一部執行猶予を取り消すものとしている。猶予期間中に罪を犯し刑が確定した場合は，施設内処遇と連携した社会内処遇という一部執行猶予の目的が達せられなかったわけであるし，再犯に対する実刑の執行が猶予期間と重なってしまい，猶予期間の意味がないためである。また，刑事施設において実刑部分を執行中にさらに罪を犯し，禁錮以上の刑が確定した場合も，社会内処遇の不適格者として，一部執行猶予を取り消す。全部執行猶予の必要的取消事由である第 26 条 1 号のような「その刑の全部について執行猶予の言渡しがないとき」という文言がないのは，第 1 号の必要的取消事由に該当するような罪を犯した場合，全部執行猶予の要件を満たすことがあり得ないためである。再犯に対し刑法上の一部執行猶予の要件が充足することもないが，薬物使用者等一部執行猶予法による一部執行猶予が言い渡された場合には，前刑の一部執行猶予は必要的に取り消される。

　第 2 号は，一部執行猶予判決が確定する前に犯した他の罪について，一部執行猶予判決の確定後に禁錮以上の刑に処せられ，確定したときを必要的取消事由とするものである。これは，一部執行猶予に基づく施設内処遇や社会内処遇が功を奏しなかったわけではないが，一部執行猶予判決確定前の余罪に対する自由刑の執行が行われ，一部執行猶予の目的を果たすことができなくなるため，これを取り消すものとしたものである。余罪に対する禁錮以上の刑は，実刑の場合のみならず，刑の一部執行猶予でも，必要的取消事由に該当する。刑法第26 条 2 号と異なり，余罪に対する刑が全部執行猶予以外の場合という文言がない。これは，全部執行猶予の場合，全部執行猶予が言い渡された罪と余罪が併合罪として同時に審判されていたとしても，なお全部執行猶予が言い渡された可能性があるので，判例上（最大判昭和 32・2・6 刑集 11 巻 2 号 503 頁），全部執行猶予の執行中でも第 25 条 1 項による全部執行猶予を言い渡すことができるが，一部執行猶予の場合，余罪と同時審判したとして，一部執行猶予にできる

第 2 編　刑の一部執行猶予　関係法令・逐条解説　　235

可能性はあっても，全部執行猶予とすることは考えられないからである。

　第3号は，一部執行猶予判決が確定する前に他の罪について禁錮以上の実刑又は一部執行猶予が確定したことが一部執行猶予判決確定後に発覚した場合を必要的取消事由とするものである。但し，実刑又は一部執行猶予の実刑部分の執行が終わった日又はその執行の免除を得た日から5年以上経過している場合には一部執行猶予を言い渡すことが可能であることから（第27条1項3号），発覚した刑は，実刑や実刑部分の執行終了や執行免除から5年が経過していない場合でなければならない。発覚したのが禁錮以上の全部執行猶予である場合には，猶予期間が経過していれば当然に，猶予期間中でも一部執行猶予が可能であることから必要的取消事由には該当せず，裁量的取消事由でもない。

2　取消手続

　一部執行猶予の取消手続は，全部執行猶予と同様，検察官が裁判所に請求し（刑事訴訟法第349条），裁判所は，執行猶予の言渡しを受けた者又はその代理人の意見を聴いたうえで取消し又は請求却下の決定をしなければならない（刑事訴訟法第349条の2第1項）。取消決定には即時抗告をすることができる（同第5項）。

3　薬物使用者等一部執行猶予の場合の特則

　薬物使用者等一部執行猶予法による刑の一部執行猶予においては，刑法第27条の4第3号の規定は適用されない（薬物使用者等一部執行猶予法第5条1項）。同法による一部執行猶予には前科要件がなく，前刑の執行終了日等から5年が経過していない場合において一部執行猶予を言い渡すことができることから，他の罪について禁錮以上の刑が確定したことが薬物使用者等一部執行猶予の確定後に発覚した場合でも違法ではないことから，これを取り消さないとしたものである。

（刑の一部の執行猶予の裁量的取消し）
第27条の5　次に掲げる場合においては，刑の一部の執行猶予の言渡しを
　取り消すことができる。
　一　猶予の言渡し後に更に罪を犯し，罰金に処せられたとき。
　二　第27条の3第1項の規定により保護観察に付せられた者が遵守すべ
　き事項を遵守しなかったとき。
　（平成25年法律第49号追加）

1　一部執行猶予の裁量的取消事由

　第1号は，一部執行猶予判決が確定してから猶予期間が経過するまでの間に
さらに罪を犯し，罰金の刑に処せられ，これが確定したときを裁量的取消事項
として定める。再犯に対する刑が禁錮以上の刑である場合には必要的取消事項
となるのに対し（第27条の4第1項），罰金の場合，犯情が軽いものもある他，
納付によって直ちに執行が終わり社会生活を維持することができるため，一部
執行猶予の目的を達することが期待できる場合もあることから，これを裁量的
取消事項としたものである。

　第2号は，全部執行猶予の裁量的取消事由である刑法第26条の2第2号に
対応するものであり，保護観察付一部執行猶予の場合の遵守事項違反を裁量的
取消事由とするものであるが，全部執行猶予と異なる点は遵守事項違反の情状
が重いときに限定されていないことである。これは，一部執行猶予が，実刑部
分を含む，全部執行猶予より刑事責任が重い刑であることに加え，全部執行猶
予中に再犯を犯した場合に適用されることもあり，また施設内処遇と社会内処
遇の連携を図る一部執行猶予が「再び犯罪をすることを防ぐために必要であり，
かつ，相当であると認められるとき」に限って適用されるものであり，保護観
察において遵守事項の遵守を強く求める必要があることから，情状が重くない
場合でも一部執行猶予が取り消されることがあり得るとしたものである。

　なお，全部執行猶予の裁量的取消し（第26条の2第3号）と異なり，一部執行
猶予判決が確定する前に他の罪について禁錮以上の刑に処せられ，その執行を
猶予されたことが発覚したときが，取消事由とされていないのは，全部執行猶
予中の者に対しても刑の一部執行猶予を科すことができるからである（第27条

の2第1項2号)。

2　取消手続

　保護観察付一部執行猶予を遵守事項違反で取り消す場合 (第2号), 保護観察付全部執行猶予と同様, 検察官の裁判所に対する請求は, 保護観察所長の申出に基づかなければならず (刑事訴訟法第349条2項), 裁判所の決定に際し, 猶予の言渡しを受けた者の請求があるときは, 口頭弁論を経なければならない (刑事訴訟法第349条の2第2項)。

(刑の一部の執行猶予の取消しの場合における他の刑の執行猶予の取消し)
第27条の6　前2条の規定により刑の一部の執行猶予の言渡しを取り消したときは, 執行猶予中の他の禁錮以上の刑についても, その猶予の言渡しを取り消さなければならない。
(平成25年法律第49号追加)

　確定判決の前後に犯した各罪の同時審判においてそれぞれ一部執行猶予が同時に言い渡される場合など一部執行猶予の猶予期間が他の一部執行猶予の猶予期間と競合する場合があり得る。その競合した猶予期間中にさらに罪を犯して刑が確定したり, 共に保護観察が付され, 共通した遵守事項に違反したりした場合などは, 2つの執行猶予が共に取り消されることになる。しかし, 例えば, 片方の一部執行猶予だけに保護観察が付いていて, 遵守事項に違反し (再犯以外), 当該一部執行猶予を取り消す場合でも, もう片方は保護観察が付いていないため取消しとはならないという事態が生じる。この場合, 既に一部執行猶予の社会内処遇の目的は達し得なくなったわけであるから, もう片方の猶予期間をそのまま進行させることは不適当であるだけでなく, 実際にも取消刑の執行と猶予期間が競合することとなり, 猶予期間の意味をなさないため, これを取り消さなければならないものとしたものである。

（刑の一部の執行猶予の猶予期間経過の効果）

第27条の7 刑の一部の執行猶予の言渡しを取り消されることなくその猶
予の期間を経過したときは，その懲役又は禁錮を執行が猶予されなかっ
た部分の期間を刑期とする懲役又は禁錮に減軽する。この場合において
は，当該部分の期間の執行を終わった日又はその執行を受けることがな
くなった日において，刑の執行を受け終わったものとする。

（平成25年法律第49号追加）

　一部執行猶予の言渡しを取り消されることなく猶予期間が経過したとき，猶
予刑の効力が将来に向かって消滅し，猶予されなかった実刑部分の期間を刑期
とする懲役又は禁錮に減軽される。一部執行猶予についても，取消決定の効力
が猶予期間内に確定することを要するとする確定説と，確定までは必要なく，
執行力を生じればよいという判例の立場である執行力説（最大決昭和40・9・8刑
集19巻6号636頁，最小決昭和54・3・29刑集33巻2号165頁他）の対立がある全部
執行猶予と同様の問題が想定される。

　一部執行猶予の言渡しを取り消されることなく猶予期間を経過した場合，実
刑部分の執行を終わった日（又はその執行を受けることがなくなった日）に刑の執行
が終わったものとされることから，刑法第25条1項2号による全部執行猶予，
刑法第27条の2第3号による刑の一部執行猶予，刑法第34条の2による刑の
消滅，刑法第56条1項による再犯加重においては，この実刑部分の執行が終
わった日が刑の執行を終わった日となり，その翌日が期間の起算点となる。

第5章　仮釈放

（仮釈放）

第28条 懲役又は禁錮に処せられた者に改悛の状があるときは，有期刑に
ついてはその刑期の3分の1を，無期刑については10年を経過した後，
行政官庁の処分によって仮に釈放することができる。

1　一部執行猶予に対する仮釈放

一部執行猶予の実刑部分について仮釈放を排除する規定はなく，その適用が可能である。その場合，仮釈放の形式的要件である法定期間の3分の1は，一部執行猶予の実刑部分の期間ではなく，宣告刑（実刑部分と猶予刑の期間を合わせた刑期）から算入された未決勾留日数を除いた期間が基準となる。従って，宣告刑の刑期（から未決勾留日数を差し引いたもの）に占める実刑部分の割合が3分の1未満の場合，自ずと仮釈放の適用がなくなる。

2　保護観察

刑法に明文規定はないが，仮釈放を許された者は，仮釈放の期間中，保護観察に付される（更生保護法第40条，第48条3号）。仮釈放の期間は，執行すべき刑期から仮釈放までに執行された期間を除いた残刑期間である。この方式を残刑期間主義という。これは，仮釈放も自由刑の一執行方法とみて，仮釈放後も刑期が進行するため（更生保護法第77条5号の反対解釈），残刑期間の経過によって刑期が満了するためである。一部執行猶予の実刑部分において仮釈放が許可された場合，この残刑期間は実刑部分から既に執行した期間を除いた部分である。

なお，海外には，仮釈放を残刑の執行猶予制度とし，残刑期間とは関係なく，処遇の必要性を基準に仮釈放期間を決める考試期間主義を採用している国や，一定の仮釈放期間を設定したり，残刑期間に一定期間を追加する折衷主義を採用する国もある。これは施設内処遇に続いて，一定期間，社会内での処遇を確保するための制度としては優れているが，仮釈放期間が残刑期間を超えて見えるため，我が国では責任主義の観点から批判があり，採用されていない。一部執行猶予制度が導入されたのも，こうした我が国における残刑期間主義の欠陥を一部克服するという目的もある。

一部執行猶予制度は，宣告刑の最後の一部分の執行を猶予して，そこから一定の猶予期間を設定することから，機能の面で考試期間主義に基づく仮釈放と類似している。しかし，考試期間主義は刑の執行過程において仮釈放の決定機関（我が国は地方更生委員会という行政委員会，ドイツでは行刑判事）が自由刑の執行過程において受刑者の改悛の状や再犯のおそれなどを考慮して事後的に決定するものであるのに対し，一部執行猶予は，裁判所が行為責任と個別予防を考慮

し裁判（判決）の内容として予め刑の一部の執行を猶予するものであって，両者は全く異なる制度である。

3　一部執行猶予の保護観察と仮釈放の保護観察

　保護観察付一部執行猶予の実刑部分において仮釈放が行われた場合，実刑部分の残刑の間，仮釈放に伴う保護観察が行われ，その後，一部執行猶予に付された保護観察が実施されることになる（保護観察の資格移動）。

　同じ保護観察でも，両者は法的性格の異なるものであることに注意する必要がある。例えば，仮釈放に伴う保護観察において遵守事項違反により仮釈放が取り消された場合でも，一部執行猶予に付された保護観察が取り消されるわけではない。但し，再犯に対する刑の確定による仮釈放の取消しの場合は，一部執行猶予の取消事由にも該当する他，仮釈放中に一部執行猶予が取り消された場合は，仮釈放も効力を失う（第29条2項）。

　また，仮釈放に伴う保護観察中に所在不明になった場合，地方更生保護委員会の決定をもって保護観察を停止することができるが（更生保護法第77条），一部執行猶予に付される保護観察には保護観察の停止制度がなく，従って，遵守事項違反により一部執行猶予そのものを取り消さない限り（第27条の5第2号），猶予期間が進行していく。

　再犯や遵守事項違反など保護観察に重大な障がいが発生した場合の原処分の取消権者も，原処分権者が異なるため，当然に異なる。

（仮釈放の取消し等）
第29条　次に掲げる場合においては，仮釈放の処分を取り消すことができる。
　一　仮釈放中に更に罪を犯し，罰金以上の刑に処せられたとき。
　二　仮釈放前に犯した他の罪について罰金以上の刑に処せられたとき。
　三　仮釈放前に他の罪について罰金以上の刑に処せられた者に対し，その刑の執行をすべきとき。
　四　仮釈放中に遵守すべき事項を遵守しなかったとき。

2 刑の一部の執行猶予の言渡しを受け，その刑について仮釈放の処分を受けた場合において，当該仮釈放中に当該執行猶予の言渡しを取り消されたときは，その処分は，効力を失う。

3 仮釈放の処分を取り消したとき，又は前項の規定により仮釈放の処分が効力を失ったときは，釈放中の日数は，刑期に算入しない。

1 一部執行猶予の取消しに伴う仮釈放処分の失効（第2項）

本条は仮釈放の取消事由や取消しの効果を定めた規定であるが，一部執行猶予の導入に伴い，一部執行猶予が取り消された場合の，仮釈放処分への効果に関する規定が新たに追加された。それによれば，一部執行猶予の実刑部分の執行において仮釈放の処分を受け，その期間中に一部執行猶予が取り消された場合，仮釈放の処分も失効するものとされた。これは，施設内処遇と社会内処遇の連携が一部執行猶予最大の目的であり，条件でもあるにもかかわらず，一部執行猶予の取消しによりそれが満たされなくなったのであるから，同様の目的をもつ仮釈放の処分も失効するものとされたものである。

また，仮釈放中に一部執行猶予の取消事由が生ずれば，その殆どが仮釈放の取消事由にも該当するであろうと思われるが，仮釈放の取消しは裁量的取消しとなっていることもあり，一部執行猶予が取り消されたにもかかわらず，仮釈放が取り消されないという齟齬が生じることもないわけではないし，仮釈放の取消手続が間に合わない場合もあり得る。もし仮釈放がそのまま認められると，仮釈放の後に一部執行猶予の猶予刑（取消刑）が執行されて収監されることになってしまうため，一部執行猶予の取消しにより仮釈放処分は失効するものとしたものである。

2 仮釈放取消し・失効の効果（第3項）

前項により，一部執行猶予の取消しに伴う仮釈放処分の失効という制度が設けられたため，仮釈放が取り消された場合だけでなく，仮釈放処分が失効した場合にも，仮釈放中の日数は刑期に算入しないこととされた。従って，いずれの場合にも，仮釈放時の残刑について執行を行うこととなる。

刑法等の一部を改正する法律（平成 25 年 6 月 19 日法律第 49 号）（抄）

附　則
（施行期日）
第 1 条　この法律は，公布の日から起算して 3 年を超えない範囲内におい
　　て政令で定める日から施行する。
　　（以下，略）

　刑の一部執行猶予の導入と関係法規の整備を行う刑法等の一部を改正する法
律は，制度の実施に向けた準備と法の周知徹底を図るため，公布日（平成 25 年
6 月 19 日）から起算して 3 年を超えない範囲内において政令で定める日から施
行される。

（経過措置）
第 2 条　第 1 条の規定による改正後の刑法第 27 条の 2 第 1 項の規定は，
　　この法律の施行前にした行為についても，適用する。
　　（以下，略）

　刑法による一部執行猶予は，刑法等一部改正法が施行される前にした行為に
ついても適用がある。一部執行猶予は，新たな刑罰ではなく，自由刑の最後の
一部分の刑の執行方法であるから，遡及処罰禁止の原則には該当せず，「刑の
変更」によって新旧法律の適用について定めた刑法第 6 条の適用もないと解さ
れたからであろう。そのうえで，施設内処遇と社会内処遇の有機的連携による
犯罪者の社会復帰と再犯防止を図るという立法の趣旨に鑑み改正法を適用する
としたものである。

第 2 編　刑の一部執行猶予　関係法令・逐条解説　　243

薬物使用等の罪を犯した者に対する刑の一部の執行猶予に関する法律
（平成 25 年 6 月 19 日法律第 50 号）

（趣旨）
第 1 条　この法律は，薬物使用等の罪を犯した者が再び犯罪をすることを防ぐため，刑事施設における処遇に引き続き社会内においてその者の特性に応じた処遇を実施することにより規制薬物等に対する依存を改善することが有用であることに鑑み，薬物使用等の罪を犯した者に対する刑の一部の執行猶予に関し，その言渡しをすることができる者の範囲及び猶予の期間中の保護観察その他の事項について，刑法（明治 40 年法律第 45 号）の特則を定めるものとする。

　薬物使用等の罪を犯し刑事施設に収容された者に対しては，特別改善指導として薬物依存離脱指導（R1）等が実施されている。しかし，薬物依存のある者は，こうした刑事施設内での処遇だけでなく，薬物の入手が可能な社会においても薬物の使用を断ち，薬物依存を改善するための処遇を継続することが極めて重要である。しかし，従来の仮釈放では残された短い刑期の間しか保護観察を行うことができず，ましてや薬物使用等の罪で入所歴がある者は再犯のおそれが否定し得ないとして仮釈放を許されず，4 割強が満期釈放となっていることから，刑事施設から釈放された後，処遇を継続することができない。

　そうした中，施設内処遇と社会内処遇の連携を図ることができる刑の一部執行猶予制度が導入されたが，薬物犯罪者の中には過去に受刑歴を有する者が多く，しかも前刑の執行が終わってから再犯に至るまで 5 年が経過していない者が少なからず見られることから，その場合，刑法上の一部執行猶予の前科要件を満たし得ず，これを適用することができない。また，刑法上の一部執行猶予は再犯防止の観点から一部執行猶予が必要且つ相当であることが実質的要件とされているが，薬物使用等の罪を犯した者については，規制薬物等に対する依存の改善に資する処遇を実施することが再犯防止に結び付くのであり，実質的要件もその観点から規定する必要がある。さらに，規制薬物等に対する依存の

改善を図るためには，刑事施設での処遇に続いて，社会の中で処遇を継続する必要があるが，薬物依存者の場合，単に一部執行猶予の取消しという心理的抑止力だけで薬物の再使用を防止することは困難であり，保護観察という積極的な処遇を行うことが不可欠であることから，保護観察を必要的とし，薬物依存に対する専門的な処遇を義務付けることが望ましい。そこで，薬物使用等の罪を犯した者に対しては，一部執行猶予の要件や猶予期間中の保護観察その他の事項について刑法の特則を定めるため，「薬物使用等の罪を犯した者に対する刑の一部の執行猶予に関する法律」が制定されたものである。

（定義）
第2条　この法律において「規制薬物等」とは，大麻取締法（昭和23年法律第124号）に規定する大麻，毒物及び劇物取締法（昭和25年法律第303号）第3条の3に規定する興奮，幻覚又は麻酔の作用を有する毒物及び劇物（これらを含有する物を含む。）であって同条の政令で定めるもの，覚せい剤取締法（昭和26年法律第252号）に規定する覚せい剤，麻薬及び向精神薬取締法（昭和28年法律第14号）に規定する麻薬並びにあへん法（昭和29年法律第71号）に規定するあへん及びけしがらをいう。
2　この法律において「薬物使用等の罪」とは，次に掲げる罪をいう。
　一　刑法第139条第1項若しくは第140条（あへん煙の所持に係る部分に限る。）の罪又はこれらの罪の未遂罪
　二　大麻取締法第24条の2第1項（所持に係る部分に限る。）の罪又はその未遂罪
　三　毒物及び劇物取締法第24条の3の罪
　四　覚せい剤取締法第41条の2第1項（所持に係る部分に限る。），第41条の3第1項第1号若しくは第2号（施用に係る部分に限る。）若しくは第41条の4第1項第3号若しくは第5号の罪又はこれらの罪の未遂罪
　五　麻薬及び向精神薬取締法第64条の2第1項（所持に係る部分に限る。），第64条の3第1項（施用又は施用を受けたことに係る部分に限る。），第66条第1項（所持に係る部分に限る。）若しくは第66条の2第1項（施用又は施用を受けたことに係る部分に限る。）の罪又はこれ

第2編　刑の一部執行猶予　関係法令・逐条解説　　245

らの罪の未遂罪

六 あへん法第52条第1項（所持に係る部分に限る。）若しくは第52条の2第1項の罪又はこれらの罪の未遂罪

1 規制薬物等の範囲（第1項）

　この法律にいう規制薬物等の範囲を定めた規定である。あへん，けしがら，大麻，興奮，幻覚又は麻酔の作用を有する毒物及び劇物（これらを含有する物を含む。）のうち政令で定めるもの，フエニルアミノプロパン（アンフェタミン），フエニルメチルアミノプロパン（メタンフェタミン）等の覚せい剤，ジアセチルモルヒネ（ヘロイン）及びそれ以外の麻薬が対象となる。向精神薬は，麻薬及び向精神薬取締法での規制薬物であるが，この法律にいう規制薬物等には該当しない。

2 薬物使用等の罪（第2項）

　本法による薬物使用等の罪を犯した者に対する一部執行猶予は，規制薬物等に対する依存を改善することが目的であるので，規制薬物等の使用や施用等及びその前提となる所持が対象となり，輸入・輸出，製造，譲り渡しや譲り受け，営利目的の所持などは対象外である。但し，これら対象外の罪でも，刑法上の一部執行猶予の要件を満たす場合には，一部執行猶予の適用はあり得る。

（刑の一部の執行猶予の特則）

第3条 薬物使用等の罪を犯した者であって，刑法第27条の2第1項各号に掲げる者以外のものに対する同項の規定の適用については，同項中「次に掲げる者が」とあるのは「薬物使用等の罪を犯した者に対する刑の一部の執行猶予に関する法律（平成25年法律第50号）第2条第2項に規定する薬物使用等の罪を犯した者が，その罪又はその罪及び他の罪について」と，「考慮して」とあるのは「考慮して，刑事施設における処遇に引き続き社会内において同条第1項に規定する規制薬物等に対する依存の改善に資する処遇を実施することが」とする。

本条によって，原則法たる刑法第 27 条の 2 第 1 項は，以下のように読み替えて適用される。

薬物使用等の罪を犯した者に対する刑の一部の執行猶予に関する法律（平成 25 年法律第 50 号）第 2 条第 2 項に規定する薬物使用等の罪を犯した者が，その罪又はその罪及び他の罪について 3 年以下の懲役又は禁錮の言渡しを受けた場合において，犯情の軽重及び犯人の境遇その他の情状を考慮して，刑事施設における処遇に引き続き社会内において同条第 1 項に規定する規制薬物等に対する依存の改善に資する処遇を実施することが，再び犯罪をすることを防ぐために必要であり，かつ，相当であると認められるときは，1 年以上 5 年以下の期間，その刑の一部の執行を猶予することができる。

　まず，刑法第 27 条の 2 第 1 項の「次に掲げる者が」がないことにより，一部執行猶予の前科要件が排除されるため，前に禁錮以上の刑に処せられ，その執行が終わってから，又はその執行の免除を得てから 5 年以内の者が，本法での一部執行猶予の対象となる。一部猶予期間中に再犯を犯した場合も同様である。なお，前刑が一部執行猶予で猶予期間が経過した場合は，実刑部分の終了時が起算点となる。

　また，一部執行猶予の実質的要件である必要性と相当性の要件も，単に犯情の軽重及び犯人の境遇その他の情状を考慮するだけでなく，「刑事施設における処遇に引き続き社会内において同条第 1 項に規定する規制薬物等に対する依存の改善に資する処遇を実施することが」再犯の防止にとって必要且つ相当かという基準で判断することとなる。

　法制審議会の部会において，当初，事務局が示した参考試案では，薬物使用等の罪より法定刑の重い罪（例えば強盗傷害など）が併合審理されているような場合，一部執行猶予の適用を排除することとされていた。しかし，たとえ薬物使用等の罪以外の罪があったとしても，重要なのは薬物依存の改善による再犯防止のうえで一部執行猶予が必要且つ相当かどうかであって，法定刑の軽重で一律に適用外とするのは望ましくないことから，この案は採用されず，現行の形となった。

（刑の一部の執行猶予中の保護観察の特則）

第4条 前条に規定する者に刑の一部の執行猶予の言渡しをするときは，刑法第27条の3第1項の規定にかかわらず，猶予の期間中保護観察に付する。

2 刑法第27条の3第2項及び第3項の規定は，前項の規定により付せられた保護観察の仮解除について準用する。

1 必要的保護観察（第1項）

　刑法第27条の3第1項により一部執行猶予の言渡しをするとき保護観察に付すか否かは裁判所の裁量であるが，本法により薬物使用等の罪を犯した者に対し一部執行猶予の言渡しをするときは，猶予期間中，必要的に保護観察に付する。これは，薬物使用等の罪を犯した者は，保護観察の枠組みの中で薬物依存などを改善する処遇を行う必要性が高いからである。

2 専門的処遇

　本法の一部執行猶予に付される保護観察の実施機関や実施方法も，基本的には全部執行猶予や刑法上の一部執行猶予に付される保護観察と同様である。但し，規制薬物等の使用を反復する犯罪的傾向を改善するための体系化された処遇で法務大臣が定めるもの（専門的処遇）を受けることを猶予期間中の保護観察における特別遵守事項として定めることが原則として義務付けられる（更生保護法第51条の2第1項）。実刑部分において仮釈放を許す場合の保護観察においても同様である（同第3項）。

　しかし，特別遵守事項の違反は原処分（保護観察付一部執行猶予又は仮釈放等）の取消しになることがあり，このことを踏まえて専門的処遇が保護観察対象者の改善更生のために特に必要とは認められないときは，これを特別遵守事項としないことができる。一般の特別遵守事項は，原処分取消しがあることを踏まえ，保護観察対象者の改善更生のために特に必要と認められる範囲内において，具体的に定めるものとするとされていることから（更生保護法第51条2項），薬物使用者等一部執行猶予法による一部執行猶予の保護観察は，原則と例外が反対になっている。

3 保護観察の仮解除（第2項・第3項）

本法による薬物使用等の罪を犯した者に対する一部執行猶予の保護観察においても，対象者の改善の状況によって保護観察が必要ないとされる場合があるため，刑法上の一部執行猶予に付される保護観察と同様，仮解除を認めることにしたものである。

（刑の一部の執行猶予の必要的取消しの特則等）
第5条 第3条の規定により読み替えて適用される刑法第27条の2第1項の規定による刑の一部の執行猶予の言渡しの取消しについては，同法第27条の4第3号の規定は，適用しない。

2 前項に規定する刑の一部の執行猶予の言渡しの取消しについての刑法第27条の5第2号の規定の適用については，同号中「第27条の3第1項」とあるのは，「薬物使用等の罪を犯した者に対する刑の一部の執行猶予に関する法律第4条第1項」とする。

本法による薬物使用等の罪を犯した者に対する一部執行猶予においては，刑法第27条の4第3号の規定は適用されない（第1項）。本法の一部執行猶予には，前科要件がなく，前刑の執行終了日等から5年が経過していない場合において刑の一部執行猶予を言い渡すことができることから，他の罪について禁錮以上の刑が確定したことが本法による一部執行猶予の確定後に発覚した場合でも違法ではないことから，これを取り消さないものとしたものである。

附則

（施行期日）
第1条 この法律は，刑法等の一部を改正する法律（平成25年法律第49号）の施行の日から施行する。

（経過措置）
第2条 この法律の規定は，この法律の施行前にした行為についても，適

用する。

　刑法による一部執行猶予は，刑法等一部改正法が施行される前にした行為についても適用があり（刑法等一部改正法附則第2条1項），本法による薬物使用等の罪を犯した者に対する一部執行猶予についても同様とするものである。

刑事訴訟法（昭和23年7月10日法律第131号）（抄）

第333条 被告事件について犯罪の証明があつたときは，第334条の場合を除いては，判決で刑の言渡をしなければならない。

2 刑の執行猶予は，刑の言渡しと同時に，判決でその言渡しをしなければならない。猶予の期間中保護観察に付する場合も，同様とする。

　刑の執行を猶予する場合や保護観察に付する場合は，刑の言渡しと同時に，判決（主文）でその言渡しをしなければならない（第2項）。従来，執行猶予には，刑法第25条の全部執行猶予しかなかったが，新たに一部執行猶予が導入されたため，これについても同様とするものである。

　なお，明治38年の「刑ノ執行猶豫ニ關スル法律」により全部執行猶予制度が導入された際は，刑の執行猶予は原則として刑の言渡しと同時に判決でこれを言い渡すものとされていたが，刑の言渡し後の執行猶予の決定も認めていた（刑ノ執行猶豫ニ關スル法律第3条後段）。これは，同法の執行猶予制度が猶予期間経過による刑の執行免除制度であったこととも関係している。しかし，刑の失効主義を採る現行刑法が制定され，執行猶予の事後決定の制度は廃止された。

　従って，宣告刑と共に，刑の執行猶予の有無，猶予期間，保護観察の有無，さらに一部執行猶予の場合は猶予刑の期間も，量刑上，行為責任と予防に基づいて量定され，判決において宣告される。

第345条 無罪，免訴，刑の免除，刑の全部の執行猶予，公訴棄却（第338条第4号による場合を除く。），罰金又は科料の裁判の告知があつたときは，勾留状は，その効力を失う。

　無罪，免訴，刑の免除，公訴棄却の裁判の告知の他，刑を言い渡す有罪判決である全部執行猶予，罰金又は科料の裁判の言渡しが行われた場合でも勾留状が失効するのは，これらが身柄の拘束を内容としない刑であり，将来，執行の

ために身柄拘束をする必要性が少なくなるからである。従って，刑の一部執行猶予は，身柄の拘束を伴う実刑部分があるため，これには当たらない。反対に，刑の一部執行猶予の判決の宣告があったときは，保釈又は勾留の執行停止は失効することになる（刑事訴訟法第343条）。

> **第349条**　刑の執行猶予の言渡を取り消すべき場合には，検察官は，刑の言渡を受けた者の現在地又は最後の住所地を管轄する地方裁判所，家庭裁判所又は簡易裁判所に対しその請求をしなければならない。
> **2**　刑法第26条の2第2号又は第27条の5第2号の規定により刑の執行猶予の言渡しを取り消すべき場合には，前項の請求は，保護観察所の長の申出に基づいてこれをしなければならない。

　刑の執行猶予の言渡しを取り消す場合には，検察官が管轄裁判所に取消しの請求を行わなければならないが（第1項），保護観察付の執行猶予について遵守事項違反により執行猶予を取り消すべき場合は，保護観察付全部執行猶予のみならず，保護観察付一部執行猶予についても，実際に保護観察を担当している保護観察所の長の申出が要件とされている（第2項）。遵守事項違反の態様や程度，保護観察対象者の改善更生との関連性などを把握しているのは保護観察所（保護観察官）であるため，検察官による執行猶予取消請求は，保護観察所の申出を要するものとしたものである。

> **第349条の2**　前条の請求があつたときは，裁判所は，猶予の言渡を受けた者又はその代理人の意見を聴いて決定をしなければならない。
> **2**　前項の場合において，その請求が刑法第26条の2第2号又は第27条の5第2号の規定による猶予の言渡しの取消しを求めるものであつて，猶予の言渡しを受けた者の請求があるときは，口頭弁論を経なければならない。
> **3**　第1項の決定をするについて口頭弁論を経る場合には，猶予の言渡を受けた者は，弁護人を選任することができる。
> **4**　第1項の決定をするについて口頭弁論を経る場合には，検察官は，裁

判所の許可を得て，保護観察官に意見を述べさせることができる。
5　第 1 項の決定に対しては，即時抗告をすることができる。

　裁判所に対し刑の執行猶予の取消請求がなされた場合，裁判所は執行猶予の言渡しを受けた者又はその代理人の意見を聴かなければならず，特に保護観察に付され，その遵守事項違反を理由として執行猶予の取消しが請求された場合，全部執行猶予においても，一部執行猶予においても，執行猶予の言渡しを受けた者の請求があるときには，口頭弁論を経なければならない。これは，遵守事項違反を理由とする取消請求に対する審理においては，違反の背景や理由，態様や程度について執行猶予対象者の弁明や主張がある場合，これを聴くことで，より公正な審理を行うことができるだけでなく，そのうえでなされた取消決定の方が対象者本人に対する感銘力も期待できるからである。

第 350 条の 14　即決裁判手続において懲役又は禁錮の言渡しをする場合には，その刑の<u>全部</u>の執行猶予の言渡しをしなければならない。

　平成 16 年の刑事訴訟法改正により，事案が明白且つ軽微で，証拠調べが速やかに終わると見込まれる事件を迅速且つ簡便に処理するための即決裁判手続が導入されたが，この手続において懲役又は禁錮の言渡しをする場合には，全部執行猶予の言渡しをしなければならず，より重い刑事責任に対する刑であり，実刑を含んだ一部執行猶予を言い渡すことはできない。

第 2 編　刑の一部執行猶予　関係法令・逐条解説　　253

恩赦法（昭和22年3月28日法律第20号）（抄）

> **第6条** 減刑は，刑の言渡を受けた者に対して政令で罪若しくは刑の種類を定めてこれを行い，又は刑の言渡を受けた特定の者に対してこれを行う。

　恩赦には，大赦，特赦，減刑，刑の執行の免除及び復権がある（恩赦法第1条）。恩赦には，政令で罪や刑の種類，基準日等を定めて一律に行う政令恩赦の方法と，有罪の言渡しを受けた特定の者に対して行う個別恩赦の方法があるが，大赦は政令恩赦しかなく（第2条），特赦と刑の執行免除は個別恩赦しかない（第4条，第8条本文）。減刑，復権には政令恩赦，個別恩赦のいずれの方法もある（本条，第9条本文）。

> **第7条** 政令による減刑は，その政令に特別の定めのある場合を除いては，刑を減軽する。
> **2**　特定の者に対する減刑は，刑を減軽し，又は刑の執行を減軽する。
> **3**　刑の全部の執行猶予の言渡しを受けてまだ猶予の期間を経過しない者に対しては，前項の規定にかかわらず，刑を減軽する減刑のみを行うものとし，また，これとともに猶予の期間を短縮することができる。
> **4**　刑の一部の執行猶予の言渡しを受けてまだ猶予の期間を経過しない者に対しては，第2項の規定にかかわらず，刑を減軽する減刑又はその刑のうち執行が猶予されなかつた部分の期間の執行を減軽する減刑のみを行うものとし，また，刑を減軽するとともに猶予の期間を短縮することができる。

1　減刑の種類と方法（第1項・第2項）

　減刑には，刑の減軽と刑の執行の減軽がある。刑を減軽する減刑は，宣告刑の刑期を短縮したり，刑名を軽いものに変更したりするものであるのに対し，刑の執行の減軽は，宣告刑の刑期や刑名そのものは変えることなく，刑の執行

期間を短縮するもので，未だ執行をしていない刑の最後の一部分の執行を免除するものである。政令恩赦として行われる減刑には刑の減軽しかなく（第1項），個別恩赦としての減刑には，刑の減軽と刑の執行の減軽のいずれもある（第2項）。

2　全部執行猶予の減刑（第3項）

　全部執行猶予の言渡しを受けて，未だ猶予期間が経過していない猶予期間中の者に対しては，その時点では執行すべき刑期がないため，宣告刑の刑期を短縮する刑の減軽（か刑名を変えること）しか行うことができないが，併せて猶予期間を短縮することができる。例えば，刑期2年執行猶予3年であれば，刑期と猶予期間それぞれ4分の1ずつ減軽し，刑期1年6月執行猶予2年3月といった具合である。

3　一部執行猶予の減刑（第4項）

　刑の一部執行猶予の言渡しを受けて，未だ猶予期間が経過しない者に対しても減刑の適用がある。これには刑を減軽する場合と，刑の執行を減軽する場合の2つがある。

　既に実刑部分の執行が終わり，猶予期間が始まっている者については，その時点では執行すべき刑期がないから，宣告刑の刑期を短縮する刑の減軽（か刑名を変えること）しかできないが，併せて猶予期間を短縮することができる。この場合，猶予期間だけを短縮することはできない。未だ実刑部分の執行が終わっていない場合は，刑の減軽の他，実刑部分の執行期間を短縮することもできる。

　一部執行猶予の刑を減軽する場合，宣告刑全体の刑期を短縮し，実刑部分と猶予刑を同じ割合で短縮するのか，それとも，実刑部分だけ，或いは猶予刑だけ短縮し，又はそれぞれ異なった割合で短縮できるのかは，実務の判断を待つ必要がある。

第2編　刑の一部執行猶予　関係法令・逐条解説　　255

> **第8条** 刑の執行の免除は，刑の言渡しを受けた特定の者に対してこれを
> 行う。ただし，刑の全部の執行猶予の言渡しを受けた者又は刑の一部の
> 執行猶予の言渡しを受けてその刑のうち執行が猶予されなかつた部分の
> 期間の執行を終わつた者であつて，まだ猶予の期間を経過しないものに
> 対しては，その刑の執行の免除は，これを行わない。

　刑の執行の免除は，刑の言渡しを受けて，確定した特定の者に対し（個別恩赦），宣告刑そのものは変えることなく，未だ執行をしていない刑の全ての執行を免除するものである。刑事施設で自由刑の執行中は直ちに釈放されることになるが，現在，常時恩赦で行われる刑の執行免除は，仮釈放となった無期受刑者に対して行われることが殆どである。

　全部執行猶予に対して刑の執行免除は行われない。これは，全部執行猶予の場合，言い渡された刑の執行を猶予されており，執行すべき刑がなく，さらに猶予期間の経過によって刑が失効するので，猶予期間中に刑の執行免除を行う意味がないことによる。従って，一部執行猶予の場合も，実刑部分の執行が終わり，猶予期間中の者についても刑の執行免除を行わないこととしたものである。但し，刑事施設において実刑部分の執行中の場合は，刑の執行免除を行うことが可能である。

更生保護法（平成19年6月15日法律第88号）（抄）

（目的）
第1条 この法律は，犯罪をした者及び非行のある少年に対し，社会内において適切な処遇を行うことにより，再び犯罪をすることを防ぎ，又はその非行をなくし，これらの者が善良な社会の一員として自立し，改善更生することを助けるとともに，恩赦の適正な運用を図るほか，犯罪予防の活動の促進等を行い，もって，社会を保護し，個人及び公共の福祉を増進することを目的とする。

　更生保護法の目的を示した規定であり，一部執行猶予に付される保護観察も，本法の目的に則って実施される。

第3節　地方更生保護委員会
（所掌事務）
第16条 地方更生保護委員会（以下「地方委員会」という。）は，次に掲げる事務をつかさどる。
　一　刑法（明治40年法律第45号）第28条の行政官庁として，仮釈放を許し，又はその処分を取り消すこと。
　二　刑法第30条の行政官庁として，仮出場を許すこと。
　三　少年院からの仮退院又は退院を許すこと。
　四　少年院からの仮退院中の者について，少年院に戻して収容する旨の決定の申請をすること。
　五　少年法（昭和23年法律第168号）第52条第1項及び第2項の規定により言い渡された刑（以下「不定期刑」という。）について，その執行を受け終わったものとする処分をすること。
　六　刑法第25条の2第2項及び第27条の3第2項（薬物使用等の罪を犯した者に対する刑の一部の執行猶予に関する法律（平成25年法律第50号）第4条第2項において準用する場合を含む。）の行政官庁として，

保護観察を仮に解除し，又はその処分を取り消すこと。
七　婦人補導院からの仮退院を許し，又はその処分を取り消すこと。
八　保護観察所の事務を監督すること。
九　前各号に掲げるもののほか，この法律又は他の法律によりその権限
　　に属させられた事項を処理すること。

　地方更生保護委員会の所掌事務を定めたものである。一部執行猶予に付され
る保護観察においても，全部執行猶予の保護観察同様，良好措置としての保護
観察の仮解除及び不良措置としてのその取消しについても，地方更生保護委員
会がつかさどる（第6号）。

（仮釈放及び仮出場を許す処分）
第39条　刑法第28条の規定による仮釈放を許す処分及び同法第30条の
　　規定による仮出場を許す処分は，地方委員会の決定をもってするものと
　　する。
2　地方委員会は，仮釈放又は仮出場を許す処分をするに当たっては，釈
　　放すべき日を定めなければならない。
3　地方委員会は，仮釈放を許す処分をするに当たっては，第51条第2項
　　第5号の規定により宿泊すべき特定の場所を定める場合その他特別の事
　　情がある場合を除き，第82条第1項の規定による住居の調整の結果に基
　　づき，仮釈放を許される者が居住すべき住居を特定するものとする。
4　地方委員会は，第1項の決定をした場合において，当該決定を受けた
　　者について，その釈放までの間に，刑事施設の規律及び秩序を害する行
　　為をしたこと，予定されていた釈放後の住居，就業先その他の生活環境
　　に著しい変化が生じたことその他その釈放が相当でないと認められる特
　　別の事情が生じたと認めるときは，仮釈放又は仮出場を許すか否かに関
　　する審理を再開しなければならない。この場合においては，当該決定は，
　　その効力を失う。
5　第36条の規定は，前項の規定による審理の再開に係る判断について準
　　用する。

一部執行猶予者についても，仮釈放の適用があり，その処分は，地方更生保護委員会が決定をもって行う（第1項）。仮釈放を許す処分をするに当たっては，釈放日を定めなければならず（第2項），特別遵守事項の設定・変更・取消しを行うことができる（第52条2項・3項，第53条2項・3項）。

　また，保護観察付一部執行猶予者については，保護観察所による生活環境調整の結果に基づき，猶予期間の開始時までに，地方更生保護委員会が，決定をもって，その者が居住すべき住居を特定することができるとされている（更生保護法第78条の2）。但し，一部執行猶予の実刑部分においても仮釈放の適用があり，一部執行猶予者の仮釈放を許す処分をするときまでに居住すべき住居が特定されていない場合，地方更生保護委員会が仮釈放を受ける一部執行猶予者が居住すべき住居を特定する（第3項）。但し，特別遵守事項として，宿泊すべき特定の場所（従来は，自立更生促進センターが指定）が定められる場合その他の特別な事情がある場合は，この限りでない。

（仮釈放中の保護観察）
第40条　仮釈放を許された者は，仮釈放の期間中，保護観察に付する。

　一部執行猶予の実刑部分において仮釈放が許された場合，実刑部分の残刑期間が仮釈放期間となり，その間，保護観察に付される。これは仮釈放に伴う保護観察であり（実務では3号観察と呼ばれる。），一部執行猶予に保護観察が付されている場合，まず仮釈放に伴う保護観察が行われ，仮釈放期間の満了後，一部執行猶予の保護観察に切り替わる（資格移動）。仮釈放に伴う保護観察と一部執行猶予に付される保護観察とでは性質が異なることから，付される特別遵守事項も性質が異なり，内容も同じとは限らない。そのため，仮釈放中に（再犯以外の）特別遵守事項があった場合，仮釈放の取消しはあり得ても，一部執行猶予は取り消されない。

第3章　保護観察
第1節　通則
（保護観察の対象者）
第48条　次に掲げる者（以下「保護観察対象者」という。）に対する保護観察の実施については，この章の定めるところによる。
　一　少年法第24条第1項第1号の保護処分に付されている者（以下「保護観察処分少年」という。）
　二　少年院からの仮退院を許されて第42条において準用する第40条の規定により保護観察に付されている者（以下「少年院仮退院者」という。）
　三　仮釈放を許されて第40条の規定により保護観察に付されている者（以下「仮釈放者」という。）
　四　刑法第25条の2第1項若しくは第27条の3第1項又は薬物使用等の罪を犯した者に対する刑の一部の執行猶予に関する法律第4条第1項の規定により保護観察に付されている者（以下「保護観察付執行猶予者」という。）

　保護観察には，保護観察処分少年に対するもの，少年院仮退院者に対するもの，仮釈放者に対するもの，保護観察付執行猶予者に対するもの，売春防止法の補導処分による婦人補導院の仮退院者に対するものの5種類があり，実務上（依命通達），1号観察，2号観察，3号観察，4号観察，5号観察と呼ばれる。今回，刑法第27条の3第1項又は薬物使用者等一部執行猶予法第4条1項により一部執行猶予に対する保護観察の制度が設けられたため，保護観察の対象者に加えられたものである。条文の配置としては執行猶予に付される保護観察（4号観察）に位置付けられているが，これは刑（の一部）を猶予することに付随して裁判所が保護観察を付す点に着目したものである。ただ，一部執行猶予は，全部執行猶予と異なり，刑事施設に収容する実刑部分（懲役又は禁錮）があり，保護観察は刑事施設からの釈放後に付される点に着目すれば，仮釈放者に対する保護観察（3号観察）に近い性質を有する。我が国の保護観察にはプロベーション型（1号観察，4号観察）[注]のものとパロール型（2号観察，3号観察，5号観察）のものがあるという説明が昔からなされているが，一部執行猶予者に対する保

260

護観察は，プロベーション型とパロール型の両方の性質を有しており，そうした意味では従来の類型とは異なる社会内処遇である。

> （注）　ここでのプロベーション型とは，裁判所が命ずる施設収容を伴わない社会内処遇という程度の意味であり，英米法系のプロベーションと大陸法系の保護観察付執行猶予に分けた場合のプロベーションという法的性質を加味した厳密な定義ではない。

（保護観察の実施方法）

第49条　保護観察は，保護観察対象者の改善更生を図ることを目的として，第57条及び第65条の3第1項に規定する指導監督並びに第58条に規定する補導援護を行うことにより実施するものとする。

2　保護観察処分少年又は少年院仮退院者に対する保護観察は，保護処分の趣旨を踏まえ，その者の健全な育成を期して実施しなければならない。

従来，保護観察には，指導監督と補導援護という2つの作用ないし方法があるが，刑法等一部改正法により，規制薬物等の依存がある保護観察対象者に対する新たな指導監督の方法（第65条の3）が導入されたことを受けたものである。

（一般遵守事項）

第50条　保護観察対象者は，次に掲げる事項（以下「一般遵守事項」という。）を遵守しなければならない。

一　再び犯罪をすることがないよう，又は非行をなくすよう健全な生活態度を保持すること。

二　次に掲げる事項を守り，保護観察官及び保護司による指導監督を誠実に受けること。

　　イ　保護観察官又は保護司の呼出し又は訪問を受けたときは，これに応じ，面接を受けること。

　　ロ　保護観察官又は保護司から，労働又は通学の状況，収入又は支出の状況，家庭環境，交友関係その他の生活の実態を示す事実であって指導監督を行うため把握すべきものを明らかにするよう求められたときは，これに応じ，その事実を申告し，又はこれに関する資料

第2編　刑の一部執行猶予　関係法令・逐条解説　261

を提示すること。

三　保護観察に付されたときは，速やかに，住居を定め，その地を管轄する保護観察所の長にその届出をすること（第39条第3項（第42条において準用する場合を含む。次号において同じ。）又は第78条の2第1項の規定により住居を特定された場合及び次条第2項第5号の規定により宿泊すべき特定の場所を定められた場合を除く。）。

四　前号の届出に係る住居（第39条第3項又は第78条の2第1項の規定により住居を特定された場合には当該住居，次号の転居の許可を受けた場合には当該許可に係る住居）に居住すること（次条第2項第5号の規定により宿泊すべき特定の場所を定められた場合を除く。）。

五　転居又は7日以上の旅行をするときは，あらかじめ，保護観察所の長の許可を受けること。

2　刑法第27条の3第1項又は薬物使用等の罪を犯した者に対する刑の一部の執行猶予に関する法律第4条第1項の規定により保護観察に付する旨の言渡しを受けた者（以下「保護観察付一部猶予者」という。）が仮釈放中の保護観察に引き続きこれらの規定による保護観察に付されたときは，第78条の2第1項の規定により住居を特定された場合及び次条第2項第5号の規定により宿泊すべき特定の場所を定められた場合を除き，仮釈放中の保護観察の終了時に居住することとされていた前項第3号の届出に係る住居（第39条第3項の規定により住居を特定された場合には当該住居，前項第5号の転居の許可を受けた場合には当該許可に係る住居）につき，同項第3号の届出をしたものとみなす。

1　住居の届出義務とその例外（第1項）

　保護観察対象者全員が保護観察期間中遵守を義務付けられる一般遵守事項に関する規定である。一般遵守事項に違反した場合，原処分の取消事由となる。

　このうち第3号は保護観察中の住居の特定と保護観察所長への届出を義務付けたものであり，保護観察対象者は，原則として，保護観察に付されたあと速やかに住居を定め，その地を管轄する保護観察所の長にその届出をしなければならない。但し，保護観察対象者のうち，仮釈放者と仮退院者は，刑事施設又は少年院に収容されている間に行われる生活環境調整（第82条1項）に基づき，仮釈放又は仮退院決定時に居住すべき住居を地方更生保護委員会が特定するた

め（第39条3項，第42条），住居の届出の必要がなく，保護観察対象者に特別遵守事項として施設や居宅等への宿泊が義務付けられる場合（第51条2項5号）も予め宿泊先が明らかとなっているため，同様に届出の必要がない。

そして，今回導入された保護観察付一部執行猶予者についても，地方更生保護委員会が猶予期間の開始の時までに，その者が居住すべき住居を特定するという仕組みが新たに導入され（第78条の2第1項），保護観察中の住居が既に明らかとなっている場合には第1項3号が定める住居の届出義務を課さないことにしたものである。

2 保護観察付一部執行猶予における仮釈放後の住居（第2項）

保護観察付一部執行猶予者が実刑部分の執行において仮釈放が許された場合，仮釈放の保護観察に続いて一部執行猶予の保護観察が行われることになる。両者は法律上異なる性質の保護観察ではあるが，実際には連続して指導監督や補導援護が行われることになるから，住居についても，わざわざ新たに届出をさせる必要がない。そこで，仮釈放に際して地方更生保護委員会が特定した住居（第39条3項）か仮釈放の保護観察終了時点において保護観察所長に届出がなされている住居（本条第1項3号）について，一部執行猶予の保護観察開始時の住居の届出をしたものと見なすこととした（第2項）。地方更生保護委員会が，保護観察付一部執行猶予者について，猶予期間の開始までにその者が居住すべき住居を決定している場合（第78条の2第1項）や，特定の宿泊先に一定期間宿泊して指導監督を受けることを特別遵守事項に設定されている場合（第51条2項5号）は，これらの住居や宿泊先が決定ないし設定されているため，この見なし規定は適用されない。

（特別遵守事項）

第51条 保護観察対象者は，一般遵守事項のほか，遵守すべき特別の事項（以下「特別遵守事項」という。）が定められたときは，これを遵守しなければならない。

2 特別遵守事項は，次条に定める場合を除き，第52条の定めるところに

より，これに違反した場合に第72条第1項，刑法第26条の2，第27条の5及び第29条第1項並びに少年法第26条の4第1項に規定する処分がされることがあることを踏まえ，次に掲げる事項について，保護観察対象者の改善更生のために特に必要と認められる範囲内において，具体的に定めるものとする。

一　犯罪性のある者との交際，いかがわしい場所への出入り，遊興による浪費，過度の飲酒その他の犯罪又は非行に結び付くおそれのある特定の行動をしてはならないこと。

二　労働に従事すること，通学することその他の再び犯罪をすることがなく又は非行のない健全な生活態度を保持するために必要と認められる特定の行動を実行し，又は継続すること。

三　7日未満の旅行，離職，身分関係の異動その他の指導監督を行うため事前に把握しておくことが特に重要と認められる生活上又は身分上の特定の事項について，緊急の場合を除き，あらかじめ，保護観察官又は保護司に申告すること。

四　医学，心理学，教育学，社会学その他の専門的知識に基づく特定の犯罪的傾向を改善するための体系化された手順による処遇として法務大臣が定めるものを受けること。

五　法務大臣が指定する施設，保護観察対象者を監護すべき者の居宅その他の改善更生のために適当と認められる特定の場所であって，宿泊の用に供されるものに一定の期間宿泊して指導監督を受けること。

六　善良な社会の一員としての意識の涵養及び規範意識の向上に資する地域社会の利益の増進に寄与する社会的活動を一定の時間行うこと。

七　その他指導監督を行うため特に必要な事項

1　特別遵守事項の範囲と内容（第1項・第2項）

特別遵守事項は，保護観察に付された者の罪状や特性に応じて設定され，保護観察期間中，遵守することが求められる事項であり，一部執行猶予に付される保護観察においても同様である。特別遵守事項は保護観察対象者の改善更生のために特に必要と認められるものでなければならず，且つ具体的な内容を有するものでなければならない。「愛情深く生きること」といったような抽象的な特別遵守事項の設定は許されず，かつて見られたような「父親の自覚をもっ

て生活すること」といった生活指針的な事項は，現在，第56条の生活行動指針としてであれば定めることができる。

特別遵守事項の違反は，一般遵守事項同様，原処分の取消事由となる。特に，犯罪者予防更生法及び執行猶予者保護観察法が廃止され，更生保護法が制定された際，1）特別遵守事項から生活指針的なものを除き，その種のものを保護観察対象者に指導監督として示す必要があるときは生活行動指針（第56条）とする，2）特別遵守事項の内容を具体的に例示列挙する，3）違反が原処分（執行猶予や仮釈放など）の取消しに繋がることがあることを明示し，規範性を強める，4）法務大臣が定める体系化された手順による専門的処遇プログラム（現在，性犯罪者処遇，覚せい剤事犯者処遇，暴力防止，飲酒運転防止の4つのプログラムが指定されている。）を義務付けることができるようにする，5）法務大臣が指定する施設（現在，自立更生促進センターが指定）など改善更生のために適当と認められる特定の宿泊場所へ宿泊して指導監督を受けることを義務付けることをできるようにする，などの改正が行われている。

2 特別遵守事項としての社会貢献活動（第2項6号）

さらに，一部執行猶予を導入した刑法等一部改正法により，特別遵守事項に社会貢献活動を行うことが加えられた（第2項6号）。海外にはプロベーションや社会内刑（主に英米法系）又は執行猶予（大陸法系）の付随処分ないし遵守事項として裁判所が社会奉仕活動を付加する制度が見られるが，我が国では，制裁としてよりも犯罪者の改善更生に資する処遇として位置付けるため，刑罰又はその付随処分としてではなく，保護観察の特別遵守事項として社会貢献活動を義務付けることができるようにしたものである。

社会貢献活動は，身柄の拘束から解かれたばかりの仮釈放者より，社会に生活基盤のある保護観察付全部執行猶予や保護観察処分少年の方が主たる対象となることが予想されるが，制度的には，保護観察付一部執行猶予を含め，どの種類の保護観察に対しても設定が可能である。

社会貢献活動は，善良な社会の一員としての意識の涵養及び規範意識の向上に資すると同時に，地域社会の利益の増進に寄与するものでなければならない。一般に，活動内容は，清掃・美化活動，福祉施設等での補助的業務などが想定

されている。何百時間という社会奉仕命令を課すことができる海外の制度と異なり，我が国の場合，行政機関（保護観察所長）又は行政委員会（地方更生保護委員会）が社会貢献活動を設定することになるため，自由制約の関係からこうした長時間に亘るものは難しく，法律施行前の先行実施においては計5回の活動が設定されている。

　社会貢献活動は，指導監督の一環としての特別遵守事項として行われるものであるため，保護観察官が行い，保護司がこれを補佐することになる。現行法上，保護観察のうち「その他の適当な者」（第61条2項）に委託することができるのは保護観察のうちの「補導援護」に限られるため，「指導監督」に属する社会貢献活動はあくまで保護観察官（か保護司）が実施（監督）し，福祉活動等での受入機関は，あくまで実施協力者という地位になる。

（特別遵守事項の特則）
　第51条の2　薬物使用等の罪を犯した者に対する刑の一部の執行猶予に関する法律第4条第1項の規定により保護観察に付する旨の言渡しを受けた者については，次条第4項の定めるところにより，規制薬物等（同法第2条第1項に規定する規制薬物等をいう。以下同じ。）の使用を反復する犯罪的傾向を改善するための前条第2項第4号に規定する処遇を受けることを猶予期間中の保護観察における特別遵守事項として定めなければならない。ただし，これに違反した場合に刑法第27条の5に規定する処分がされることがあることを踏まえ，その改善更生のために特に必要とは認められないときは，この限りでない。
　2　第4項の場合を除き，前項の規定により定められた猶予期間中の保護観察における特別遵守事項を刑法第27条の2の規定による猶予の期間の開始までの間に取り消す場合における第53条第4項の規定の適用については，同項中「必要」とあるのは，「特に必要」とする。
　3　第1項の規定は，同項に規定する者について，次条第2項及び第3項の定めるところにより仮釈放中の保護観察における特別遵守事項を釈放の時までに定める場合に準用する。この場合において，第1項ただし書中「第27条の5」とあるのは，「第29条第1項」と読み替える

ものとする。

4　第１項に規定する者について，仮釈放を許す旨の決定をした場合においては，前項の規定による仮釈放中の保護観察における特別遵守事項の設定及び第１項の規定による猶予期間中の保護観察における特別遵守事項の設定は，釈放の時までに行うものとする。

5　前項の場合において，第３項において準用する第１項の規定により定められた仮釈放中の保護観察における特別遵守事項を釈放までの間に取り消す場合における第53条第２項の規定の適用については，同項中「必要」とあるのは，「特に必要」とし，第１項の規定により定められた猶予期間中の保護観察における特別遵守事項を釈放までの間に取り消す場合における同条第４項の規定の適用については，同項中「刑法第27条の２の規定による猶予の期間の開始までの間に，必要」とあるのは，「釈放までの間に，特に必要」とする。

（平成25年法律第49号追加）

1　特別遵守事項の特則（第１項・第２項）

　第51条が規定するように，保護観察対象者に対しては，本人の罪状や特質等に応じ，裁量的に特別遵守事項を設定することができるが，薬物使用者等一部執行猶予法により一部執行猶予の保護観察に付された者については，規制薬物等の使用を反復する犯罪的傾向を改善するための専門的処遇プログラム（第51条２項４号）を受けることを特別遵守事項として定めることが原則として義務付けられる（本条第１項）。但し，特別遵守事項の違反は原処分の取消しに繋がり得ることから，規制薬物等に対する依存等を改善させるうえで特に必要とは認められないときは，専門的処遇プログラムの受講を特別遵守事項としないことができる。他の特別遵守事項が特に必要な範囲内で設定されるのに対し，薬物使用者等一部執行猶予法による保護観察付一部執行猶予の場合は，原則として専門的処遇プログラムの受講を特別遵守事項として設定し，特に必要とは認められないときには設定しないことができるというように，原則と例外が反対となっている。従って，これを猶予期間の開始までの間に取り消すためには，規制薬物等に対する依存等を改善させるうえで特に必要とは認められなくなったと認められる場合に限られる（第２項）。

なお，薬物使用等の罪を犯した者でも，刑法上の保護観察付一部執行猶予を言い渡された者については，本条の適用がなく，専門的処遇プログラムを特別遵守事項に設定するかどうかは，地方更生保護委員会の裁量による。

2　仮釈放の場合の特別遵守事項の特則（第3項・第4項）と取消し（第5項）

　薬物使用者等一部執行猶予法による保護観察付一部執行猶予において仮釈放を許すときには，一部執行猶予に付される保護観察と同様，仮釈放中の保護観察（3号観察）の特別遵守事項にも原則として専門的処遇プログラムを設定しなければならない（第3項）。さもないと，仮釈放時から一部執行猶予の実刑部分の執行が終わる仮釈放期間の間，規制薬物等の依存に対する処遇に空白期間ができてしまうおそれがあるからである。専門的処遇プログラムを仮釈放中の保護観察に対する特別遵守事項と一部執行猶予に付される保護観察の特別遵守事項に設定するときは，仮釈放の前に行わなければならない（第4項）。

　薬物使用者等一部執行猶予法による保護観察付一部執行猶予において，仮釈放中の保護観察の特別遵守事項として必要的に設定された専門的処遇プログラムの受講を釈放前に取り消すことができるのは（第53条2項），当該特別遵守事項が特に必要なくなった場合に限られる（本条第5項前段），また釈放前に猶予期間中の保護観察の特別遵守事項を取り消す場合にも（第53条4項），特別遵守事項が特に必要なくなった場合に限られる（本条第5項後段）。理由は，第1項但書や第2項と同じである。

（特別遵守事項の設定及び変更）
第52条　保護観察所の長は，保護観察処分少年について，法務省令で定めるところにより，少年法第24条第1項第1号の保護処分をした家庭裁判所の意見を聴き，これに基づいて，特別遵守事項を定めることができる。これを変更するときも，同様とする。
2　地方委員会は，少年院仮退院者又は仮釈放者について，保護観察所の長の申出により，法務省令で定めるところにより，決定をもって，特別遵守事項を定めることができる。保護観察所の長の申出により，これを

変更するときも，同様とする。

3　前項の場合において，少年院からの仮退院又は仮釈放を許す旨の決定による釈放の時までに特別遵守事項を定め，又は変更するときは，保護観察所の長の申出を要しないものとする。

4　地方委員会は，保護観察付一部猶予者について，刑法第27条の2の規定による猶予の期間の開始の時までに，法務省令で定めるところにより，決定をもって，特別遵守事項（猶予期間中の保護観察における特別遵守事項に限る。以下この項及び次条第4項において同じ。）を定め，又は変更することができる。この場合において，仮釈放中の保護観察付一部猶予者について，特別遵守事項を定め，又は変更するときは，保護観察所の長の申出によらなければならない。

5　保護観察所の長は，刑法第25条の2第1項の規定により保護観察に付されている保護観察付執行猶予者について，その保護観察の開始に際し，法務省令で定めるところにより，同項の規定により保護観察に付する旨の言渡しをした裁判所の意見を聴き，これに基づいて，特別遵守事項を定めることができる。

6　保護観察所の長は，前項の場合のほか，保護観察付執行猶予者について，法務省令で定めるところにより，当該保護観察所の所在地を管轄する地方裁判所，家庭裁判所又は簡易裁判所に対し，定めようとする又は変更しようとする特別遵守事項の内容を示すとともに，必要な資料を提示して，その意見を聴いた上，特別遵守事項を定め，又は変更することができる。ただし，当該裁判所が不相当とする旨の意見を述べたものについては，この限りでない。

　全部執行猶予に付される保護観察では，保護観察所長が，保護観察に付する旨の言渡しをした裁判所の意見を聴いて特別遵守事項を定めることができるが（第5項），保護観察付一部執行猶予の場合は，全部執行猶予と異なり，まず刑事施設において刑の執行を行うという点で，むしろ仮釈放者の保護観察と構造が似ていることから，猶予期間中の保護観察における特別遵守事項は，地方更生保護委員会が猶予期間の開始の時までに決定をもって定め，又は変更することができるものとされた（第4項前段）。この場合の特別遵守事項は，あくまで一部執行猶予の猶予期間中の保護観察のものに限られる。

保護観察付一部執行猶予者で仮釈放中の者については，保護観察所長の申出により地方更生保護委員会が決定をもって特別遵守事項を定め，又は変更することができるが（第4項後段），仮釈放の決定から釈放までに特別遵守事項を設定・変更する場合には，保護観察所長の申出を要しない（第3項）。

　一部執行猶予の猶予期間開始後に特別遵守事項の設定・変更をする場合には，保護観察付全部執行猶予同様，実際の保護観察の状況をよく把握している保護観察所の長がこれを行うことができる（第6項）。

（特別遵守事項の取消し）

第53条　保護観察所の長は，保護観察処分少年又は保護観察付執行猶予者について定められている特別遵守事項（遵守すべき期間が定められている特別遵守事項であって当該期間が満了したものその他その性質上一定の事実が生ずるまでの間遵守すべきこととされる特別遵守事項であって当該事実が生じたものを除く。以下この条において同じ。）につき，必要がなくなったと認めるときは，法務省令で定めるところにより，これを取り消すものとする。

2　地方委員会は，保護観察所の長の申出により，少年院仮退院者又は仮釈放者について定められている特別遵守事項につき，必要がなくなったと認めるときは，法務省令で定めるところにより，決定をもって，これを取り消すものとする。

3　前条第3項の規定は，前項の規定により特別遵守事項を取り消す場合について準用する。

4　地方委員会は，保護観察付一部猶予者について定められている特別遵守事項につき，刑法第27条の2の規定による猶予の期間の開始までの間に，必要がなくなったと認めるときは，法務省令で定めるところにより，決定をもって，これを取り消すものとする。この場合において，仮釈放中の保護観察付一部猶予者について定められている特別遵守事項を取り消すときは，保護観察所の長の申出によらなければならない。

　第4項は，保護観察付一部執行猶予について定められた特別遵守事項が，猶予期間の開始までの間に必要がなくなったと認めるときは，設定権者である地

方更生保護委員会が，決定をもって取り消すものとした規定である。但し，実刑部分において仮釈放が許された場合，仮釈放に伴う保護観察が既に行われているので，特別遵守事項の取消しは，仮釈放者（仮釈放を許す旨の決定による釈放の時までを除く。）に対する特別遵守事項の設定や変更と同様，保護観察所長の申出が必要である。

　一部執行猶予の猶予期間開始後に特別遵守事項を取り消す場合には，保護観察所の長がこれを行う（第1項）。

（一般遵守事項の通知）

第54条　保護観察所の長は，少年法第24条第1項第1号の保護処分があったとき又は刑法第25条の2第1項の規定により保護観察に付する旨の言渡しがあったときは，法務省令で定めるところにより，保護観察処分少年又は保護観察付執行猶予者に対し，一般遵守事項の内容を記載した書面を交付しなければならない。

2　刑事施設の長又は少年院の長は，第39条第1項又は第41条の決定により懲役若しくは禁錮の刑の執行のため収容している者を釈放するとき，<u>刑の一部の執行猶予の言渡しを受けてその刑のうち執行が猶予されなかった部分の期間の執行を終わり，若しくはその執行を受けることがなくなったこと（その執行を終わり，又はその執行を受けることがなくなった時に他に執行すべき懲役又は禁錮の刑があるときは，その刑の執行を終わり，又はその執行を受けることがなくなったこと。次条第2項において同じ。）により保護観察付一部猶予者を釈放するとき，又は第41条の決定により保護処分</u>の執行のため収容している者を釈放するときは，法務省令で定めるところにより，その者に対し，一般遵守事項の内容を記載した書面を交付しなければならない。

　第2項は，仮釈放や仮退院により釈放するときに一般遵守事項の内容を記した書面を対象者に交付することを施設長に義務付けたものであるが，保護観察付一部執行猶予者についても，その実刑部分の執行が終わり，又はその執行を受けることがなくなったことにより釈放するときも同様とするものである。

（特別遵守事項の通知）

第55条 保護観察所の長は，保護観察対象者について，特別遵守事項が定められ，又は変更されたときは，法務省令で定めるところにより，当該保護観察対象者に対し，当該特別遵守事項の内容を記載した書面を交付しなければならない。ただし，次項に規定する場合については，この限りでない。

2 刑事施設の長又は少年院の長は，懲役若しくは禁錮の刑又は保護処分の執行のため収容している者について第39条第1項の決定による釈放の時までに特別遵守事項（その者が保護観察付一部猶予者である場合には，猶予期間中の保護観察における特別遵守事項を含む。）が定められたとき，保護観察付一部猶予者についてその刑のうち執行が猶予されなかった部分の期間の執行を終わり，若しくはその執行を受けることがなくなったことによる釈放の時までに特別遵守事項が定められたとき，又は保護処分の執行のため収容している者について第41条の決定による釈放の時までに特別遵守事項が定められたときは，法務省令で定めるところにより，その釈放の時に当該特別遵守事項（釈放の時までに変更された場合には，変更後のもの）の内容を記載した書面を交付しなければならない。ただし，その釈放の時までに当該特別遵守事項が取り消されたときは，この限りでない。

　保護観察対象者に特別遵守事項が設定・変更されたときは，保護観察所長が当該保護観察対象者に対し特別遵守事項の内容を記載した書面を交付しなければならないのに対し（第1項），仮釈放や仮退院により釈放されるときは，刑事施設長又は少年院長がこれを行うものとされている（第2項）。

　保護観察付一部執行猶予者についても，実刑部分の執行のため，全部実刑と同様，刑事施設に収容されていることから，実刑部分の執行が終わり，又はその執行を受けることがなくなったことによる釈放のときにも，それまでに特別遵守事項が設定されたときは，その内容を記載した書面を交付しなければならない。もし保護観察付一部執行猶予者が仮釈放となる場合は，仮釈放に伴う保護観察の間の特別遵守事項と，猶予期間中の保護観察の特別遵守事項の両方（それぞれ，設定されていれば）を記載した書面を交付しなければならない。

（指導監督の方法）

第57条 保護観察における指導監督は，次に掲げる方法によって行うものとする。

一 面接その他の適当な方法により保護観察対象者と接触を保ち，その行状を把握すること。

二 保護観察対象者が一般遵守事項及び特別遵守事項（以下「遵守事項」という。）を遵守し，並びに生活行動指針に即して生活し，及び行動するよう，必要な指示その他の措置をとること。

三 特定の犯罪的傾向を改善するための専門的処遇を実施すること。

2 保護観察所の長は，前項の指導監督を適切に行うため特に必要があると認めるときは，保護観察対象者に対し，当該指導監督に適した宿泊場所を供与することができる。

　保護観察の2つの作用のうち指導監督は，対象者を改善更生させ，その再犯を防止するための指導的・監督的作用に係るもので，対象者の犯罪又は非行の内容，悔悟の情，改善更生の意欲，性格，年齢，経歴，心身の状況，生活態度，家庭環境，交友関係，住居，就業又は通学に係る生活環境等を考慮し，犯罪又は非行に結び付くおそれのある行動をする可能性及び保護観察対象者の改善更生に係る状態の変化を的確に把握し，これに基づき，改善更生のために必要且つ相当な限度において行うものとされる（犯罪をした者及び非行のある少年に対する社会内における処遇に関する規則第41条1項）。

　指導監督の方法は，対象者を保護観察所や保護司の居宅，更生保護サポートセンター等に呼んで面接を行う来訪や，対象者の居宅や在会施設等を訪問して面接を行うと同時に，生活状況などの確認を行う往訪が基本となる。目的は，遵守事項を遵守し，生活行動指針が設定されている場合は，それに即して生活し，行動するよう必要な指示を与えるなどの措置をとることである。

　第1項3号の「特定の犯罪的傾向を改善するための専門的処遇」は，第51条2項4号の特別遵守事項として設定される専門的処遇（プログラム）と似ているが，後者は，内容や手法が体系化され，法務大臣が指定したものに限られるのに対し（第51条の解説を参照），後者はそれに該当しない専門的な知識や技法に基づく処遇を指す。

（補導援護の方法）

第58条　保護観察における補導援護は，保護観察対象者が自立した生活を営むことができるようにするため，その自助の責任を踏まえつつ，次に掲げる方法によって行うものとする。

　一　適切な住居その他の宿泊場所を得ること及び当該宿泊場所に帰住することを助けること。

　二　医療及び療養を受けることを助けること。

　三　職業を補導し，及び就職を助けること。

　四　教養訓練の手段を得ることを助けること。

　五　生活環境を改善し，及び調整すること。

　六　社会生活に適応させるために必要な生活指導を行うこと。

　七　前各号に掲げるもののほか，保護観察対象者が健全な社会生活を営むために必要な助言その他の措置をとること。

　保護観察のもう1つの作用である補導援護は，対象者が社会の一員として自立していくための支援的・福祉的作用に属するもので，保護観察対象者の性格，年齢，経歴，心身の状況，家庭環境，交友関係，住居，就業又は通学に係る生活環境等を考慮し，保護観察対象者が自立した生活を営むことができるようにするうえでの困難の程度を的確に把握し，これに基づき，その自助の責任を踏まえつつ，本条各号に掲げる方法のうち適当と認められるものによって，必要且つ相当な限度において行うものとされる（犯罪をした者及び非行のある少年に対する社会内における処遇に関する規則第41条2項）。

　一部執行猶予，特に薬物使用者等に対する一部執行猶予と関連するものとしては，第2号の「医療及び療養を受けることを助けること」と第6号の「社会生活に適応させるために必要な生活指導を行うこと」がある。

　第2号は，対象者に医療や療養を義務付けたり（現在，我が国ではできない。），医療や専門的援助を受けるよう指示するなどの措置をとったり（新設された第65条の3に基づいて行う。）するものではなく，医療機関に関する情報を提供したり，医療や療養を受けるよう助言したりするなどの支援的な内容に止まる。

　第6号は，平成14年の犯罪予防更生法の改正により追加された規定がそのまま更生保護法に受け継がれたもので，薬物依存やアルコール依存からの社会

復帰訓練に関する情報の提供や社会生活技能訓練（SST）の実施などを内容とする。

> **（保護観察の実施者）**
> **第 61 条**　保護観察における指導監督及び補導援護は，保護観察対象者の特性，とるべき措置の内容その他の事情を勘案し，保護観察官又は保護司をして行わせるものとする。
> **2**　前項の補導援護は，保護観察対象者の改善更生を図るため有効かつ適切であると認められる場合には，更生保護事業法（平成 7 年法律第 86 号）の規定により更生保護事業を営む者その他の適当な者に委託して行うことができる。

　保護観察は，国家公務員たる保護観察官と，保護司法（昭和 25 年法律第 204 号）に基づき法務大臣が委嘱した非常勤国家公務員の保護司がこれに当たる。

　しかし，保護観察の作用のうち支援的・福祉的な作用である補導援護については，宿泊場所の提供など保護観察官や保護司では担うことが難しいものや（但し，平成 19 年以降に設置された国立の更生保護施設である自立更生促進センターや就業支援センターが全国に計 4 か所ある。），民間の団体や個人にこれを委ねる方が望ましい場合があり，歴史的にも，我が国では，保護観察の制度ができる遙か前の明治時代より民間による免囚保護事業や司法保護事業の伝統があることから，更生保護事業を営む更生保護法人その他の法人や団体・個人に補導援護を委託して行うことができるものとされている。更生保護事業の基本的事項や更生保護法人については更生保護事業法（平成 7 年法律第 86 号）が定める。

> **（応急の救護）**
> **第 62 条**　保護観察所の長は，保護観察対象者が，適切な医療，食事，住居その他の健全な社会生活を営むために必要な手段を得ることができないため，その改善更生が妨げられるおそれがある場合には，当該保護観察

対象者が公共の衛生福祉に関する機関その他の機関からその目的の範囲内で必要な応急の救護を得られるよう，これを援護しなければならない。

2　前項の規定による援護によっては必要な応急の救護が得られない場合には，保護観察所の長は，予算の範囲内で，自らその救護を行うものとする。

3　前項の救護は，更生保護事業法の規定により更生保護事業を営む者その他の適当な者に委託して行うことができる。

4　保護観察所の長は，第1項又は第2項の規定による措置をとるに当たっては，保護観察対象者の自助の責任の自覚を損なわないよう配慮しなければならない。

1　応急の救護（第1項・第2項・第4項）

　保護観察対象者の中には，家庭の事情や経済的理由から自立した社会生活を送ることができず，また自らの努力だけでは医療や福祉等の公共機関から社会生活に必要な手段を得ることができず，その結果，改善更生が妨げられるおそれがある者が少なくない。そこで，保護観察対象者が公共機関から必要な応急の救護を得られるよう，保護観察所長（実施に当たるのは保護観察官）が援護しなければならないとされている（第1項）。

　しかし，そうした援護によっても一般公共機関から必要な応急の救護が得られない場合は，保護観察所長自らが応急の救護を行うものとされる。具体的には，衣服がない者に対し保護観察所に備蓄されている衣料を提供する，食事をとるだけの金銭的余裕のない者に対し備蓄食品又は食費を支給する，適切と判断された帰住先（親族等）に帰住するための交通費を支給する，医療扶助等の手続を支援する，といった内容である。しかし，こうした救護は，本来，福祉の領域で行われるべきものであり，刑事司法機関である保護観察所が行うには予算的にも人員的にも限界があることから，保護観察所長が自ら応急の救護を行う際に法は，「予算の範囲内で」で行うものとしている。

　さらに，こうした援護や救護が過剰に行われると，保護観察対象者の（司法）福祉への依存体質を生み，本当の意味での社会復帰を阻害することにもなりかねないので，実施に当たっては，保護観察対象者自らの努力と責任で自立していくのだという自助の責任を自覚させるように配慮しなければならないとされ

ている（第4項）。

2　応急の救護の委託と更生保護事業（第3項）

　さらに，保護観察対象者の中には住居も宿泊費もない者がいるが，保護観察
所自体には宿泊施設がないため，更生保護法人など更生保護事業を営む者その
他の適当な者に救護を委託することができる。

　我が国には，明治21年に静岡の事業家である金原明善氏によって初の更生
保護施設である静岡県出獄人保護会社（現在の静岡県勧善会）が設立されて以来，
長い更生保護事業の歴史があり，現在，全国で104の更生保護施設が設置され
ている。このうち101は99の更生保護法人によって運営されており，後は社
会福祉法人，特定非営利活動法人，社団法人がそれぞれ1つずつ施設を運営し
ている。しかし，民間団体であるこれらの更生保護施設では，処遇体制の問題
や近隣への配慮から，性犯罪や放火などの重大犯罪者や治療を要する薬物事犯
者や精神障がい者といった処遇困難者を受け入れることができない場合も多
かった。そこで，長年の懸案であった国立の更生保護施設として，北九州（平
成21年）と福島（平成22年）に自立更生促進センターが，また農業訓練を行う
就業支援センターが北海道沼田町（少年用。平成19年）と茨城（平成21年）にそ
れぞれ開設されている。但し，自立更生促進センターについては，地域住民の
不安等にも配慮する必要があることから，円滑な施設運営に向けた努力が続け
られている。

　一部執行猶予との関係では，保護観察が付されている場合，実刑部分の執行
後，引受人がいなくとも直ちに保護観察を行わなければならないため，多くの
帰住先が必要となることが予想されるが，更生保護施設や自立更生促進セン
ターの収容能力はほぼ限界であり，かといって施設の新築・増築は住民の反対
運動等で極めて困難な状況にある。そこで，平成23年度から予め保護観察所
に登録した社会福祉法人やNPO法人等の運営する施設に宿泊と生活指導を委
託する自立準備ホーム（緊急的住居確保・自立支援対策）の制度を導入し，平成25
年3月末時点で全国に236の事業者が登録している。

第1節の2　規制薬物等に対する依存がある保護観察対象者に関する特則
（保護観察の実施方法）
第65条の2　規制薬物等に対する依存がある保護観察対象者に対する保護
　観察は，その改善更生を図るためその依存を改善することが重要である
　ことに鑑み，これに資する医療又は援助を行う病院，公共の衛生福祉に
　関する機関その他の者との緊密な連携を確保しつつ実施しなければなら
　ない。
　（平成25年法律第49号追加）

　規制薬物等に対する依存のある保護観察対象者に対しては，特別遵守事項と
して専門的処遇プログラムを課すことができるが（第51条2項4号），これは，
法律上，保護観察の作用のうち指導監督に位置付けられるため（第57条1項2
号），保護観察官又は保護司をして行わせるものとされ（第61条1項），その他
の者に委託することはできない。更生保護事業を営む者その他の適当な者に委
託して行うことができるのは保護観察のうち補導援護に限られ（同第2項），こ
れも第58条に列挙された方法により，保護観察対象者の「自助の責任を踏ま
えつつ」行うものとされることから，従来，規制薬物等の依存のある保護観察
対象者に対しては，「医療及び療養を受けることを助けること」（第58条2号）
として，通院や服薬の助言ができる程度であった。

　しかし，規制薬物等に対する依存を改善し，薬物使用等の罪やそれに関連し
た犯罪の再犯を防止するためには，専門病院や公共の衛生福祉機関，民間の団
体等と緊密な連携を図りながら，規制薬物等の依存に対する治療やリハビリを
行うことが重要且つ効果的である。本条は，そうした規制薬物等に対する依存
がある保護観察対象者に対する保護観察の実施方法と方針を規定したものであ
る。

　なお，規制薬物等についての定義は，薬物使用者等一部執行猶予法第2条1
項に規定されている（第51条の2第1項）。

（指導監督の方法）

第 65 条の 3　規制薬物等に対する依存がある保護観察対象者に対する保護観察における指導監督は，第 57 条第 1 項に掲げるもののほか，次に掲げる方法によって行うことができる。

　一　規制薬物等に対する依存の改善に資する医療を受けるよう，必要な指示その他の措置をとること。

　二　公共の衛生福祉に関する機関その他の適当な者が行う規制薬物等に対する依存を改善するための専門的な援助であって法務大臣が定める基準に適合するものを受けるよう，必要な指示その他の措置をとること。

2　保護観察所の長は，前項に規定する措置をとろうとするときは，あらかじめ，同項に規定する医療又は援助を受けることが保護観察対象者の意思に反しないことを確認するとともに，当該医療又は援助を提供することについて，これを行う者に協議しなければならない。

3　保護観察所の長は，第 1 項に規定する措置をとったときは，同項に規定する医療又は援助の状況を把握するとともに，当該医療又は援助を行う者と必要な協議を行うものとする。

4　規制薬物等の使用を反復する犯罪的傾向を改善するための第 51 条第 2 項第 4 号に規定する処遇を受けることを特別遵守事項として定められた保護観察対象者について，第 1 項第 2 号に規定する措置をとったときは，当該処遇は，当該保護観察対象者が受けた同号に規定する援助の内容に応じ，その処遇の一部を受け終わったものとして実施することができる。

（平成 25 年法律第 49 号追加）

1　指導監督の特則（第 1 項）

　規制薬物等の依存がある保護観察対象者に対する保護観察においては，第 57 条 1 項が規定する一般の指導監督の他，本条第 1 項各号が定める特別の指導監督を行うことができる。第 1 号は，規制薬物等に対する依存の改善に資する医療を受けるよう必要な指示を与えるなどの措置をとるものであり，医療を行う機関は当然に医療機関に限られる。これに対し，第 2 号の公共の衛生福祉機関その他の適当な者が行う規制薬物等に対する依存を改善するための専門的な援助には様々なものがあり，実施機関も，公共の衛生福祉機関の他民間団体

も想定されることから，その専門的援助は，法務大臣が一定の基準を定め，その基準に適合するものに限られる。

2　任意性（第2項）

　医療や専門的援助は，その性質から，強制的に行われるものであってはならない。医療については本人のインフォームド・コンセントに基づかなければならず，福祉などの専門的援助についても，本人の希望に基づき，その多くは利用者と事業者の契約によるものである。そのため，第1項が定める規制薬物等の依存がある対象者に対する保護観察において医療や専門的援助を受けるよう指示をするなど一定の措置をとろうとするとき，保護観察所長は，事前に本人の承諾を得るか，少なくとも本人の意思に反しないことを確認しなければならない。

　また，こうした医療機関や公共の衛生福祉機関等にもそれぞれ機関ごとの受入体制や処遇方針等があることから，保護観察対象者の円滑且つ効果的な受入れのため，保護観察所長は，医療や援助の提供について，これらの機関と事前に協議することが義務付けられている。

3　保護観察中の状況把握と協議（第3項）

　規制薬物等の依存がある保護観察対象者に対し，第1項が規定する医療や専門的援助を受けるよう指示を行うなどの措置をとった場合，医療機関や公共衛生福祉機関等が治療や援助に当たるため，その状況を，直接，保護観察官が知ることができるわけではない。そこで，保護観察所長は，医療又は援助の状況を把握すると共に，保護観察中においても，医療や専門的援助を行う者と協議を行うものとされた。

4　専門的処遇プログラムの見なし規定（第4項）

　法務大臣が指定した専門的処遇プログラムの受講を特別遵守事項として設定した保護観察対象者に対し，本条第1項2号が規定する専門的援助を受けるよう指示を行うなどの措置をとった場合，当該援助が実質的に専門的処遇プログラムの一部に相当するものである場合があることから，受けた援助の内容に応

じて，専門的処遇プログラムの一部を終わったものとして実施することにしたものである。

　こうした専門的処遇プログラムの代替性が認められるのは，本条第1項2号が定める公共の衛生福祉に関する機関その他の適当な者が行う規制薬物等に対する依存を改善するための専門的な援助に限られ，同第1号に規定する規制薬物等に対する依存の改善に資する医療は除かれている。専門的処遇プログラムは，保護観察官が行うものとされており，その内容は認知行動療法を基礎としたワークシートやグループ・ワークであるため，医療がこれの代替となるとは考えにくいからである。

> **第65条の4**　保護観察所の長は，規制薬物等に対する依存がある保護観察対象者について，第30条の規定により病院，公共の衛生福祉に関する機関その他の者に対し病状，治療状況その他の必要な情報の提供を求めるなどして，その保護観察における指導監督が当該保護観察対象者の心身の状況を的確に把握した上で行われるよう必要な措置をとるものとする。（平成25年法律第49号追加）

　規制薬物等に対する依存がある保護観察対象者について，病院，公共の衛生福祉機関その他の者による医療や専門的援助が行われている場合（第65条の3第1項各号に該当する医療や専門的援助も含まれるが，これに限られない。），保護観察における指導監督は，保護観察対象者の心身の状況を的確に把握したうえで行う必要があることから，それらの機関等に対し，病状，治療状況その他の必要な情報の提供を求めるなどして必要な措置をとるものとしたものである。

> **（住居の特定）**
> **第78条の2**　地方委員会は，保護観察付一部猶予者について，刑法第27条の2の規定による猶予の期間の開始の時までに，第82条第1項の規定による住居の調整の結果に基づき，法務省令で定めるところにより，決定をもって，その者が居住すべき住居を特定することができる。

第2編　刑の一部執行猶予　関係法令・逐条解説　　281

2 地方委員会は，前項の決定をした場合において，当該決定を受けた者について，刑法第27条の2の規定による猶予の期間の開始までの間に，当該決定により特定された住居に居住することが相当でないと認められる事情が生じたと認めるときは，法務省令で定めるところにより，決定をもって，住居の特定を取り消すものとする。

3 第36条第2項の規定は前2項の決定に関する審理における調査について，第37条第2項の規定は当該審理について，それぞれ準用する。

（平成25年法律第49号追加）

1　保護観察付一部執行猶予者の住居の特定（第1項）

　地方更生保護委員会が，保護観察付一部執行猶予者の猶予期間が始まる時までに居住すべき住居を特定することができる旨を定めたものである。

　従来の仮釈放や仮退院については，施設入所後から生活環境調整（第82条1項）が行われ，引受人がいる場合に限って仮釈放や仮退院が認められるため，仮釈放や仮退院後の住居の目途が立っていない者はおらず，仮釈放や仮退院を許す処分をするに当たって，仮釈放や仮退院を許される者が居住すべき住居を地方更生委員会が特定するものとされている（第39条3項，第42条）。一方，保護観察付全部執行猶予者や保護観察処分少年については，処分決定時まで住居があることが一般的であるため，後はこれを保護観察所長に届け出ればよいだけである（第50条1項3号）。

　これに対し，保護観察付一部執行猶予は，実刑部分において仮釈放が認められない場合，引受人や住居がないまま，猶予期間が開始され，保護観察を行わなければならないという，従来にはない事態が生ずる可能性がある。そこで第1項のように，猶予期間開始時までに住居の特定が必要となる。この特定は，地方更生保護委員会の決定をもって行われる（第23条1項1号）。住居の特定が行われた場合，一部執行猶予の保護観察対象者は，速やかに住居を定め，保護観察所長に届出をするという一般遵守事項は適用されない（第50条1項3号）。

　一部執行猶予の実刑部分において仮釈放が行われる場合は，本項による住居の特定が行われていない場合，その処分に当たって住居の特定が行われるか（第39条3項），法務大臣が指定する施設（自立更生促進センター）等に宿泊して指

導監督を受けることが特別遵守事項として設定される（第51条2項5号）。

そして，本項により住居の特定がなされた場合と法務大臣が指定する施設等に宿泊して指導監督を受けることが特別遵守事項として設定された場合（第51条2項5号）を除き，仮釈放中の保護観察の終了時に居住することとされていた届出に係る住居が（仮釈放に当たって住居が特定された場合又は転居の許可を受けた場合，それぞれ当該住居），一部執行猶予の保護観察における一般遵守事項としての住居の届出と見なされる（第50条2項）。

2　保護観察付一部執行猶予者の住居特定の取消し（第2項）

第1項で保護観察付一部執行猶予者の住居の特定に関する決定が行われた場合で，猶予期間の開始までの間に当該決定により特定された住居に居住することが相当でないと認められる事情が生じたと認めるとき，地方更生保護委員会が決定をもって住居の特定を取り消すものとしたものである。

一般に，保護観察中の住居については，保護観察に付されたとき，速やかにこれを定め，保護観察所長に届出をすること（第50条1項3号），及び当該届出に係る住居（仮釈放決定時に地方更生保護委員会が住居を特定した場合はその住居）に居住することが一般遵守事項として義務付けられており（同第4号），転居する場合は保護観察所長の許可が必要となる（同第5項）。一方，特定の宿泊場所に宿泊して指導監督を受けることが特別遵守事項として設定されている場合は（第51条2項5号），この限りではなく，その変更も特別遵守事項の変更手続によることとされている（第52条）。

これに対し，保護観察付一部執行猶予者の住居の特定は，猶予期間の開始までに行う必要があり，保護観察そのものはまだ開始されていないため，事情により当該住居に居住することが相当でない場合，別途，取消しの手続が必要になり，本項がその規定である。

「特定された住居に居住することが相当でないと認められる事情」としては様々なことが考えられるが，家族など事実上の引受人となっている者の事情の変更，共犯者や犯行時の不良交友関係の住居に関する事情の変更，事件の被害者の住居等の事情の変更などが考えられよう。

第5節　保護観察付執行猶予者

（検察官への申出）

第79条　保護観察所の長は，保護観察付執行猶予者について，刑法第26条の2第2号又は第27条の5第2号の規定により刑の執行猶予の言渡しを取り消すべきものと認めるときは，刑事訴訟法第349条第1項に規定する地方裁判所，家庭裁判所又は簡易裁判所に対応する検察庁の検察官に対し，書面で，同条第2項に規定する申出をしなければならない。

　保護観察付全部執行猶予同様，保護観察付一部執行猶予についても，遵守事項違反によりその執行猶予を取り消すべき場合は，保護観察所長の申出に基づいて検察官が管轄裁判所にその請求をしなければならないこととされているため（刑事訴訟法第349条2項），本条は，そうした遵守事項違反によって刑の執行猶予を取り消すべきものと認めるときには，保護観察所長に検察官への申出義務があることを明らかにしたものである。

（保護観察の仮解除）

第81条　刑法第25条の2第2項又は第27条の3第2項（薬物使用等の罪を犯した者に対する刑の一部の執行猶予に関する法律第4条第2項において準用する場合を含む。以下この条において同じ。）の規定による保護観察を仮に解除する処分は，地方委員会が，保護観察所の長の申出により，決定をもってするものとする。

2　刑法第25条の2第2項又は第27条の3第2項の規定により保護観察を仮に解除されている保護観察付執行猶予者については，第49条，第51条から第58条まで，第61条，第62条，第65条から第65条の4まで，第79条及び前条の規定は，適用しない。

3　刑法第25条の2第2項又は第27条の3第2項の規定により保護観察を仮に解除されている保護観察付執行猶予者に対する第50条及び第63条の規定の適用については，第50条第1項中「以下「一般遵守事項」という」とあるのは「第2号ロ及び第3号に掲げる事項を除く」と，同項第2号中「守り，保護観察官及び保護司による指導監督を誠実に受ける」

とあるのは「守る」と、同項第5号中「転居又は7日以上の旅行」とあるのは「転居」と、第63条第2項第2号中「遵守事項」とあるのは「第81条第3項の規定により読み替えて適用される第50条第1項に掲げる事項」とする。

4　第1項に規定する処分があったときは、その処分を受けた保護観察付執行猶予者について定められている特別遵守事項は、その処分と同時に取り消されたものとみなす。

5　地方委員会は、刑法第25条の2第2項又は第27条の3第2項の規定により保護観察を仮に解除されている保護観察付執行猶予者について、保護観察所の長の申出があった場合において、その行状に鑑み再び保護観察を実施する必要があると認めるときは、決定をもって、これらの規定による処分を取り消さなければならない。

1　保護観察の仮解除（第1項）

　全部執行猶予及び一部執行猶予の保護観察対象者が、保護観察官及び保護司の指導監督を受け、遵守事項を誠実に遵守し、保護観察を実施せずとも、自律的な改善更生を図ることができると認められる場合に、保護観察を仮に解除することができる（刑法第25条の2第2項、第27条の3第2項、薬物使用者等一部執行猶予法第4条2項）。この場合の仮解除は、地方更生保護委員会が、保護観察を実施している保護観察所の長の申出に基づき、決定をもって行う。

2　仮解除中の対応（第2項・第3項・第4項）

　保護観察を仮解除された全部執行猶予者又は一部執行猶予者には、保護観察としての指導監督（第65条の2乃至第65条の4の薬物依存者に対する指導監督も含む。）や補導援護（第49条、第57条、第58条、第61条）は行われず、特別遵守事項が定められている場合は、仮解除の処分と同時に取り消されたものと見なされるため（本条第4項）、関連した規定（第51条乃至第53条、第55条）は当然に適用されず、生活行動指針（第56条）の適用もない。また、保護観察対象者が、適切な医療、食事、住居その他の健全な社会生活を営むために必要な手段を得ることができないため、その改善更生が妨げられるおそれがある場合に行う応急の救護（第62条）の適用もなくなる。

第2編　刑の一部執行猶予　関係法令・逐条解説　285

被害者の心情等の伝達（第65条）も適用がないので，被害者から申出があっても，仮解除中である場合は，聴取や伝達を行うことができない。

一般遵守事項を定めた第50条の適用は排除されていないので（本条第2項），仮解除中でも一般遵守事項の遵守義務はある。但し，保護観察そのものは仮解除され，指導監督や補導援護は受けないのであるから，一般遵守事項のうち遵守しなければならないのは，善行保持（第50条1項1号）や保護観察官等との面接義務（同第2号イ），定住義務（同第4号），転居の許可（同第5号）といった，保護観察を受けた者として最低限守らなければならない内容のものに限られ，事実の申告・資料提示義務（同第2号ロ）や届出義務（同第3号），7日以上の旅行許可（同第5号）は除外されている（本条第3項）。

仮解除はあくまで仮の解除であって，その取消しもあり得るのであるから，保護観察官又は保護司の呼び出しや訪問に応じ，面接を受けなければならない（第50条1項2号イ）。保護観察官又は保護司は，仮解除中でも，対象者の行状について定期的に調査を行うものとされており，地方更生保護委員会又は保護観察長は，その職務を行うため必要があると認めるときは，保護観察対象者に出頭を命ずることができる他（第63条1項），一定の場合，引致の対象ともなる（同第2項）。但し，引致の要件たる遵守事項の不遵守は，第81条3項によって読み替えて適用される一般遵守事項の遵守事項を遵守しなかったことを疑うに足りる十分な理由がある場合に限られる。

3　仮解除の取消し（第5項）

保護観察付全部執行猶予者同様，保護観察付一部執行猶予者についても，地方更生保護委員会は，その行状に鑑み再び保護観察を実施する必要があると認めるときは，決定をもって仮解除の処分を取り消さなければならない。

第4章　生活環境の調整
（収容中の者に対する生活環境の調整）
第82条　保護観察所の長は，刑の執行のため刑事施設に収容されている者

又は刑若しくは保護処分の執行のため少年院に収容されている者（以下この条において「収容中の者」と総称する。）について，その社会復帰を円滑にするため必要があると認めるときは，その者の家族その他の関係人を訪問して協力を求めることその他の方法により，釈放後の住居，就業先その他の生活環境の調整を行うものとする。

2　地方委員会は，前項の規定による調整が有効かつ適切に行われるよう，保護観察所の長に対し，調整を行うべき住居，就業先その他の生活環境に関する事項について必要な指導及び助言を行うほか，同項の規定による調整が複数の保護観察所において行われる場合における当該保護観察所相互間の連絡調整を行うものとする。

3　地方委員会は，前項の措置をとるに当たって必要があると認めるときは，収容中の者との面接，関係人に対する質問その他の方法により，調査を行うことができる。

4　第25条第2項及び第36条第2項の規定は，前項の調査について準用する。

1　生活環境調整（第1項）

　保護観察所長は，刑や保護処分の執行のため刑事施設又は少年院に収容している者について，将来の仮釈放や仮退院を含め，その者の社会復帰を円滑にするために必要があると認めるときは，その者の家族や元雇用主その他の関係人を訪問して，引受意思や帰住先の有無を調査すると共に，住居，就業先その他の生活環境を調整するものとされており，生活環境調整と呼ばれる。

　一部執行猶予者についても，実刑部分の執行のため刑事施設に収容されることから，収容後，生活環境調整が行われる。一部執行猶予者についても仮釈放の適用があるが，そのために引受人が必要であることは全部実刑の場合と異なるところはない。

2　生活環境調整における指導・助言及び連絡調整（第2項乃至第4項）

　保護観察付一部執行猶予の場合，仮釈放が認められずとも，実刑部分の執行が終了すると同時に釈放され，保護観察が行われることから，円滑な社会復帰のためには猶予期間の開始までには帰住先を確保しておくことが重要である。

従来，引受人や帰住先の確保に困難を伴う場合，複数の帰住先を並行して調整することがあったが，こうした場合に，全体の状況を見ながら調整を行うことが難しかったため，新たに生活環境調整における地方更生保護委員会の保護観察所に対する指導・助言と保護観察所相互間の連絡調整に関する権限，さらにそのために必要な収容者との面接や関係人に対する質問等の調査に関する規定が設けられたものである。

（保護観察付執行猶予の裁判確定前の生活環境の調整）

第83条　保護観察所の長は，刑法第25条の2第1項の規定により保護観察に付する旨の言渡しを受け，その裁判が確定するまでの者について，保護観察を円滑に開始するため必要があると認めるときは，その者の同意を得て，前条第1項に規定する方法により，その者の住居，就業先その他の生活環境の調整を行うことができる。

保護観察付全部執行猶予の場合，仮釈放や仮退院とは異なり，裁判の確定後，直ちに保護観察を開始しなければならないが，確定を待っていては，円滑に保護観察を開始することができないため，保護観察付全部執行猶予の言渡しが行われた場合，当該裁判が確定するまでの間から生活環境調整を行うことができるものとした。しかし，裁判が確定していない以上，これを強制的に行うことは許されないため，本人の同意を得て行うことができるとしたものである。

これに対し，保護観察付一部執行猶予の場合は，実刑部分の執行があるため，裁判が確定して直ちに生活環境調整を行う必要はなく，全部実刑の場合と同様，実刑部分の執行により刑事施設に収容され，処遇調査が行われた後から生活環境調整を行うことになる。

第5章　更生緊急保護等

　第1節　更生緊急保護

（更生緊急保護）

第85条　この節において「更生緊急保護」とは，次に掲げる者が，刑事上

の手続又は保護処分による身体の拘束を解かれた後，親族からの援助を受けることができず，若しくは公共の衛生福祉に関する機関その他の機関から医療，宿泊，職業その他の保護を受けることができない場合又はこれらの援助若しくは保護のみによっては改善更生することができないと認められる場合に，緊急に，その者に対し，金品を給与し，又は貸与し，宿泊場所を供与し，宿泊場所への帰住，医療，療養，就職又は教養訓練を助け，職業を補導し，社会生活に適応させるために必要な生活指導を行い，生活環境の改善又は調整を図ること等により，その者が進んで法律を守る善良な社会の一員となることを援護し，その速やかな改善更生を保護することをいう。

一　懲役，禁錮又は拘留の刑の執行を終わった者

二　懲役，禁錮又は拘留の刑の執行の免除を得た者

三　懲役又は禁錮につき刑の全部の執行猶予の言渡しを受け，その裁判が確定するまでの者

四　前号に掲げる者のほか，懲役又は禁錮につき刑の全部の執行猶予の言渡しを受け，保護観察に付されなかった者

五　懲役又は禁錮につき刑の一部の執行猶予の言渡しを受け，その猶予の期間中保護観察に付されなかった者であって，その刑のうち執行が猶予されなかった部分の期間の執行を終わったもの

六　訴追を必要としないため公訴を提起しない処分を受けた者

七　罰金又は科料の言渡しを受けた者

八　労役場から出場し，又は仮出場を許された者

九　少年院から退院し，又は仮退院を許された者（保護観察に付されている者を除く。）

2　更生緊急保護は，その対象となる者の改善更生のために必要な限度で，国の責任において，行うものとする。

3　更生緊急保護は，保護観察所の長が，自ら行い，又は更生保護事業法の規定により更生保護事業を営む者その他の適当な者に委託して行うものとする。

4　更生緊急保護は，その対象となる者が刑事上の手続又は保護処分による身体の拘束を解かれた後6月を超えない範囲内において，その意思に反しない場合に限り，行うものとする。ただし，その者の改善更生を保護するため特に必要があると認められるときは，更に6月を超えない範

囲内において，これを行うことができる。

5　更生緊急保護を行うに当たっては，その対象となる者が公共の衛生福祉に関する機関その他の機関から必要な保護を受けることができるようあっせんするとともに，更生緊急保護の効率化に努めて，その期間の短縮と費用の節減を図らなければならない。

6　更生緊急保護に関し職業のあっせんの必要があると認められるときは，公共職業安定所は，更生緊急保護を行う者の協力を得て，職業安定法（昭和22年法律第141号）の規定に基づき，更生緊急保護の対象となる者の能力に適当な職業をあっせんすることに努めるものとする。

1　更生緊急保護の要件と法定期間（第1項・第4項）

　刑の一部執行猶予の場合，保護観察が付されていないと，実刑部分の執行が終わった時点で，引受人の有無にかかわらず釈放されることになる。そのため，親族がいないか，親族の援助を受けられない場合，若しくは医療・衛生福祉・雇用支援その他の機関による医療，宿泊，職業その他の保護を受けることができない場合，本人の更生に支障が生じる可能性があり，又は親族による援助や関係機関による保護だけでは改善更生することができない場合がある。そこで，単純一部執行猶予の実刑部分の執行が終わって釈放された者に対しても，満期釈放の場合と同様，更生緊急保護の適用を認めることにしたものである（第1項5号）。

　更生緊急保護の原則期間である6月は，刑事上の手続による身体の拘束を解かれた時点から起算するので，一部執行猶予の場合は，実刑部分の執行が終わって釈放された時点が起算点となる（第4項）。従って，実刑部分の執行終了後から期間が経過しているような場合，6月から当該経過期間を除いた期間しか更生緊急保護が認められない。改善更生を保護するため特に必要があると認められるときは，6月を超えない範囲内において延長することができ，特別法定期間と呼ばれるが，現在の実務では，極めて限られた状況でしか認められていない。これに対し，一部執行猶予の猶予期間は1年以上5年以下であることから，釈放から6月が経過してしまえば，猶予期間において生活に窮するなど，緊急の保護が必要な場合でも，更生緊急保護が適用される余地はない。

2　更生緊急保護の実施者（第2項・第3項）

　更生緊急保護は，国の責任において行われるものである（第2項）。国自らが行うものとしては，食事又は食費の給与，衣料の給与，帰住先までの旅費の支給，医療関係手続の援助などがあるが，更生緊急保護対象者の場合，住居がない者が少なくないことから，宿泊を伴う保護が必要な場合，宿泊設備を有する外部の団体等に委託することができる（第3項）。

　委託先としては，従来，更生保護事業法に基づき更生保護事業を営む更生保護法人の更生保護施設がもっとも多かったが（全国に101施設），現在は，社会福祉法人，特定非営利活動法人，社団法人が運営する施設も1施設ずつある他，高齢者など要保護犯罪者の増加と一部執行猶予制度の導入を受けて，平成23年度からは，保護観察所に登録したNPO法人や社会福祉法人等の民間団体等が宿泊場所の提供と生活指導（自立準備支援）を行う自立準備ホーム（緊急的住居確保・自立支援対策）の仕組みが導入されている（第62条の応急の救護の解説を参照）。

　さらに，薬物使用等の罪を犯した者に対する一部執行猶予の導入を踏まえて，薬物事犯者を重点的に受け入れ，専門的な処遇を行うモデル的な更生保護施設が全国で5か所指定されている（拡大の予定がある。）。

　なお，保護観察付一部執行猶予を言い渡された者が保護観察を受けている間については，更生緊急保護ではなく，応急の救護が適用される（第62条）。

（更生緊急保護の開始等）

第86条　更生緊急保護は，前条第1項各号に掲げる者の申出があった場合において，保護観察所の長がその必要があると認めたときに限り，行うものとする。

2　検察官，刑事施設の長又は少年院の長は，前条第1項各号に掲げる者について，刑事上の手続又は保護処分による身体の拘束を解く場合において，必要があると認めるときは，その者に対し，この節に定める更生緊急保護の制度及び申出の手続について教示しなければならない。

3　保護観察所の長は，更生緊急保護を行う必要があるか否かを判断するに当たっては，その申出をした者の刑事上の手続に関与した検察官又はその者が収容されていた刑事施設（労役場に留置されていた場合には，

当該労役場が附置された刑事施設）の長若しくは少年院の長の意見を聴かなければならない。ただし，仮釈放の期間の満了によって前条第1項第1号に該当した者又は仮退院の終了により同項第9号に該当した者については，この限りでない。

更生緊急保護は，本来，保護観察とは全く異なる作用であり，司法においても極めて福祉的な性格をもった司法福祉とも言える制度である。かつて，更生緊急保護は，更生緊急保護法という昭和25年制定の法律によって規定されていたが，更生保護事業法制定時に廃止され，更生緊急保護の規定が当時の犯罪者予防更生法に入ったという経緯がある。このように，更生緊急保護は，権力作用に当たるものではなく，あくまで本人からの申出に基づいて行われる任意の措置である。第1項は，その旨を定めると同時に，また，本人が申し出れば，必ず認められるものでもなく，保護観察所長が必要性の判断を行うことを定めたものである。

更生保護事業法（平成7年5月8日法律第86号）（抄）

（定義）

第2条　この法律において「更生保護事業」とは，継続保護事業，一時保護事業及び連絡助成事業をいう。

2　この法律において「継続保護事業」とは，次に掲げる者であって現に改善更生のための保護を必要としているものを更生保護施設に収容して，その者に対し，宿泊場所を供与し，教養訓練，医療又は就職を助け，職業を補導し，社会生活に適応させるために必要な生活指導を行い，生活環境の改善又は調整を図る等その改善更生に必要な保護を行う事業をいう。

一　保護観察に付されている者

二　懲役，禁錮又は拘留につき，刑の執行を終わり，その執行の免除を得，又はその執行を停止されている者

三　懲役又は禁錮につき刑の全部の執行猶予の言渡しを受け，刑事上の手続による身体の拘束を解かれた者（第1号に該当する者を除く。次号及び第5号において同じ。）

四　懲役又は禁錮につき刑の一部の執行猶予の言渡しを受け，その猶予の期間中の者

五　罰金又は科料の言渡しを受け，刑事上の手続による身体の拘束を解かれた者

六　労役場から出場し，又は仮出場を許された者

七　訴追を必要としないため公訴を提起しない処分を受け，刑事上の手続による身体の拘束を解かれた者

八　少年院から退院し，又は仮退院を許された者（第1号に該当する者を除く。次号において同じ。）

九　婦人補導院から退院し，又は仮退院を許された者

十　国際受刑者移送法（平成14年法律第66号）第16条第1項第1号若しくは第2号の共助刑の執行を終わり，若しくは同法第25条第2項の規定によりその執行を受けることがなくなり，又は同法第21条の規定により適用される刑事訴訟法（昭和23年法律第131号）第480条若しくは第482条の規定によりその執行を停止されている者

3 この法律において「一時保護事業」とは，前項に規定する者に対し，宿泊場所への帰住，医療又は就職を助け，金品を給与し，又は貸与し，生活の相談に応ずる等その改善更生に必要な保護（継続保護事業として行うものを除く。）を行う事業をいう。

4 この法律において「連絡助成事業」とは，継続保護事業，一時保護事業その他第2項各号に掲げる者の改善更生を助けることを目的とする事業に関する啓発，連絡，調整又は助成を行う事業をいう。

5 この法律において「被保護者」とは，継続保護事業又は一時保護事業における保護の対象者をいう。

6 この法律において「更生保護法人」とは，更生保護事業を営むことを目的として，この法律の定めるところにより設立された法人をいう。

7 この法律において「更生保護施設」とは，被保護者の改善更生に必要な保護を行う施設のうち，被保護者を宿泊させることを目的とする建物及びそのための設備を有するものをいう。

　一部執行猶予の言渡しを受け，実刑部分の執行を終了した者についても，更生保護事業（継続保護事業及び一時保護事業）の対象者となる。このうち，保護観察付の一部執行猶予の場合，保護観察に付されている間（本条第2項1号）は応急の救護により，また保護観察の付かない単純一部執行猶予の場合は，猶予期間中（同第4号），更生緊急保護により，更生保護事業の対象となる。但し，後者において，更生緊急保護の場合は，原則6月，延長してさらに6月という期間の制約があり（更生保護法第85条4項），それ以降，更生保護事業を営む者が保護を行おうとするときは，国からの委託費の出ない任意保護となる。

　なお，更生保護事業を営むことができるのは更生保護法人に限られず，社会福祉法人やNPO法人等それ以外の者でも可能であるが，更生保護法人を設立しようとする場合には，本法に定める要件や基準を満たしたうえで認可を受けなければならない（更生保護事業法第10条）。また，国及び地方公共団体以外の者が，継続保護事業を営もうとする場合には，一定の基準を満たしたうえで国（法務大臣）から認可を受けなければならず（第45条），一時保護事業又は連絡助成事業を営もうとする場合には，法務大臣に一定の届出を行わなければならない（第47条の2）。

資料編

資料1　法務大臣・諮問第77号

資料2　刑の一部の執行猶予制度に関する参考試案

資料3　法制審議会答申・要綱（骨子）

資料4　法律の提案理由

資料5　国会・法案趣旨説明

資料6　国会・附帯決議

資料7　刑法等の一部を改正する法律・新旧対照条文

資料 1　法務大臣・諮問第 77 号

被収容人員の適正化を図るとともに，犯罪者の再犯防止及び社会復帰を促進するという観点から，社会奉仕を義務付ける制度の導入の当否，中間処遇の在り方及び保釈の在り方など刑事施設に収容しないで行う処遇等の在り方等について御意見を承りたい。

（法制審議会第 149 回総会平成 18 年 7 月 26 日にて朗読）

資料 2　刑の一部の執行猶予制度に関する参考試案

第 1　初入者に対する刑の一部の執行猶予制度

1　次に掲げる者が 3 年以下の懲役又は禁錮の言渡しを受けたときは，情状により，1 年以上 5 年以下の期間，その一部の執行を猶予することができるものとすること。
　(1)　前に禁錮以上の刑に処せられたことがない者
　(2)　前に禁錮以上の刑に処せられたことがあっても，刑法第 25 条の規定によりその執行を猶予された者又はその執行を終わった日若しくはその執行の免除を得た日から 5 年以内に禁錮以上の刑に処せられたことがない者
2　1 の場合においては猶予の期間中保護観察に付することができるものとすること。
3　刑の一部の執行猶予の言渡しを取り消されることなくその猶予の期間を経過したときは，その刑を執行が猶予されていない期間を刑期とする懲役又は禁錮の刑に減軽するとともに，当該期間の刑の執行が終了した時点で刑の執行を受け終わったものとすること。
4　その他所要の規定の整備を行うものとすること。

第 2　薬物使用者に対する刑の一部の執行猶予制度

1　規制薬物又は毒劇物の自己使用・単純所持に係る罪（以下「薬物自己使用等事犯」という。）を犯した者であって，上記第 1 の 1(1) 又は (2) に当たらないものが，3 年以下の懲役の言渡しを受けた場合において，犯情の軽重その他の事情を考慮して，その薬物自己使用等事犯に係る犯罪的傾向を改善するために必要であり，かつ，相当であると認められるときは，1 年以上 5 年以下の期間，その一部の執行を猶予することができるものとすること。
2　1 の場合においては猶予の期間中保護観察に付するものとすること。
3　薬物自己使用等事犯を犯した者に対し，上記 1 の罪とその罪より重い刑が定められている他の罪とに係る懲役の言渡しをするときは，その一部の執行を猶予することができないものとすること。

資料編　297

4 刑の一部の執行猶予の言渡しを取り消されることなくその猶予の期間を経過したときは，その刑を執行が猶予されていない期間を刑期とする懲役又は禁錮の刑に減軽するとともに，当該期間の刑の執行が終了した時点で刑の執行を受け終わったものとすること。

5 その他所要の規定の整備を行うものとすること。

（法制審議会被収容人員適正化方策に関する部会第18回平成21年1月29日会議にて事務局配布）

※参考 同会議では，社会貢献活動を保護観察の特別遵守事項の1つに加える参考試案も事務局から示されている。

社会貢献活動を特別遵守事項とする制度に関する参考試案
更生保護法第51条第2項各号に定める特別遵守事項の類型に，次のものを加えるものとすること。

善良な社会の一員としての意識のかん養及び規範意識の向上に資する地域社会の利益の増進に寄与する社会的活動を一定の時間行うこと。

資料3 法制審議会答申・要綱（骨子）

第一 刑の一部の執行猶予制度
一 初入者に対する刑の一部の執行猶予制度
　1 次に掲げる者が3年以下の懲役又は禁錮の言渡しを受けた場合において，犯情の軽重その他の事情を考慮して，必要であり，かつ，相当であると認められるときは，1年以上5年以下の期間，その一部の執行を猶予することができるものとすること。
　　（一） 前に禁錮以上の刑に処せられたことがない者
　　（二） 前に禁錮以上の刑に処せられたことがあっても，刑法第25条の規定によりその執行を猶予された者又はその執行を終わった日若しくはその執行の免除を得た日から5年以内に禁錮以上の刑に処せられたことがない者
　2 1の場合においては猶予の期間中保護観察に付することができるものとすること。
　3 刑の一部の執行猶予の言渡しを取り消されることなくその猶予の期間を経過したときは，その刑を執行が猶予されていない期間を刑期とする懲役又は禁錮の刑に減軽するとともに，当該期間の刑の執行が終了した時点で刑の執行を受け終わったものとすること。
二 薬物使用者に対する刑の一部の執行猶予制度

1　一の1の(一)又は(二)に掲げる者以外の者であっても，規制薬物若しくは毒劇物の自己使用・単純所持に係る罪（以下「薬物自己使用等事犯」という。）又は薬物自己使用等事犯及び他の罪を犯し，その薬物自己使用等事犯に係る犯罪的傾向を改善することが必要であると認められるときは，一の1を適用することができるものとすること。

2　1の場合においては猶予の期間中保護観察に付するものとすること。

三　刑の一部の執行猶予の取消事由

1　初入者に対する刑の一部の執行猶予の取消事由

(一)　次に掲げる場合においては，刑の一部の執行猶予の言渡しを取り消さなければならないものとすること。

(1)　刑の一部の執行猶予の言渡し後に更に罪を犯し，禁錮以上の刑に処せられたとき。

(2)　刑の一部の執行猶予の言渡し前に犯した他の罪について禁錮以上の刑に処せられたとき。

(3)　刑の一部の執行猶予の言渡し前に他の罪について禁錮以上の刑に処せられ，その刑について刑法第25条の規定による執行猶予の言渡しがないことが発覚したとき。ただし，刑の一部の執行猶予の言渡しを受けた者が同条第1項第2号に掲げる者であるときは，この限りでない。

(二)　次に掲げる場合においては，刑の一部の執行猶予の言渡しを取り消すことができるものとすること。

(1)　刑の一部の執行猶予の言渡し後に更に罪を犯し，罰金に処せられたとき。

(2)　一の2により保護観察に付せられた者が遵守すべき事項を遵守しなかったとき。

(三)　(一)又は(二)により刑の一部の執行猶予の言渡しを取り消したときは，執行猶予中の他の禁錮以上の刑についても，その猶予の言渡しを取り消さなければならないものとすること。

2　薬物使用者に対する刑の一部の執行猶予の取消事由

薬物使用者に対する刑の一部の執行猶予の取消事由については，1の(一)の(3)を除き，1と同様のものとすること。

四　刑法第25条による刑の執行猶予の取消事由

刑法第25条による刑の執行猶予の言渡しについては，同法第26条各号に掲げる場合のほか，次に掲げる場合においても，その言渡しを取り消さなければならないものとすること。

1　猶予の期間内に更に罪を犯して刑の一部の執行猶予の言渡しを受けたとき。

2　猶予の言渡し前に犯した他の罪について刑の一部の執行猶予の言渡しを受けたとき。

3　猶予の言渡し前に他の罪について刑の一部の執行猶予を言い渡されたことが発覚したとき。ただし，猶予の言渡しを受けた者が同法第25条第1項第2号に掲げる者であるときは，この限りでない。

資料編　　299

五　刑の一部の執行猶予の猶予期間の起算日
　　1　刑の一部の執行猶予の期間は，その刑のうち執行が猶予されていない期間の
　　　刑の執行を終わった日から起算するものとすること。
　　2　1に規定する期間の刑の執行を終わった時に他に執行すべき懲役又は禁錮が
　　　あるときは，刑の一部の執行猶予の期間は，1にかかわらず，その執行すべき
　　　懲役又は禁錮の執行を終わった日又はその執行の免除を得た日から起算するも
　　　のとすること。
　六　その他所要の規定の整備を行うものとすること。
第二　社会貢献活動を特別遵守事項とする制度
　　　更生保護法第51条第2項各号に定める特別遵守事項の類型に，次のものを加
　　えるものとすること。
　　　善良な社会の一員としての意識のかん養及び規範意識の向上に資する地域社会
　　の利益の増進に寄与する社会的活動を一定の時間行うこと。

（法制審議会第162回総会平成22年2月24日採択）

資料4　法律の提案理由

刑法等の一部を改正する法律案・理由

近年，犯罪者の再犯防止が重要な課題となっていることに鑑み，犯罪者が再び犯罪を
することを防ぐため，前に禁錮以上の実刑に処せられたことがない者等について，刑
の一部の執行を猶予することを可能とする制度を導入するとともに，保護観察等の充
実強化を図るため，地域社会の利益の増進に寄与する社会的活動を行うことを保護観
察の特別遵守事項に加えること，規制薬物等に対する依存がある者に対する保護観察
の特則を定めることその他所要の規定を整備する必要がある。これが，この法律案を
提出する理由である。

薬物使用等の罪を犯した者に対する刑の一部の執行猶予に関する法律案・理由

近年，薬物使用等の罪を犯した者の再犯防止が重要な課題となっていることに鑑み，
刑事施設における処遇に引き続き保護観察処遇を実施することにより，薬物使用等の
罪を犯した者が再び犯罪をすることを防ぐため，これらの者に対する刑の一部の執行
猶予に関し，その言渡しをすることができる者の範囲及び猶予の期間中の保護観察等
について刑法の特則を定める必要がある。これが，この法律案を提出する理由である。

（平成25年3月22日第183回国会提出）

資料5　国会・法案趣旨説明

　近年，我が国においては，犯罪をした者のうち再犯者が占める割合が少なくない状況にあることから，再犯防止のための取組が政府全体の喫緊の課題となっており，効果的かつ具体的な施策を講ずることが求められています。この両法律案は，犯罪者の再犯防止及び改善更生を図るため，刑の一部の執行猶予制度を導入するとともに，保護観察の特別遵守事項の類型に社会貢献活動を行うことを加えるなどの法整備を行おうとするものです。

　この両法律案の要点を申し上げます。

　第一は，刑の一部の執行猶予制度の導入であります。

　現行の刑法の下では，懲役刑又は禁錮刑に処する場合，刑期全部の実刑を科すか，刑期全部の執行を猶予するかの選択肢しかありません。しかし，まず刑のうち一定期間を執行して施設内処遇を行った上，残りの期間については執行を猶予し，相応の期間，執行猶予の取消しによる心理的強制の下で社会内において更生を促す社会内処遇を実施することが，その者の再犯防止，改善更生のためにより有用である場合があると考えられます。他方，施設内処遇と社会内処遇とを連携させる現行の制度としては，仮釈放の制度がありますが，その社会内処遇の期間は服役した残りの期間に限られ，全体の刑期が短い場合には保護観察に付することのできる期間が限定されることから，社会内処遇の実を十分に上げることができない場合があるのではないかという指摘がなされているところです。

　そこで，刑法を改正して，いわゆる初入者，すなわち，刑務所に服役したことがない者，あるいは刑務所に服役したことがあっても出所後5年以上経過した者が3年以下の懲役又は禁錮の言渡しを受ける場合，判決において，その刑の一部の執行を猶予することができることとし，その猶予の期間中，必要に応じて保護観察に付することを可能とすることにより，その者の再犯防止及び改善更生を図ろうとするものです。

　また，薬物使用等の罪を犯す者には，一般に，薬物への親和性が高く，薬物事犯の常習性を有する者が多いと考えられるところ，これらの者の再犯を防ぐためには，刑事施設内において処遇を行うだけでなく，これに引き続き，薬物の誘惑のあり得る社会内においても十分な期間その処遇の効果を維持，強化する処遇を実施することがとりわけ有用であると考えられます。

　そこで，薬物使用等の罪を犯した者に対する刑の一部の執行猶予に関する法律を制定し，薬物使用等の罪を犯した者については，刑法上の刑の一部執行猶予の要件である初入者に当たらない者であっても，刑の一部の執行猶予を言い渡すことができることとするとともに，その猶予の期間中必要的に保護観察に付することとし，施設内処遇と社会内処遇との連携によって，再犯防止及び改善更生を促そうとするものです。

　この刑の一部の執行猶予制度は，刑の言渡しについて新たな選択肢を設けるものであって，犯罪をした者の刑事責任に見合った量刑を行うことには変わりがなく，従来より刑を重くし，あるいは軽くするものではありません。

資料編　301

第二は，保護観察の特別遵守事項の類型に「善良な社会の一員としての意識の涵養
及び規範意識の向上に資する地域社会の利益の増進に寄与する社会的活動を一定の時
間行うこと。」，いわゆる社会貢献活動を行うことを加えるなどの保護観察の充実強化
のための法整備であります。

　保護観察対象者に社会貢献活動を行わせることにより，善良な社会の一員としての
意識の涵養及び規範意識の向上を図ることは，その再犯防止及び改善更生のために有
益であると考えられることから，更生保護法を改正して，社会貢献活動を義務付ける
ことを可能とするほか，規制薬物等に対する依存がある者に対する保護観察の特則を
定めるものです。

　このほか，所要の規定の整備を行うこととしております。

（第 183 回国会参議院法務委員会平成 25 年 5 月 28 日及び衆議院法務委員会平成 25
　年 6 月 7 日谷垣禎一法務大臣による法案趣旨説明）

資料 6　国会・附帯決議

　刑法等の一部を改正する法律案及び薬物使用等の罪を犯した者に対する刑の一部の
執行猶予に関する法律案に対する附帯決議

　政府は，両法の施行に当たっては，次の事項について格段の配慮をすべきである。
一　更生保護の責務は国が負うべきものであることを踏まえ，両法の施行までに，施
　設内処遇と社会内処遇の有機的な連携を図るために必要な体制整備を計画的に進め
　るとともに，保護観察官の専門性の一層の強化及び増員など，国の更生保護体制に
　関する一層の充実強化を図ること。
二　刑の一部の執行猶予の適用に当たっては，厳罰化又は寛刑化に偏ることがないよ
　う，関係刑事司法機関とその趣旨について情報の共有化に努めるとともに，両法の
　適正な運用を図るため，その施行状況を把握する体制を整備すること。
三　薬物事犯者の処遇に当たっては，民間の医療・社会福祉関係機関及び地方公共団
　体との更なる連携を強化し，その治療体制の拡充及び地域での効果的なフォローア
　ップなど，改善更生及び再犯防止の実効性を高めるための施策の充実を図ること。
四　再犯防止及び社会復帰を図る上で，保護司や民間の自立更生支援団体等の担う役
　割は大きく，その機能の拡充が緊要となっていることに鑑み，その支援体制の確立
　及び十分な財政措置を講ずるとともに，保護観察等における緊密な連携強化を図っ
　ていくこと。
五　社会貢献活動については，どのような活動・期間が再犯防止等に有効か十分検証
　を行い，民間の自立更生支援団体等とも緊密な連携を図るとともに，地域住民等関
　係者の不安を払拭するため，効果的な体制を設けること。
六　再犯を防止するためには，刑務所出所者等の就労の促進安定が効果的であること
　に鑑み，昨今の厳しい雇用・経済情勢に対応したよりきめ細やかな就労支援・雇用

確保を一層推進していくこと。

七　政府のこれまでの再犯防止施策について適正な評価を行うとともに，両法の対象
　　とならなかった事犯者の再犯防止等を図るため，諸外国で導入されている保護観察
　　の充実強化策の例も踏まえながら，引き続き有効な施策を研究調査し実施できるよ
　　う努めること。

八　薬物使用等の罪を犯した者に対する刑の一部執行猶予が，刑事施設における処遇
　　に引き続き保護観察処遇を実施することによりその再犯を防ぐためのものであるこ
　　とを踏まえ，本制度の施行後，薬物使用等の罪を犯した者の再犯状況について当委
　　員会に報告するとともに，より充実した制度にするための検討を行い，その結果に
　　基づいて必要な措置を講ずること。

九　東日本大震災の被災地においては，多数の保護司等が活動困難な状態に陥ってい
　　ることに鑑み，その更生保護体制について，保護司の充足に加え，地方公共団体及
　　び医療・社会福祉関係機関等との連携体制の整備に万全を期するとともに，両法の
　　施行に当たっては，被災地の状況に十分配慮すること。

　　右決議する。

（第183回国会参議院法務委員会平成25年5月30日決議）

刑法等の一部を改正する法律案及び薬物使用等の罪を犯した者に対する刑の一部の執
行猶予に関する法律案に対する附帯決議

政府及び最高裁判所は，両法の施行に当たり，特に次の事項について格段の配慮をす
べきである。

一　施設内処遇と社会内処遇の連携を図るために必要な体制整備を計画的に進めると
　　ともに，保護観察官の専門性の一層の強化及び増員など，国の更生保護体制に関す
　　る一層の充実強化を図ること。加えて，再犯防止及び社会復帰を図る上で，保護司
　　や民間の自立更生支援団体等の担う役割の重要性に鑑み，その支援体制の確立及び
　　十分な財政措置を講ずるとともに，緊密な連携強化を図っていくこと。

二　裁判員裁判においても刑の一部の執行猶予の適用がなされ得ることを踏まえ，裁
　　判員に対して制度の趣旨及び内容についての情報提供が十分に行われるよう努める
　　とともに，厳罰化又は寛刑化に偏ることがないよう，その趣旨の徹底に努めること。

三　社会貢献活動の実施後，事例の収集を行うとともに，一定期間経過後にその効果
　　の検証及びより改善更生に資する運営を行うために外部の有識者も入れた会議を設
　　置して調査・検討を行うとともに，薬物事犯者の処遇に当たっては，関係機関との
　　更なる連携を強化し，本制度の施行後，両法の対象となった者の再犯状況を検証し，
　　より充実した制度にするための検討を行い，その結果に基づいて必要な措置を講ず
　　ること。

（第183回国会衆議院法務委員会平成25年6月11日決議）

資料編　303

資料7　刑法等の一部を改正する法律・新旧対照条文

（下線部分は改正部分）

1　刑法（明治40年法律第45号）

改　正	現　行
目次 　第1編　総則 　　第1章～第3章　（略） 　　第4章　刑の執行猶予（第25条―<u>第27</u> 　　　　　<u>条の7</u>） 　　第5章～第13章　（略） 　第2編　（略）	目次 　第1編　総則 　　第1章～第3章　（略） 　　第4章　刑の執行猶予（第25条―<u>第27</u> 　　　　　<u>条</u>） 　　第5章～第13章　（略） 　第2編　（略）
（<u>刑の全部の</u>執行猶予） 第25条　次に掲げる者が3年以下の懲役若しくは禁錮又は50万円以下の罰金の言渡しを受けたときは，情状により，裁判が確定した日から1年以上5年以下の期間，<u>その刑の全部の</u>執行を猶予することができる。 　一・二　（略） 2　前に禁錮以上の刑に処せられたことがあってもその<u>刑の全部の</u>執行を猶予された者が1年以下の懲役又は禁錮の言渡しを受け，情状に特に酌量すべきものがあるとき<u>も</u>，前項と同様とする。ただし，次条第1項の規定により保護観察に付せられ，その期間内に更に罪を犯した者については，この限りでない。	（執行猶予） 第25条　次に掲げる者が3年以下の懲役若しくは禁錮又は50万円以下の罰金の言渡しを受けたときは，情状により，裁判が確定した日から1年以上5年以下の期間，その執行を猶予することができる。 　一・二　（略） 2　前に禁錮以上の刑に処せられたことがあってもその執行を猶予された者が1年以下の懲役又は禁錮の言渡しを受け，情状に特に酌量すべきものがあるときも，前項と同様とする。ただし，次条第1項の規定により保護観察に付せられ，その期間内に更に罪を犯した者については，この限りでない。
（<u>刑の全部の執行猶予中の</u>保護観察） 第25条の2　（略） 2　<u>前項の規定により付せられた</u>保護観察は，行政官庁の処分によって仮に解除することができる。 3　<u>前項の規定により</u>保護観察を仮に解除されたときは，前条第2項ただし書及び第26条の2第2号の規定の適用については，その処分を取り消されるまでの間は，保護観察に付せられなかったものとみなす。	（保護観察） 第25条の2　（略） 2　保護観察は，行政官庁の処分によって仮に解除することができる。 3　保護観察を仮に解除されたときは，前条第2項ただし書及び第26条の2第2号の規定の適用については，その処分を取り消されるまでの間は，保護観察に付せられなかったものとみなす。
（<u>刑の全部の</u>執行猶予の必要的取消し） 第26条　次に掲げる場合においては，刑の<u>全部の</u>執行猶予の言渡しを取り消さなければならない。ただし，第3号の場合におい	（執行猶予の必要的取消し） 第26条　次に掲げる場合においては，刑の執行猶予の言渡しを取り消さなければならない。ただし，第3号の場合において，猶

て，猶予の言渡しを受けた者が第25条第1項第2号に掲げる者であるとき，又は次条第3号に該当するときは，この限りでない。

一　猶予の期間内に更に罪を犯して禁錮以上の刑に処せられ，その刑の<u>全部</u>について執行猶予の言渡しがないとき。

二　猶予の言渡し前に犯した他の罪について禁錮以上の刑に処せられ，その刑の<u>全部</u>について執行猶予の言渡しがないとき。

三　（略）

<u>（刑の全部の執行猶予の裁量的取消し）</u>

第26条の2　次に掲げる場合においては，<u>刑の全部の</u>執行猶予の言渡しを取り消すことができる。

一・二　（略）

三　猶予の言渡し前に他の罪について禁錮以上の刑に処せられ，その<u>刑の全部の執行</u>を猶予されたことが発覚したとき。

<u>（刑の全部の執行猶予の取消しの場合における他の刑の執行猶予の取消し）</u>

第26条の3　前2条の規定により禁錮以上<u>の刑の全部の</u>執行猶予の言渡しを取り消したときは，執行猶予中の他の禁錮以上の刑についても，その猶予の言渡しを取り消さなければならない。

<u>（刑の全部の執行猶予の猶予期間経過の効果）</u>

第27条　<u>刑の全部の</u>執行猶予の言渡しを取り消されることなくその猶予の期間を経過したときは，刑の言渡しは，効力を失う。

<u>（刑の一部の執行猶予）</u>

<u>第27条の2　次に掲げる者が3年以下の懲役又は禁錮の言渡しを受けた場合において，犯情の軽重及び犯人の境遇その他の情状を考慮して，再び犯罪をすることを防ぐために必要であり，かつ，相当であると認められるときは，1年以上5年以下の期間，その刑の一部の執行を猶予することができる。</u>

<u>二　前に禁錮以上の刑に処せられたことがない者</u>

<u>二　前に禁錮以上の刑に処せられたことがあっても，その刑の全部の執行を猶予さ</u>

予の言渡しを受けた者が第25条第1項第2号に掲げる者であるとき，又は次条第3号に該当するときは，この限りでない。

一　猶予の期間内に更に罪を犯して禁錮以上の刑に処せられ，その刑について執行猶予の言渡しがないとき。

二　猶予の言渡し前に犯した他の罪について禁錮以上の刑に処せられ，その刑について執行猶予の言渡しがないとき。

三　（略）

（執行猶予の裁量的取消し）

第26条の2　次に掲げる場合においては，刑の執行猶予の言渡しを取り消すことができる。

一・二　（略）

三　猶予の言渡し前に他の罪について禁錮以上の刑に処せられ，その執行を猶予されたことが発覚したとき。

（他の刑の執行猶予の取消し）

第26条の3　前2条の規定により禁錮以上の刑の執行猶予の言渡しを取り消したときは，執行猶予中の他の禁錮以上の刑についても，その猶予の言渡しを取り消さなければならない。

（猶予期間経過の効果）

第27条　刑の執行猶予の言渡しを取り消されることなく猶予の期間を経過したときは，刑の言渡しは，効力を失う。

（新設）

資料編　305

れた者
　三　前に禁錮以上の刑に処せられたことが
　　あっても，その執行を終わった日又はそ
　　の執行の免除を得た日から5年以内に禁
　　錮以上の刑に処せられたことがない者
2　前項の規定によりその一部の執行を猶予
　された刑については，そのうち執行が猶予
　されなかった部分の期間を執行し，当該部
　分の期間の執行を終わった日又はその執行
　を受けることがなくなった日から，その猶
　予の期間を起算する。
3　前項の規定にかかわらず，その刑のうち
　執行が猶予されなかった部分の期間の執行
　を終わり，又はその執行を受けることがな
　くなった時において他に執行すべき懲役又
　は禁錮があるときは，第1項の規定による
　猶予の期間は，その執行すべき懲役若しく
　は禁錮の執行を終わった日又はその執行を
　受けることがなくなった日から起算する。

　（刑の一部の執行猶予中の保護観察）
第27条の3　前条第1項の場合においては，　　　（新設）
　猶予の期間中保護観察に付することができ
　る。
2　前項の規定により付せられた保護観察は，
　行政官庁の処分によって仮に解除すること
　ができる。
3　前項の規定により保護観察を仮に解除さ
　れたときは，第27条の5第2号の規定の
　適用については，その処分を取り消される
　までの間は，保護観察に付せられなかった
　ものとみなす。

　（刑の一部の執行猶予の必要的取消し）
第27条の4　次に掲げる場合においては，　　　（新設）
　刑の一部の執行猶予の言渡しを取り消さな
　ければならない。ただし，第3号の場合に
　おいて，猶予の言渡しを受けた者が第27
　条の2第1項第3号に掲げる者であるとき
　は，この限りでない。
　一　猶予の言渡し後に更に罪を犯し，禁錮
　　以上の刑に処せられたとき。
　二　猶予の言渡し前に犯した他の罪につい
　　て禁錮以上の刑に処せられたとき。
　三　猶予の言渡し前に他の罪について禁錮
　　以上の刑に処せられ，その刑の全部につ

いて執行猶予の言渡しがないことが発覚したとき。	
（刑の一部の執行猶予の裁量的取消し） 第27条の5　次に掲げる場合においては，刑の一部の執行猶予の言渡しを取り消すことができる。 　一　猶予の言渡し後に更に罪を犯し，罰金に処せられたとき。 　二　第27条の3第1項の規定により保護観察に付せられた者が遵守すべき事項を遵守しなかったとき。	（新設）
（刑の一部の執行猶予の取消しの場合における他の刑の執行猶予の取消し） 第27条の6　前2条の規定により刑の一部の執行猶予の言渡しを取り消したときは，執行猶予中の他の禁錮以上の刑についても，その猶予の言渡しを取り消さなければならない。	（新設）
（刑の一部の執行猶予の猶予期間経過の効果） 第27条の7　刑の一部の執行猶予の言渡しを取り消されることなくその猶予の期間を経過したときは，その懲役又は禁錮を執行が猶予されなかった部分の期間を刑期とする懲役又は禁錮に減軽する。この場合においては，当該部分の期間の執行を終わった日又はその執行を受けることがなくなった日において，刑の執行を受け終わったものとする。	（新設）
（仮釈放の取消し等） 第29条　（略） 2　刑の一部の執行猶予の言渡しを受け，その刑について仮釈放の処分を受けた場合において，当該仮釈放中に当該執行猶予の言渡しを取り消されたときは，その処分は，効力を失う。 3　仮釈放の処分を取り消したとき，又は前項の規定により仮釈放の処分が効力を失ったときは，釈放中の日数は，刑期に算入しない。	（仮釈放の取消し） 第29条　（略） （新設） 2　仮釈放の処分を取り消したときは，釈放中の日数は，刑期に算入しない。

資料編　307

2　刑事訴訟法（昭和23年法律第131号）

改　正	現　行
第333条　（略） ②　刑の執行猶予は，刑の言渡しと同時に，判決でその言渡しをしなければならない。<u>猶予の期間中保護観察に付する場合も，同様とする。</u>	第333条　（略） ②　刑の執行猶予は，刑の言渡しと同時に，判決でその言渡しをしなければならない。<u>刑法第25条の2第1項の規定により保護</u>観察に付する場合も，<u>同様である。</u>
第345条　無罪，免訴，刑の免除，刑の<u>全部の</u>執行猶予，公訴棄却（第338条第4号による場合を除く。），罰金又は科料の裁判の告知があつたときは，勾留状は，その効力を失う。	第345条　無罪，免訴，刑の免除，刑の執行猶予，公訴棄却（第338条第4号による場合を除く。），罰金又は科料の裁判の告知があつたときは，勾留状は，その効力を失う。
第349条　（略） ②　<u>刑法第26条の2第2号又は第27条の5第2号</u>の規定により刑の執行猶予の言渡しを取り消すべき場合には，前項の請求は，保護観察所の長の申出に基づいてこれをしなければならない。	第349条　（略） ②　<u>刑法第26条の2第2号</u>の規定により刑の執行猶予の言渡しを取り消すべき場合には，前項の請求は，保護観察所の長の申出に基づいてこれをしなければならない。
第349条の2　（略） ②　前項の場合において，その請求が刑法第26条の2第2号<u>又は第27条の5第2号</u>の規定による猶予の言渡しの取消しを求めるものであつて，猶予の言渡しを受けた者の請求があるときは，口頭弁論を経なければならない。 ③～⑤　（略）	第349条の2　（略） ②　前項の場合において，その請求が刑法第26条の2第2号の規定による猶予の言渡しの取消しを求めるものであつて，猶予の言渡しを受けた者の請求があるときは，口頭弁論を経なければならない。 ③～⑤　（略）
第350条の14　即決裁判手続において懲役又は禁錮の言渡しをする場合には，その刑の<u>全部の</u>執行猶予の言渡しをしなければならない。	第350条の14　即決裁判手続において懲役又は禁錮の言渡しをする場合には，その刑の執行猶予の言渡しをしなければならない。

3　恩赦法（昭和22年法律第20号）

改　正	現　行
第7条　政令による減刑は，その政令に特別の<u>定めの</u>ある場合を除いては，刑を減軽する。 ②　（略） ③　刑の<u>全部の</u>執行猶予の<u>言渡しを</u>受けてまだ猶予の期間を経過しない者に対しては，	第7条　政令による減刑は，その政令に特別の<u>定の</u>ある場合を除いては，刑を減軽する。 ②　（略） ③　刑の執行猶予の<u>言渡を</u>受けてまだ猶予の期間を経過しない者に対しては，前項の規

308

改　正	現　行
前項の規定にかかわらず，刑を減軽する減刑のみを行うものとし，また，これとともに猶予の期間を短縮することができる。 ④　刑の一部の執行猶予の言渡しを受けてまだ猶予の期間を経過しない者に対しては，第2項の規定にかかわらず，刑を減軽する減刑又はその刑のうち執行が猶予されなかつた部分の期間の執行を減軽する減刑のみを行うものとし，また，刑を減軽するとともに猶予の期間を短縮することができる。	定にかかわらず，刑を減軽する減刑のみを行うものとし，又，これとともに猶予の期間を短縮することができる。 （新設）
第8条　刑の執行の免除は，刑の言渡しを受けた特定の者に対してこれを行う。ただし，刑の全部の執行猶予の言渡しを受けた者又は刑の一部の執行猶予の言渡しを受けてその刑のうち執行が猶予されなかつた部分の期間の執行を終わつた者であつて，まだ猶予の期間を経過しないものに対しては，その刑の執行の免除は，これを行わない。	第8条　刑の執行の免除は，刑の言渡を受けた特定の者に対してこれを行う。但し，刑の執行猶予の言渡を受けてまだ猶予の期間を経過しない者に対しては，これを行わない。

4　更生保護法（平成19年法律第88号）

改　正	現　行
目次 　第1章・第2章　（略） 　第3章　保護観察 　　第1節　通則（第48条―第65条） 　　第1節の2　規制薬物等に対する依存がある保護観察対象者に関する特則（第65条の2―第65条の4） 　　第2節～第4節　（略） 　　第5節　保護観察付執行猶予者（第78条の2―第81条） 　第4章～第8章　（略） 　附則	目次 　第1章・第2章　（略） 　第3章　保護観察 　　第1節　通則（第48条―第65条） 　　第2節～第4節　（略） 　　第5節　保護観察付執行猶予者（第79条―第81条） 　第4章～第8章　（略） 　附則
（所掌事務） 第16条　地方更生保護委員会（以下「地方委員会」という。）は，次に掲げる事務をつかさどる。 一～五　（略） 　六　刑法第25条の2第2項及び第27条の3第2項（薬物使用等の罪を犯した者に	（所掌事務） 第16条　地方更生保護委員会（以下「地方委員会」という。）は，次に掲げる事務をつかさどる。 一～五　（略） 　六　刑法第25条の2第2項の行政官庁として，保護観察を仮に解除し，又はその

対する刑の一部の執行猶予に関する法律
（平成25年法律第50号）第4条第2項
において準用する場合を含む。）の行政
官庁として，保護観察を仮に解除し，又
はその処分を取り消すこと。

七～九　（略）

（決定の告知）
第27条　（略）
2・3　（略）
4　決定書の謄本を，第1項の決定の対象と
された者が第50条第1項第4号（売春防
止法第26条第2項において準用する場合
を含む。）の規定により居住すべき住居
（第51条第2項第5号（同法第26条第2
項において準用する場合を含む。）の規定
により宿泊すべき特定の場所が定められて
いる場合には，当該場所）に宛てて，書留
郵便又は民間事業者による信書の送達に関
する法律（平成14年法律第99号）第2条
第6項に規定する一般信書便事業者若しく
は同条第9項に規定する特定信書便事業者
の提供する同条第2項に規定する信書の
役務のうち書留郵便に準ずるものとして法
務大臣が定めるものに付して発送した場合
においては，その発送の日から5日を経過
した日に当該決定の対象とされた者に対す
る送付があったものとみなす。

（仮釈放の審理における委員による面接等）
第37条　（略）
2　地方委員会は，仮釈放を許すか否かに関
する審理において必要があると認めるとき
は，審理対象者について，保護観察所の長
に対し，事項を定めて，第82条第1項の
規定による生活環境の調整を行うことを求
めることができる。
3　（略）

（仮釈放及び仮出場を許す処分）
第39条　（略）
2　（略）
3　地方委員会は，仮釈放を許す処分をする
に当たっては，第51条第2項第5号の規
定により宿泊すべき特定の場所を定める場
合その他特別の事情がある場合を除き，第

処分を取り消すこと。

七～九　（略）

（決定の告知）
第27条　（略）
2・3　（略）
4　決定書の謄本を，第1項の決定の対象と
された者が第50条第4号（売春防止法第
26条第2項において準用する場合を含む。）
の規定により居住すべき住居（第51条第
2項第5号（同法第26条第2項において
準用する場合を含む。）の規定により宿泊
すべき特定の場所が定められている場合に
は，当該場所）にあてて，書留郵便又は民
間事業者による信書の送達に関する法律
（平成14年法律第99号）第2条第6項に
規定する一般信書便事業者若しくは同条第
9項に規定する特定信書便事業者の提供す
る同条第2項に規定する信書の役務のう
ち書留郵便に準ずるものとして法務大臣が
定めるものに付して発送した場合において
は，その発送の日から5日を経過した日に
当該決定の対象とされた者に対する送付が
あったものとみなす。

（仮釈放の審理における委員による面接等）
第37条　（略）
2　地方委員会は，仮釈放を許すか否かに関
する審理において必要があると認めるとき
は，審理対象者について，保護観察所の長
に対し，事項を定めて，第82条の規定に
よる生活環境の調整を行うことを求めるこ
とができる。
3　（略）

（仮釈放及び仮出場を許す処分）
第39条　（略）
2　（略）
3　地方委員会は，仮釈放を許す処分をする
に当たっては，第51条第2項第5号の規
定により宿泊すべき特定の場所を定める場
合その他特別の事情がある場合を除き，第

82条第1項の規定による住居の調整の結果に基づき，仮釈放を許される者が居住すべき住居を特定するものとする。

4・5　（略）

（保護観察の対象者）

第48条　次に掲げる者（以下「保護観察対象者」という。）に対する保護観察の実施については，この章の定めるところによる。

一～三　（略）

　　四　刑法第25条の2第1項若しくは第27条の3第1項又は薬物使用等の罪を犯した者に対する刑の一部の執行猶予に関する法律第4条第1項の規定により保護観察に付されている者（以下「保護観察付執行猶予者」という。）

（保護観察の実施方法）

第49条　保護観察は，保護観察対象者の改善更生を図ることを目的として，第57条及び第65条の3第1項に規定する指導監督並びに第58条に規定する補導援護を行うことにより実施するものとする。

2　（略）

（一般遵守事項）

第50条　保護観察対象者は，次に掲げる事項（以下「一般遵守事項」という。）を遵守しなければならない。

一・二　（略）

　　三　保護観察に付されたときは，速やかに，住居を定め，その地を管轄する保護観察所の長にその届出をすること（第39条第3項（第42条において準用する場合を含む。次号において同じ。）又は第78条の2第1項の規定により住居を特定された場合及び次条第2項第5号の規定により宿泊すべき特定の場所を定められた場合を除く。）。

　　四　前号の届出に係る住居（第39条第3項又は第78条の2第1項の規定により住居を特定された場合には当該住居，次号の転居の許可を受けた場合には当該許可に係る住居）に居住すること（次条第2項第5号の規定により宿泊すべき特定の場所を定められた場合を除く。）。

82条の規定による住居の調整の結果に基づき，仮釈放を許される者が居住すべき住居を特定するものとする。

4・5　（略）

（保護観察の対象者）

第48条　次に掲げる者（以下「保護観察対象者」という。）に対する保護観察の実施については，この章の定めるところによる。

一～三　（略）

　　四　刑法第25条の2第1項の規定により保護観察に付されている者（以下「保護観察付執行猶予者」という。）

（保護観察の実施方法）

第49条　保護観察は，保護観察対象者の改善更生を図ることを目的として，第57条に規定する指導監督及び第58条に規定する補導援護を行うことにより実施するものとする。

2　（略）

（一般遵守事項）

第50条　保護観察対象者は，次に掲げる事項（以下「一般遵守事項」という。）を遵守しなければならない。

一・二　（略）

　　三　保護観察に付されたときは，速やかに，住居を定め，その地を管轄する保護観察所の長にその届出をすること（第39条第3項（第42条において準用する場合を含む。次号において同じ。）の規定により住居を特定された場合及び次条第2項第5号の規定により宿泊すべき特定の場所を定められた場合を除く。）。

　　四　前号の届出に係る住居（第39条第3項の規定により住居を特定された場合には当該住居，次号の転居の許可を受けた場合には当該許可に係る住居）に居住すること（次条第2項第5号の規定により宿泊すべき特定の場所を定められた場合を除く。）。

資料編　　311

五　（略）	五　（略）
2　刑法第27条の3第1項又は薬物使用等の罪を犯した者に対する刑の一部の執行猶予に関する法律第4条第1項の規定により保護観察に付する旨の言渡しを受けた者（以下「保護観察付一部猶予者」という。）が仮釈放中の保護観察に引き続きこれらの規定による保護観察に付されたときは，第78条の2第1項の規定により住居を特定された場合及び次条第2項第5号の規定により宿泊すべき特定の場所を定められた場合を除き，仮釈放中の保護観察の終了時に居住することとされていた前項第3号の届出に係る住居（第39条第3項の規定により住居を特定された場合には当該住居，前項第5号の転居の許可を受けた場合には当該許可に係る住居）につき，同項第3号の届出をしたものとみなす。	（新設）
（特別遵守事項）	（特別遵守事項）
第51条　（略）	第51条　（略）
2　特別遵守事項は，次条に定める場合を除き，第52条の定めるところにより，これに違反した場合に第72条第1項，刑法第26条の2，第27条の5及び第29条第1項並びに少年法第26条の4第1項に規定する処分がされることがあることを踏まえ，次に掲げる事項について，保護観察対象者の改善更生のために特に必要と認められる範囲内において，具体的に定めるものとする。	2　特別遵守事項は，次条の定めるところにより，これに違反した場合に第72条第1項，刑法第26条の2及び第29条第1項並びに少年法第26条の4第1項に規定する処分がされることがあることを踏まえ，次に掲げる事項について，保護観察対象者の改善更生のために特に必要と認められる範囲内において，具体的に定めるものとする。
一～五　（略）	一～五　（略）
六　善良な社会の一員としての意識の涵養及び規範意識の向上に資する地域社会の利益の増進に寄与する社会的活動を一定の時間行うこと。	（新設）
七　その他指導監督を行うため特に必要な事項	六　その他指導監督を行うため特に必要な事項
（特別遵守事項の特則）	
第51条の2　薬物使用等の罪を犯した者に対する刑の一部の執行猶予に関する法律第4条第1項の規定により保護観察に付する旨の言渡しを受けた者については，次条第4項の定めるところにより，規制薬物等（同法第2条第1項に規定する規制薬物等	（新設）

をいう。以下同じ。）の使用を反復する犯罪的傾向を改善するための前条第2項第4号に規定する処遇を受けることを猶予期間中の保護観察における特別遵守事項として定めなければならない。ただし，これに違反した場合に刑法第27条の5に規定する処分がされることがあることを踏まえ，その改善更生のために特に必要とは認められないときは，この限りでない。

2　第4項の場合を除き，前項の規定により定められた猶予期間中の保護観察における特別遵守事項を刑法第27条の2の規定による猶予の期間の開始までの間に取り消す場合における第53条第4項の規定の適用については，同項中「必要」とあるのは，「特に必要」とする。

3　第1項の規定は，同項に規定する者について，次条第2項及び第3項の定めるところにより仮釈放中の保護観察における特別遵守事項を釈放の時までに定める場合に準用する。この場合において，第1項ただし書中「第27条の5」とあるのは，「第29条第1項」と読み替えるものとする。

4　第1項に規定する者について，仮釈放を許す旨の決定をした場合においては，前項の規定による仮釈放中の保護観察における特別遵守事項の設定及び第1項の規定による猶予期間中の保護観察における特別遵守事項の設定は，釈放の時までに行うものとする。

5　前項の場合において，第3項において準用する第1項の規定により定められた仮釈放中の保護観察における特別遵守事項を釈放までの間に取り消す場合における第53条第2項の規定の適用については，同項中「必要」とあるのは，「特に必要」とし，第1項の規定により定められた猶予期間中の保護観察における特別遵守事項を釈放までの間に取り消す場合における同条第4項の規定の適用については，同項中「刑法第27条の2の規定による猶予の期間の開始までの間に，必要」とあるのは，「釈放までの間に，特に必要」とする。

（特別遵守事項の設定及び変更）

（特別遵守事項の設定及び変更）

資料編　313

第52条　(略)	第52条　(略)
2・3　(略)	2・3　(略)
4　地方委員会は，保護観察付一部猶予者について，刑法第27条の2の規定による猶予の期間の開始の時までに，法務省令で定めるところにより，決定をもって，特別遵守事項（猶予期間中の保護観察における特別遵守事項に限る。以下この項及び次条第4項において同じ。）を定め，又は変更することができる。この場合において，仮釈放中の保護観察付一部猶予者について，特別遵守事項を定め，又は変更するときは，保護観察所の長の申出によらなければならない。	(新設)
5　保護観察所の長は，刑法第25条の2第1項の規定により保護観察に付されている保護観察付執行猶予者について，その保護観察の開始に際し，法務省令で定めるところにより，同項の規定により保護観察に付する旨の言渡しをした裁判所の意見を聴き，これに基づいて，特別遵守事項を定めることができる。	4　保護観察所の長は，保護観察付執行猶予者について，その保護観察の開始に際し，法務省令で定めるところにより，刑法第25条の2第1項の規定により保護観察に付する旨の言渡しをした裁判所の意見を聴き，これに基づいて，特別遵守事項を定めることができる。
6　保護観察所の長は，前項の場合のほか，保護観察付執行猶予者について，法務省令で定めるところにより，当該保護観察所の所在地を管轄する地方裁判所，家庭裁判所又は簡易裁判所に対し，定めようとする又は変更しようとする特別遵守事項の内容を示すとともに，必要な資料を提示して，その意見を聴いた上，特別遵守事項を定め，又は変更することができる。ただし，当該裁判所が不相当とする旨の意見を述べたものについては，この限りでない。	5　保護観察所の長は，前項の場合のほか，保護観察付執行猶予者について，法務省令で定めるところにより，当該保護観察所の所在地を管轄する地方裁判所，家庭裁判所又は簡易裁判所に対し，定めようとする又は変更しようとする特別遵守事項の内容を示すとともに，必要な資料を提示して，その意見を聴いた上，特別遵守事項を定め，又は変更することができる。ただし，当該裁判所が不相当とする旨の意見を述べたものについては，この限りでない。
（特別遵守事項の取消し）	（特別遵守事項の取消し）
第53条　保護観察所の長は，保護観察処分少年又は保護観察付執行猶予者について定められている特別遵守事項（遵守すべき期間が定められている特別遵守事項であって当該期間が満了したものその他その性質上一定の事実が生ずるまでの間遵守すべきこととされる特別遵守事項であって当該事実が生じたものを除く。以下この条において同じ。）につき，必要がなくなったと認めるときは，法務省令で定めるところにより，	第53条　保護観察所の長は，保護観察処分少年又は保護観察付執行猶予者について定められている特別遵守事項につき，必要がなくなったと認めるときは，法務省令で定めるところにより，これを取り消すものとする。

これを取り消すものとする。

2・3　（略）

4　地方委員会は，保護観察付一部猶予者について定められている特別遵守事項につき，刑法第27条の2の規定による猶予の期間の開始までの間に，必要がなくなったと認めるときは，法務省令で定めるところにより，決定をもって，これを取り消すものとする。この場合において，仮釈放中の保護観察付一部猶予者について定められている特別遵守事項を取り消すときは，保護観察所の長の申出によらなければならない。

（一般遵守事項の通知）

第54条　（略）

2　刑事施設の長又は少年院の長は，第39条第1項の決定により懲役若しくは禁錮の刑の執行のため収容している者を釈放するとき，刑の一部の執行猶予の言渡しを受けてその刑のうち執行が猶予されなかった部分の期間の執行を終わり，若しくはその執行を受けることがなくなったこと（その執行を終わり，又はその執行を受けることがなくなった時に他に執行すべき懲役又は禁錮の刑があるときは，その刑の執行を終わり，又はその執行を受けることがなくなったこと。次条第2項において同じ。）により保護観察付一部猶予者を釈放するとき，又は第41条の決定により保護処分の執行のため収容している者を釈放するときは，法務省令で定めるところにより，その者に対し，一般遵守事項の内容を記載した書面を交付しなければならない。

（特別遵守事項の通知）

第55条　（略）

2　刑事施設の長又は少年院の長は，懲役若しくは禁錮の刑の執行のため収容している者について第39条第1項の決定による釈放の時までに特別遵守事項（その者が保護観察付一部猶予者である場合には，猶予期間中の保護観察における特別遵守事項を含む。）が定められたとき，保護観察付一部猶予者についてその刑のうち執行が猶予されなかった部分の期間の執行を終わり，若しくはその執行を受けることがなくなった

2・3　（略）

（新設）

（一般遵守事項の通知）

第54条　（略）

2　刑事施設の長又は少年院の長は，第39条第1項又は第41条の決定により，懲役若しくは禁錮の刑又は保護処分の執行のため収容している者を釈放するときは，法務省令で定めるところにより，その者に対し，一般遵守事項の内容を記載した書面を交付しなければならない。

（特別遵守事項の通知）

第55条　（略）

2　刑事施設の長又は少年院の長は，懲役若しくは禁錮の刑又は保護処分の執行のため収容している者について，第39条第1項又は第41条の決定による釈放の時までに特別遵守事項が定められたときは，法務省令で定めるところにより，その釈放の時に当該特別遵守事項（釈放の時までに変更された場合には，変更後のもの）の内容を記載した書面を交付しなければならない。ただし，その釈放の時までに当該特別遵守事

資料編　315

ことによる釈放の時までに特別遵守事項が
定められたとき，又は保護処分の執行のた
め収容している者について第41条の決定
による釈放の時までに特別遵守事項が定め
られたときは，法務省令で定めるところに
より，その釈放の時に当該特別遵守事項
（釈放の時までに変更された場合には，変
更後のもの）の内容を記載した書面を交付
しなければならない。ただし，その釈放の
時までに当該特別遵守事項が取り消された
ときは，この限りでない。

項が取り消されたときは，この限りでない。

（出頭の命令及び引致）
第63条　（略）
2　保護観察所の長は，保護観察対象者につ
　いて，次の各号のいずれかに該当すると認
　める場合には，裁判官のあらかじめ発する
　引致状により，当該保護観察対象者を引致
　することができる。
　一　正当な理由がないのに，第50条第1
　　項第4号に規定する住居に居住しないと
　　き（第51条第2項第5号の規定により
　　宿泊すべき特定の場所を定められた場合
　　には，当該場所に宿泊しないとき）。
　二　（略）
3〜10　（略）
　　第1節の2　規制薬物等に対する依存が
　　　　　　　ある保護観察対象者に関す
　　　　　　　る特則

（保護観察の実施方法）
第65条の2　規制薬物等に対する依存があ
　る保護観察対象者に対する保護観察は，そ
　の改善更生を図るためその依存を改善する
　ことが重要であることに鑑み，これに資す
　る医療又は援助を行う病院，公共の衛生福
　祉に関する機関その他の者との緊密な連携
　を確保しつつ実施しなければならない。

（指導監督の方法）
第65条の3　規制薬物等に対する依存があ
　る保護観察対象者に対する保護観察におけ
　る指導監督は，第57条第1項に掲げるも
　ののほか，次に掲げる方法によって行うこ
　とができる。
　一　規制薬物等に対する依存の改善に資す

（出頭の命令及び引致）
第63条　（略）
2　保護観察所の長は，保護観察対象者につ
　いて，次の各号のいずれかに該当すると認
　める場合には，裁判官のあらかじめ発する
　引致状により，当該保護観察対象者を引致
　することができる。
　一　正当な理由がないのに，第50条第4
　　号に規定する住居に居住しないとき（第
　　51条第2項第5号の規定により宿泊す
　　べき特定の場所を定められた場合には，
　　当該場所に宿泊しないとき）。
　二　（略）
3〜10　（略）
（新設）

（新設）

（新設）

る医療を受けるよう，必要な指示その他
の措置をとること。
二　公共の衛生福祉に関する機関その他の
適当な者が行う規制薬物等に対する依存
を改善するための専門的な援助であって
法務大臣が定める基準に適合するものを
受けるよう，必要な指示その他の措置を
とること。
2　保護観察所の長は，前項に規定する措置
をとろうとするときは，あらかじめ，同項
に規定する医療又は援助を受けることが保
護観察対象者の意思に反しないことを確認
するとともに，当該医療又は援助を提供す
ることについて，これを行う者に協議しな
ければならない。
3　保護観察所の長は，第1項に規定する措
置をとったときは，同項に規定する医療又
は援助の状況を把握するとともに，当該医
療又は援助を行う者と必要な協議を行うも
のとする。
4　規制薬物等の使用を反復する犯罪的傾向
を改善するための第51条第2項第4号に
規定する処遇を受けることを特別遵守事項
として定められた保護観察対象者について，
第1項第2号に規定する措置をとったとき
は，当該処遇は，当該保護観察対象者が受
けた同号に規定する援助の内容に応じ，そ
の処遇の一部を受け終わったものとして実
施することができる。

第65条の4　保護観察所の長は，規制薬物等に対する依存がある保護観察対象者について，第30条の規定により病院，公共の衛生福祉に関する機関その他の者に対し病状，治療状況その他の必要な情報の提供を求めるなどして，その保護観察における指導監督が当該保護観察対象者の心身の状況を的確に把握した上で行われるよう必要な措置をとるものとする。	（新設）
（保護観察の一時解除） 第70条　（略） 2　前項の規定により保護観察を一時的に解除されている保護観察処分少年については，第49条，第51条，第52条から第59条まで，第61条，第62条，第65条から第65	（保護観察の一時解除） 第70条　（略） 2　前項の規定により保護観察を一時的に解除されている保護観察処分少年については，第49条，第51条から第59条まで，第61条，第62条，第65条，第67条及び第68

資料編　317

条の4まで，第67条及び第68条の規定は，適用しない。

3　第1項の規定により保護観察を一時的に解除されている保護観察処分少年に対する第50条第1項及び第63条の規定の適用については，同項中「以下「一般遵守事項」という」とあるのは「第2号ロ及び第3号に掲げる事項を除く」と，同項第2号中「守り，保護観察官及び保護司による指導監督を誠実に受ける」とあるのは「守る」と，同項第5号中「転居又は7日以上の旅行」とあるのは「転居」と，第63条第2項第2号中「遵守事項」とあるのは「第70条第3項の規定により読み替えて適用される第50条第1項に掲げる事項」とする。

4・5　（略）

6　前項の場合において，保護観察所の長は，保護観察処分少年が第1項の規定により保護観察を一時的に解除されている間に第3項の規定により読み替えて適用される第50条第1項に掲げる事項を遵守しなかったことを理由として，第67条第1項の規定による警告を発し，又は同条第2項の規定による申請をすることができない。

（留置）

第76条　（略）

2　前項の規定により仮釈放者が留置された場合において，その者の仮釈放が取り消されたときは，刑法第29条第3項の規定にかかわらず，その留置の日数は，刑期に算入するものとする。

3　（略）

（住居の特定）

第78条の2　地方委員会は，保護観察付一部猶予者について，刑法第27条の2の規定による猶予の期間の開始の時までに，第82条第1項の規定による住居の調整の結果に基づき，法務省令で定めるところにより，決定をもって，その者が居住すべき住居を特定することができる。

2　地方委員会は，前項の決定をした場合において，当該決定を受けた者について，刑法第27条の2の規定による猶予の期間の

条の規定は，適用しない。

3　第1項の規定により保護観察を一時的に解除されている保護観察処分少年に対する第50条及び第63条の規定の適用については，第50条中「以下「一般遵守事項」という」とあるのは「第2号ロ及び第3号に掲げる事項を除く」と，同条第2号中「守り，保護観察官及び保護司による指導監督を誠実に受ける」とあるのは「守る」と，同条第5号中「転居又は7日以上の旅行」とあるのは「転居」と，第63条第2項第2号中「遵守事項」とあるのは「第70条第3項の規定により読み替えて適用される第50条に掲げる事項」とする。

4・5　（略）

6　前項の場合において，保護観察所の長は，保護観察処分少年が第1項の規定により保護観察を一時的に解除されている間に第3項の規定により読み替えて適用される第50条に掲げる事項を遵守しなかったことを理由として，第67条第1項の規定による警告を発し，又は同条第2項の規定による申請をすることができない。

（留置）

第76条　（略）

2　前項の規定により仮釈放者が留置された場合において，その者の仮釈放が取り消されたときは，刑法第29条第2項の規定にかかわらず，その留置の日数は，刑期に算入するものとする。

3　（略）

（新設）

開始までの間に，当該決定により特定された住居に居住することが相当でないと認められる事情が生じたと認めるときは，法務省令で定めるところにより，決定をもって，住居の特定を取り消すものとする。

3　第36条第2項の規定は前2項の決定に関する審理における調査について，第37条第2項の規定は当該審理について，それぞれ準用する。

（検察官への申出）

第79条　保護観察所の長は，保護観察付執行猶予者について，刑法第26条の2第2号又は第27条の5第2号の規定により刑の執行猶予の言渡しを取り消すべきものと認めるときは，刑事訴訟法第349条第1項に規定する地方裁判所，家庭裁判所又は簡易裁判所に対応する検察庁の検察官に対し，書面で，同条第2項に規定する申出をしなければならない。

（保護観察の仮解除）

第81条　刑法第25条の2第2項又は第27条の3第2項（薬物使用等の罪を犯した者に対する刑の一部の執行猶予に関する法律第4条第2項において準用する場合を含む。以下この条において同じ。）の規定による保護観察を仮に解除する処分は，地方委員会が，保護観察所の長の申出により，決定をもってするものとする。

2　刑法第25条の2第2項又は第27条の3第2項の規定により保護観察を仮に解除されている保護観察付執行猶予者については，第49条，第51条から第58条まで，第61条，第62条，第65条から第65条の4まで，第79条及び前条の規定は，適用しない。

3　刑法第25条の2第2項又は第27条の3第2項の規定により保護観察を仮に解除されている保護観察付執行猶予者に対する第50条及び第63条の規定の適用については，第50条第1項中「以下「一般遵守事項」という」とあるのは「第2号ロ及び第3号に掲げる事項を除く」と，同項第2号中「守り，保護観察官及び保護司による指導監督を誠実に受ける」とあるのは「守る」

（検察官への申出）

第79条　保護観察所の長は，保護観察付執行猶予者について，刑法第26条の2第2号の規定により刑の執行猶予の言渡しを取り消すべきものと認めるときは，刑事訴訟法第349条第1項に規定する地方裁判所，家庭裁判所又は簡易裁判所に対応する検察庁の検察官に対し，書面で，同条第2項に規定する申出をしなければならない。

（保護観察の仮解除）

第81条　刑法第25条の2第2項の規定による保護観察を仮に解除する処分は，地方委員会が，保護観察所の長の申出により，決定をもってするものとする。

2　刑法第25条の2第2項の規定により保護観察を仮に解除されている保護観察付執行猶予者については，第49条，第51条から第58条まで，第61条，第62条，第65条，第79条及び前条の規定は，適用しない。

3　刑法第25条の2第2項の規定により保護観察を仮に解除されている保護観察付執行猶予者に対する第50条及び第63条の規定の適用については，第50条中「以下「一般遵守事項」という」とあるのは「第2号ロ及び第3号に掲げる事項を除く」と，同条第2号中「守り，保護観察官及び保護司による指導監督を誠実に受ける」とあるのは「守る」と，同条第5号中「転居又は7

資料編　319

と，同項第 5 号中「転居又は 7 日以上の旅行」とあるのは「転居」と，第 63 条第 2 項第 2 号中「遵守事項」とあるのは「第 81 条第 3 項の規定により読み替えて適用される第 50 条第 1 項に掲げる事項」とす る。

4 （略）

5 地方委員会は，刑法第 25 条の 2 第 2 項又は第 27 条の 3 第 2 項の規定により保護観察を仮に解除されている保護観察付執行猶予者について，保護観察所の長の申出があった場合において，その行状に鑑み再び保護観察を実施する必要があると認めるときは，決定をもって，これらの規定による処分を取り消さなければならない。

（収容中の者に対する生活環境の調整）
第 82 条 保護観察所の長は，刑の執行のため刑事施設に収容されている者又は刑若しくは保護処分の執行のため少年院に収容されている者（以下この条において「収容中の者」と総称する。）について，その社会復帰を円滑にするため必要があると認めるときは，その者の家族その他の関係人を訪問して協力を求めることその他の方法により，釈放後の住居，就業先その他の生活環境の調整を行うものとする。

2 地方委員会は，前項の規定による調整が有効かつ適切に行われるよう，保護観察所の長に対し，調整を行うべき住居，就業先その他の生活環境に関する事項について必要な指導及び助言を行うほか，同項の規定による調整が複数の保護観察所において行われる場合における当該保護観察所相互間の連絡調整を行うものとする。

3 地方委員会は，前項の措置をとるに当たって必要があると認めるときは，収容中の者との面接，関係人に対する質問その他の方法により，調査を行うことができる。

4 第 25 条第 2 項及び第 36 条第 2 項の規定は，前項の調査について準用する。

（保護観察付執行猶予の裁判確定前の生活環境の調整）
第 83 条 保護観察所の長は，刑法第 25 条の 2 第 1 項の規定により保護観察に付する旨

日以上の旅行」とあるのは「転居」と，第 63 条第 2 項第 2 号中「遵守事項」とあるのは「第 81 条第 3 項の規定により読み替えて適用される第 50 条に掲げる事項」とする。

4 （略）

5 地方委員会は，刑法第 25 条の 2 第 2 項の規定により保護観察を仮に解除されている保護観察付執行猶予者について，保護観察所の長の申出があった場合において，その行状にかんがみ再び保護観察を実施する必要があると認めるときは，決定をもって，同項の規定による処分を取り消さなければならない。

（収容中の者に対する生活環境の調整）
第 82 条 保護観察所の長は，刑の執行のため刑事施設に収容されている者又は刑若しくは保護処分の執行のため少年院に収容されている者について，その社会復帰を円滑にするため必要があると認めるときは，その者の家族その他の関係人を訪問して協力を求めることその他の方法により，釈放後の住居，就業先その他の生活環境の調整を行うものとする。

（新設）

（新設）

（新設）

（保護観察付執行猶予の裁判確定前の生活環境の調整）
第 83 条 保護観察所の長は，刑法第 25 条の 2 第 1 項の規定により保護観察に付する旨

の言渡しを受け，その裁判が確定するまでの者について，保護観察を円滑に開始するため必要があると認めるときは，その者の同意を得て，<u>前条第1項に規定する方法により</u>，その者の住居，就業先その他の生活環境の調整を行うことができる。

（準用）
第84条　第61条第1項の規定は，<u>第82条第1項及び前条</u>の規定による措置について準用する。

（更生緊急保護）
第85条　この節において「更生緊急保護」とは，次に掲げる者が，刑事上の手続又は保護処分による身体の拘束を解かれた後，親族からの援助を受けることができず，若しくは公共の衛生福祉に関する機関その他の機関から医療，宿泊，職業その他の保護を受けることができない場合又はこれらの援助若しくは保護のみによっては改善更生することができないと認められる場合に，緊急に，その者に対し，金品を給与し，又は貸与し，宿泊場所を供与し，宿泊場所への帰住，医療，療養，就職又は教養訓練を助け，職業を補導し，社会生活に適応させるために必要な生活指導を行い，生活環境の改善又は調整を図ること等により，その者が進んで法律を守る善良な社会の一員となることを援護し，その速やかな改善更生を保護することをいう。
一・二　（略）
三　懲役又は禁錮<u>につき刑の全部の執行猶予の言渡しを受け，その裁判が確定するまでの者</u>
四　前号に掲げる者のほか，懲役又は禁錮<u>につき刑の全部の執行猶予の言渡しを受け</u>，保護観察に付されなかった者
五　<u>懲役又は禁錮につき刑の一部の執行猶予の言渡しを受け，その猶予の期間中保護観察に付されなかった者であって，その刑のうち執行が猶予されなかった部分の期間の執行を終わったもの</u>
六　<u>訴追を必要としないため公訴を提起しない処分を受けた者</u>
七　<u>罰金又は科料の言渡しを受けた者</u>

の言渡しを受け，その裁判が確定するまでの者について，保護観察を円滑に開始するため必要があると認めるときは，その者の同意を得て，<u>前条</u>に規定する方法により，その者の住居，就業先その他の生活環境の調整を行うことができる。

（準用）
第84条　第61条第1項の規定は，<u>前2条</u>の規定による措置について準用する。

（更生緊急保護）
第85条　この節において「更生緊急保護」とは，次に掲げる者が，刑事上の手続又は保護処分による身体の拘束を解かれた後，親族からの援助を受けることができず，若しくは公共の衛生福祉に関する機関その他の機関から医療，宿泊，職業その他の保護を受けることができない場合又はこれらの援助若しくは保護のみによっては改善更生することができないと認められる場合に，緊急に，その者に対し，金品を給与し，又は貸与し，宿泊場所を供与し，宿泊場所への帰住，医療，療養，就職又は教養訓練を助け，職業を補導し，社会生活に適応させるために必要な生活指導を行い，生活環境の改善又は調整を図ること等により，その者が進んで法律を守る善良な社会の一員となることを援護し，その速やかな改善更生を保護することをいう。
一・二　（略）
三　懲役又は禁錮<u>の刑の執行猶予の言渡しを受け，その裁判が確定するまでの者</u>
四　前号に掲げる者のほか，懲役又は禁錮<u>の刑の執行猶予の言渡しを受け</u>，保護観察に付されなかった者
（新設）

五　<u>訴追を必要としないため公訴を提起しない処分を受けた者</u>
六　<u>罰金又は科料の言渡しを受けた者</u>

資料編　　321

八 労役場から出場し，又は仮出場を許された者

九 少年院から退院し，又は仮退院を許された者（保護観察に付されている者を除く。）

2～6 （略）

（更生緊急保護の開始等）

第86条 （略）

2 （略）

3 保護観察所の長は，更生緊急保護を行う必要があるか否かを判断するに当たっては，その申出をした者の刑事上の手続に関与した検察官又はその者が収容されていた刑事施設（労役場に留置されていた場合には，当該労役場が附置された刑事施設）の長若しくは少年院の長の意見を聴かなければならない。ただし，仮釈放の期間の満了によって前条第1項第1号に該当した者又は仮退院の終了により同項第9号に該当した者については，この限りでない。

　　　附　則
（保護観察に関する経過措置）

第5条 （略）

この法律の施行前にされた少年法第24条第1項第1号の保護処分により，この法律の施行の際現に保護観察に付されている者	第49条，第50条第1項，第51条，第52条第1項，第53条第1項，第54条第1項，第55条第1項，第56条，第57条第1項及び第70条第4項	旧犯罪者予防更生法第34条，第35条及び第38条
この法律の施行前に旧犯罪者予防更生法第31条第2項の規定による少年院からの仮退院を	第49条，第50条第1項，第51条，第52条第2項及び第3項，第53条第2項及び第3項，第54条第2項，第55	旧犯罪者予防更生法第32条，第34条及び第35条

七 労役場から出場し，又は仮出場を許された者

八 少年院から退院し，又は仮退院を許された者（保護観察に付されている者を除く。）

2～6 （略）

（更生緊急保護の開始等）

第86条 （略）

2 （略）

3 保護観察所の長は，更生緊急保護を行う必要があるか否かを判断するに当たっては，その申出をした者の刑事上の手続に関与した検察官又はその者が収容されていた刑事施設（労役場に留置されていた場合には，当該労役場が附置された刑事施設）の長若しくは少年院の長の意見を聴かなければならない。ただし，仮釈放の期間の満了によって前条第1項第1号に該当した者又は仮退院の終了により同項第8号に該当した者については，この限りでない。

　　　附　則
（保護観察に関する経過措置）

第5条 （略）

この法律の施行前にされた少年法第24条第1項第1号の保護処分により，この法律の施行の際現に保護観察に付されている者	第49条から第51条まで，第52条第1項，第53条第1項，第54条第1項，第55条第1項，第56条，第57条第1項及び第70条第4項	旧犯罪者予防更生法第34条，第35条及び第38条
この法律の施行前に旧犯罪者予防更生法第31条第2項の規定による少年院からの仮退院を	第49条から第51条まで，第52条第2項及び第3項，第53条第2項及び第3項，第54条第2項，第55条，第56	旧犯罪者予防更生法第32条，第34条及び第35条

許す旨の決定を受けた者	条，第56条並びに第57条第1項		許す旨の決定を受けた者	条並びに第57条第1項	
この法律の施行前に旧犯罪者予防更生法第31条第2項の規定による仮釈放を許す旨の決定を受けた者	第49条第1項，第50条第1項，第51条，第52条第2項及び第3項，第53条第2項及び第3項，第54条第2項，第55条，第56条並びに第57条第1項	旧犯罪者予防更生法第32条，第34条及び第35条	この法律の施行前に旧犯罪者予防更生法第31条第2項の規定による仮釈放を許す旨の決定を受けた者	第49条第1項，第50条，第51条，第52条第2項及び第3項，第53条第2項及び第3項，第54条第2項，第55条，第56条並びに第57条第1項	旧犯罪者予防更生法第32条，第34条及び第35条
この法律の施行前に刑法第25条の2第1項の規定による保護観察に付する旨の言渡しを受けた者	第49条第1項，第50条第1項，第51条，第52条第5項及び第6項，第53条第1項，第54条第1項，第55条第1項，第56条，第57条第1項並びに第81条第4項	旧執行猶予者保護観察法第2条，第5条及び第7条	この法律の施行前に刑法第25条の2第1項の規定による保護観察に付する旨の言渡しを受けた者	第49条第1項，第50条，第51条，第52条第4項及び第5項，第53条第1項，第54条第1項，第55条第1項，第56条，第57条第1項並びに第81条第4項	旧執行猶予者保護観察法第2条，第5条及び第7条
この法律の施行前に旧売春防止法第25条第3項において準用する旧犯罪者予防更生法第31条第2項の規定による婦人補導院からの仮退院を許す旨の決定を受けた者	附則第21条の規定による改正後の売春防止法(以下「新売春防止法」という。)第26条第2項において準用する第49条第1項，第50条第1項，第51条，第52条第2項及び第3項，第53条第2項及び第3項，第54条第2項，第55条，第56条	旧売春防止法第25条第3項において準用する旧犯罪者予防更生法第32条並びに旧売春防止法第26条第2項において準用する旧犯罪者予防更生法第34条及び第35条	この法律の施行前に旧売春防止法第25条第3項において準用する旧犯罪者予防更生法第31条第2項の規定による婦人補導院からの仮退院を許す旨の決定を受けた者	附則第21条の規定による改正後の売春防止法(以下「新売春防止法」という。)第26条第2項において準用する第49条第1項，第50条，第51条，第52条第2項及び第3項，第53条第2項及び第3項，第54条第2項，第55条，第56条並びに	旧売春防止法第25条第3項において準用する旧犯罪者予防更生法第32条並びに旧売春防止法第26条第2項において準用する旧犯罪者予防更生法第34条及び第35条

	並びに第57条第1項			第57条第1項	

2 （略）			2 （略）		
第27条第4項	第50条第1項第4号（売春防止法第26条第2項において準用する場合を含む。）の規定により居住すべき住居（第51条第2項第5号（同法第26条第2項において準用する場合を含む。）の規定により宿泊すべき特定の場所が定められている場合には，当該場所）	附則第5条第1項の規定によりなおその効力を有することとされる附則第12条第1号の規定による廃止前の犯罪者予防更生法（昭和24年法律第142号。以下「旧犯罪者予防更生法」という。）第34条第2項（附則第21条の規定による改正前の売春防止法第26条第2項において準用する場合を含む。）の規定により居住すべき住居又は附則第5条第1項の規定によりなおその効力を有することとされる附則第12条第2号の規定による廃止前の執行猶予者保護観察	第27条第4項	第50条第4号（売春防止法第26条第2項において準用する場合を含む。）の規定により居住すべき住居（第51条第2項第5号（同法第26条第2項において準用する場合を含む。）の規定により宿泊すべき特定の場所が定められている場合には，当該場所）	附則第5条第1項の規定によりなおその効力を有することとされる附則第12条第1号の規定による廃止前の犯罪者予防更生法（昭和24年法律第142号。以下「旧犯罪者予防更生法」という。）第34条第2項（附則第21条の規定による改正前の売春防止法第26条第2項において準用する場合を含む。）の規定により居住すべき住居又は附則第5条第1項の規定によりなおその効力を有することとされる附則第12条第2号の規定による廃止前の執行猶予者保護観

		法（昭和29年法律第58号。以下「旧執行猶予者保護観察法」という。）第5条第1項の規定による届出若しくは許可に係る住居			察法（昭和29年法律第58号。以下「旧執行猶予者保護観察法」という。）第5条第1項の規定による届出若しくは許可に係る住居
第48条	この章	この章（第49条，第50条第1項，第51条，第52条から第56条まで，第57条第1項及び第65条の3を除く。）並びに附則第5条第1項の規定によりなおその効力を有することとされる旧犯罪者予防更生法第32条，第34条，第35条及び第38条並びに旧執行猶予者保護観察法第2条，第5条及び第7条	第48条	この章	この章（第49条から第56条まで及び第57条第1項を除く。）並びに附則第5条第1項の規定によりなおその効力を有することとされる旧犯罪者予防更生法第32条，第34条，第35条及び第38条並びに旧執行猶予者保護観察法第2条，第5条及び第7条
（略）	（略）	（略）	（略）	（略）	（略）
第63条第2項第1号(新売春防止法第26条第2	第50条第1項第4号に規定する住居に居住しないとき	一定の住居に居住しないとき	第63条第2項第1号(新売春防止法第26条第2	第50条第4号に規定する住居に居住しないとき（第51	一定の住居に居住しないとき

項において準用する場合を含む。）	（第51条第2項第5号の規定により宿泊すべき特定の場所を定められた場合には,当該場所に宿泊しないとき）		項において準用する場合を含む。）	条第2項第5号の規定により宿泊すべき特定の場所を定められた場合には,当該場所に宿泊しないとき）	
（略）	（略）	（略）	（略）	（略）	（略）
第70条第2項	第49条,第51条,第52条から第59条まで,第61条,第62条,第65条から第65条の4まで,第67条及び第68条	第57条第2項,第58条,第59条,第61条,第62条,第65条,第65条の2,第65条の4,第67条及び第68条並びに附則第5条第1項の規定によりなおその効力を有することとされる旧犯罪者予防更生法第34条第1項及び第35条	第70条第2項	第49条,第51条から第59条まで,第61条,第62条,第65条,第67条及び第68条	第57条第2項,第58条,第59条,第61条,第62条,第65条,第67条及び第68条並びに附則第5条第1項の規定によりなおその効力を有することとされる旧犯罪者予防更生法第34条第1項及び第35条
第70条第3項	第50条第1項及び第63条	附則第5条第1項の規定によりなおその効力を有することとされる旧犯罪者予防更生法第34条第2項	第70条第3項	第50条及び第63条	附則第5条第1項の規定によりなおその効力を有することとされる旧犯罪者予防更生法第34条第2項
	同項中「以下「一般遵守事項」という」とあるのは「第2号ロ及び第	同項中「第31条第3項又は第38条第1項の規定により定		第50条中「以下「一般遵守事項」という」とあるのは「第2号ロ及び第	同項中「第31条第3項又は第38条第1項の規定により定

	３号に掲げる事項を除く」と，同項第２号中「守り，保護観察官及び保護司による指導監督を誠実に受ける」とあるのは「守る」と，同項第５号中「転居又は７日以上の旅行」とあるのは「転居」と，第63条第２項第２号中「遵守事項」とあるのは「第70条第３項の規定により読み替えて適用される第50条第１項に掲げる事項」	められた特別の遵守事項のほか，左に」とあるのは「左に」と，同項第４号中「転じ，又は長期の旅行をする」とあるのは「転ずる」		３号に掲げる事項を除く」と，同条第２号中「守り，保護観察官及び保護司による指導監督を誠実に受ける」とあるのは「守る」と，同条第５号中「転居又は７日以上の旅行」とあるのは「転居」と，第63条第２項第２号中「遵守事項」とあるのは「第70条第３項の規定により読み替えて適用される第50条に掲げる事項」	められた特別の遵守事項のほか，左に」とあるのは「左に」と，同項第４号中「転じ，又は長期の旅行をする」とあるのは「転ずる」
第70条第６項	第50条第１項	附則第５条第１項の規定によりなおその効力を有することとされる旧犯罪者予防更生法第34条第２項	第70条第６項	第50条	附則第５条第１項の規定によりなおその効力を有することとされる旧犯罪者予防更生法第34条第２項
第81条第２項	第49条，第51条から第58条まで，第61条，第62条，第65条から第65条の４まで，第79条及び前条	第57条第２項，第58条，第61条，第62条，第65条，第65条の２，第65条の４，第79条及び前条並びに附則第５条第１項	第81条第２項	第49条，第51条から第58条まで，第61条，第62条，第65条，第79条及び前条	第57条第２項，第58条，第61条，第62条，第65条，第79条及び前条並びに附則第５条第１項の規定によりなおその

	の規定によりなおその効力を有することとされる旧執行猶予者保護観察法第2条及び第7条			効力を有することとされる旧執行猶予者保護観察法第2条及び第7条	
第81条第3項	（略）	（略）	第81条第3項	（略）	（略）
	第50条第1項中「以下「一般遵守事項」という」とあるのは「第2号ロ及び第3号に掲げる事項を除く」と，同項第2号中「守り，保護観察官及び保護司による指導監督を誠実に受ける」とあるのは「守る」と，同項第5号中「転居又は7日以上の旅行」とあるのは「転居」と，第63条第2項第2号中「遵守事項」とあるのは「第81条第3項の規定により読み替えて適用される第50条第1項に掲げる事項」	同項中「事項及び次項の規定により定められた特別の事項」とあるのは「事項」と，同項第2号中「移転し，又は7日以上の旅行をする」とあるのは「移転する」		第50条中「以下「一般遵守事項」という」とあるのは「第2号ロ及び第3号に掲げる事項を除く」と，同条第2号中「守り，保護観察官及び保護司による指導監督を誠実に受ける」とあるのは「守る」と，同条第5号中「転居又は7日以上の旅行」とあるのは「転居」と，第63条第2項第2号中「遵守事項」とあるのは「第81条第3項の規定により読み替えて適用される第50条に掲げる事項」	同項中「事項及び次項の規定により定められた特別の事項」とあるのは「事項」と，同項第2号中「移転し，又は7日以上の旅行をする」とあるのは「移転する」

3・4 （略）

5 第2項の規定にかかわらず，執行猶予者保護観察法の一部を改正する法律の施行前

3・4 （略）

5 第2項の規定にかかわらず，執行猶予者保護観察法の一部を改正する法律の施行前

に刑法第25条の2第1項の規定により保護観察に付する旨の言渡しを受けていた者であってこの法律の施行の際現に当該保護観察に付されているものに対する第27条及び第81条の規定の適用については，第27条第4項中「第50条第1項第4号（売春防止法第26条第2項において準用する場合を含む。）の規定により居住すべき住居（第51条第2項第5号（同法第26条第2項において準用する場合を含む。）の規定により宿泊すべき特定の場所が定められている場合には，当該場所）」とあるのは「附則第5条第4項の規定によりなお従前の例によることとされる場合における執行猶予者保護観察法の一部を改正する法律（平成18年法律第15号）による改正前の執行猶予者保護観察法（昭和29年法律第58号）第5条の規定による届出に係る住居」と，第81条第3項中「に対する第50条及び第63条の規定の適用については，第50条第1項中「以下「一般遵守事項」という」とあるのは「第2号ロ及び第3号に掲げる事項を除く」と，同項第2号中「守り，保護観察官及び保護司による指導監督を誠実に受ける」とあるのは「守る」と，同項第5号中「転居又は7日以上の旅行」とあるのは「転居」と，第63条第2項第2号中「遵守事項」とあるのは「第81条第3項の規定により読み替えて適用される第50条第1項に掲げる事項」」とあるのは「の遵守すべき事項は，附則第5条第4項の規定によりなお従前の例によることとされる場合における執行猶予者保護観察法の1部を改正する法律による改正前の執行猶予者保護観察法第5条の規定にかかわらず，善行を保持すること及び住居を移転するときはあらかじめ保護観察所の長に届け出ること」とする。

6・7　（略）

（調整規定）
第11条　（削る）

に刑法第25条の2第1項の規定により保護観察に付する旨の言渡しを受けていた者であってこの法律の施行の際現に当該保護観察に付されているものに対する第27条及び第81条の規定の適用については，第27条第4項中「第50条第4号（売春防止法第26条第2項において準用する場合を含む。）の規定により居住すべき住居（第51条第2項第5号（同法第26条第2項において準用する場合を含む。）の規定により宿泊すべき特定の場所が定められている場合には，当該場所）」とあるのは「附則第5条第4項の規定によりなお従前の例によることとされる場合における執行猶予者保護観察法の一部を改正する法律（平成18年法律第15号）による改正前の執行猶予者保護観察法（昭和29年法律第58号）第5条の規定による届出に係る住居」と，第81条第3項中「に対する第50条及び第63条の規定の適用については，第50条中「以下「一般遵守事項」という」とあるのは「第2号ロ及び第3号に掲げる事項を除く」と，同条第2号中「守り，保護観察官及び保護司による指導監督を誠実に受ける」とあるのは「守る」と，同条第5号中「転居又は7日以上の旅行」とあるのは「転居」と，第63条第2項第2号中「遵守事項」とあるのは「第81条第3項の規定により読み替えて適用される第50条に掲げる事項」」とあるのは「の遵守すべき事項は，附則第5条第4項の規定によりなお従前の例によることとされる場合における執行猶予者保護観察法の一部を改正する法律による改正前の執行猶予者保護観察法第5条の規定にかかわらず，善行を保持すること及び住居を移転するときはあらかじめ保護観察所の長に届け出ること」とする。

6・7　（略）

（調整規定）
第11条　少年法等の一部改正法の施行の日がこの法律の施行の日後となる場合には，少年法等一部改正法の施行の日の前日までの間における第51条第2項及び第70条第

		2項の規定の適用については，第51条第2項中「，刑法第26条の2及び第29条第1項並びに少年法第26条の4第1項」とあるのは「並びに刑法第26条の2及び第29条第1項」と，第70条第2項中「59条」とあるのは「第58条」と，「，第67条及び」とあるのは「及び」とする。
第67条の規定は，少年法等一部改正法の施行の日以後に少年法等一部改正法第1条の規定による改正後の少年法第24条第1項第1号の保護処分の決定を受けた者について適用する。	2	第67条の規定は，少年法等一部改正法の施行の日以後に少年法等一部改正法第1条の規定による改正後の少年法第24条第1項第1号の保護処分の決定を受けた者について適用する。

5　更生保護事業法（平成7年法律第86号）

改　正	現　行
（定義） 第2条　（略） 2　この法律において「継続保護事業」とは，次に掲げる者であって現に改善更生のための保護を必要としているものを更生保護施設に収容して，その者に対し，宿泊場所を供与し，教養訓練，医療又は就職を助け，職業を補導し，社会生活に適応させるために必要な生活指導を行い，生活環境の改善又は調整を図る等その改善更生に必要な保護を行う事業をいう。 　一　（略） 　二　懲役，禁錮又は拘留につき，刑の執行を終わり，その執行の免除を得，又はその執行を停止されている者 　三　懲役又は禁錮につき刑の全部の執行猶予の言渡しを受け，刑事上の手続による身体の拘束を解かれた者（第1号に該当する者を除く。次号及び第5号において同じ。） 　四　懲役又は禁錮につき刑の一部の執行猶予の言渡しを受け，その猶予の期間中の者 　五　罰金又は科料の言渡しを受け，刑事上の手続による身体の拘束を解かれた者 　六　労役場から出場し，又は仮出場を許された者	（定義） 第2条　（略） 2　この法律において「継続保護事業」とは，次に掲げる者であって現に改善更生のための保護を必要としているものを更生保護施設に収容して，その者に対し，宿泊場所を供与し，教養訓練，医療又は就職を助け，職業を補導し，社会生活に適応させるために必要な生活指導を行い，生活環境の改善又は調整を図る等その改善更生に必要な保護を行う事業をいう。 　一　（略） 　二　懲役，禁錮又は拘留につき，刑の執行を終わり，その執行の免除を得，又はその執行を停止されている者 　三　懲役又は禁錮につき刑の執行猶予の言渡しを受け，刑事上の手続による身体の拘束を解かれた者（第1号に該当する者を除く。次号において同じ。） （新設） 　四　罰金又は科料の言渡しを受け，刑事上の手続による身体の拘束を解かれた者 　五　労役場から出場し，又は仮出場を許された者

七　訴追を必要としないため公訴を提起しない処分を受け，刑事上の手続による身体の拘束を解かれた者

八　少年院から退院し，又は仮退院を許された者（第1号に該当する者を除く。次号において同じ。）

九　婦人補導院から退院し，又は仮退院を許された者

十　国際受刑者移送法（平成14年法律第66号）第16条第1項第1号<u>若しくは第2号</u>の共助刑の執行を終わり，若しくは同法第25条第2項の規定によりその執行を受けることがなくなり，又は同法第21条の規定により適用される刑事訴訟法（昭和23年法律第百131号）第480条若しくは第482条の規定によりその執行を停止されている者

3～7　（略）

六　訴追を必要としないため公訴を提起しない処分を受け，刑事上の手続による身体の拘束を解かれた者

七　少年院から退院し，又は仮退院を許された者（第1号に該当する者を除く。次号において同じ。）

八　婦人補導院から退院し，又は仮退院を許された者

九　国際受刑者移送法（平成14年法律第66号）第16条第1項第1号<u>又は第2号</u>の共助刑の執行を終わり，若しくは同法第25条第2項の規定によりその執行を受けることがなくなり，又は同法第21条の規定により適用される刑事訴訟法（昭和23年法律第百131号）第480条若しくは第482条の規定によりその執行を停止されている者

3～7　（略）

資料編　　331

初出一覧

第1編　刑の一部執行猶予の構造と課題
　第1章　刑の一部執行猶予制度の法的構造
　　＊「刑の一部執行猶予と社会貢献活動」刑事法ジャーナル23号（2010）14-37頁
　　（大幅に加筆・修正）

　第2章　刑の一部執行猶予制度を巡る論議
　　＊「刑法改正と一部執行猶予」法学研究85巻10号（2012）1-31頁

　第3章　刑の一部執行猶予と二分判決
　　＊「自由刑と保護観察刑の統合―アメリカの新しい二分判決制度を手掛かり
　　として」慶應義塾大学法学部編『慶應の法律学 刑事法編』慶應義塾大学法
　　学部（2008）25-83頁　（大幅に加筆・修正，第Ⅳ節追加）

　第4章　刑の『裏』一部執行猶予
　　＊「刑の『裏』一部執行猶予―全部執行猶予の一部取消制度試論」法学研究91
　　巻3号（2018）29-66頁（加筆・修正）

第2編　刑の一部執行猶予　関係法令・逐条解説
　刑法
　　＊伊東研祐＝松宮孝明編『新・コンメンタール刑法』日本評論社（2013）
　　第1編第4章のうち刑の一部執行猶予の部分（加筆・修正）

（参考論文）

　　＊太田達也「社会内処遇と更生保護事業の新たな課題―特別調整と地域生活
　　定着支援センターの展望と課題」東京更生保護施設連盟『東京更生保護施
　　設連盟創立60周年記念誌』（2012）8-19頁

　　＊太田達也「刑の一部執行猶予と社会貢献活動―犯罪者の改善更生と再犯防
　　止の観点から」刑法雑誌51巻3号（2012）397-415頁

　　＊太田達也「刑の一部執行猶予制度の概要と実施課題」罪と罰51巻2号（2014）
　　6-19頁

索　引

ア行

一部執行猶予

　——裁量的取消事由 ⋯⋯⋯⋯⋯ 51, 237

　——実刑部分 ⋯⋯⋯⋯ 32, 54, 230

　——情状 ⋯⋯⋯⋯⋯ 27, 73, 229

　——前科 ⋯⋯ 23, 29, 31, 72, 228, 247

　——宣告刑 ⋯⋯⋯⋯⋯ 19, 71, 227

　——相当性 ⋯⋯ 26, 27, 43, 73, 229, 247

　——取消し ⋯⋯⋯⋯ 49, 57, 85, 110,

　　　　　　　　　234, 249, 252, 284

　——必要性 ⋯⋯ 27, 43, 73, 229, 247

　——必要的取消事由 ⋯⋯⋯ 49, 234

　——保護観察 ⋯⋯⋯⋯⋯ 41, 232,

　　　　　　　　　241, 248, 260

　——猶予期間 ⋯⋯⋯ 13, 35, 75, 99,

　　　　　　　　　221, 230, 239

　——猶予刑 ⋯⋯⋯ 32, 37, 99, 230

一般遵守事項 ⋯⋯⋯⋯ 261, 271, 286

入口支援 ⋯⋯⋯⋯⋯⋯⋯ 67, 83

応急の救護 ⋯⋯⋯⋯⋯⋯ 275, 294

大阪府子どもを性犯罪から守る条例

　⋯⋯⋯⋯⋯⋯⋯⋯⋯⋯⋯⋯ 64

恩赦 ⋯⋯⋯⋯⋯⋯ 39, 229, 254

カ行

拡大保護観察 ⋯⋯⋯⋯⋯ 151, 154

過剰収容 ⋯⋯⋯ →「被収容人員の適正化」

仮釈放 ⋯⋯⋯⋯ 9, 34, 47, 48, 53, 54,

　　　　　109, 117, 178, 239, 258

　——失効 ⋯⋯⋯⋯⋯⋯⋯ 57, 242

　——執行率 ⋯⋯⋯⋯⋯⋯⋯ 56

　——のジレンマ ⋯⋯⋯⋯⋯ 7, 93

　——積極化 ⋯⋯⋯⋯⋯⋯⋯ 8, 88

　——取消し ⋯⋯⋯ 53, 58, 111, 241

　——法定期間 ⋯⋯ 34, 54, 58, 178, 240

　——保護観察 ⋯⋯ 90, 240, 259, 260, 268

　——率 ⋯⋯⋯⋯⋯⋯⋯⋯ 8, 89

必要的—— ⋯⋯ 8, 14, 93, 116, 156, 164

簡易薬物検出検査 ⋯⋯⋯⋯⋯⋯ 79

監督付釈放 ⋯⋯⋯⋯⋯⋯⋯⋯ 133

規制薬物 ⋯⋯⋯⋯⋯ 69, 245, 278

行状監督 ⋯⋯⋯⋯⋯ 14, 116, 167

矯正処遇 ⋯⋯⋯⋯⋯⋯ 110, 116

刑の一執行形態説 ⋯⋯⋯ 12, 86, 96

刑の執行の免除 ⋯⋯⋯⋯⋯⋯ 254

減刑 ⋯⋯⋯⋯⋯⋯⋯⋯⋯ 254

厳罰化 ⋯⋯⋯⋯⋯⋯ 4, 61, 101

考試期間主義 ⋯⋯ 9, 59, 92, 96, 118, 181, 240

更生緊急保護 ⋯⋯⋯ 49, 67, 91, 288, 294

更生保護事業 ⋯⋯⋯ 275, 277, 291, 293

更生保護施設 ⋯⋯ 5, 48, 85, 233, 277, 291

更生保護法人 ⋯⋯⋯⋯⋯⋯⋯ 294

混合刑 ⋯⋯⋯⋯⋯⋯⋯⋯⋯ 121

サ行

再犯加重 ⋯⋯⋯⋯⋯⋯⋯⋯ 13, 26

再犯のおそれ ⋯⋯⋯⋯⋯⋯⋯ 89

裁判員 ⋯⋯⋯⋯⋯⋯⋯⋯⋯ 5, 68

再犯防止 ⋯⋯⋯⋯⋯ 3, 5, 6, 65, 87

——措置制度 ……………………… 64	……… 12, 23, 37, 97, 99, 107, 185, 221, 251
裁量の取消事由 ……… →「一部執行猶予」	—— 一部取消し ………………… 185
裁量の保護観察 ………… →「保護観察」	—— 裁量的取消事由 ……… 185, 224
残刑期間主義 …………… 60, 68, 90, 94,	——取消し ………… 223, 252, 284
117, 181, 185, 240	——必要的取消事由 ……… 185, 223
実刑部分 ……………… →「一部執行猶予」	——保護観察 ………… 222, 260
執行猶予命令 ………………… 189	——猶予期間 ………………… 225
執行率 ………………………… 56	専門的処遇 …… 75, 80, 248, 265, 267, 268, 280
指導監督 ……………… 233, 261, 273	相当性 ……………… →「一部執行猶予」
——の特則 …………… 77, 261, 279	遡及処罰禁止 ……………… →「遡及適用」
社会貢献活動 …………………… 4, 265	遡及適用 ……………… 12, 86, 243, 249
住居の特定 ………… 47, 258, 261, 281	即決裁判手続 …………………… 253
終身刑 ………………………… 144	
重罰化 —————————— →「厳罰化」	**タ行**
守秘義務 ……………………… 82	
遵守事項違反 ……… 51, 110, 143, 154, 168,	ダイバージョン …………… 42, 97, 99
175, 190, 197, 208, 224, 237, 252, 284	ダルク ………………………… 77, 85
常習性 ………………………… 74	地域支援ガイドライン ……………… 76
情状 ……………………… →「一部執行猶予」	地域生活定着支援センター ……… 63, 91
ショック・プロベーション …… 14, 33,	地方更生保護委員会 ……… 46, 234, 257
98, 123, 163	特別遵守事項 …………… 45, 75, 78,
条件付刑 ……………………… 195	111, 263, 266, 268, 272
自立更生促進センター …… 5, 48, 85, 277	特別調整 ……………… 28, 49, 63, 91
自立準備ホーム ………… 5, 49, 277, 291	
スプリット判決 ……… 14, 118, 125, 163	**ナ行**
スリップ ………………………… 84	
生活環境調整 ………… 44, 47, 286, 288	二分判決 …… 15, 36, 101, 105, 115, 147
生活行動指針 ………………… 265	尿検査 ……………… →「簡易薬物検出検査」
精神障がい者 …………………… 63	
性犯罪者 ……………………… 64	**ハ行**
責任主義 ……………… 9, 15, 33, 94	
折衷主義 ……………………… 240	罰金 …………………………… 204
前科 ……………………… →「一部執行猶予」	パロール …… 131, 133, 140, 147, 150, 156
宣告刑 ……………………… →「一部執行猶予」	判決前調査制度 ……………… 21, 62, 67
善時制 ……………… 14, 93, 116, 165	被収容人員の適正化 ……………… 3, 11, 87
全部執行猶予	必要性 ……………… →「一部執行猶予」

必要的仮釈放 …………………… →「仮釈放」

必要的取消事由 ………… →「一部執行猶予」

必要的保護観察 ………… →「保護観察」

複合判決 ………………………………… 163

不利益変更禁止 ………………………… 106

プロベーション ………………………… 195

分割刑 ………………… →「スプリット判決」

保安処分 ……………… 8, 14, 116, 167

報告義務 …………………………………… 81

法定期間 …………………… →「仮釈放」

暴力団 ………………………… 30, 176

保護観察 …… 41, 54, 62, 75, 112, 167, 260

――仮解除 …… 42, 222, 232, 249, 284

――期間 ………………… 113, 171

裁量的―― …………………… 41, 232

必要的―― …………………… 75, 248

保護観察官 ………… 5, 113, 233, 275

保護司 …………… 4, 5, 45, 113, 233, 275

補導援護 ……………… 233, 261, 274

マ行

満期釈放 …………………… 7, 93, 115

ミックス判決 ………………………… 121

ヤ行

薬物依存 ………… 5, 10, 25, 32, 63, 244, 279

――離脱指導 …………… 32, 75, 244

薬物使用者等一部執行猶予法 ……………

11, 25, 68, 227, 231, 232, 236, 244, 266, 268

薬物処遇プログラム …………………… 76

猶予期間 ………………… →「一部執行猶予」

猶予刑 …………………… →「一部執行猶予」

余罪 ………………………… 50, 235

ラ行

量刑 …………………………… 11, 13, 17, 38,

61, 102, 103, 138, 155, 160

量刑忠実法 ………………… 131, 150

累犯者 ……………………………… 65

太田 達也（おおた たつや）

1964 年生まれ。慶應義塾大学法学部教授。博士（法学）。
日本被害者学会理事長，日本更生保護学会理事，最高検察庁刑事政策
専門委員会参与，法務省矯正局矯正に関する政策研究会委員，法務省
法務総合研究所研究評価検討委員会委員，同犯罪白書研究会委員，一
般財団法人日本刑事政策研究会理事，更生保護法人日本更生保護協会
評議員，公益財団法人アジア刑政財団理事，公益社団法人被害者支援
都民センター理事などを務める。
編著書として，『Victims and Criminal Justice: Asian Perspective（被害者
と刑事司法―アジアの展望）』（編著，慶應義塾大学法学研究会，2003），
『高齢犯罪者の特性と犯罪要因に関する調査』（共著，警察庁警察政策
研究センター，2013），『いま死刑制度を考える』（共編著，慶應義塾大
学出版会，2014），『リーディングス刑事政策』（共編著，法律文化社，
2016），『仮釈放の理論―矯正・保護の連携と再犯防止』（慶應義塾大学
出版会，2017）ほか。

刑の一部執行猶予 ［改訂増補版］
──犯罪者の改善更生と再犯防止

2014 年 5 月 30 日　初版第 1 刷発行
2018 年 8 月 30 日　改訂増補版第 1 刷発行

著　者―――太田達也
発行者―――古屋正博
発行所―――慶應義塾大学出版会株式会社
　　　　　〒 108-8346　東京都港区三田 2-19-30
　　　　　ＴＥＬ〔編集部〕03-3451-0931
　　　　　　　〔営業部〕03-3451-3584〈ご注文〉
　　　　　〔　〃　〕03-3451-6926
　　　　　ＦＡＸ〔営業部〕03-3451-3122
　　　　　振替 00190-8-155497
　　　　　http://www.keio-up.co.jp/
装　丁―――鈴木　衛
印刷・製本――萩原印刷株式会社
カバー印刷――株式会社太平印刷社

©2018 Tatsuya Ota
Printed in Japan ISBN978-4-7664-2543-7

慶應義塾大学出版会

仮釈放の理論

矯正・保護の連携と再犯防止

太田 達也 著

仮釈放から自由刑のあり方を考える。
仮釈放の原理や正当化根拠に立ち返り，仮釈放や保護観察の制度を理論的に考察。科学的検証のない政策に十分な効果は期待できないが，原理原則のない政策は無軌道となる。将来に亘って妥当性を有する仮釈放制度の理論的支柱を構築する。

A5判／上製／416頁
ISBN978-4-7664-2485-0
◎5,200円

『刑の一部執行猶予』
と併せて読むべき一冊。

目 次

第1編　仮釈放の基本理念と法的性質
第1章　仮釈放理論の系譜と再構築
第2章　刑事政策の目的と仮釈放の本質

第2編　仮釈放要件論
第1章　仮釈放の法定期間と正当化根拠
第2章　無期刑の本質と仮釈放の法定期間
第3章　仮釈放の実質的要件と許可基準の再検討

第3編　仮釈放と保護観察
第1章　仮釈放と保護観察期間
第2章　必要的仮釈放制度に対する批判的検討
第3章　矯正と保護を貫く段階的処遇

第4編　仮釈放と被害者の法的地位
第1章　更生保護と被害者支援
第2章　仮釈放と被害者意見聴取制度
第3章　保護観察と被害者心情伝達制度

第5編　仮釈放手続論
第1章　仮釈放申請権と仮釈放手続
第2章　検察官に対する求意見と判断基準
第3章　仮釈放決定機関の法的性格と構成

第6編　仮釈放を巡る各論的問題
第1章　外国人受刑者の仮釈放と出入国管理
第2章　精神障害受刑者の仮釈放と26条通報
第3章　性犯罪受刑者の釈放と多機関連携

表示価格は刊行時の本体価格（税別）です。